*T*radición y cambio

Tradición y cambio

Lecturas sobre la cultura latinoamericana contemporánea

DENIS LYNN DALY HEYCK
Mundelein College

MARIA VICTORIA GONZALEZ-WIDEL
Northwestern University

McGraw-Hill, Inc.
New York St Louis San Francisco Auckland Bogotá
Caracas Lisbon London Madrid Mexico Milan
Montreal New Delhi Paris San Juan Singapore
Sydney Tokyo Toronto

DEDICATORIA

A mis padres, a mi esposa y a mis hijos
DLDH

A mis padres, a Mario Widel y a Isabelle Taudiere
MVGW

This is an ⊢ϸⵏ book

Tradición y cambio
Lecturas sobre la cultura latinoamericana contemporanea

4 5 6 7 8 9 0 DOH DOH 9 0 9 8 7 6 5 4 3 2 1

ISBN 0-07-554125-4

The cover and text design by Adriane Bosworth.

Library of Congress Cataloging-in-Publication Data
Tradición y cambio : Lecturas sobre la lectura latinoamericana contemporánea / Denis Lynn Daly Heyck [editor]—2nd ed.
    p. cm.
    Includes index.
    ISBN 554125-4
    1. Spanish language—Readers—Latin America—Civilization.
2. Latin America—Civilization.   I. Heyck, Denis Lynn Daly.
PC4127.L34T73   1991
468.6'421—dc19   87-26841
                                                             CIP

Créditos

Chapter 2 «Un hombre pasa con un pan al hombro», from *Poemas humanos* and *España aparta de mí este cáliz,* by César Vallejo, Las Américas, New York.

«Cuentas», from *Vidas Sêcas*, by Graciliano Ramos (translated by José Luis de Liaño), Espasa-Calpe, Madrid, 1974.

«En el Portal del Señor», from *El señor Presidente*, by Miguel Angel Asturias, Editorial Losada, Buenos Aires, Third Edition, 1958.

«Palabras francesas», from *Testimonios I*, by Victoria Ocampo, included in *Victoria Ocampo*, by Fryda Schultz de Mantovani, Ministerio de Educación y Justicia, Buenos Aires, 1963.

«Las clases sociales y la revolución nicaragüense», interview with Miriam Lazo Laguna, by Denis Heyck, Milwaukee, Wisconsin and Evanston, Illinois, January 16 and 17, 1986.

Chapter 3 «Ay, ay, ay de la grifa negra», from *Obra poética,* by Julia de Burgos, Instituto de Cultura Puertorriqueña, San Juan, 1961.

«Balada de los dos abuelos», from *Obra poética*, 1920–1972, Vol. I, by Nicolás Guillén, Instituto Cubano del Libro, La Habana, 1974.

La favela, by Carolina María de Jesús, Casa de las Américas, La Habana, 1965.

Juan Pérez Jolote, by Ricardo Pozas A., Fondo de Cultura Económica, México, Sixth Edition, 1968.

Balún Canán, by Rosario Castellanos, Fondo de Cultura Económica, México, Second Edition, 1961.

«Encancaranublado», from *Encancaranublado y otros cuentos de naufragio,* by Ana Lydia Vega, Editorial Antillana, Río Piedras, Puerto Rico, 1983.

Chapter 4 «La ciudad y el campo en América Latina: un análisis de las relaciones socioeconómicas», from *Las ciudades en América Latina: seis ensayos sobre la urbanización contemporánea*, by Jorge E. Hardoy, Paidós, Buenos Aires, 1972.

«Las ciudades masificadas», from *Latinoamérica: las ciudades y las ideas*, by José Luis Romero, Siglo XXI, México, 1976.

«Asociaciones formales e informales», from *Cómo sobreviven los marginados*, by Larissa Adler de Lomnitz, Siglo XXI, México, 1978.

«El migrante indígena en la ciudad de México», from *Indígenas en la ciudad de México, el caso de las «Marías»*, by Lourdes Arizpe S., SEP Setentas, México, 1975.

Chapter 5 «Recuerdo de la madre ausente», from *Lecturas para mujeres*, by Gabriela Mistral, Editorial Porrúa, México, 1974.

Si me permiten hablar, by Domitila Barrios de Chungara, with Moema Viezzer, Siglo XXI, México, Seventh Edition, 1982.

«Feliz cumpleaños», from *Lazos de familia*, by Clarice Lispector, Editorial Sudamericana, Buenos Aires, 1965.

«La guerra y la paz», from *Cuentos completos*, by Mario Benedetti, Editorial Universitaria, Santiago de Chile, 1970.

«Valium 10», from *Poesía no eres tú: obra poética 1948–1971*, by Rosario Castellanos, Fondo de Cultura, México, 1972.

«Mónica» and «Señora Reyes», from *Cuatro mujeres, vivencias durante la revolución cubana*, by Oscar Lewis, Ruth M. Lewis, and Susan M. Rigdon (translation of the introduction and notes by Lorenzo Cortina), Plaza y Janés, Barcelona, 1980.

Chapter 6 «Nuevo Mundo: un experimento educativo modelo», interview with Sonya Rendón, Co-director of the Centro Educativo Nuevo Mundo, Guayaquil, Ecuador, by Denis Heyck, Chicago, April 1985.

Pedagogía del oprimido, by Paulo Freire, Biblioteca Nueva, Barcelona, 1970.

«La Pontifícia Universidade de São Paolo: educación y compromiso social», interview with Alipio Casali, Administrative Vice-Rector of the Pontifícia Universidade Católica de São Paulo, Brasil, by Denis Heyck (translated by the interviewer), Chicago, April 1985.

«La nueva política educativa», from *Hacia una nueva educación en Nicaragua*, by Carlos Tünnerman, Talleres del Instituto Técnico «La Salle», León, Nicaragua, 1980.

«A siete años de la educación en la revolución», interview with Carlos Tünnermann, by Denis Heyck, Chicago, July 1986.

Chapter 7 «¿Comunismo en la Iglesia?» and «Mensaje a los cristianos», from *Camilo Torres, Biografía, Plataforma, Mensajes*, edited by Juan Alvarez García, Ediciones Carpel-Antorcha, Medellín, 1966.

«Oye Señor mi causa justa» and «Sus acciones son como el heno de los campos», from *Salmos*, by Ernesto Cardenal, Editorial Pomaire, Barcelona, 1976.

Interview with Dom Helder Câmara, from *Iglesia y desarrollo*, edited by Juan José Rossi, Ediciones Búsqueda, Buenos Aires, 1968.

«Los pobres», «Bienaventurados los pobres», and «¿Qué hacer?», from *La hora de la vida*, by Elsa Tamez, Departamento Ecuménico de Investigaciones, San José, 1978.

«El Papa condena en Managua la *iglesia popular* y Ortega arremete frontalmente contra Washington», by Juan Arias, from *El País*, Madrid, March 5, 1983.

«El protestantismo en América Latina», interview with Victorio Araya, Methodist Theologian of Costa Rica, by Denis Heyck, March 6, 1985.

Así habló el tío, by Jean Price-Mars (translated by Virgilio Piñera), Casa de las Américas, La Habana, 1968.

Chapter 8 «El pelado», from *El perfil del hombre y la cultura en México*, by Samuel Ramos, Espasa-Calpe, Buenos Aires, 1952.

«El puertorriqueño dócil (Literatura y realidad social)», from *Cuadernos Americanos*, by René Marqués, México, January-February 1962, Year XXI, Volume CXX, 1.

«Línea de fuego» and «Yo fui una vez una muchacha risueña», from *Línea de fuego*, by Gioconda Belli, Casa de las Américas, La Habana, 1978.

«Los hijos de la Malinche», from *El laberinto de la soledad*, by Octavio Paz, Fondo de Cultura Económica, México, 1963.

«La familia: vieja institución, nueva fachada», from *Cinturón de castidad, la mujer de clase media en el Perú*, by Maruja Barrig, Mosca Azul Editores, Lima, 1979.

«Las buenas mujeres», Parts II and III, from *Circuito amores y anexas*, by Elena Milán, Editorial Latitudes, México, 1979.

La ciudad y los perros, by Mario Vargas Llosa, Seix Barral, Barcelona, 1973.

«Un día de éstos», from *Los funerales de la mamá grande*, by Gabriel García Márquez, Editorial Sudamericana, Buenos Aires, 1971.

«Presuntamente», by Bárbara Délano, from *Contemporary Women Authors of Latin America, New Translations*, Doris Meyer and Marguerite Fernández Olmos, Brooklyn College Humanities Institute Series, 1983.

«La diosa tecnología no habla español», from *Las venas abiertas de América Latina*, by Eduardo Galeano, Siglo XXI, México, 1980.

«Entrevista con José Lutzenberger», by Herman E. Daly (translated by Denis Heyck), from *Not Man Apart* (publication of *Friends of the Earth*), Volume 12, No. 3, March 1981.

«La Soledad de América Latina», by Gabriel García Márquez, from *Les Prix Nobel*, The Nobel Foundation, Stockholm, 1983.

*T*abla de materias

* = lectura difícil

Prefacio

El propósito de *Tradición y cambio* es ayudar a que los estudiantes desarrollen una viva comprensión y percepción de la cultura latinoamericana contemporánea a través de lecturas estimulantes. El libro tiene como tema principal la tensión que existe actualmente entre las fuerzas de la tradición y las del cambio en aspectos culturales claves, cuya dinámica interna se enfoca aquí mediante una estructura temática dialéctica.

Este libro es el resultado de muchos años de docencia, durante los cuales se ha tomado una conciencia cada vez más aguda de la necesidad de presentar las cuestiones culturales de tal manera que los estudiantes puedan identificarse con ellas. De modo que aquí se pone énfasis en temas vitales de actualidad como el papel de la mujer, de la familia, del militar, de la religión, de la migración rural/urbana y de la concientización política en la educación.

Tales consideraciones resuenan dentro del espíritu del universitario que está en proceso de formular sus propios conceptos y valores de identidad, tanto individual como cultural. *Tradición y cambio* incorpora plenamente áreas geográficas ignoradas anteriormente como Brasil, Centro América y el Caribe, y perspectivas antes desatendidas como las de la mujer, del pobre y del crítico disconforme con su cultura. El texto se desarrolla desde una perspectiva multidisciplinaria y un concepto inclusivo de la cultura, el cual abarca los hábitos, instituciones y productos sociales e intelectuales de un pueblo, así como también sus valores, presuposiciones y experiencias subyacentes. Así *Tradición y cambio* intenta sugerirle al estudiante lo esencial de la riqueza multiforme y del drama humano de la realidad cultural latinoamericana.

El aparato pedagógico del texto facilita la comprensión y discusión de las lecturas por medio de una gran variedad de ejercicios, entre ellos: 1. las *Guías de prelectura,* que presentan las lecturas más difíciles; 2. las secciones *Para verificar su comprensión,* que, cuando son necesarias, sirven para reforzar la comprensión; 3. las secciones *¿Está Ud. de acuerdo?,* que estimulan la discusión sobre las afirmaciones más controvertibles de algunos de los trozos; y 4. las *Comparaciones,* que relacionan personajes y temas de diversas lecturas y capítulos y que destacan la naturaleza integral del texto. Las respuestas de las *Guías de prelectura* y de *Para verificar su comprensión* están en la clave al final del libro, de modo que los estudiantes pueden hacer estos ejercicios en casa sin repasarlos en clase.

La *Introducción* (Capítulo 1) establece el fondo histórico y traza el desarrollo de la tradición cultural en Latinoamérica, creando así un contexto imprescindible para la comprensión tanto del impacto del cambio como de la tensión resultante. Además, las introducciones a cada capítulo y autor colocan a éstos dentro del marco cultural elaborado en el primer capítulo. Las bibliografías de cada capítulo son de gran utilidad como también lo son las distintas sugerencias para trabajos de investigación.

Tradición y cambio está destinado especialmente a los estudiantes del tercer año de español, pero es posible que, con la omisión de las lecturas más avanzadas, muchos estudiantes a fines del segundo año puedan beneficiarse con este texto.

Quisiéramos expresar nuestra sincera gratitud a todas las personas que han contribuido a la creación de este libro: a Frank Safford y Hugo Achugar por su lectura incisiva del bosquejo inicial; a Ted Copland por su ayuda; a los eficientes bibliotecarios de Northwestern University y Mundelein College, especialmente a Frances Loretta Berger, BVM; a Mary Murphy, BVM; a Kateri O'Shea y a nuestros estudiantes de español; a Mario Widel, quien preparó el manuscrito incontables veces; a Thalia Dorwick de la Casa Editorial EBI por su visión y perspicacia en reconocer los méritos del proyecto; y a Elizabeth Lantz, la concienzuda y apreciable editora del manuscrito. Pero el agradecimiento más profundo se reserva para Bill Heyck, quien escuchó, preguntó, criticó, apoyó y dio aliento en tal medida que *Tradición y cambio* no se habría realizado nunca si no hubiera sido por él.

DLDH
MVGW

Tradición y cambio

CAPITULO UNO

*I*ntroducción

La majestuosa cordillera de los Andes en el flanco del Pacífico, en
Sudamérica. (© *Peter Menzel/Stock, Boston*)

Geografía y clima

Como gran parte del llamado Tercer Mundo, América Latina presenta una variedad enorme y excitante de gentes, culturas y niveles de desarrollo económico y social. Su vasto territorio, casi ocho millones de millas cuadradas, cubre todo el hemisferio occidental al sur de los EEUU. Brasil por sí solo es más grande que los EEUU con excepción de Alaska y Hawai. Los 400 millones de habitantes de América Latina viven en condiciones que varían desatinadamente:[1] desde las comunidades indígenas aisladas hasta las espectaculares conglomeraciones urbanas; desde los pintorescos pueblos coloniales de las provincias hasta las masivas villas miseria[2] de la ciudad; y desde las casas construidas sobre pilotes[3] en la selva hasta los edificios modernos de departamentos de São Paulo. Culturalmente, algunos grupos forman parte de las civilizaciones precolombinas[4] apenas alteradas; otros participan de una elegante vida cosmopolita, mientras que la gran mayoría ocupa todos los niveles culturales intermedios. La tradición y el cambio son los polos de la vida latinoamericana cuyas atracciones incompatibles dotan[5] al ambiente de una tensión eléctrica y lo hacen formarse en modelos intrincados, dinámicos y particularmente variados.

Para comenzar, América Latina ofrece una diversidad interminable en cuanto a geografía y clima. Casi toda el área está en la zona tórrida[6] o semitórrida. En las selvas tropicales de Centro América y del Amazonas en Sudamérica, considerada esta última la más grande del mundo, hace mucho calor y llueve todos los días. En los desiertos áridos y resecos, como el Atacama en el norte de Chile, y el *sertão*, o sertón, en el noreste de Brasil, hay muy poca vegetación y la gente sufre el calor y las sequías[7] periódicas. Más hospitalarias son las sabanas[8] en partes de Venezuela y Colombia, el sur de Brasil, Uruguay y las famosas pampas de Argentina. Las sabanas, el hogar del llanero[9] venezolano y del gaucho[10] argentino, son extensas (las de Argentina, por ejemplo, son aproximadamente del tamaño del estado de Texas) y buenas para el pastoreo.

Gran parte del terreno de América Latina es montañoso. La cordillera[11] de los Andes corre por todo el flanco[12] pacífico de Sudamérica y abarca Chile, Argentina, Perú, Bolivia, Ecuador y Venezuela. Su montaña más elevada es el Aconcagua, en el límite entre Argentina y Chile. Con una elevación de casi 23.000 pies de altura, es el pico más alto de toda América. La cordillera continúa hacia el norte, atraviesa Centro América y México con el nombre de Sierra Madre, para luego formar parte de la cordillera de las montañas Rocosas en el oeste de los EEUU.

Los sistemas fluviales[13] más importantes de América Latina se encuentran en Sudamérica. Incluyen el Amazonas, que tiene una longitud de 3.900 millas, y cuya cuenca[14] comprende Colombia, Venezuela, Bolivia, Ecuador, Perú y Brasil; y el Orinoco, que desagua las montañas de Venezuela y que

[1] sin razón
[2] villas. . . barrios pobres
[3] pilares de madera que se hincan en el agua
[4] anterior al descubrimiento de América por Cristóbal Colón
[5] dan
[6] comprendida entre los dos trópicos
[7] tiempo seco de larga duración
[8] llanuras (*plains*) sin árboles
[9] habitante de las llanuras
[10] jinete dedicado a la ganadería o a la vida errante en las pampas de Argentina, Uruguay y Brasil
[11] serie de montañas
[12] parte lateral
[13] de ríos
[14] *watershed*

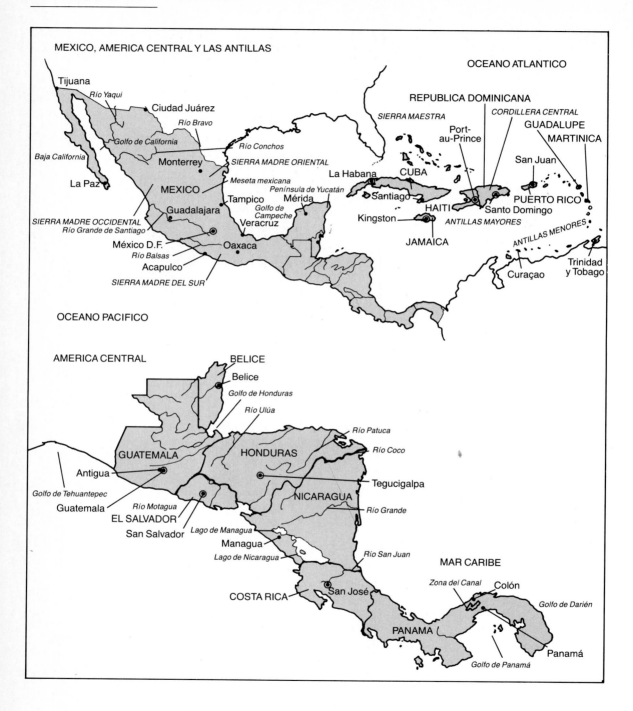

MEXICO, AMERICA CENTRAL Y LAS ANTILLAS

OCEANO ATLANTICO

Tijuana
Río Yaqui
Ciudad Juárez
Río Bravo
Golfo de California
Río Conchos
Monterrey
SIERRA MADRE ORIENTAL
Baja California
Meseta mexicana
Península de Yucatán
La Paz
MEXICO
Golfo de Campeche
Tampico
Mérida
Guadalajara
Veracruz
SIERRA MADRE OCCIDENTAL
Río Grande de Santiago
México D.F.
Río Balsas
Oaxaca
Acapulco
SIERRA MADRE DEL SUR

REPUBLICA DOMINICANA
SIERRA MAESTRA
CORDILLERA CENTRAL
Port-au-Prince
GUADALUPE
MARTINICA
San Juan
CUBA
La Habana
Santiago
PUERTO RICO
HAITI
Santo Domingo
Kingston
ANTILLAS MAYORES
JAMAICA
ANTILLAS MENORES
Trinidad y Tobago
Curaçao

OCEANO PACIFICO

AMERICA CENTRAL

BELICE
Belice
Golfo de Honduras
Río Ulúa
Río Patuca
Río Coco
GUATEMALA
HONDURAS
Antigua
Golfo de Tehuantepec
Guatemala
Río Motagua
Tegucigalpa
EL SALVADOR
NICARAGUA
San Salvador
Lago de Managua
Río Grande
Managua
Lago de Nicaragua
Río San Juan
MAR CARIBE
Zona del Canal
Colón
COSTA RICA
San José
Golfo de Darién
PANAMA
Golfo de Panamá
Panamá

Vista de una nueva comunidad agrícola que se ha creado en la selva amazónica en Bolivia. (© *Paul Conklin/Monkmeyer*)

mide 1.600 millas de longitud. Por lo general, los ríos de América Latina son poco navegables. Por eso no han contribuido significativamente ni a la unificación nacional ni al desarrollo económico del subcontinente.

Debido a las barreras naturales a la comunicación y al transporte, y a lo inasequible[15] de los lugares separados por montañas, selvas y desiertos, el aislamiento geográfico ha sido uno de los factores constantes y formativos en la historia latinoamericana. Otro resultado de las condiciones geográficas es un gran desequilibrio en la distribución demográfica. La población se concentra en los litorales,[16] principalmente en las ciudades comerciales, en ciertos pueblos de los Andes, en las planicies[17] de México y Bolivia (como en el bello lago Titicaca, que a pesar de sus 12.500 pies de altura está densamente poblado), y en algunas de las islas del Caribe (como Puerto Rico, cuyas cien millas cuadradas están entre las más densamente pobladas del mundo). Actualmente, el 65% de la población de América Latina es urbana; 18 millones de sus habitantes viven en la ciudad de México y sus contornos, ahora el área metropolitana más grande del mundo.[a] En contraste, los vastos territorios interiores de Centro y Sudamérica están relativamente despoblados.

[15]inalcanzable, remoto
[16]costas, orillas del mar
[17]llanuras

[a]Para dar una perspectiva comparativa, se nota que la población urbana de los EEUU es el 73,7%, según las cifras del *Statistical Abstract of the United States 1985* (Washington, D.C., 1984), pág. 22. Véase también Nathan A. Haverstock, «Latin America,» en *The World Book Encyclopedia* (World Book, Inc., 1985), pág. 89.

*L*as civilizaciones indígenas

La población actual de América Latina se compone de una variedad enorme de gente. Es heterogénea en extremo, incluyendo tanto a españoles y descendientes de mayas como a libaneses y suecos. Pero los primeros y más numerosos fueron los indígenas, quienes, hace unos 15.000 años, migraron de Asia por el estrecho de Bering. Pasaron por Alaska, Canadá, EEUU, México, hasta Tierra del Fuego, el punto más meridional[18] del continente. A través de un período de tiempo prolongado, cada grupo migratorio se adaptó social y económicamente a las condiciones del medio ambiente.

Para la época de la llegada de los europeos, había una gran multiplicidad de civilizaciones indígenas —sedentarias, seminómadas y nómadas. El primer grupo incluye a los más conocidos: los mayas, los aztecas y los incas. **Los mayas**, los más antiguos, datan del siglo V (a. de J.C.)[19] y se conocen por la arquitectura de sus templos únicos, su habilidad para la escultura, la pintura y las matemáticas, su impresionante escritura jeroglífica y la invención de un calendario. Se organizaban en ciudades-estados socialmente estratificados, cultivaban el maíz y vivían, por lo general, pacíficamente. Habitaban el extremo sur de México, la península de Yucatán y toda la extensión de Guatemala. Uno de los enigmas más intrigantes de la historia es el colapso súbito de los mayas que comienza en 972 (d. de J. C.).[20] Este colapso es un misterio cuya posible explicación esté encerrada en los jeroglíficos (que recién se están descifrando) de las estelas[21] magníficas que dejaron. La civilización maya fue dominada completamente por los toltecas, quienes, a partir del año 1200 de nuestra era, invadieron desde el norte. Hoy día, los descendientes de los mayas todavía pueblan las mismas zonas que sus antepasados.

Los aztecas, dueños del valle central de México desde 1325 hasta su conquista por Hernán Cortés y sus soldados españoles (1519–1521), ofrecen un contraste con los mayas por su condición de guerreros. Luchaban constantemente, agrandando su imperio con las conquistas sucesivas de tribus vecinas, como los tlaxcaltecas, quienes más tarde se unieron a los españoles para librarse del yugo[22] azteca. Situada estratégicamente en una isla en el lago de Texcoco, la capital azteca de Tenochtitlán (hoy día la ciudad de México) se conectaba a tierra firme mediante una serie de puentes, los cuales facilitaban la defensa de la ciudad de 250.000 habitantes. Mucho se ha escrito sobre las bellezas de Tenochtitlán, sobre su mercado enorme, el asombroso zoológico del rey Moctezuma II, la grandeza de sus templos, la organización ingeniosa de su ciudad, y las prácticas político-religiosas que incluían el sacrificio humano para honrar a sus dioses y para asegurar la continuación del mundo. La sociedad azteca estaba fuertemente estratificada,

[18] al sur
[19] antes de Jesucristo
[20] después de Jesucristo
[21] piedras grandes esculpidas
[22] dominio despótico

La imponente Pirámide de El Adivino, monumento de la civilización maya, en Uxmal, Yucatán. (© *Nat Norman, Rapho/Photo Researchers*)

conforme a su misión militar. En ella el jefe militar y religioso y la nobleza gozaban de gran poder. Al otro extremo, los esclavos formaban la base de la pirámide social.

Más diferente aún era ***el imperio incaico***, cuyo extenso territorio se esparcía por unas 3.000 millas sobre la cordillera de los Andes y se concentraba en la ciudad de Cuzco, Perú. La civilización incaica se consolidó alrededor del año 1400 (d. de J.C.) y duró hasta que fue conquistada por Francisco Pizarro y otro grupo de aventureros españoles en 1532. Los incas gobernaban su imperio a través de una burocracia muy bien organizada, encabezada por el Inca, o emperador, que comandaba una red[23] imponente de comunicaciones. Esto se hizo posible por la destreza[24] de los incas en la ingeniería, ejemplificada por su sistema complicado de irrigación, puentes y

[23] sistema
[24] habilidad

La famosa «ciudad perdida» de los incas, Machu Picchu, Perú.
(© *Ulrike Welsch)*

caminos. También se conocía a los incas por sus productos textiles bellos y coloridos que todavía hoy les traen renombre.[25] Es interesante notar que actualmente hay varios equipos de antropólogos que están tratando de reconstruir la organización administrativa de los incas antiguos, lo que nos puede enseñar mucho sobre la comunicación eficiente entre grandes grupos sociales.

Aunque había muchas diferencias entre los mayas, aztecas e incas, todos: 1) eran sedentarios; 2) tenían civilizaciones establecidas, complejas y rigurosamente controladas por el grupo pudiente;[26] 3) eran politeístas; 4) tenían un sistema de propiedad comunal (el *ayllu* de los incas y el *calpulli* de los aztecas); y 5) se concentraban en ciudades. Estos factores les facilitaron la conquista a los españoles, quienes también venían de una cultura

[25] fama
[26] rico, influyente

urbana, establecida y estratificada. Los conquistadores impusieron su religión monoteísta, el catolicismo, sobre las creencias múltiples de los indígenas. Así comenzó un largo e incompleto proceso de asimilación (ver Capítulos tres, siete).

Los grupos indígenas menos sedentarios fueron más difíciles de dominar y despertaban menos interés entre los europeos. Estos, como los tupí-guaraníes de Brasil y Paraguay, los caribes de las Antillas Menores y los chichimecas del norte de México, se dedicaban a la caza, la pesca, el cultivo de la mandioca y la guerra. Su grupo social principal era la familia extensa, la cual, para los tupí-guaraníes, comprendía entre treinta y sesenta personas que vivían en una casa grande y que viajaban de un lugar a otro según sus necesidades.

Cabe recordar varias cosas importantes sobre las civilizaciones indígenas en comparación con las europeas: 1) los indios vivían muy aislados unos de otros y no conocían el mundo exterior; 2) sus sociedades ilustran una variedad de adaptaciones ingeniosas dictadas por el medio ambiente; 3) no conocían ni el hierro ni el acero, puesto que vivían en la edad de piedra, no obstante la grandeza de sus monumentos; 4) la vida precolombina era antigua y estable, y en ella se valoraba la estabilidad y la resistencia al cambio abrupto. Por eso, después de la violencia y brutalidad tremendas del contacto inicial con los europeos, muchos aspectos de la vida indígena permanecieron. Varios grupos, sobre todo los aztecas y los incas, retuvieron debajo de la superficie europeizada mucho de su antigua organización social y económica, de su idioma, de sus costumbres familiares y religiosas, de su producción artística y de su modo precolombino de cultivo. Aunque en la actualidad podemos identificar tribus muy poco afectadas por la vida moderna, la mayor parte de la población indígena ya no existe en su forma original, sino que ha sido aculturada lenta y desigualmente a través de los siglos (ver Capítulo tres).

La época colonial

Cambios bruscos

El primer efecto, y el más duradero, que la presencia europea ocasionó fue demográfico: la reducción drástica de la población indígena en todas partes, especialmente en los grandes centros de México y Perú. Muchos de los aztecas e incas murieron luchando contra los invasores. Otros, debido al aislamiento relativo del mundo indígena precolombino, perdieron la vida por no tener resistencia a las plagas y enfermedades, como el sarampión,[27] la influenza, la viruela[28] y la sífilis, que trajeron los europeos.

Además de esto debemos tener presente el efecto devastador en la población indígena del trabajo en las minas de plata. La economía colonial de los siglos XVI y XVII dependía de la explotación de este metal. Las minas más ricas se descubrieron en 1545 en Potosí, Perú, y en 1547 en Zacatecas, México. Los españoles forzaban a los indios a explotar las vetas,[29] pero éstos morían pronto por las condiciones horrorosas en que trabajaban. Para darnos una idea de cómo fueron diezmados[30] los indios, en 1519 la población de México Central se estima en 25 millones; en 1605 llegaba a sólo *un millón* de habitantes, un verdadero holocausto.[b] Se puede imaginar fácilmente la desmoralización colectiva que se apoderó[31] de los indios, algo evocado vívidamente en su poesía y narraciones de tradición oral.

Por medio de *la mita*, o sea, la rotación obligatoria de la labor indígena, y de *la encomienda* —una concesión de tierra que daba al hacendado el derecho a la labor de los indígenas que en ella vivían— los europeos conseguían la mano de obra que tanto necesitaban para sostener el nuevo sistema económico. Este sistema colonial mercantilista[32] se apoyaba primero en el indio y después, cuando éste se agotaba, en el esclavo africano que era más resistente a las exigencias del trabajo de explotación minera.

La importación de esclavos había comenzado muy temprano, a mediados del siglo XVI, y se extendió a los siguientes siglos porque también se necesitaba la mano de obra negra en las plantaciones de azúcar y de algodón. Para 1870 había 1,5 millones de esclavos en Hispanoamérica y 3,7 millones en Brasil.[c] Los negros se concentraban principalmente en el norte y el litoral de Brasil y de Perú, y en el Caribe, incluso en las costas de Venezuela, Colombia, América Central y México. Es interesante notar aquí que los españoles preferían los negros a los indios, no sólo para el trabajo en las minas y en las fincas,[33] sino también para toda clase de alfarería,[34] artesanía[35] y platería.[ch]

En Brasil no había civilizaciones indígenas establecidas sino selvas, pampas e indios salvajes. Muchos de ellos practicaban un canibalismo ritual. Pero poco a poco los portugueses penetraron, en su mayor parte, en el noreste, donde establecieron sus *engenhos,* o ingenios de azúcar, siendo los más famosos los del estado nordestino de Pernambuco. *Os senhores de engenho,* o patrones[36] de hacienda, durante los siglos XVI y XVII gozaban de un estilo de vida casi legendario. Gobernaban vastos terrenos, centenares de gente —familia, empleados, artesanos, sacerdotes locales, esclavos— y una empresa lucrativa, todo dentro de un sistema clásicamente patriarcal

[27] enfermedad contagiosa que se manifiesta por manchas pequeñas y rojas
[28] enfermedad infecciosa que produce erupciones en la piel
[29] yacimientos de minerales
[30] matados masivamente
[31] se. . . se adueñó
[32] que se centra en el comercio, la exportación y la posesión de metales preciosos
[33] propiedades inmuebles, haciendas
[34] arte de fabricar vasijas de barro
[35] trabajo ejecutado con las manos
[36] amos, señores, dueños

[b] Thomas E. Skidmore and Peter H. Smith, *Modern Latin America* (New York: Oxford Univ. Press, 1984), p. 22.

[c] *Ibid.*

[ch] James Lockhart and Stuart B. Schwartz, *Early Latin America: A History of Colonial Latin America and Brazil* (New York: Cambridge Univ. Press, 1984), p. 99.

La caña de azúcar alcanza gran altura en las afueras de La Habana. (© *Miriam Torrado Arambulo*)

(ver Capítulos dos, cinco). La economía de Brasil, como la de la América Española, era extractiva y colonial, pero a diferencia de ésta, partía de una base agrícola y no minera, porque Brasil era «la plantación del rey».[d]

La religión

Los religiosos como los jesuitas, franciscanos y [37]proporcionaron dominicanos aportaron[37] una contribución valiosa con sus tentativas de pro-

---

[d]Skidmore, p. 27.

teger a los indios contra los atropellos[38] de sus amos españoles y portugueses. El fraile de la orden religiosa dominicana en México, Bartolomé de
Las Casas (1474–1566), y el jesuita Antônio Vieira (1608–1697) en Brasil, estuvieron entre los defensores más elocuentes y apasionados de los indios.
Los religiosos en las colonias tomaban la responsabilidad de instruir a los
indios, especialmente en el catecismo y el idioma nacional, pero también en
la música, el arte y la escritura. Se dedicaban además al estudio del pasado
indígena y a la preservación de su memoria colectiva a través de la transcrip-
ción de los libros de profecías del *Chilam Balam,* provenientes de Yucatán,
y del *Popol Vuh,* el poema épico sagrado de los mayas.

La iglesia católica era además la institución responsable de la educación
en las colonias. La doctrina educativa se basaba en la escolástica medieval,
que proponía la revelación divina de los libros sagrados mediante la interpretación de las autoridades eclesiásticas. Se consideraban como peligrosos para el orden establecido el libre juego de ideas, la curiosidad intelectual y el deseo individual de investigar el mundo por cuenta propia,
actividades circunscritas y censuradas por el Santo Oficio, o la Inquisición.
El sistema educacional reflejaba la desigualdad social entre las razas y los
sexos; los hombres blancos y españoles representaban a la «gente decente»
o «de razón», como se les llamaba por su pureza de sangre (ver Capítulos
tres, seis). **Los mestizos**, o sea los de sangre mezclada, fueron admitidos gradualmente en las instituciones educativas, pero la mujer, el indio, el negro y
el mulato apenas recibían instrucción alguna. La educación católica y aristocrática servía principalmente para suplir los puestos en el gobierno y en la
Iglesia, y para mantener el statu quo existente. La estrechez de la educación
y de la vida colonial se ilustra claramente en la vida de la famosa intelectual
mexicana Sor Juana Inés de la Cruz (1651–1695). Esta mujer genial fue criticada severa y repetidamente por sus superiores con motivo de sus investigaciones artísticas y científicas, tan atrevidas[39] para una mujer y una religiosa
en un ambiente represivo. La Iglesia[e] se empeñaba[40] por mantener la ortodoxia religiosa e intelectual de la época.

El control que ejercía la Iglesia en los ámbitos[41] intelectual y religioso se
reflejaba en los ámbitos político y económico también. La Iglesia, como institución, era uno de los mayores terratenientes del período colonial, y la
jerarquía religiosa formaba parte del establecimiento privilegiado (ver Capítulo siete). Por muchos años, el estado y la Iglesia mantuvieron una cola-
boración mutuamente conveniente. Sin embargo, muy gradualmente, los
reyes de España y Portugal comenzaron a reconocer que el poder político y
económico creciente de las órdenes religiosas, especialmente la de los jesuitas, representaba una amenaza potencial al control de sus colonias. Por
consiguiente, se expulsó a los jesuitas de Brasil en 1759 y de Hispa-

[38]agravios, abusos
[39]irrespetuosas
[40]se. . . insistía con
   constancia
[41]círculos

---

[e]De aquí en adelante se usa Iglesia para referirse a la católica.

noamérica en 1767, con la intención de deshacerse de un desafío molesto para su monopolio del poder.

La sociedad

Para fines del siglo XVII el cuadro general es el siguiente: 1) una sociedad dividida en dos grupos: europeos e indígenas; 2) una población africana creciente, que en ciertas áreas era predominante en términos numéricos; 3) una economía colonial que exportaba sus materias primas a la madre patria; 4) una élite muy pequeña y una sociedad de distinciones sociales estrictas (ver Capítulo dos); 5) una coexistencia incómoda e incongruente entre la ortodoxia católica y las creencias paganas de los africanos e indígenas (ver Capítulo siete); y 6) una concentración notable de gente en las grandes ciudades como México y Lima, y en las costas que miraban hacia Europa (ver Capítulo cuatro).

En este mundo superficialmente estático, insertemos dos factores dinámicos e interrelacionados: la rivalidad entre **los criollos**, los hijos de españoles nacidos en América, y **los peninsulares**, aquellos nacidos en España, y el proceso de mestizaje.[42] Durante el siglo XVIII el número de criollos crecía rápidamente, mientras que el de los peninsulares disminuía, a pesar de la inmigración continua que desde España llegaba. Los peninsulares querían mantener el control político y económico. Al mismo tiempo los criollos, muchos de ellos de familias que habían hecho fortunas con la minería, la ganadería,[43] las empresas urbanas y la milicia, se resentían cada vez más por su exclusión de los centros más codiciados[44] del poder administrativo. La presión ejercida por los criollos se verá más notablemente en el siguiente siglo, durante las guerras de la independencia. La composición étnica y racial de la sociedad también estaba cambiando. Aunque todavía predominaba la división español-india, ésta disminuía poco a poco ante el incremento de mestizos y mulatos, algo que habría de acelerarse claramente con el tiempo, hasta que en la actualidad podemos decir que la mayor parte de la población de América Latina es mestiza (ver Capítulo tres). El mestizaje de blancos, indios y negros, los tres grupos iniciales, produciría un grupo enorme que para fines del siglo XVIII reclamaría un rol más importante en la vida colonial, ya sea en la milicia, el comercio, o la educación.

Las reformas de los reyes Borbones, a fines del siglo XVIII, fueron importantes también por las repercusiones que habrían de tener. Su intención era la centralización eficiente del sistema imperial a través de una serie de reorganizaciones administrativas y económicas. Una de las más importantes para Hispanoamérica fue la proclamación dentro del imperio español del comercio libre. Aunque éste había operado ilegalmente desde hacía

[42] cruzamiento de razas diferentes
[43] crianza de reses
[44] deseados vehementemente

tiempo, su legalización estimuló notablemente el comercio en ambos lados del Atlántico. La economía colonial estaba expandiéndose y pronto querría buscar oficialmente otros mercados no españoles para sus productos.

El Brasil colonial

Entretanto, en Brasil la industria azucarera nordestina comenzó a declinar hacia fines del siglo con la competencia feroz[45] de los franceses e ingleses en el Caribe. Poco a poco los brasileños sustituyeron la producción del azúcar por la del café, pero esto no dio resultados sino hasta bien entrado el siglo XIX, y esto solamente en el sur, no en el noreste del país. El descubrimiento de oro en el estado de Minas Gerais fue, en Brasil, el evento principal del siglo XVIII. Atraídos por la oportunidad de hacerse ricos de la noche a la mañana, miles de costeños[46] —patrones, esclavos, morenos, mulatos— migraron al interior, el cual, antes del *boom*, estaba poblado solamente por indios hostiles. Pero para 1775, Minas Gerais tenía el 20% de la población nacional, y la mitad de esta cifra eran esclavos, muchos importados directamente de Africa.[f] En este período la ley y el orden eran casi inexistentes.

Las reformas de Carlos III en Hispanoamérica fueron precedidas en Brasil (1750–1777) por las del Marqués de Pombal. Como el rey Borbón, Pombal quería reformar el sistema imperial como reacción protectora a su incapacidad para defender sus intereses ultramarinos. Tanto Portugal como España dependían enormemente de Inglaterra, especialmente Portugal, que era un estado casi cliente de ella. Portugal no podía aspirar a suplantar a Inglaterra, sino a tener solamente una participación más amplia en el comercio colonial. Dentro de Brasil, Pombal favoreció una política de mestizaje entre indios y portugueses para agrandar las poblaciones fronterizas y para acelerar el proceso de aculturación de los indios.

A pesar de su afán[47] reformista, Pombal continuó la política de sus antecesores en cuanto a la educación, y nunca se estableció ninguna imprenta o universidad en el Brasil colonial, tan fuerte era el miedo a la creación de una élite local intelectualmente autónoma. Esto difiere marcadamente de lo que sucedió en Hispanoamérica, en donde los españoles establecieron imprentas y universidades desde el siglo XVI. Sin embargo, Pombal colaboró con la oligarquía[48] brasileña de varias maneras, incluso en la elaboración de muchas de las reformas.

La rivalidad que había en la América Española entre criollo y peninsular no era tan fuerte en Brasil, principalmente porque los criollos brasileños no gozaban de[49] tanto prestigio ni eran tan numerosos como su contraparte hispanoamericano. También Brasil y Portugal mantenían un contacto más

[45] dura, cruel
[46] habitantes de la costa
[47] gran deseo, fervor
[48] clase dirigente constituida por una minoría poderosa
[49] disfrutaban

---

[f] Lockhart, p. 372.

constante y armonioso que el existente entre España y la América Hispana, con el resultado de que la corona portuguesa no sentía tan fuertemente como la española la necesidad de imponerse y controlarlo todo. Pero parte de la razón radica[50] en la extensión del mestizaje. Por el factor adicional de los negros, vemos que en Brasil hay más gradaciones de color y raza que, por lo general, en las otras colonias. Aunque muchos miembros de la élite se preocupaban por la proliferación «inmoral» (por sus uniones ilícitas) de *pardos,* o morenos, la composición de la población seguía cambiando notablemente. Para fines del siglo XVIII en todo el país la población blanca comprendía sólo el 29,4%; la mulata y la negra el 65,9%; y la indígena, el 4,6%.[g] A pesar de esto, los de ascendencia europea y tez blanca continuaban controlando la jerarquía social y económica (ver Capítulo tres).

[50] se encuentra

*E*l siglo XIX: *independencia y crisis*

Las luchas por la independencia en América Latina durante las dos primeras décadas del siglo XIX estuvieron muy influidas por los factores demográficos, étnicos, sociales y económicos del período colonial. Pero recibieron también la influencia de eventos políticos tanto externos como internos. Primero, España continuaba en un declive[51] económico y político que había comenzado en el siglo XVIII y no podía proteger sus territorios americanos contra las incursiones de los intereses ingleses, franceses y holandeses. Luego, en 1807, la península ibérica sufrió la invasión napoleónica, la cual provocó rebeliones en España y la declaración del gobierno del rey Fernando VII en el exilio. En América Hispana estos eventos produjeron reacciones variadas.

[51] decadencia, decaimiento
[52] vínculos, unión
[53] escala, variedad

En lugares como Lima había un fuerte sentimiento de lealtad a la corona y se habían establecido lazos[52] profundos con la autoridad española. Así, los cabildos, o sea los gobiernos locales, proclamaron su fidelidad al gobierno español legítimo. No fue hasta 1824 que Perú logró su independencia. En lugares como Buenos Aires, donde la influencia española siempre había sido débil y tardía, el cabildo abierto de 1810 renunció determinadamente al gobierno español y a sus representantes locales. Entre estos dos extremos había una gama[53] de reacciones intermedias, hasta que con el deterioro pro-

[g]Lockhart, p. 401.

gresivo de la situación española, pudo crecer la idea de independizarse de España, una idea cuya simiente se había plantado mucho antes. En México, en 1810, un sacerdote humilde, Miguel Hidalgo (1753–1811), lanzó la rebelión con el «Grito de Dolores», y encabezó un ejército informe[54] de indios y mestizos. Más al sur, el gran libertador Simón Bolívar (1783–1830) luchó para liberar Venezuela, Colombia, Bolivia y Ecuador; y el héroe José de San Martín (1778–1850) llevó a la independencia a Argentina, Chile y Perú.

En Brasil la situación era muy diferente y mucho menos violenta, porque la corte portuguesa llegó a Río de Janeiro en 1808, huyendo de Lisboa y de la ocupación napoleónica. Fue el portugués Dom Pedro I mismo quien lanzó en 1822 el «Grito de Ypiranga», separando así Brasil de la casa real de los Braganza. Brasil obtuvo su independencia con algunas escaramuzas[55] comparativamente ligeras y con el apoyo y el liderazgo de la familia real, un hecho único.

Con la posible excepción del movimiento mexicano de emancipación en su fase inicial, que era mayormente indígena, las guerras por la independencia eran predominantemente movimientos con dirigentes criollos y mestizos que querían la autonomía política y económica, y no un cambio de estructuras. El conflicto hispanoamericano tuvo lugar esencialmente en el ámbito español y no indígena del subcontinente; es decir, representaba los intereses criollos e ignoraba por completo los de los indígenas. Por eso, aunque hubo batallas sangrientas y mucha destrucción en algunos lugares, como por ejemplo en la larga lucha venezolana en la cual perecieron muchos llaneros, el efecto total en la organización social de Hispanoamérica no era tan apreciable, y se concentraba en la esfera española. Para fines de la década de los años veinte, toda América Latina continental había logrado su independencia política. Sin embargo, algunas islas del Caribe, como Puerto Rico y Cuba, no iban a independizarse hasta mucho más tarde, en 1898.

Considerándolo en términos generales, hay una continuidad entre el período anterior y posterior a la independencia en cuanto a la organización social, urbana y económica. En efecto, el historiador James Lockhart declara que «solamente hay dos períodos en la historia del Hemisferio Occidental, preconquista y posconquista, con todo el tiempo desde la llegada de los europeos un solo, ininterrumpido continuo en la mayoría de los aspectos».[h] La ruptura más significativa fue la ruptura política. Ahora América Latina iba a aprender a gobernarse por cuenta propia,[56] ya fuera como monarquía, como en el caso único de Brasil hasta 1889, o como estado republicano en las demás naciones jóvenes.

Las dos décadas entre 1830 y 1850 fueron las más difíciles para los nuevos estados. El período se caracterizó por el tumulto político mientras los gobiernos trataban de regenerarse después de las batallas independistas, especialmente costosas en Venezuela, México y también en Uruguay, donde

[54] de forma vaga e indeterminada
[55] peleas de poca importancia
[56] por . . . por sí misma

---

[h]Lockhart, p. 426.

los patriotas pelearon bajo el liderazgo del gaucho intrépido José Artigas. Los gobiernos recién nacidos tuvieron que pedir préstamos para pagarles a las fuerzas armadas y costear[57] su equipo. Como resultado, estos países comenzaron su vida autónoma ya con deudas grandes contraídas con las potencias europeas, especialmente con Inglaterra. Así se inició un problema que actualmente plaga los gobiernos hispanoamericanos. Al mismo tiempo, por la ausencia de una tradición de partidos políticos, había mucha rivalidad entre los individuos por el poder. Las disputas políticas frecuentemente eran decididas por la fuerza. Era la época de los caudillos, o sea militares o ex militares que tomaban el poder por la fuerza y que dependían de la lealtad personal de su ejército privado para mantenerse en el poder. Los dos ejemplos más destacados del siglo XIX son el brutal dictador argentino Juan Manuel de Rosas, quien tiranizó la Argentina entre 1829–1852, y Antonio López De Santa Anna, exponente mexicano del personalismo anárquico, quien entre 1821 y 1855 dejó casi en bancarrota a la joven república. Estos casos ilustrativos nos enseñan cuán fragmentados y políticamente débiles eran los gobiernos latinoamericanos de ese período.

Como ya se indicó, los cambios sociales no eran tan grandes como los políticos. El cambio más notable fue que los numerosos mestizos ahora tenían más oportunidades para ascender en la escala social, especialmente a través de una carrera militar. Aparte de esto, las oligarquías terratenientes y mineras mantenían un control exclusivo, mientras la vida para el campesino, en la mayoría de los aspectos, permanecía todavía predominantemente precolombina.

Económicamente, América Latina quedó como productora de materias primas para el exterior. Se incrementó muchísimo la exportación a Europa de productos tales como trigo, nitratos y guano[58] de Perú; tabaco de Colombia; cuero, carne y lana de Argentina; azúcar de Cuba; café de Brasil; y cacao de Venezuela. Pagaban así la importación de textiles y bienes manufacturados, un sistema que desalentó[59] la creación de industrias ligeras en América Latina. Durante la segunda mitad del siglo, América Latina se incorporó cada vez más a la economía internacional. Atraía la inmigración europea para aumentar la mano de obra para el desarrollo agrícola. Especialmente en Uruguay, el sur de Brasil y Argentina, la inmigración europea tuvo un impacto poderoso y duradero. Fue la época también de la construcción de ferrocarriles y frigoríficos[60] para transportar los productos de las haciendas y las minas a los puertos comerciales para su exportación a los mercados foráneos.[61] Las inversiones[62] británicas y estadounidenses aumentaron mientras estos países aceleraban sus propios procesos de industrialización, para lo cual necesitaban los productos de América Latina. Dentro de América Latina la creencia en el libre comercio era casi total. Aunque se evitaba el establecimiento de una industria nativa, los gobiernos nacionales dependían para sus ingresos de los impuestos sobre los productos extranjeros. Además, los terratenientes de gustos refinados y europeizados preferían la calidad superior de la mercancía europea a la del producto de cualquier tentativa nacional de manufactura. Había una «europeización» de la élite

[57] cubrir los gastos que ocasiona

[58] excremento de aves marinas usado como fertilizante

[59] quitó el ánimo de

[60] cámaras enfriadas artificialmente para conservar productos alimenticios

[61] extranjeros

[62] empleo de dinero con fines de lucro

porque se creía que sólo a través del mimetismo[63] de lo europeo se podría formar parte del mundo «civilizado». Se ve un ejemplo dramático de este síndrome en la entrega de la economía nacional a los intereses extranjeros durante el gobierno de Porfirio Díaz, caudillo máximo de México (1876–1911). Díaz y sus consejeros, los llamados «científicos», se beneficiaron en gran manera de sus negocios, principalmente con los ingleses. Al mismo tiempo, la gran mayoría de la población vivía en condiciones extremas de hambre y pobreza.

[63] imitación

El siglo XX: autoritarismo y revolución

En el siglo XX, vemos dos tendencias en América Latina: una hacia regímenes autoritarios, y otra hacia revoluciones populares. Para comenzar, tenemos al caudillo Juan Vicente Gómez, quien aterrorizó Venezuela con su gobierno arbitrario, salvaje y corrupto entre 1908–1935. Tal vez más infame todavía fue el reino inhumano de la dinastía de los Somoza, que desde 1937 hasta la revolución sandinista de 1979 sangró al pueblo nicaragüense.

[64] falta de poder y fuerza para obrar

Vemos otra clase de autoritarismo en los gobiernos populistas del gaucho Getúlio Vargas en Brasil (1930–1945, 1951–1954), y del carismático Juan Domingo Perón en Argentina (1946–1955). Estos hombres basaron su política en el nacionalismo extremo, frecuentemente demagógico y emocional, a través del cual obtenían la lealtad firme de las masas obreras, como, por ejemplo, la de los «descamisados» de Perón. El populismo era una alianza incómoda entre los obreros y el ejército, hecha posible por el proceso rápido de industrialización y urbanización, y por la ineficacia,[64] casi la inexistencia, de partidos políticos organizados y representativos. Cuando la alianza se deshizo, se inició el ciclo vicioso y familiar de la intervención militar (o la amenaza de ella), seguida por protestas populares, seguidas nuevamente por intervención militar (ver Capítulo ocho).

Durante las décadas de los años sesenta y setenta y hasta la primera mitad de la de los años ochenta, la dictadura militar fue especialmente larga y severa en países como Argentina, Uruguay y Brasil. Estos países, que sufrieron de varios grados de represión y terror militar, para 1985 inauguraban gobiernos civiles y relativamente democráticos. Chile, entretanto, todavía queda en la larga noche de la dictadura férrea del general Augusto Pinochet, quien derrocó en 1973 el gobierno socialista de Salvador Allende, el cual había sido elegido por el pueblo. Muchos de éstos y otros regímenes autoritarios han sido apoyados abiertamente por el gobierno de los EEUU, y clandestinamente por la CIA, porque son anticomunistas y porque proveen la estabilidad deseada para promover los intereses estratégicos y comerciales estadounidenses.

En este siglo hemos sido testigos no sólo de una sucesión de gobiernos autoritarios en América Latina, sino también de revoluciones populares y espontáneas. La primera revolución auténtica del siglo XX en este hemisferio, la revolución mexicana (1910–1917), representa el alzamiento[65] del sufrido pueblo mestizo e indígena contra el porfiriato[66] corrupto, ilegítimo, dominado por los criollos y por intereses foráneos, y apoyado por los líderes militares y eclesiásticos. A través de sus muchos héroes, desde Francisco I. Madero hasta Lázaro Cárdenas, el ejemplo mexicano ha mostrado la importancia de la participación significativa del pueblo en el proceso político y en la vida económica, y, con la notoria expropiación del petróleo por el presidente Cárdenas en 1938, de la importancia singular del control nacional sobre los recursos naturales del país. Aunque últimamente el sistema mexicano se ha mostrado cada vez menos sensible a la crítica política interna, todavía sirve como ejemplo histórico de una revolución auténticamente nacionalista en su etapa heroica, o inicial.

Más recientemente, tenemos los ejemplos de las revoluciones cubana (1959) y nicaragüense (1979). Las dos lograron, en escala diferente, la expulsión de las élites represivas y la creación de una base popular amplia, aunque en Cuba esto ocurrió al costo de un nuevo tipo de autoritarismo. La revolución en El Salvador (1977–   ) ha resultado en una guerra civil, la cual se ha complicado por el hecho de que los EEUU apoyan un gobierno que, hasta ahora, no tiene la autoridad ni de vencer a los revolucionarios ni de controlar a los derechistas en el ejército y la política nacionales. La revolución nicaragüense también se encuentra en serias dificultades porque está tratando, a duras penas y contra el desagrado de los EEUU, de instaurarse[67] como estable, autónoma y pluralista. La revolución cubana, que ha traído tantas mejoras, especialmente en la educación, vivienda[68] y alimentación, irónicamente ha cambiado una dependencia de los EEUU por una de la Unión Soviética.

La dependencia de América Latina del extranjero, sea de Europa, los EEUU, o la Unión Soviética, es una de las constantes de la historia y de la actualidad económica y política del subcontinente (ver Capítulo ocho). Las economías latinoamericanas se encuentran vulnerables ante las fluctuaciones y caprichos[69] de los precios internacionales y la demanda del mercado mundial de sus bienes, los cuales, a pesar de varias tentativas de diversificación, todavía en muchos casos consisten en productos primarios, como bananas de Honduras o de Costa Rica, o nitratos de Chile, o café de Brasil, o carne vacuna[70] de Argentina. Estos altibajos[71] económicos producen la inestabilidad política y social, el deterioro progresivo del segmento

[65] rebelión
[66] régimen de Porfirio Díaz
[67] instituirse, instalarse
[68] habitación
[69] variaciones sin motivos determinados
[70] de vaca
[71] cambios bruscos

La cosecha de la banana para el mercado exterior es una actividad familiar en Costa Rica y otros países de Centro América. (© *Paul Conklin/Monkmeyer*)

más pobre, y usualmente más numeroso, de la población y la amenaza omnipresente de la represión (ver Capítulo ocho). Los exégetas[72] de la teoría de la dependencia explican en términos económicos las tensiones y desigualdades que vemos actualmente dentro de América Latina, y entre ésta y los EEUU. Por válida que sea esta teoría, tenemos que reconocer al mismo tiempo que las fuerzas de la transformación histórica se entrecruzan, y son múltiples y variadas. Incluyen, por ejemplo, factores culturales muy diversos como el papel social del artista y del intelectual, o la influencia del personalismo en la conducción de los negocios (ver Capítulo cinco). Incluyen factores demográficos como la explosión de la población y el correspondiente flujo[73] de gente a los grandes centros urbanos (ver Capítulo cuatro).

La rica historia latinoamericana tan variada en sí, pero tan unida como un edredón de retacitos,[74] necesita una multiplicidad de enfoques. Por una parte vemos una dependencia económica, política y cultural exacerbada por los intereses foráneos y las élites nativas; por otra, las tentativas hacia la creación de una cultura y un modo de ser nacionales y autónomos (ver Capítulo ocho). También podemos encarar la dinámica latinoamericana a través

[72] intérpretes
[73] movimiento
[74] dredón . . . *patch-work quilt*

Del cultivo del café depende en gran parte la economía
de El Salvador, Guatemala, Colombia y Brasil.
(© *Jean-Pierre Laffont/Sygma*)

de las diferentes épocas culturales que coexisten actualmente. Estas épocas se ven yuxtapuestas[75] en la ultramoderna ciudad de Brasília, capital de Brasil desde 1960, arquitectónicamente el non plus ultra. Aquí, casi a la sombra de sus rascacielos, se encuentran las chozas de indios tan primitivos que todavía fabrican sus herramientas de piedra. Podemos yuxtaponer también a los indios lacandones de Guatemala, quienes viven hoy día como vivían sus antepasados mayas trescientos años antes de Cristo, con la pequeña élite blanca de la capital, la cual mantiene un estilo de vida que recuerda al español colonial. Estos dos grupos parecen vivir olvidados el uno del otro, aunque viven en un territorio del tamaño del estado de Pensilvania.

Estos contrastes son en parte rurales/urbanos, porque la gente citadina y la campesina vive en diferentes períodos históricos. Son en parte el resultado del dominio incompleto de los europeos sobre los indios. Son en parte el resultado de la geografía indómita.[76] Son también el producto de la explosión demográfica que ha complicado toda cuestión cultural, especialmente las relacionadas con la ciudad (ver Capítulo cuatro); con la mujer y la familia (ver Capítulo cinco); con la educación (ver Capítulo seis); y con la religión (ver Capítulo siete). Pero, así como el paisaje de América Latina es tan dramático y asombroso, también lo son todos los contrastes culturales

[75] colocadas una junto a otra

[76] que no se puede sujetar, dominar

resaltantes[77] que forman parte de la dinámica maravillosa y cautivante de la cultura latinoamericana, tradición y cambio, cuya aventura emprendemos[78] ahora.

[77] que se distinguen
[78] comenzamos, tomamos el camino

Para verificar su comprensión*

A. Llene los espacios en blanco con la/s palabra/s más apropiada/s al pie de la página. Verifique sus respuestas con la clave al final del libro.

EPOCA

	Precolombina (hasta 1519)	Colonial (1519–1810)	de la Independencia (siglo XIX)	Actual (siglo XX)
Gente clave	1. _____	1. _____	1. _____	1. _____
		2. _____	2. _____	2. _____
			3. _____	3. _____
Cultura	1. _____	1. _____	1. _____	1. _____
	2. _____	2. _____	2. _____	2. _____
	3. _____			
Economía	1. _____	1. _____	1. _____	1. _____
		2. _____		
		3. _____		
Política	1. _____	1. _____	1. _____	1. _____
	2. _____		2. _____	2. _____
				3. _____

Las Casas	mercantilismo	politeísmo	calendario
minas de plata	revolución nicaragüense	San Martín	explosión demográfica
caudillos	Vargas	Sor Juana	revolución mexicana
irrigación	mimetismo	exportación de	declinación de los indios
Castro	Moctezuma	materias primas	criollos vs. peninsulares
dictadura militar	Bolívar	estado teocrático	valores fluctuantes
inmigración europea	mestizaje	esclavos africanos	
élite guerrera	economía dependiente	Perón	
cultivo del maíz	Hidalgo	guerras de independencia	

*La clave que está al final del libro contiene las respuestas para las secciones *Para verificar su comprensión* y para las *Guía de prelectura*.

B. Escoja la mejor descripción para cada «ismo».

_____ 1. mercantilismo

_____ 2. escolasticismo

_____ 3. caudillismo

_____ 4. populismo

_____ 5. autoritarismo

_____ 6. nacionalismo

a. el nacionalismo demagógico extremo dirigido a las masas obreras

b. doctrina educativa medieval de la Iglesia que mantenía la ortodoxia intelectual en las colonias

c. sistema económico colonial basado en la exportación de materias primas a la madre patria

ch. creencia, a veces militante, en el valor, la posibilidad y el destino particular de la propia nación

d. el gobierno de regímenes militares rígidos y antidemocráticos

e. la toma del poder por la fuerza y la dependencia de la lealtad de un ejército privado

Comparaciones

La siguiente es una lista parcial de características que por lo general han diferenciado el desarrollo cultural de América Latina del de los EEUU. Escoja *uno* de estos factores y explique su rol en la historia de las dos culturas.

AMERICA LATINA

1. el catolicismo
2. un sistema social rígido
3. una economía dependiente
4. la presencia de civilizaciones indígenas avanzadas
5. el mestizaje a gran escala

EEUU

1. el protestantismo
2. un sistema social fluido
3. una economía independiente
4. la comparativa ausencia de civilizaciones indígenas avanzadas
5. relativamente poco mestizaje

*B*ibliografía

Adams, Richard E. "Río Azul, Lost City of the Mayas." *National Geographic*. Vol. 169, No. 4 (April, 1986), pp. 420–451.

Bethel, Leslie, ed. *Cambridge History of Latin America: Colonial Latin America*. Vols. I, II (1985).

_____, *Cambridge History of Latin America: From Independence to 1870*. Vol. III (1985).

Cardoso, Fernando Henrique, and Faletto Enzo. *Dependency and Development in Latin America*. Tr. Marjorie Mattingly Urquidi. Berkeley and Los Angeles: Univ. of California Press, 1979.

Chang-Rodríguez, Eugenio. *Latinoamérica: su civilización y su cultura*. Rowley, Mass.: Newbury House, 1983.

Collier, David, ed. *The New Authoritarianism in Latin America*. Princeton: Princeton Univ. Press, 1979.

Cortés, Hernán. *Cartas y documentos*. México: Porrúa, 1963.

Díaz del Castillo, Bernal. *Historia verdadera de la conquista de la Nueva España*. 3 vols., México: Fondo de Cultura Económica, 1951.

Hammond, Norman. "Unearthing the Oldest Known Maya." *National Geographic*. Vol. 162 (July–Dec., 1982) pp. 126–140.

Haverstock, Nathan A. "Latin America." *The World Book Encyclopedia*. (1985), pp. 84–102c.

Katz, Friedrich. *The Ancient American Civilizations*. New York: Praeger, 1972.

La Feber, Walter. *Inevitable Revolutions, The United States and Central America*. New York: W. W. Norton & Co., 1984.

de Las Casas, Bartolomé. *Historia de las Indias*. 3 vols., México: Fondo de Cultura Económica, 1951.

León-Portilla, Miguel. *The Broken Spears: The Aztec Account of the Conquest of Mexico*. Tr. Lysander Kemp. Boston: Beacon Press, 1961.

Libro de los libros de Chilam Balam. México: Fondo de Cultura Económica, 1948.

Lockhart, James, and Stuart B. Schwartz. *Early Latin America: A History of Colonial Spanish America and Brazil*. Cambridge: Cambridge Univ. Press, 1984.

Mullen, William. "The Tiwanakans." *Chicago Tribune, Sunday Magazine* (November 23, 1986), pp. 10–32.

Skidmore, Thomas E., and Peter H. Smith. *Modern Latin America*. New York: Oxford Univ. Press, 1984.

Statistical Abstract of the United States, 1985. Washington, D.C.: U.S. Dept. of Commerce, 105 ed., 1984, p. 22.

Stockton, William. "Ancient Astronomy Points to New Views of Mayan Life." *New York Times* (March 25, 1986), pp. 15–16.

Todorov, Tzvetan. *The Conquest of America*. Tr. Richard Howard. New York: Harper & Row, 1984.

CAPITULO DOS

Las clases sociales

Las diferencias entre las clases sociales se ven con nitidez en esta
foto de La Paz. (© *Ulrike Welsch*)

Introducción

La herencia ibérica

En el tema de las clases sociales sobresalen dos características de América Latina: los contrastes culturales y la tensión actual entre tradición y cambio. La tradición, en cuanto a la estructura social, es producto de muchas influencias, sobre todo de la herencia ibérica, predominantemente medieval, jerárquica[1] y patriarcal. Los valores y cualidades de esta tradición se encuentran hoy en conflicto con los del cambio, que tienden a ser meritocráticos,[2] democráticos e igualitarios.

La visión del mundo peninsular en el siglo XV era medieval porque valoraba la inmutabilidad[3] material, social y espiritual, y consideraba el orden existente como señal de la voluntad y del designio[4] de Dios. Esta actitud cerrada al cambio aprobaba la desigualdad social porque no se conocían los conceptos modernos democráticos, como la movilidad vertical y la oportunidad individual. La visión medieval se transfirió al Nuevo Mundo con los primeros conquistadores, y formó la base del sistema de clases que vino posteriormente.

Esa escala de valores tradicionalistas produjo en el Nuevo Mundo un sistema rígido compuesto de tres grupos, a saber:

1. una élite tradicional que constaba de un número muy reducido de familias terratenientes. Estas familias controlaban no solamente la tierra, sino también la vida política y económica de sus países, formando así una fuerte oligarquía. Desde la época colonial hasta nuestro siglo, esta aristocracia, que podía en el caso de algunas familias remontar su linaje[5] hasta los conquistadores mismos, se consideraba la depositaria y la expresión más alta de los valores peninsulares y criollos;

2. una masa empobrecida y rural que cultivaba la tierra de los hacendados y que subsistía en la miseria más abyecta. Durante el tiempo de la colonia, este grupo numeroso incluía a la mayoría de los indígenas, negros y mestizos, muchos de los cuales trabajaban como esclavos. En nuestro siglo, aunque ya no existe la esclavitud, todavía persiste la pobreza miserable de los campesinos;

3. los que no cabían en los primeros dos grupos —como los educadores, soldados, tenderos,[6] artesanos y miembros del clero— pero que no constituían lo que hoy llamaríamos una clase media. Este grupo ha crecido enormemente y es, actualmente, el eje[7] del cambio en las clases sociales.

La estructura medieval de clases estáticas se perpetuó en las colonias a través de varias instituciones. La más fuerte de ellas es *el latifundio,* un sistema agrario feudal basado económicamente en un monocultivo extenso —azúcar, café o algodón, por ejemplo— y socialmente en el sistema de clases.

[1] que sigue un orden, categorías o grados diferentes
[2] que tienen en cuenta habilidad y calificación
[3] inalterabilidad
[4] intención
[5] ascendencia
[6] comerciantes
[7] centro

Reunión de damas de la clase alta colombiana que nos hace pensar en el ambiente en que se crió Victoria Ocampo. (© *Ulrike Welsch*)

Sumamente poderoso en América Latina desde hace más de 450 años, el latifundio es una de sus instituciones más antiguas. El latifundismo reserva para los capacitados, primero los europeos blancos y después sus descendientes criollos, la pertenencia de la tierra, fuente principal de poder y riqueza. El latifundista, heredero del histórico desdén[8] hacia el trabajo manual, no se ocupa él mismo del cultivo de su tierra, sino que se lo encarga a sus empleados. El cultivo del latifundio requiere esfuerzos constantes por parte de los indígenas, negros o mestizos, quienes en muchas ocasiones dejan la vida en los campos debido a las condiciones infrahumanas[9] de trabajo. La desigualdad social y económica inherente a este sistema se ha exacerbado recientemente con el aumento excesivo de la población pobre y la declinación continua de la eficiencia productiva del latifundio, que no puede dar de comer a las multitudes necesitadas. En otras partes del mundo moderno, en las cuales se enfatizan la eficiencia y la pequeña propiedad individual como valores sociales, el latifundio anticuado ya ha desaparecido o está en vías[10] de extinción. Pero, en América Latina, con pocas excepciones, sigue intacto, lo cual es un testimonio del profundo arraigo[11] del legado[12] medieval peninsular.

Otro aspecto de la tradición es la insistencia en la organización jerárquica de la sociedad. El concepto de la igualdad de derechos, de oportunidades y de individuos no existía en la visión del mundo de los conquistadores ni en la de sus sucesores. Por el contrario, la organización social se basaba en desigualdades supuestamente naturales que no se cuestionaban. Cada cual tenía y sabía su lugar, del cual no podía cambiarse. La posición social se heredaba de padre a hijo a través de generaciones, en un sistema que estimaba un orden social estático. Se puede ver cómo la actitud jerárquica y la institución del latifundio se reforzaban mutuamente para perpetuar la rigidez de clases.

[8] desprecio, indiferencia
[9] más propias de animales que de hombres
[10] en camino
[11] raíces, raigambre
[12] herencia

En la época colonial, había una fuerte conciencia de *pureza de sangre,* o sea de «casticismo», sobre todo entre los españoles. Esto fortalecía la estratificación estricta de clases. En Brasil, el prejuicio racial, aunque presente, no era tan fuerte como en las colonias españolas y había más aceptación de la mezcla racial. La gran experiencia marítima y los siglos de ocupación musulmana[13] (resistida mucho más por los españoles que por los portugueses), habían puesto a los portugueses en contacto íntimo y prolongado con gentes de otras razas. De modo que en comparación con las posesiones españolas, Brasil presentaba un menor estigma social asociado con el mestizaje y una insistencia más débil en «lo castizo».[14] Pero, en general, ambos, los españoles puros y los portugueses menos puros, se creían intrínsicamente superiores a los mestizos y mulatos. El prejuicio racial sostenía la organización jerárquica del sistema colonial y se expresaba en todo —desde la esclavitud, a la que se sometía a los indígenas y negros en las minas o en los latifundios, hasta su exclusión de todo bien cultural, como la instrucción, que existía solamente para la «gente decente», o sea, los hombres blancos.

Aunque su expresión sea muy sutil hoy en día, en América Latina, como en otras partes del globo, sigue persistiendo la conciencia del color de la piel. Actualmente las consideraciones de color se complican con las étnicas, las que incluyen no solamente diferencias de color, sino también de lengua, religión y herencia nacional (ver Capítulo tres). Es verdad que hasta cierto punto en América Latina, a diferencia de los EEUU, uno puede «pasar por blanco» por hablar el idioma nacional en vez de uno indígena o africano, usar zapatos y ropas «ladinos»[15] y participar en el mercado nacional. No obstante esto, en cuanto al tema de este capítulo, podemos decir que, *por lo general,* mientras más blanca la piel y más finas las facciones, más alta la posición social.

La herencia ibérica era también patriarcal, ya que el patrón del latifundio funcionaba como un «padre» para con sus «hijos» —los esclavos— y más tarde, los peones y campesinos que dependían de él en todo sentido. En la Europa feudal, el señor se sentía responsable, en teoría por lo menos, del bienestar de su gente, en un sistema de obligaciones mutuas. El concepto de *noblesse oblige* establecía la interdependencia de dueño y siervo. Pero esta noción colectiva no echó raíces en las colonias de América Latina, y el patrón o latifundista podía tratar a sus peones como le diera la gana. A veces era bondadoso y cariñoso con sus subordinados, otras, cruel y violento, conforme a su personalidad y a la escasez[16] o abundancia de mano de obra.

Dentro del núcleo familiar tradicional, el patriarca exigía obediencia absoluta de su esposa e hijos. La situación de la mujer era tal que no podía expresar opinión alguna, ni salir de casa (aunque fuera para ir a misa) sin que su esposo se lo permitiera. Además, tenía que callarse ante los amoríos, concubinas e hijos ilegítimos de su esposo y, por su parte, mantener una castidad irreprochable. En muchos aspectos, la relación entre sexo y clase social merece atención aparte porque la mujer, en cualquier sistema patriarcal —ibérico o indígena— ha sido oprimida en todas las clases sociales a causa de

[13] árabe
[14] lo puro, no mezclado
[15] europeos, propios del blanco o del amo
[16] falta

su sexo, debido a que una característica del patriarcado es el machismo[17] (ver Capítulo ocho). En todo caso, tal era la pauta[18] doble que reinaba en la familia patriarcal, y que reforzaba los otros rasgos medievales del legado ibérico.

De modo que por lo general, tenemos un cuadro tradicional de una pequeña aristocracia rural y europeizada; una masa inmensa de gentes marginadas por su raza y color; un grupo mínimo de sectores intermedios; y, a través de todas las clases, la situación inferior de la mujer. Pero en este siglo, especialmente hoy día, somos testigos de una fuerte oposición al sistema vigente[19] de parte de varias fuerzas de cambio que presionan cada vez más la estructura tradicional.

Las fuerzas del cambio

La más importante de estas fuerzas es el crecimiento acelerado de los sectores medios y urbanos. Claro está que éstos no surgieron de la nada; hace más de un siglo que existen sectores medios incipientes,[20] e incluso en la época colonial había pequeños comerciantes, artesanos y burócratas que cumplían funciones usualmente asociadas con una clase media. Pero es sólo recientemente que los grupos medios han comenzado a formular lo que podemos caracterizar como una conciencia de clase, aunque todavía haya algunos observadores que disputen esta evidencia. Es reciente también el impacto de estos sectores en el sistema social, como también lo es la oportunidad de una movilidad vertical observable. Estas dos ocurrencias se deben a una cantidad numerosa y compleja de factores, entre ellos, la urbanización y la expansión de oportunidades económicas y educacionales, ambos frutos del proceso general sugerido por el término «modernización» (ver Capítulo cuatro). Aunque ahora podemos hablar de clases medias, todavía es un término vago porque incluye tanto al taxista como al médico, a la empleada como a la profesora. Es útil señalar que varios profesionales, entre ellos algunos médicos y abogados, tienen más en común económica y socialmente con la clase alta que con la media. Por otra parte, para muchos obreros y empleadas domésticas, el pertenecer a la clase media es todavía más una esperanza que una realidad.

En casi todas las clases medias la participación femenina está creciendo significativamente, especialmente en los negocios, los servicios sociales y la educación. Aunque los puestos[21] ocupados por las mujeres en estos campos no sean los más remunerativos[22] o prestigiosos, el hecho de que la mujer pueda ser secretaria, trabajadora social, mujer de negocios o abogada es un fenómeno reciente que sacude[23] la vieja estructura. El hecho es que las necesidades y oportunidades económicas han permitido que la mujer comience a hacer incursiones en el sistema tradicional, una ilustración interesante de la tesis de que los cambios en los valores sociales suceden a los cambios económicos. A pesar de todo lo expuesto,[24] no se ha generalizado

[17] el poder del hombre
[18] norma, modelo
[19] en vigor, en observancia

[20] que empiezan
[21] empleos
[22] que producen recompensa o provecho
[23] agita, mueve violentamente
[24] presentado

el hecho de que una mujer que aspire a la clase media siga trabajando después de casarse o de tener una familia (ver Capítulo cinco).

[25] pasaporte, medio
[26] dirigen, gobiernan

En el proceso de cambio en las clases sociales es preciso notar la gran importancia de la educación como salvoconducto[25] para la oportunidad de movilidad (ver Capítulo seis). La relación entre educación y clase social es directa y fuerte. Por ejemplo, la oportunidad de educarse es en gran parte responsable de los enormes avances sociales y económicos que han logrado las mujeres. Aunque todavía son muy desiguales y extremadamente inadecuadas para el número de personas que quieren educarse, en la actualidad hay muchas más instituciones educacionales que en el pasado reciente, y existe un acceso más amplio a estos bienes. En las últimas cuatro décadas, se ha producido una verdadera proliferación de centros educativos en América Latina, sobre todo de escuelas técnicas que ofrecen preparación para el trabajo. Además de la educación humanista y de la técnica, existe también el entrenamiento ofrecido por ciertas instituciones, como el ejército. Este último extiende las posibilidades de movilidad vertical al mismo tiempo que educa, así que el ejército actual es otra fuente de promoción profesional.

Sin embargo, de todos los grupos medios, el que más ejemplifica la correlación entre educación y clase social es el universitario. Vamos a tratar la educación en otro capítulo, pero aquí es ilustrativo mencionar el respeto generalizado que se siente en América Latina por la minoría universitaria. El universitario, aunque pertenezca a la clase obrera, tiene la posibilidad de acceso a la clase dirigente, según la carrera que elija. El prestigio, las «conexiones» y los títulos universitarios prometen el ingreso a un mundo de posibilidades casi ilimitadas de avance social.

Estos cambios —el crecimiento de la clase media, el desarrollo del papel de la mujer, la extensión y el poder de la educación— son componentes del proceso de modernización. Es un proceso que varía enormemente de lugar en lugar, y sobre el cual es peligroso generalizar. Sin embargo, se pueden señalar los valores principales que rigen[26] el proceso dondequiera que se encuentre. Estos valores incluyen el individualismo, la igualdad teórica de oportunidades, el mérito profesional, la movilidad entre los grupos sociales y el derecho de disfrutar de los beneficios materiales de la sociedad de consumo. Contrastan con los valores tradicionales, despertando esperanzas y deseos de mejora social en algunos, y ansiedades y temores en otros.

Debemos reconocer que lo que caracteriza al momento actual son valores más bien ambivalentes que nuevos. Esto quiere decir que tanto los valores tradicionales como los modernos se encuentran dentro de una cultura, una clase, e incluso dentro de un individuo. La nueva élite técnica y profesional ejemplifica la ambivalencia hacia lo tradicional y lo moderno. Esta alta burguesía, atraída por el poder y prestigio de los valores tradicionales, mantiene un estilo de vida parecido al de la antigua élite terrateniente, con los miembros de cuyas familias se casa. Al mismo tiempo, evidencia los valores modernos de competencia y ambición individual.

Es necesario señalar que los valores modernos, y los correspondientes cambios sociales, se encuentran esencialmente en las ciudades, porque es aquí donde se concentran las fuerzas de la modernización (ver Capítulo cuatro). La aceleración y fluidez del ambiente urbano, y la relativa inmutabilidad del rural, exacerban en América Latina la distancia cultural, económica y social entre la ciudad y el campo, contribuyendo al compás[27] desigual del cambio. De modo que en las selvas de Paraguay, por ejemplo, uno puede encontrar un sistema social inalterado por el siglo XX (¡y hasta por la Conquista!), mientras que Buenos Aires se empapa[28] del flujo constante del cambio social, y del ritmo rápido de lo moderno.

Además de la distancia entre lo rural y lo urbano, también se ve la desigualdad del cambio dentro de la ciudad. No se debe presuponer que los beneficios urbanos están disponibles[29] y repartidos igualmente en todos los grupos de la ciudad. Las presiones urbanas —la inflación, el desempleo, el subempleo, los servicios públicos inadecuados, la explosión demográfica— tienen sus efectos más fuertes en los pobres, quienes no participan de manera alguna de «la buena vida» (ver Capítulo cuatro). Muchos de ellos no tienen qué comer ni dónde vivir y se encuentran en los barrios suburbanos donde no tienen ningún servicio público. Además, los sistemas de asistencia pública que existen en la mayoría de los países de América Latina son seriamente inadecuados. Por lo general, este proletariado[30] es indígena y negro, de modo que todavía se correlaciona el color de la piel con la clase social.

Las perspectivas presentadas aquí sobre tradición y cambio en las clases sociales son generales y heurísticas,[31] no específicas ni definitivas. Revelan una tensión cada vez más concentrada entre una clase alta reducida y privilegiada, tanto urbana como rural que no quiere ceder[32] ni un paso; una clase media y urbana, pujante[33] y creciente, que quiere saborear[34] más «la buena vida» y una enorme clase baja, urbana y rural, que quiere abrirse paso[35] en el mundo, pero que no tiene lo esencial para satisfacer aún sus necesidades mínimas. Este es el mosaico de tradición y cambio en las clases sociales de Latinoamérica.

[27] ritmo
[28] se impregna, absorbe
[29] utilizables
[30] clase social formada por los obreros urbanos
[31] producto de la invención, con propósitos de discusión y descubrimiento educativos
[32] retirarse, aflojar
[33] que tiene fuerza
[34] darse el gusto
[35] vencer los obstáculos

CESAR VALLEJO (*1892–1938*)

César Vallejo, el menor de once niños, se crió en una familia de provincia, unida y piadosa,[1] en el aislado pueblo de Santiago de Chucho, Perú. Allí experimentó desde muy joven el contraste exacerbado entre las enseñanzas religiosas y la represión brutal de los obreros en las minas y en las plantaciones de azúcar. A pesar de que Vallejo más tarde perdió su fe religiosa frente a la hipocresía que presenciaba en su alrededor, y frente a las teorías evolucionistas tan discutidas en su época, su sensibilidad ante la miseria humana se intensificó firmemente. Aunque era muy pesimista sobre el futuro del ser humano, Vallejo se identificaba y sufría con él.

[1] religiosa

Para el joven Vallejo, la poesía servía como vehículo para expresar la condición humana y para rebelarse contra la sociedad represiva y hermética[2] que aplastaba[3] al individuo. El conflicto profundo entre los valores vigentes y los que Vallejo quería ver en este mundo, sobre todo la hermandad verdadera, se expresa agudamente[4] en su poesía. A causa de su obsesión con la angustia humana, Vallejo pasó del inconformismo[5] político al socialismo abierto. Su postura política le causó varios problemas con las autoridades, y en 1923 se fue a Europa, donde se quedó hasta su muerte en 1938.

Las preocupaciones características de Vallejo se ven concretamente en este poema de su libro *Poemas humanos* (1938). Aquí Vallejo se expresa sobre la lucha de la persona para subsistir, y sobre la literatura como algo efímero[6] ante el espectáculo de tanta miseria.

[2] cerrada, impenetrable
[3] vencía, confundía
[4] viva y sutilmente, con perspicacia
[5] disidencia
[6] de corta duración

Guía de prelectura

Este poema está estructurado alrededor de una serie de coplas[7] en las cuales la segunda línea contrasta con la primera. Al principio del poema se encuentran dos ejemplos de esta técnica. ¿Cuáles son?

Mientras Ud. lee el poema, busque otros ejemplos de esta clase de contraste. ¿Cuál puede ser el propósito de esta técnica?

[7] estrofas, versos

Un hombre pasa con un pan al hombro

Un hombre pasa con un pan al hombro
¿Voy a escribir, después, sobre mi doble?

Otro se sienta, ráscase,[8] extrae un piojo[9] de su axila,[10] mátalo.
¿Con qué valor hablar del psicoanálisis?

Otro ha entrado a mi pecho con un palo en la mano
¿Hablar luego de Sócrates al médico?

Un cojo[11] pasa dando el brazo a un niño
¿Voy, después, a leer a André Breton?

[8] se rasca, se frota con las uñas
[9] insecto pequeño común en animales y en personas que no se bañan
[10] sobaco (*armpit*)
[11] persona que camina mal por un defecto en la pierna

Otro tiembla de frío, tose, escupe[12] sangre
¿Cabrá aludir[13] jamás al Yo profundo?

Otro busca en el fango[14] huesos, cáscaras
¿Cómo escribir, después, del infinito?

Un albañil[15] cae de un techo, muere y ya no almuerza
¿Innovar, luego, el tropo,[16] la metáfora?

Un comerciante roba un gramo en el peso a un cliente
¿Hablar, después, de cuarta dimensión?

Un banquero falsea su balance
¿Con qué cara llorar en el teatro?

Un paria[17] duerme con el pie a la espalda
¿Hablar, después, a nadie de Picasso?

Alguien va en un entierro sollozando[18]
¿Cómo luego ingresar en la Academia?

Alguien limpia un fusil[19] en su cocina
¿Con qué valor hablar del más allá?[20]

Alguien pasa contando con sus dedos
¿Cómo hablar del no-yó[21] sin dar un grito?

[12] arroja saliva fuera de la boca
[13] referirse a
[14] lodo, barro
[15] trabajador en la construcción de edificios de ladrillo o piedra
[16] figura poética
[17] persona excluida de la sociedad
[18] llorando convulsivamente
[19] tipo de arma como rifle
[20] la vida de ultra-tumba, lo que espera al alma después de la muerte
[21] se refiere a la alienación del ser humano

Para verificar su comprensión

De la siguiente lista, elija las frases en el poema que sugieren:

1. el sufrimiento del hombre _____

2. lo absurdo del intelecto _____
    a. un pan al hombro
    b. hablar del psicoanálisis
    c. Hablar luego de Sócrates
    ch. un cojo pasa
    d. leer a André Breton
    e. busca en el fango
    f. Un albañil cae
    g. ¿Hablar, después, de cuarta dimensión?
    h. un paria duerme
    i. en un entierro sollozando
    j. ingresar en la Academia
    k. hablar del más allá

Interpretación de la lectura

1. Normalmente, el pan simboliza lo bueno de la vida —algo que nos nutre física y espiritualmente, y algo que compartimos con los demás. ¿Tiene connotaciones irónicas en este poema el uso de la frase «un pan al hombro»?

2. En su opinión, ¿cómo ilustra este poema la solidaridad de Vallejo con los rechazados u olvidados de la sociedad?

3. Además de hablar del sufrimiento de los pobres y enfermos, Vallejo habla de la codicia[22] y la violencia de los seres humanos. ¿Cuáles son las imágenes y los verbos que emplea Vallejo para comunicar estos aspectos de la existencia humana?

4. En todo el poema, Vallejo contrasta el sufrimiento físico en el mundo con la desconexión total del intelecto de esta realidad. ¿Cree Ud. que su representación de los dos mundos es válida?

[22] deseo vehemente de riqueza

GRACILIANO RAMOS (*1892–1953*)

El nordestino Graciliano Ramos fue uno de los principales novelistas del regionalismo brasileño de los años 30, movimiento literario que exponía las injusticias del sistema social vigente. Proveniente de una familia de recursos[1] modestos, Ramos recibió poca instrucción formal. Casi toda su formación intelectual fue el resultado del amor que sentía este autodidacta[2] por los libros, los cuales devoraba por cuenta propia. A pesar de no tener título secundario, en 1933, Ramos fue nombrado director de Educación Pública del estado de Alagoas en el noreste. Fue encarcelado en 1936 en uno de los «rodeos» periódicos de intelectuales «izquierdistas» durante el régimen de Getúlio Vargas (ver Capítulo uno). Nunca se le hicieron acusaciones específicas, y después que fue puesto en libertad se le ofreció el puesto de Inspector Federal de Educación en el mismo gobierno que lo había tomado preso. Ramos se hizo miembro del Partido Comunista en 1945, más bien por protesta social que por convicción ideológica. La ver-

[1] medios económicos
[2] persona que se instruyó por sí misma, sin maestro

dad es que Ramos era personalmente muy reservado y callado; era además compasivamente fatalista respecto al cambio social.

En un lenguaje simple, sucinto y extraordinariamente sugestivo, Ramos expresa su visión pesimista del mundo en sus obras más famosas: *São Bernardo* (1934), *Angústia* (1936) y *Vidas Sêcas* (1933). En esta última, de la cual proviene nuestra lectura, Ramos nos pinta la lucha diaria que constituye la vida del campesino. Es una lucha constante contra las fuerzas naturales —el hambre, la sequía— y las sociales —las autoridades del pueblo y el patrón del rancho. Ramos la describe mediante ligeras pinceladas[3] y una elección concienzuda[4] de palabras.

En la lectura que sigue, Fabiano, un vaquero, le pide tímidamente al propietario el pago debido. Esto no sería tan peligroso si el propietario no tuviera poder absoluto sobre Fabiano, quien tiene que comprar en la tienda del patrón hasta los productos más básicos para su subsistencia, por lo cual vive perpetuamente endeudado. Por eso, Fabiano se acerca al patrón con extrema sumisión para hacer su petición.

[3]trazos
[4]con mucha atención y profundidad

Guía de prelectura

A. La relación aquí descrita entre el patrón y el peón es muy común en América Latina. En los EEUU, ¿será en los «company towns» donde se ven ejemplos de situaciones semejantes entre patrón y empleado? ¿Cómo?

B. Lea los seis primeros párrafos y elija el mejor resumen de cada uno. Luego continúe con el resto de la lectura.

_____ 1. párrafo 1

_____ 2. párrafo 2

_____ 3. párrafos 3 y 4

_____ 4. párrafo 5

_____ 5. párrafo 6

a. Fabiano no le reclama sus derechos abiertamente al patrón porque tiene miedo de ser despedido.

b. Fabiano está endeudado; por eso sus animales llevan el hierro del patrón.

c. Fabiano no come bien porque no tiene tierra propia para su siembra.

ch. Fabiano está furioso porque tiene que aguantar que el patrón le robe.

d. Las cuentas de Vitória difieren de las del patrón; esto se debe a los «impuestos».

Cuentas

Fabiano recibía en la partición la cuarta parte de los becerros[5] y la tercera de los cabritos.[6] Pero como no tenía tierras de labor y se limitaba a sembrar en la huerta del lecho[7] seco del río unos puñados de alubias[8] y de maíz, comía con desorden, se deshacía de los animales y no llegaba a herrar[9] un becerro ni a señalar[10] la oreja de un cabrito.

Si pudiese economizar durante algunos meses, levantaría cabeza.[11] Forjó[12] planes. Tonterías. Quién está a ras de[13] suelo no se despega[14] de él. Consumidas las legumbres, roídas[15] las espigas de maíz, recurría al cajón[16] del amo y cedía a bajo precio el producto de los lotes. Renegaba, rezongaba,[17] afligido, intentando estirar los menguados[18] recursos, se atragantaba,[19] y se quedaba sin lo que tan ardientemente deseaba. Llegando a un acuerdo con cualquier otro no sería robado con tanto descaro.[20] Pero temía ser expulsado de la hacienda. Y se rendía.[21] Aceptaba el cobre y escuchaba consejos. Había que pensar en el futuro, tener juicio.[22] Se quedaba con la boca abierta, encarnado,[23] con el cuello hinchado. De repente estallaba:[24]

—Palabras. El dinero anda a caballo y nadie puede vivir sin comer. Quien es del suelo no sube.

Poco a poco, el hierro del propietario quemaba los animales de Fabiano. Y cuando no le quedaba nada para vender, el hombre del desierto se endeudaba. Al llegar la partición estaba metido en apuros[25] y a la hora de las cuentas le daban una pequeñez.

Ahora, en esta ocasión, como en las otras, Fabiano ajustó el ganado, se arrepintió, dejó al final la transacción medio apalabrada[26] y fue a consultar con su mujer. La señora Vitória mandó a los niños al gredal,[27] se sentó en la cocina y se concentró, distribuyendo en el suelo simientes[28] de varias especies, practicando sumas y restas.[29] Al día siguiente Fabiano volvió a la ciudad, pero al cerrar el trato notó que las operaciones de la señora Vitória, como de costumbre, diferían de las del patrón. Reclamó[30] y obtuvo la explicación habitual: la diferencia provenía de los impuestos.[31]

No se conformó: debía de haber engaño. El era ignorante, sí, señor; se veía perfectamente que era ignorante, pero su mujer tenía cabeza. Seguro que había un error en el papel del blanco. No se descubrió el error, y Fabiano perdió los estribos.[32] ¡Pasarse la vida entera así, entregando gratis lo que era suyo! ¿Había derecho a aquello? ¡Trabajar como un negro y no poder liberarse nunca!

El patrón se enfadó, repelió la insolencia y opinó que el vaquero podía buscar trabajo en otra hacienda.

Aquí Fabiano bajó los humos[33] y enmudeció. Bueno, bueno, no era preciso ponerse así. Si había hablado sin reflexión, pedía disculpas. Era ignorante, no había recibido instrucción. No era atrevimiento[34] lo que tenía, conocía su lugar. Un cabra.[35] ¿Iba a buscarse problemas con la gente de posi-

[5] hijos de la vaca de menos de un año de edad
[6] hijos de la cabra
[7] fondo
[8] judías, frijoles
[9] marcar con hierro caliente
[10] marcar
[11] saldría de la pobreza
[12] inventó
[13] a. . . a nivel de
[14] se. . . separa, levanta
[15] cortadas con los dientes
[16] lugar donde el amo guardaba los víveres
[17] hablaba entre dientes expresando enojo
[18] disminuidos
[19] se ahogaba
[20] desvergüenza, insolencia
[21] se sometía, se daba por vencido
[22] tener sentido común
[23] enrojecido
[24] explotaba
[25] aprietos, dificultades
[26] medio. . . incompleta
[27] tierra que tiene greda (*clay*)
[28] semillas
[29] practicando. . . haciendo cuentas
[30] protestó
[31] tributos, dinero que se paga al gobierno
[32] perdió. . . perdió el control
[33] bajó. . . se humilló
[34] falta de respeto
[35] persona dependiente

ción? Ignorante, sí, señor; pero sabía respetar a la gente. Debía de ser ignorancia de su mujer, probablemente sería ignorancia de su mujer. Hasta le extrañaba que supiera hacer cuentas. En fin, como no sabía leer (un ignorante, sí, señor), creía en su costilla.[36] Pero pedía disculpas y juraba no caer en otra.

El amo se ablandó[37] y Fabiano salió de espaldas, con el sombrero barriendo las baldosas.[38] En la puerta, al darse la vuelta, se enganchó las rodelas de las espuelas[39] y se alejó tropezando, con los zapatones de cuero crudo retumbando[40] en el suelo como cascos[41] de los caballos. Llegó hasta la esquina y se detuvo a recuperar el aliento. No podían tratarle así. Se dirigió hacia la plaza, lentamente. Delante de la taberna del señor Inácio volvió la cara y dio un rodeo.[42] Desde que le aconteciera aquella desgracia, temía pasar por allí. Se sentó en la acera,[43] sacó el dinero del bolsillo y lo examinó, procurando adivinar cuánto le habían robado. No podía decir en voz alta que aquello era un robo, pero lo era. Se quedaban con el ganado[44] casi gratis y encima inventaban impuestos. ¡Qué impuestos! Lo que había era muy poca vergüenza.

—Ladrones.

No le permitían quejarse. Porque reclamó por haber encontrado exorbitante la cosa, el blanco se levantó furioso, con malas maneras. ¿Por qué tanto alboroto?[45]

—¡Hum! ¡Hum!

Recordó lo que le sucedió años atrás, antes de la sequía, lejos. Un día de apuro recurrió al cerdo delgado que no quería engordar en la pocilga[46] y que reservaban para los gastos de Navidad: lo mató antes de tiempo y fue a venderlo a la ciudad. Pero el cobrador de la prefectura[47] llegó con el recibo[48] y le atrapó. Fabiano se hizo el desentendido:[49] no comprendía nada, era un ignorante. Como el otro le explicase que para vender el cerdo debía pagar impuestos, trató de convencerle de que allí no había cerdo, sino cuartos de cerdo, pedazos de carne. El agente se enfadó y le insultó, y Fabiano se atemorizó. Bueno, bueno, Dios le librara de historias con el Gobierno. Creía que podía disponer de[50] aquellos pedazos. No entendía de impuestos.

—Un ignorante, ¿se da cuenta?

Suponía que el cochino cebado[51] era suyo. Ahora que si la prefectura tenía una parte, acabado el asunto. Pues se volvería para casa y se comería la carne. ¿Podía comerse la carne? ¿Podía o no podía? El funcionario golpeó el suelo con el pie, irritado, y Fabiano se disculpó, con el sombrero de cuero en la mano y la espalda encorvada.

—¿Quién dice que yo quiera discutir? Lo mejor será dar por terminado el asunto.

Se despidió, metió la carne en el saco y se fue a venderla a otra calle, a escondidas. Pero atrapado por el cobrador, tuvo que sufrir el impuesto y la multa.[52] Desde aquel día no crió más cerdos. Era peligroso hacerlo.

Miró los billetes arrugados[53] en la palma de la mano, las monedas de níquel y plata, y suspiró, mordiéndose los labios. No tenía derecho a protes-

---

[36] mujer
[37] se calmó
[38] ladrillos del piso
[39] se. . . *the spokes of his spurs locked together*
[40] haciendo gran ruido
[41] uñas del pie de los caballos
[42] dio. . . tomó otro camino
[43] vereda, parte pavimentada al lado de la calle
[44] conjunto de animales, especialmente vacas (*livestock*)
[45] ruido, escándalo
[46] establo para cerdos
[47] cobrador. . . oficial que recolecta los impuestos
[48] papel donde se declara haber recibido algo
[49] se. . . fingió que no comprendía
[50] disponer. . . utilizar
[51] engordado
[52] dinero que se paga por castigo
[53] con muchos pliegues

tar. Bajaba la frente. Si no la bajaba, desocuparía la tierra y se largaría[54] con la mujer y los hijos pequeños. A dónde, ¿eh? ¿Tenía a dónde llevar a la mujer y a los hijos? ¿Tenía algo?

Paseó la vista por todo su alrededor. Más allá de los tejados que le reducían el horizonte se extendía la campiña,[55] seca y dura. Acordóse de la penosa marcha que hiciera por ella con la familia y le parecía un milagro. No sabía cómo habían escapado.

Si pudiera mudarse gritaría bien alto que le robaban. Aparentemente resignado, sentía un odio inmenso por algo que era al mismo tiempo el campo seco, el patrón, los soldados y los agentes de la prefectura. Todos estaban en contra suya. Estaba acostumbrado, tenía la corteza muy dura,[56] pero a veces se impacientaba. No había paciencia que soportase tal cosa.

—Un buen día un hombre comete una burrada[57] y se pierde.

¿Pero no veían que era de carne y hueso? Tenía obligación de trabajar para los demás, naturalmente; conocía su lugar. Bueno. Nació con ese sino,[58] nadie tenía la culpa de que él hubiera nacido con semejante sino. ¿Qué hacer? ¿Podía cambiar la suerte? Si le dijeran que era posible mejorar de situación quedaría asombrado. Había venido al mundo para domar[59] reses[60] bravas, curar heridas a los animales y arreglar cercas[61] desde el invierno hasta el verano. Era su destino. Su padre vivió así y su abuelo también. Y más atrás no tenía familia. Cortar *madacaru,*[62] engrasar látigos; aquello lo llevaba en la sangre. Se conformaba, no pretendía[63] otra cosa. Si le diesen lo que era suyo se contentaría. No se lo daban. Era un desgraciado; igual que un perro, sólo recibía huesos. ¿Por qué los hombres ricos todavía le quitaban parte de sus huesos? Daba hasta rabia que personas importantes se ocuparan de semejantes porquerías.[64]

En la palma de la mano los billetes estaban húmedos de sudor. Deseaba saber la cuantía de la extorsión. La última vez que hizo cuentas con el amo el perjuicio[65] parecía menor. Se alarmó. Oyó hablar de impuestos y de plazos.[66] Aquello le había dado una impresión bastante penosa: siempre que los hombres instruidos le decían palabras difíciles, resultaba engañado. Se sobresaltaba[67] escuchándolas. Evidentemente sólo servían para encubrir latrocinios.[68] Pero eran bonitas. A veces adornaba algunas y las empleaba fuera de lugar. Después las olvidaba. ¿Para qué había de usar un pobre de su calaña[69] palabras de gente rica? La señora Terta es la que tenía una lengua terrible. Hablaba casi tan bien como la gente de la ciudad. Si él supiese hablar como la señora Terta se buscaría trabajo en otra hacienda y se arreglaría. No sabía. En los momentos de apuro le daba por tartamudear,[70] se sentía embarazado[71] como un niño pequeño, se rascaba los codos, violento. Por eso le estafaban.[72] Sinvergüenzas. ¡Quitarle lo suyo a un infeliz que no tenía donde caerse muerto![73] ¿No veían que no era verdad? Qué ganaba con ese proceder, ¿eh? ¿Qué ganaban?

—¡Ah!

Ahora no criaba cerdos y le gustaría ver al tipo[74] de la prefectura cobrarle impuestos y multas. Le arrancaban la camisa del cuerpo y encima le molían[75] a golpes y le metían en la cárcel. Pues no trabajaría más, se iría a descansar.

[54] se iría
[55] espacio grande de tierra
[56] tenía. . . no era delicado
[57] tontería
[58] destino, suerte
[59] hacer dócil
[60] ganado
[61] barreras que encierran el ganado
[62] un tipo de árbol originario del noreste de Brasil
[63] quería conseguir
[64] malas acciones
[65] daño
[66] dinero que se paga en partes
[67] se asustaba
[68] robos, fraudes
[69] índole, tipo
[70] hablar repitiendo las sílabas
[71] incómodo
[72] le. . . le sacaban dinero con engaños
[73] no. . . no tenía nada
[74] persona
[75] le. . . maltrataban físicamente

Tal vez no se fuese. Interrumpió el monólogo, y estuvo una eternidad contando y recontando mentalmente el dinero. Lo estrujó[76] con fuerza y se lo embutió[77] en el bolsillo pequeño del pantalón, abrochando[78] en el estrecho ojal el botón de hueso. Qué porquería.

Se puso en pie y se dirigió a la puerta de una taberna con ánimo de beber un poco de aguardiente. Como había muchas personas en el mostrador,[79] retrocedió. No le gustaba meterse entre la gente. La falta de costumbre. A veces decía cualquier cosa sin intención de ofender, entendían otra y surgían las cuestiones.[80] Era peligroso entrar en la taberna. El único ser que le comprendía era su mujer. No necesitaba hablar: bastaban los gestos. La señora Terta se explicaba como la gente de la ciudad. Bien estaba ser así, tener recursos para defenderse. Pero él no los tenía. Si los tuviera no viviría de aquella forma.

Era un peligro entrar en la taberna. Le apetecía beber un cuarterón de cazalla,[81] pero recordaba la última visita que hiciera a la venta[82] del señor Inácio. Si no se le hubiera ocurrido beber no le habría sucedido aquel desastre. No podía tomar un vaso tranquilo. Bueno. Se volvería a casa y dormiría.

Se puso en camino despacio, pesado, cabizbajo,[83] con las estrellas de las espuelas silenciosas. No conseguiría dormir. En la cama de tablas[84] había un palo con un nudo justo en medio. Sólo un gran cansancio podía hacer que un cristiano[85] se acomodara en semejante dureza. Se necesitaba estar muy fatigado de haber pasado el día a lomos del[86] caballo o arreglando cercas. Derrengado,[87] débil, se estiraba y roncaba[88] como un cerdo. Ahora no le sería posible cerrar los ojos. Se pasaría la noche dando vueltas sobre las tablas, reflexionando sobre aquella persecución. Deseaba imaginar lo que haría en el futuro. No haría nada. Se mataría trabajando y viviría en una casa ajena,[89] mientras le dejaran quedarse. Después se iría por el mundo, a morirse de hambre en la *catinga*[90] seca.

Sacó la bolsa del tabaco y se preparó un cigarro con la faca[91] de punta. Si por lo menos pudiese recordar hechos agradables, la vida no sería íntegramente mala.

Abandonó el pueblo. Levantó la cabeza y vio una estrella, luego muchas estrellas. Las figuras de sus enemigos se fueron difuminando.[92] Pensó en su mujer, en los hijos y en la perra muerta. Pobre *Baleia*. Era como si hubiese matado a un miembro de su familia.

[76] apretó
[77] metió
[78] cerrando
[79] mesa alta del bar
[80] disputas
[81] un. . . un cuarto de cierta bebida alcohólica
[82] tipo de hotel pequeño
[83] con la cabeza inclinada hacia abajo
[84] piezas de madera
[85] una persona
[86] a. . . montado sobre
[87] muy fatigado
[88] hacía ruido con la respiración cuando dormía
[89] de otra persona
[90] bosque seco de Brasil
[91] cuchillo grande
[92] disipando

Para verificar su comprensión

¿Cierto o falso? Indique si la frase es cierta (C) o falsa (F). Si es falsa, corríjala según la lectura. Luego verifique las respuestas con la clave que aparece al final del libro.

_____ 1. El patrón decide darle un aumento a Fabiano.

——— 2. Fabiano partió de su encuentro con el patrón «con el sombrero barriendo las baldosas», con una postura de servilidad que realmente no sentía.

——— 3. Lo de los impuestos es un engaño.

——— 4. El recuerdo del episodio de la venta del cerdo refuerza el odio profundo que siente Fabiano por el sistema social que lo maltrata.

——— 5. Fabiano podría cambiar su situación si trabajara más.

——— 6. Para Fabiano las palabras educadas sirven para encubrir el fraude.

Interpretación de la lectura

1. ¿Acepta Fabiano su condición inferior?
2. Para Fabiano casi todo es peligroso. ¿Por qué se siente así?
3. En su opinión, ¿por qué el propietario trata tan mal a Fabiano? ¿Por qué lo tolera Fabiano?
4. Fabiano dice repetidamente que él es un ignorante. ¿Lo es?
5. ¿Cree Ud. que Fabiano buscaría trabajo en otra hacienda si supiera hablar como la señora Terta? ¿Por qué?

Temas escritos

1. En su opinión, ¿ilustra esta lectura el carácter medieval, jerárquico y patriarcal del sistema tradicional de clases descrito en la introducción al capítulo? Explique su respuesta.
2. La introducción al capítulo habla de la correlación entre la clase social y el color de la piel. ¿Se ve esta correlación en «Cuentas»? ¿Cómo?

Comparaciones

Si Fabiano pudiera leer, ¿qué opinaría de «Un hombre pasa», el poema de Vallejo? ¿Con quién se identificaría?

El famoso escritor guatemalteco, Miguel Angel Asturias.
(© *AP/Wide World Photos*)

MIGUEL ANGEL ASTURIAS
(*1899–1974*)

Miguel Angel Asturias fue galardonado[1] con el Premio Nobel de Literatura en 1967. Fue uno de los primeros artistas latinoamericanos en alcanzar un público internacional de lectores, debido a su habilidad para combinar lo particular —la condición guatemalteca— con lo universal —la condición humana. Como muchos otros intelectuales latinoamericanos, Asturias tuvo que pasar tiempo en el exilio por sus ideas políticas y su crítica a la represión. También como otros latinoamericanos que logran[2] adquirir estatura internacional, Asturias fue nombrado embajador en Francia por el gobierno de Guatemala en 1966.

La obra de Asturias se caracteriza por un conocimiento profundo e íntimo del folklore y de la cosmovisión[3] del indígena, y por una crítica mordaz[4] a la opresión política, social y económica de su pueblo. Su interés en lo indígena data desde su juventud, cuando estudió la religión y sociedad mayas en París y colaboró en la traducción española del libro sagrado de los mayas, el *Popol Vuh*. Su primera obra creativa, *Leyendas de Guatemala* (1930), contiene un tratamiento poético de las historias indias que él había escuchado

[1]premiado
[2]alcanzan
[3]visión del universo
[4]cáustica, áspera

desde niño. Su novela *Hombres de maíz* (1949) es, tal vez, la tentativa novelística más exitosa de penetrar y expresar la psicología y el modo de percibir el mundo indígena. En ella, Asturias trata la expulsión de los indios de sus tierras comunales por el hombre blanco, y el reemplazo de una manera de vida basada en la armonía con la naturaleza por una basada en su explotación.

En su novela más famosa, *El señor Presidente* (1946), Asturias entreteje[5] lo político y lo artístico con suma maestría.[6] Inspirada por la dictadura cruel de Estrada Cabrera, la novela trata el mundo despersonalizado e inhumano creado por este tirano. A través de una técnica surrealista en que predominan la pesadilla y la caricatura grotesca, Asturias nos hace experimentar profundamente el reino del terror que desvía[7] los valores humanos y oprime al pueblo medroso[8] e impotente. Toda la bestialidad del régimen está concentrada en la desesperación y el miedo escalofriantes[9] con que viven los más miserables de la ciudad —los pordioseros.[10] En el capítulo «En el Portal del Señor», con el cual comienza la acción de la novela, los mendigos, parias rechazados por todas las clases sociales, se encuentran sentados en las gradas[11] del Portal del Señor, una iglesia inmensa a la cual, irónicamente, se les niega la entrada.

[5] mezcla
[6] arte, destreza
[7] aparta
[8] temeroso, tímido
[9] horribles
[10] mendigos que piden limosna invocando el nombre de Dios
[11] escalones

Guía de prelectura

A. Lea Ud. en voz alta el dramático y poético primer párrafo de la selección para prepararse a entrar en un mundo fantasmagórico[12] e irracional. Este comienzo tiene las características de un conjuro para espantar a los demonios cuya presencia se nota en la novela. La repetición rítmica y la onomatopeya sugieren el doblar de las campanas de la Catedral, mientras el juego de las imágenes de luz y de sombra recuerda la lucha entre el bien y el mal. De esta forma, Asturias se vale del poder hipnótico del conjuro para comunicar el ambiente irreal de la novela.

B. Al continuar con la lectura, trate de captar la idea principal de cada párrafo, sin preocuparse por cada palabra o descripción. Por ejemplo, en la última frase del tercer párrafo, no es necesario saber lo que son «cabos de candela» o «guineos pasados», pero es importante saber que los mendigos «se acostaban separados» porque existía mala voluntad entre ellos. Ahora, lea los tres párrafos siguientes y escoja el mejor resumen de cada uno.

[12] irreal, alucinante

———   1. párrafo 1   a. Los pordioseros no comparten nada entre sí, ni se ayudan los unos a los otros.

_____ 2. párrafo 2

_____ 3. párrafo 3

b. Los pordioseros vagan por las calles desoladas.

c. Los pordioseros se reunen en el Portal del Señor porque van a dormir allí.

En el Portal del Señor

. . .¡Alumbra,[13] lumbre de alumbre,[14] Luzbel[15] de piedralumbre![16] Como zumbido[17] de oídos persistía el rumor de las campanas a la oración, maldoblestar[18] de la luz en la sombra, de la sombra en la luz. ¡Alumbra, lumbre de alumbre, Luzbel de piedralumbre, sobre la podredumbre![19] ¡Alumbra, lumbre de alumbre, sobre la podredumbre, Luzbel de piedralumbre! ¡Alumbra, alumbra, lumbre de alumbre. . ., alumbre. . ., alumbra. . ., alumbra, lumbre de alumbre. . ., alumbra, alumbre. . .

Los pordioseros se arrastraban[20] por las cocinas del mercado, perdidos en la sombra de la Catedral helada, de paso hacia la Plaza de Armas, a lo largo de calles tan anchas como mares, en la ciudad que se iba quedando atrás íngrima[21] y sola.

La noche los reunía al mismo tiempo que a las estrellas. Se juntaban a dormir en el Portal del Señor sin más lazo común que la miseria, maldiciendo unos de otros, insultándose a regañadientes[22] con tirria[23] de enemigos que se buscan pleito,[24] riñendo muchas veces a codazos[25] y algunas con tierra y todo, revolcones,[26] en los que tras escupirse,[27] rabiosos, se mordían. Ni almohada ni confianza halló jamás esta familia de parientes del basurero. Se acostaban separados, sin desvestirse, y dormían como ladrones, con la cabeza en el costal[28] de sus riquezas: desperdicios[29] de carne, zapatos rotos, cabos[30] de candela, puños[31] de arroz cocido envueltos en periódicos viejos, naranjas y guineos[32] pasados.[33]

En las gradas del Portal se les veía, vueltos a la pared, contar el dinero, morder las monedas de níquel para saber si eran falsas, hablar a solas, pasar revista[34] a las provisiones de boca y de guerra, que de guerra andaban en la calle armados de piedras y escapularios,[35] y engullirse[36] a escondidas cachos[37] de pan en seco. Nunca se supo que se socorrieran[38] entre ellos; avaros[39] de sus desperdicios, como todo mendigo, preferían darlos a los perros antes que a sus compañeros de infortunio.[40]

Comidos y con el dinero bajo siete nudos en un pañuelo atado al ombligo,[41] se tiraban al suelo y caían en sueños agitados, tristes; pesadillas por las que veían desfilar cerca de sus ojos cerdos con hambre, mujeres flacas, perros quebrados, ruedas de carruajes y fantasmas de Padres que entraban a la Catedral en orden de sepultura,[42] precedidos por una tenia[43] de

[13] ¡Da luz!
[14] sulfato de alúmina y potasa
[15] Lucifer, el diablo
[16] otra palabra que significa alumbre
[17] ruido como hacen las abejas
[18] combinación de las palabras «malestar» y «redoblar» (de las campanas)
[19] putrefacción, corrupción
[20] caminaban sin levantar los pies del suelo
[21] desolada
[22] con disgusto
[23] odio
[24] disputa, riña
[25] a. . . dando golpes con los codos
[26] acción de tirar a alguien al suelo y maltratarlo
[27] arrojar saliva (en la cara de otro)
[28] saco, bolsa
[29] residuos
[30] extremos, partes pequeñas que quedan
[31] lo que cabe en la mano cerrada
[32] variedad de plátanos
[33] podridos, descompuestos

Esta mendiga de Tonalá, México, nos recuerda a los pordioseros en *El señor Presidente*. (*© Diana Zavala*)

luna crucificada en tibias heladas.[44] A veces, en lo mejor del sueño, les despertaban los gritos de un idiota que se sentía perdido en la Plaza de Armas. A veces, el sollozar[45] de una ciega que se soñaba cubierta de moscas, colgando de un clavo, como la carne en las carnicerías. A veces, los pasos de una patrulla[46] que a golpes arrastraba a un prisionero político, seguido de mujeres que limpiaban las huellas[47] de sangre con los pañuelos empapados[48] en llanto. A veces, los ronquidos[49] de un valetudinario[50] tiñoso[51] o la respiración de una sordomuda encinta[52] que lloraba de miedo porque sentía un hijo en las entrañas.[53] Pero el grito del idiota era el más triste. Partía el cielo. Era un grito largo, sonsacado,[54] sin acento humano.

Los domingos caía en medio de aquella sociedad extraña un borracho que, dormido, reclamaba a su madre llorando como un niño. Al oír el idiota la palabra madre, que en boca del borracho era imprecación[55] a la vez que lamento, se incorporaba, volvía a mirar a todos lados de punta a punta[56] del Portal, enfrente, y tras despertarse bien y despertar a los compañeros con sus gritos, lloraba de miedo juntando su llanto al del borracho.

Ladraban perros, se oían voces, y los más retobados[57] se alzaban[58] del suelo a engordar[59] el escándalo para que se callara. Que se callara o que viniera la policía. Pero la policía no se acercaba ni por gusto. Ninguno de ellos tenía para pagar la multa. «¡Viva Francia!», gritaba *Patahueca*[a] en medio de los gritos y los saltos del idiota, que acabó siendo el hazmerreír[60] de los mendigos por aquel cojo[61] bribón[62] y mal hablado que, entre semana, algunas noches remedaba[63] al borracho. *Patahueca* remedaba al borracho y el

[34] pasar. . . inspeccionar
[35] pedazos de tela con la imagen de un santo que se cuelgan sobre el pecho
[36] comer precipitadamente, con avidez
[37] pedazos pequeños
[38] ayudaran
[39] que no quieren compartir con otros
[40] mala fortuna
[41] atado. . . puesto junto al cuerpo como cinturón
[42] orden. . . procesión funeral
[43] una metáfora en la cual se compara la luna con un parásito intestinal para sugerir la idea de la muerte

---

[a] El nombre *Patahueca,* como todos los otros, tiene significado simbólico (pata + hueca) y refuerza lo desamparado que son los pordioseros.

Pelele —así apodaban[64] al idiota—, que dormido daba la impresión de estar muerto, revivía a cada grito sin fijarse en los bultos arrebujados[65] por el suelo en pedazos de manta que, al verle medio loco, rifaban[66] palabritas de mal gusto y risas chillonas. Con los ojos lejos de las caras monstruosas de sus compañeros, sin ver nada, sin oír nada, sin sentir nada, fatigado por el llanto, se quedaba dormido; pero al dormirse, carretilla[67] de todas las noches, la voz de *Patahueca* le despertaba:

—¡Madre!. . .

El *Pelele* abría los ojos de repente, como el que sueña que rueda en el vacío; dilataba las pupilas más y más, encogiéndose todo él, entraña herida cuando le empezaban a correr las lágrimas; luego se dormía poco a poco, vencido por el sueño, el cuerpo casi engrudo,[68] con eco de bascas[69] en la conciencia rota. Pero al dormirse, al no más dormirse, la voz de otra prenda[70] con boca le despertaba:

—¡Madre!

Era la voz de el *Viuda,* mulato degenerado que, entre risa y risa, con pucheros[71] de vieja, continuaba:

—. . .madre de misericordia, esperanza nuestra, Dios te salve, a ti llamamos los desterrados que caímos de leva. . .[b]

El idiota se despertaba riendo, parecía que a él también le daba risa su pena, hambre, corazón y lágrimas saltándole en los dientes, mientras los pordioseros arrebataban[72] del aire la car-car-car-car-cajada, del aire, del aire. . . la car-car-car-car-cajada. . .;[73] perdía el aliento un timbón[74] con los bigotes sucios de revolcado, y de la risa se orinaba un tuerto[75] que daba cabezazos de chivo en la pared,[76] y protestaban los ciegos porque no se podía dormir con tanta bulla,[77] y el *Mosco,* un ciego al que le faltaban las dos piernas, porque esa manera de divertirse era de amujerados.

A los ciegos los oían como oír barrer y al *Mosco* ni siquiera lo oían. ¡Quién iba a hacer caso de sus fanfarronadas![78] «¡Yo, que pasé la infancia en un cuartel de artillería, onde[79] las patadas de las mulas y de los jefes me hicieron hombre con oficio de caballo, lo que me sirvió de joven para jalar la música de carreta![80] ¡Yo, que perdí los ojos en una borrachera sin saber cómo, la pierna derecha en otra borrachera sin saber cuándo, y la otra en otra borrachera, víctima de un automóvil, sin saber ónde!. . .»

Contado por los mendigos, se regó[81] entre la gente del pueblo que el *Pelele* se enloquecía al oír hablar de su madre. Calles, plazas, atrios y mercados recorría el infeliz en su afán[82] de escapar al populacho[83] que por aquí, que por allá, le gritaba a todas horas, como maldición del cielo, la palabra madre. Entraba a las casas en busca de asilo, pero de las casas le sacaban los perros o los criados. Lo echaban de los templos, de las tiendas, de todas partes,

---

[b]madre. . . parte del Salve, una oración dedicada a la Virgen María, madre de Dios y de todos los católicos; «caímos de leva» es una parodia de «hijos de Eva». Se refiere al pecado original y a la expulsión del paraíso terrenal.

[44]dos tibias cruzadas, símbolo universal de la muerte, aquí sugerido por la antítesis
[45]llorar convulsivamente
[46]grupo de soldados
[47]señales, marcas que dejan los pies
[48]humedecidos
[49]ruidos que producía la respiración mientras dormía
[50]persona enferma
[51]que sufre de tiña, una enfermedad de la piel del cráneo
[52]embarazada
[53]vísceras, interior del cuerpo
[54]sacado con esfuerzo
[55]maldición, mala palabra
[56]de. . . de un extremo a otro
[57]descontentos
[58]levantaban
[59]aumentar
[60]figura ridícula que hace reír a todos
[61]persona que camina mal por un defecto en la pierna
[62]pícaro
[63]imitaba
[64]llamaban
[65]cubiertos
[66]decían
[67]tontería
[68]con consistencia de masa gelatinosa
[69]vómitos
[70]joya (en sentido irónico)
[71]movimientos de la boca que preceden al llanto

sin atender a su fatiga de bestia ni a sus ojos que, a pesar de su inconsciencia, suplicaban perdón con la mirada.

La ciudad grande, inmensamente grande para su fatiga, se fué haciendo pequeña para su congoja.[84] A noches de espanto siguieron días de persecución, acosado[85] por las gentes que, no contentas con gritarle: «¡Pelelito, el domingo te casás con tu madre. . ., la vieja. . ., somato. . ., chicharrón y chaleco!»,[86] le golpeaban y arrancaban las ropas a pedazos. Seguido de chiquillos se refugiaba en los barrios pobres, pero allí su suerte era más dura; allí, donde todos andaban a las puertas de la miseria, no sólo lo insultaban, sino que, al verlo correr despavorido,[87] le arrojaban[88] piedras, ratas muertas y latas vacías.

De uno de esos barrios subió hacia el Portal del Señor un día como hoy a la oración, herido en la frente, sin sombrero, arrastrando la cola de un barrilete que de remeda remiendo[c] le prendieron por detrás. Lo asustaban las sombras de los muros, los pasos de los perros, las hojas que caían de los árboles, el rodar[89] desigual de los vehículos. . . Cuando llegó al Portal, casi de noche, los mendigos, vueltos a la pared, contaban y recontaban sus ganancias. *Patahueca* la tenía con el *Mosco* por alegar,[90] la sordomuda se sobaba[91] el vientre[92] para ella inexplicablemente crecido, y la ciega se mecía[93] en sueños colgada de un clavo, cubierta de moscas, como la carne en las carnicerías.

El idiota cayó medio muerto; llevaba noches y noches de no pegar[94] los ojos, días y días de no asentar los pies. Los mendigos callaban y se rascaban[95] las pulgas[96] sin poder dormir, atentos a los pasos de los gendarmes[97] que iban y venían por la plaza poco alumbrada y a los golpecitos de las armas de los centinelas, fantasmas envueltos en ponchos a rayas, que en las ventanas de los cuarteles vecinos velaban[98] en pie de guerra, como todas las noches, al cuidado del Presidente de la República, cuyo domicilio se ignoraba porque habitaba en las afueras de la ciudad muchas casas a la vez, cómo dormía porque se contaba que al lado de un teléfono con un látigo en la mano, y a qué hora, porque sus amigos aseguraban que no dormía nunca.

Por el Portal del Señor avanzó un bulto.[99] Los pordioseros se encogieron[100] como gusanos. Al rechino[101] de las botas militares respondía el graznido[102] de un pájaro siniestro en la noche oscura, navegable, sin fondo. . .

Patahueca peló[103] los ojos, en el aire pesaba la amenaza del fin del mundo, y dijo a la lechuza:[104]

—¡Hualí, hualí, tomá tu sal y tu chile. . .; no te tengo mal ni dita y por si acaso, maldita![ch]

---

[c] arrastrando. . . *dragging the tail of the kite that they stuck on him as a joke*

[ch] ¡Hualí. . . Con la excepción de «Hualí, hualí», que es una expresión indígena de alegría miedosa, estas expresiones usadas entre el vulgo contienen un conjuro mediante una maldición («mal», «dita», «maldita»). La lechuza le dio un susto a *Patahueca,* y éste la quería espantar.

[72] cogían rápidamente
[73] (El autor imita la risa de los pordioseros.)
[74] barrigón, gordo
[75] persona ciega de un ojo
[76] daba. . . golpeaba la pared con la cabeza
[77] gritería
[78] lo que se dice para impresionar a los demás
[79] donde
[80] aprender a ser sumiso y a esperar el maltrato
[81] contó
[82] deseo fuerte
[83] gente de clase muy baja
[84] angustia
[85] perseguido
[86] somato. . . insultos típicos
[87] asustado
[88] echaban, tiraban
[89] movimiento sobre ruedas
[90] la. . . buscaba motivo para reñir
[91] tocaba repetidamente
[92] abdomen
[93] se movía rítmicamente
[94] cerrar
[95] frotaban la piel con las uñas
[96] insectos comunes en los perros
[97] policías
[98] estaban de guardia
[99] cuerpo que no se distingue bien
[100] se hicieron más pequeños
[101] sonido irritante
[102] voz disonante
[103] abrió
[104] ave rapaz nocturna, búho

El *Mosco* se buscaba la cara con los gestos. Dolía la atmósfera como cuando va a temblar. El *Viuda* hacía la cruz[105] entre los ciegos. Sólo el *Pelele* dormía a pierna suelta,[106] por una vez, roncando.

El bulto se detuvo —la risa le entorchaba[107] la cara—, acercóse al idiota de puntepié y, en son de broma, le gritó:

—¡Madre!

No dijo más. Arrancado del suelo por el grito, el *Pelele* se le fué encima[108] y, sin darle tiempo a que hiciera uso de sus armas, le enterró los dedos en los ojos, le hizo pedazos la nariz a dentelladas[109] y le golpeó las partes[110] con las rodillas hasta dejarlo inerte.

Los mendigos cerraron los ojos horrorizados, la lechuza volvió a pasar y el *Pelele* escapó por las calles en tinieblas enloquecido bajo la acción de espantoso paroxismo.[111]

Una fuerza ciega acababa de quitar la vida al coronel José Parrales Sonriente, alias *el hombre de la mulita.*

Estaba amaneciendo.

[105] hacía. . . se santiguaba, hacía la señal de la cruz
[106] a. . . profundamente
[107] contorsionaba
[108] se. . . se echó sobre él
[109] a. . . con los dientes
[110] partes genitales
[111] exaltación extrema

Para verificar su comprensión

Elija la mejor respuesta.

1. Las _____ (pesadillas, conversaciones) de los pordioseros expresan la condición inhumana de su existencia diaria.
2. Todos los pobres que Asturias describe son _____ (anormales, grotescos).
3. Los apodos que los mendigos se ponen ilustran su ___

    _____ (falta de identidad propia, capacidad de burlarse de su pobreza).
4. El *Pelele* y el idiota son _____ (la misma persona, dos personas distintas).
5. Todos los mendigos _____ (excepto, incluso) el *Pelele* reaccionan ante la palabra «madre».
6. La gente en los barrios pobres _____ (sí, no) le ayudaba al *Pelele.*
7. La lechuza lo asustó _____ (al *Pelele,* a *Patahueca*).
8. Al final, el *Pelele* mata al _____ (coronel, mendigo) quien se había burlado de él.

Interpretación de la lectura

1. ¿Cuál será la intención de Asturias al yuxtaponer la iglesia y los mendigos?
2. Comente detenidamente sobre las muchas asociaciones que tiene la palabra «madre».
3. ¿Por qué cree Ud. que Asturias eligió enfocar a los mendigos en este primer capítulo de su novela?
4. ¿Qué piensa Ud. de la miseria y brutalidad descritas por Asturias? ¿Son creíbles o son exageraciones novelísticas?
5. Asturias dijo una vez que Guatemala es un país surrealista. ¿Qué querrá decir con eso? ¿De qué manera es un ambiente surrealista apropiado para la denuncia de los males que Asturias presenta?
6. ¿Qué efecto se logra con la combinación de las imágenes de luz y sombra a través de esta lectura?

Comparaciones

Compare Ud. a los parias de Vallejo con los de Asturias. ¿Qué tienen en común? ¿Cómo los pintan los dos autores?

Para explorar más

1. Usando esta lectura como punto de partida, realice una investigación sobre el problema de los que no tienen dónde vivir en los Estados Unidos.
2. Haga una investigación sobre el surrealismo, comparando sus componentes básicos con la técnica usada por Asturias en «En el Portal del Señor».

¿Está Ud. de acuerdo?

Es responsabilidad del gobierno proveer vivienda para los que no tienen hogar.

VICTORIA OCAMPO (*1891–1977*)

Victoria Ocampo, famosa intelectual argentina, es más   [1]notables
conocida como *entrepreneur* cultural y fundadora de la prestigiosa revista
Sur (1931), y de la casa editorial del mismo nombre, fundada en 1933. Pero
era también una feminista ardiente y una mujer de letras que escribió diez
volúmenes de *Testimonios,* o sea, ensayos sobre sus ricas experiencias personales. Nacida y criada en una distinguida familia de la oligarquía argentina, Ocampo llevó una vida privilegiada, culta y europeizada. Amiga personal de muchos de los artistas más destacados[1] de su época —Rabindranath
Tagore, Gabriela Mistral, Albert Camus, Aldous Huxley, Virginia Woolf, José
Ortega y Gasset e Igor Stravinsky, entre otros— se dedicó a la promoción
del intercambio cultural entre América Latina y el resto del mundo, especialmente Europa y los Estados Unidos. Su trabajo intercultural le trajo
honores de los gobiernos de Francia, Inglaterra e Italia, y de las universidades de Visva-Bahrati en la India y Harvard en los EEUU. Fue también la
primera mujer elegida miembro de la Academia Argentina de Letras (1977).

Ocampo ha sido acusada por algunos intelectuales de «snobismo» y
elitismo por su posición social alta, estilo de vida y fuerte deseo de separar
el arte de la política, algo no siempre posible ni deseable en América Latina.
Como miembro de la élite argentina, se crió tanto en el ambiente europeo
como en el americano. En cierta forma era una cosmopolita que pertenecía
a las dos culturas, pero, desde otro punto de vista, era un espécimen raro
que no se sentía totalmente en casa ni en Europa ni en Argentina.

En este extracto de su ensayo «Palabras francesas», Ocampo reflexiona
sobre la influencia del idioma francés en su modo de ser y pensar. Sus comentarios sobre el particular sugieren todo un cuadro del estilo de vida y de
los valores culturales de la oligarquía argentina de su generación.

Guía de prelectura

Basándose en su interpretación de lo que acabamos de
leer, escoja de entre las siguientes posibilidades la
respuesta que mejor describa la vida de Ocampo.

1. Ocampo fue una intelectual que se dedicó a
    a. la cultura europea.
    b. el intercambio cultural.
    c. la lucha política.

2. El estilo de vida de Ocampo se asocia con
   a. los barrios pobres de Buenos Aires.
   b. la clase media europea.
   c. la oligarquía argentina.

Palabras francesas (*fragmento*)

Todos los libros de mi infancia y de mi adolescencia fueron franceses o ingleses; franceses en su mayoría. Aprendí el alfabeto en francés, en un hotel de la avenida Freidland. Desde entonces, el francés se me ha pegado[2] en tal forma, que no he podido librarme de él. Mi institutriz[3] era francesa. He sido castigada en francés. He jugado en francés. He rezado en francés. (Había, incluso, inventado una oración, que agregaba[4] con fervor a las demás: «Dios mío, haz que esta noche no vengan ladrones, que no sueñe malos sueños, que vivamos todos y vivamos en buena salud, amén». Este *post-scriptum* dirigido a Dios fue mi primera carta.)

He comenzado a leer en francés: *Peau d'âne, Les malheurs de Sophie, Les aventures du Capitaine Hatteras*. . . Es decir que comencé a llorar y a reír en francés. Leía insaciablemente.[5] Las hadas,[6] los enanos,[7] los ogros[8] hablaron para mí en francés. Los exploradores recorrían un universo que tenía nombres franceses. Y, más tarde, franceses fueron los versos bellos y las novelas en que por primera vez veía palabras de amor. En fin, todas las palabras de los libros de mi infancia, esas palabras que contienen «el viento rápido y el sol brillante que hacía cuando los leíamos», fueron para mí palabras francesas.

¿Cómo separarme de ellas sin separarme de esta infancia? ¿Cómo separarme de mi infancia sin cortar toda comunicación con la esencia misma de mi ser, sin empobrecerme absolutamente, definitivamente, de mi realidad, de su fuente?

Si esto es posible a otros temperamentos, yo sé por experiencia que no lo es para el mío.

Es perfectamente exacto que todas las veces que quiero escribir, *unpack my heart with words,* escribo primero en francés. Pero no lo hago por una elección deliberada —y aquí es donde se equivoca M. Daireaux—. Me veo obligada a ello por una necesidad interior. La elección ha tenido lugar en mí sin que mi voluntad pudiese intervenir. Mi voluntad, por el contrario, trata ahora a tal punto de corregir este estado de cosas que no he publicado nada en francés —excepción hecha de *De Francesca a Beatrice*—, y que vivo traduciéndome o haciéndome traducir por los demás continuamente.

Lo que más me interesa decir es principalmente aquí en mi tierra, donde tengo que decirlo, y en una lengua familiar a todos. Lo que escribo en

[2] adherido
[3] maestra encargada de la educación de los niños en el hogar de ellos
[4] añadía
[5] con apetito imposible de satisfacer
[6] seres fantásticos representados como mujer y con poderes mágicos
[7] personas de extraordinaria pequeñez
[8] monstruos

francés no es francés, en cierto sentido, respecto al[9] espíritu. Y sin embargo —he aquí el drama—, siento que nunca vendrán espontáneamente en mi ayuda las palabras españolas, precisamente cuando yo esté emocionada, precisamente cuando las necesite. Quedaré siempre prisionera de otro idioma, quiéralo o no, porque ése es el lugar en que mi alma se ha aclimatado.[10]

Esta circunstancia ha producido extraños efectos. Temo que si consiguiese arrancar[11] de mi memoria todas las palabras francesas, arrancaría también, adheridas a ellas, las imágenes más queridas, más auténticas, más americanas que posee.

¿Qué le importa al niño que le dejen su álbum si le quitan sus calcomanías?[12]

Las palabras francesas son las únicas que me gusta pegar sobre el papel porque son las únicas que, para mí, están llenas de imágenes.

Mientras yo estudiaba la gramática de Larive y Fleury, las ciencias de Paul Bert, la historia sagrada de Duruy, cuántos deseos, cuántas miradas se evadían[13] por la ventana hacia nuestros campos, nuestro río, nuestras calles. Cuántas fábulas de La Fontaine mezcladas a los gritos de los mercachifles[14] de «botellas vacías» y de «resaca», tierra negra para las plantas. ¡Ah, esos vendedores ambulantes cuya libertad yo envidiaba! Me acuerdo de ciertas noches tibias en que leía a Poe, traducido por Baudelaire, a la luz de una vela, que me obligaban a apagar en el momento menos oportuno. «La caída de la casa Usher» ha quedado llena, para mí, de mugidos[15] de vacas y de balidos[16] de carneros. Un olor de alfalfa y trébol[17] entraba por la ventana. Era la época de la esquila.[18] Durante el día se veía en un galpón[19] a los peones hundir sus tijeras en la lana espesa. Uno de ellos iba y venía entre los demás, llevando en la mano una lata llena de una oscura mixtura que apestaba[20] a alquitrán.[21] Le llamaban a la vez de todas partes: «¡Médico, médico!», y él pintaba con este líquido misterioso las heridas que las tijeras descuidadas y presurosas infligían a los animales. Esto me impresionaba mucho. Sentía piedad por los carneros, miedo de las tijeras y, sin embargo, el espectáculo me fascinaba. Unicamente el pensar que *El escarabajo de oro* o *El diablo en el campanario* me esperaban en casa podía romper el encanto.

Palabras francesas, entonces y siempre. Helas aquí confundidas con el olor del alquitrán, de la lana, el ruido de las tijeras, los gritos de los peones. Esas exclamaciones sólo las percibía como un género especial de mugidos. *No eran las palabras con que se piensa.* Y mi habla, mi español —la expresión verbal me fue siempre difícil— era, en otro plano, casi tan primitiva y salvaje.

Tardes de infancia, imborrables, en que, después de haber chapaleado[22] en el barro, del que mis uñas guardaban las huellas,[23] cargada de sol como un acumulador,[24] corría a mis libros, ávida de volver a encontrar su atmósfera, en la que mi pensamiento se articulaba de pronto. ¡Palabras, queridas palabras francesas! Ellas me enseñaban que se puede escapar del silencio de otro modo que por el grito.

[9] con relación a
[10] acostumbrado
[11] sacar de raíz
[12] dibujos transferibles que coleccionan los niños (*decals*)
[13] escapaban
[14] vendedores ambulantes
[15] voz de la vaca
[16] voz del carnero
[17] pequeña planta común con tres o cuatro hojas casi redondas
[18] corte de la lana de las ovejas
[19] sitio cubierto
[20] echaba mal olor
[21] sustancia negra hecha de resina de pino
[22] jugado (como en agua)
[23] señales, marcas
[24] aparato que guarda energía eléctrica

Estos recuerdos, otros más, muchos otros aún, toda mi vida pretérita,[25] se me aparece como almacenada[26] en palabras francesas. Tan es así, que el empleo del francés es, en mí, lo contrario de una actitud convencional.

Por otra parte, si bien es cierto que soy a ese respecto un caso ejemplar por su exageración y que las cosas han llegado en mí hasta el límite extremo (entre otras razones, sin duda, a causa de una introversión muy marcada), no creo ser una excepción. En mi medio y en mi generación las mujeres leían casi exclusivamente en francés. Recuerdo haber recibido y hecho, de niña, muchos regalos de libros; casi todos eran franceses, desde *La Princesse de Clèves* hasta Claudel. Alguien me hizo leer en aquellos años a Rubén Darío. Sus poesías me parecieron de un mal gusto intolerable: una parodia de Verlaine.

Agréguese a esto que nuestra sociedad era bastante indiferente a las cosas del espíritu, incluso bastante ignorante. Muchos de entre nosotros habíamos llegado, insensiblemente, a creer enormidades.[27] Por ejemplo, que el español era un idioma impropio para expresar lo que no constituía el lado puramente material, práctico, de la vida; un idioma en que resultaba un poco ridículo expresarse con exactitud —esto es, matiz—.[28] Cuanto más restringido era nuestro vocabulario, más a gusto nos sentíamos. Toda rebusca[29] de expresión tenía una apariencia afectada. Emplear ciertas palabras, ciertos giros[30] (que no eran, en realidad, otra cosa que gramaticalmente correctos), nos chocaba como puede chocarnos un vestido de baile en un campo de deportes o una mano que toma la taza con el meñique[31] en el aire.

Muchos de nosotros empleábamos el español como esos viajeros que quieren aprender ciertas palabras de la lengua del país por donde viajan, porque esas palabras les son útiles para sacarlos de apuros[32] en el hotel, en la estación y en los comercios, pero no pasan de ahí.

Sin embargo, pese[33] a las apariencias, no podíamos dejar de pensar, y para esto necesitábamos palabras. Educadas por institutrices francesas y habiéndonos nutrido de literatura francesa, buen número de entre nosotros iba naturalmente a tomar sus palabras de Francia. Pero las institutrices de nuestra infancia y las abundantes lecturas no justifican totalmente nuestro reflujo[34] obstinado hacia el francés —al menos en la mayoría de los casos—. Aquí debe de haber algún complejo que favorezca tal fenómeno. La prueba está en que, en Europa, en los medios análogos[35] al mío, es también frecuente que los niños sean educados por institutrices extranjeras y que lean de continuo idiomas extranjeros; y, sin embargo, lo que ha sucedido aquí no se produce sino excepcionalmente allá. En nuestro caso debemos tener en cuenta, por añadidura,[36] una especie de desdén latente hacia lo que venía de España (no entro a examinar si ese desdén tenía alguna excusa o justificación). Además, debido a otro fenómeno, que sería curioso analizar, nos volvíamos al francés por repugnancia a la afectación. La penuria[37] del español que aceptábamos nos la tornaba imposible. Rechazábamos su ri-

[25] pasada
[26] guardada
[27] atrocidades
[28] gradación sutil de significado
[29] búsqueda cuidadosa
[30] expresiones idiomáticas
[31] el dedo más pequeño de la mano
[32] aprietos, dificultades
[33] a pesar de
[34] vuelta atrás
[35] en. . . en clases sociales semejantes
[36] además
[37] pobreza

queza; rechazábamos esa riqueza como una cursilería.[38] Nos disgustaba como una ostentación de lujo hecho de relumbrón[39] y joyas falsas. El francés, por el contrario, era para nosotros la lengua en que podía expresarse todo sin parecer un advenedizo.[40]

Imagino que el cincuenta por ciento de las cien palabras que componían nuestro vocabulario no figuraban siquiera en el diccionario de la Academia Española. Hacia mis quince años, ningún poder humano me habría hecho emplear los calificativos «bello» o «hermoso»; «lindo» me parecía el único término que no era pedante.[41] Habría enfermado si alguien me hubiera obligado a llamar mecedora[42] a una «silla de hamaca». La estancia[43] era, no podía ser, para mí, más que un océano de tierra donde soñaba todo el año en hundirme. Que se pudiese llamar estancia a un cuarto me sublevaba,[44] me ofendía, como si se hubiese tratado de desfigurar, para apenarme,[45] la fotografía de un ser querido. Y así todo lo demás.

Quizá convenga agregar que mi familia y las de aquellos que me rodeaban, aunque instaladas en América desde hace muchas generaciones, son casi exclusivamente de origen español.

A los veinte años yo era, en lo concerniente a España, de una ignorancia tan sólida y tan agresiva que algunos amigos, compadecidos,[46] trataron de sacarme de ella. Se esforzaron por iniciarme en las delicias de la literatura castellana. Me dieron a leer *Doña Perfecta, Doña Luz, El sombrero de tres picos.* . . Apenas pude tragarlos. Mi convicción de que el español era un idioma *guindé*[47] y aburrido aumentó. *Toute sonore encore* de los clásicos franceses permanecía sorda a lo demás.

Sólo en 1916, cuando el primer viaje de Ortega, después de haber conversado largamente con él, advertí[48] gradualmente mi tontería. Comenzaba a descubrir que todo podía decirse en la lengua española sin por ello volverse automáticamente pesado, afectado, grandilocuente.[49] Pero este descubrimiento llegaba demasiado tarde. Hacía ya mucho tiempo que era prisionera del francés.

La consecuencia que saco de mis reflexiones sobre este tema es que nada de esto habría ocurrido si yo no hubiera sido americana. Si yo no hubiera sido esencialmente americana yo no habría hablado un español empobrecido, impropio[50] para expresar todo matiz, y no me habría negado al español de ultramar. Si yo no hubiera sido esencialmente americana, el francés no habría, quizás, llegado a ser el único refugio de mi pensamiento, y de haberlo sido, permanecería tranquilamente en él, en lugar de correr tras un español que ya no alcanzaré, ciertamente, y que si lo alcanzo no me será nunca dócil. Si no hubiese sido esencialmente americana, no me habría debatido en este drama, y este drama hubiera resultado una comedia.

Si no hubiese sido americana, en fin, no experimentaría tampoco, probablemente, esta sed de explicar, de explicarnos y de explicarme. En Europa, cuando una cosa se produce, diríase que está explicada de antemano. Cada acontecimiento nos hace la impresión de llevar, desde su naci-

[38] lo que pretende ser refinado pero resulta afectado
[39] de más apariencia que calidad
[40] extranjero, forastero
[41] con aires de erudición
[42] otra palabra para «silla de hamaca» *(rocking chair)*
[43] hacienda de campo, rancho
[44] rebelaba
[45] causarme tristeza
[46] que sentían simpatía
[47] enfermo, feo
[48] me di cuenta de
[49] pomposo, afectado
[50] que no servía

miento, un brazalete de identidad. Entra en un casillero.[51] Aquí, por el contrario, cada cosa, cada acontecimiento, es sospechoso y sospechable de ser aquello de que no tiene traza.[52] Necesitamos mirarlo de arriba abajo para tratar de identificarlo, y a veces, cuando intentamos aplicarle las explicaciones que casos análogos recibirían en Europa, comprobamos que no sirven.

Entonces, henos aquí obligados a cerrar los ojos y a avanzar penosamente, a tientas,[53] hacia nosotros mismos; a buscar en qué sentido pueden acomodarse las viejas explicaciones a los nuevos problemas. Vacilamos, tropezamos, nos engañamos, temblamos, pero seguimos obstinados. Aunque los resultados obtenidos fueran, por el momento mediocres, ¿qué importa? Nuestro sufrimiento no lo es. Y esto es lo que cuenta. Es preciso que este sufrimiento sea tan fuerte que alguien sienta un día la urgencia de vencerlo explicándolo.

He dicho antes que yo no me tengo por escritora, que ignoro totalmente el oficio. Que soy un simple ser humano en busca de expresión. Y precisamente por este motivo nunca me libertaré de las palabras francesas.

Proust cuenta que buscó vanamente en un libro de Bergotte, leído antaño de un tirón,[54] un día de invierno en que no pudo ver a Gilberte, las páginas que tanto le habían gustado. *Mais du volume lui-même* —agrega— *la neige qui couvrait les Champs Elysées, le jour ou je le lus, n'a pas été enlevée.*[a]

Hay para mí en las palabras francesas, aparte de todo lo demás, un milagro análogo, de naturaleza subjetiva e incomunicable. Poco importa que el español me parezca hoy día una lengua admirable, resplandeciente y concisa. Poco importa que, presa[55] de arrepentimiento, me esfuerce[56] en restituirle[57] mi alma.

Del francés *la neige ne sera jamais enlevée.*[b]

[51] archivo
[52] antecedente
[53] a. . . con pasos inciertos
[54] de. . . de una vez
[55] víctima
[56] me. . . haga un esfuerzo
[57] devolverle

Para verificar su comprensión

¿Cierto o falso?

_____   1. Ocampo cree que, con el tiempo, dejará de ser «prisionera» del francés.
_____   2. Ocampo sólo puede recordar su juventud con palabras francesas.

---

[a] Compara la nieve que cubría *les Champs Elysées* con la nieve que sigue cubriendo el libro; o sea que se refiere a lo imborrable de la experiencia, en el caso de Ocampo, del francés.
[b] Nunca se le quitará la nieve del francés; o sea que el francés seguirá siendo parte íntegra de su ser.

_____ 3. Ocampo adoraba el castellano cuando era joven.

_____ 4. El tipo de educación que recibió Ocampo era singular.

_____ 5. A Ocampo el francés le era natural, mientras el español le parecía afectado.

_____ 6. Ocampo se sentía muy americana.

_____ 7. Si Ocampo hubiera sido europea, habría sentido la necesidad de explicarse.

_____ 8. Los miembros de la oligarquía argentina preferían el francés al español.

Interpretación de la lectura

1. Se habla mucho de la influencia europea, especialmente la francesa, en la élite cultural latinoamericana. Se habla también de la enajenación[58] de lo nacional. ¿Cómo se ven ambos, el «europeismo» y la enajenación, en este pasaje de Ocampo?

    [58]alienación

2. Se dice que Ocampo es el prototipo del individuo cosmopolita aristocrático latinoamericano. ¿Qué cree Ud.?
3. ¿Piensa Ud. que esta lectura sugiere la importancia del primer idioma que uno aprende en la formación de la identidad personal? ¿Por qué?

Comparaciones

A. Imagine Ud. una conversación entre Ocampo y Fabiano sobre uno de los temas siguientes:

1. la importancia de la palabra hablada
2. la necesidad de la reforma agraria
3. los varios aspectos de la enajenación

B. Compare la enajenación cultural y lingüística de Ocampo y la de los recientes inmigrantes en los EEUU. ¿Cuáles son los puntos que tienen en común?

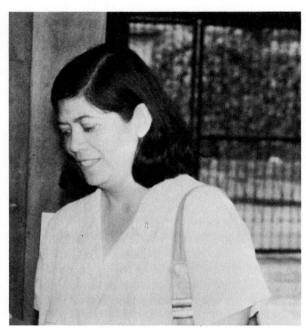

Miriam Lazo trabaja para los niños huérfanos de
Nicaragua. (© *Ted Copland*)

MIRIAM LAZO LAGUNA (*1946–*   )

Nacida en una familia terrateniente[1] acomodada,[2] la
nicaragüense Miriam Lazo era una joven profesora de literatura en la Universidad Nacional cuando triunfó la revolución sandinista en el verano de
1979. A pesar de que ella misma no es sandinista militante y de que su
motivación es religiosa en vez de política, Miriam Lazo se identifica
fielmente con los fines sociales de la revolución. En verdad, como directora
de Cooperación Técnica y Financiera del Instituto de Seguridad Social y
Bienestar (INSSBI), está en la vanguardia de la formulación de la política
social nacional.

La entrevista que sigue es un retrato personal conmovedor[3] del *espíritu*
humanitario y de las oportunidades de cooperación que el proceso revolucionario mismo ha creado. La perspectiva de Miriam Lazo, relatada con gran
emoción y autenticidad, es única porque trata el tema de las clases sociales
dentro de un contexto revolucionario.

[1] que tiene tierras
[2] en buena posición
   económica
[3] impresionante

Entrevista con Miriam Lazo Laguna

Las clases sociales y la revolución nicaragüense

Pregunta: Sra. Lazo, ¿podría Ud. hablarnos un poco sobre su historia personal, o sea, su formación familiar, educacional y social?

Respuesta: Claro que sí, encantada. Nací en Juigalpa, en el estado de Chontales, en el noreste de Nicaragua, en donde la producción agrícola y ganadera hacía una vida cómoda en cuanto al vivir de la familia. Mi familia toda es católica y fui formada particularmente por mi padre. Mi madre murió en mi nacimiento y mi padre pensó que internándome[4] en colegio religioso iba a tener una formación cristiana. Eramos muy unidos y él llegaba cada ocho días. Estudié en el Colegio María Auxiliadora, en Granada, un colegio muy conservador de las religiosas salesianas.[5] La mayoría de ellas era italiana, y eran unas mujeres muy cultas. Allí, en el interior del centro, tuve la oportunidad de conocer íntimamente las diferencias sociales. Por ejemplo, me acuerdo de una ocasión en que estábamos las niñas internas ayudando a limpiar la Sacristía.[6] Había otras niñas que ayudaban a las religiosas a hacer los trabajos del colegio. A una de esas niñas se le cayó una macetera,[7] y al romperse, la Madre llegó y la regañó.[8] A mí, cuando yo estaba limpiando, una de las arañas[9] que sirven para ubicar las luces, se me desprendió[10] y se me quebró, pero no me dijo nada; no me regañó. Entonces, yo me pregunté, ¿cuál era la diferencia entre aquellas niñas? Aquellas niñas, sus padres no pagaban y nosotras sí. Nosotras teníamos los privilegios. Las otras niñas tenían que ayudarnos a nosotras. Mi papá llegaba el domingo siguiente; entonces yo le conté el incidente y también le dije que esa niña no tenía quién pagara la macetera, y que yo quisiera que él la pagara para que la Madre no la regañara más a la niña. Seguramente a mi papá se le quedó grabado[11] que a mí algo me había pasado en mi interior y él me dijo: «Hijita, hiciste muy bien en ayudar a tu amiguita; yo le voy a decir a la Madre ahora que tú eres amiga de esa niña, y que te deje compartir[12] lo tuyo con ella». Esta fue la mejor lección que me dio mi padre cuando yo era muy joven —que nosotros mismos tenemos que actuar para tratar de romper las diferencias sociales.

P: Después del convento, ¿siguió Ud. desarrollándose por ese mismo camino?

R: Sí, primero yo quería ser religiosa; después, quería ser médico. Pero mi papá quería que yo fuera profesora; me decía que el magisterio también es un apostolado.[13] Yo fui, interna, a la Escuela Normal[14] de Señoritas, en San

[4] enviándome a un colegio donde viven los alumnos
[5] pertenecientes a la congregación de San Francisco de Sales, fundada por San Juan Bosco
[6] lugar en las iglesias donde se visten los sacerdotes y se guardan los ornamentos
[7] maceta, recipiente para plantas
[8] habló con enojo
[9] candelabros
[10] cayó
[11] se. . . le impresionó profundamente
[12] dividir
[13] magisterio. . . enseñar es también una misión religiosa
[14] Escuela. . . donde se estudia para maestro de primera enseñanza

Marcos, y cuando yo regresé, él me dice: «Mira, hija, yo quiero que me ayudes a mí un poco. Quiero que vayas a fundar una escuela allá en la finca[15] para los niños de los trabajadores. Después vas tú a la universidad a estudiar tu doctorado en medicina». Pero cuando yo fui conviviendo con esos niños, fui su maestra, entonces, mi papá me decía: «¿Por qué no les das clases a los adultos, y de esa forma van a saber escribir los papás, los abuelos y los propios niños?» Entonces prácticamente me indujo[16] a mi carrera profesional dentro de la docencia,[17] e indirectamente, al estudio de la sociología de mi país.

Después que cumplí con la misión que mi papá me había encomendado,[18] me regresé a la universidad, pero ya no estudié medicina, porque tenía que ir hasta León y yo me quería quedar en Managua. Entonces, estudié filosofía y letras en Managua. Terminé mi carrera y di clases en las escuelas primarias, en las secundarias y en la universidad; también di clases para las normales.[19] Estuve en todos los niveles. Fue muy estimulante la situación sociológica. Yo vi en cada uno de los distintos grados la pobreza de Nicaragua; no solamente la pobreza, sino la discriminación. Por ejemplo, los chicos ricos llegaban a la Universidad Católica, y los jóvenes que tenían menos oportunidades económicas, como los indios de Bluefields, llegaban a la Universidad Nacional. Entonces yo me fui dando cuenta de lo poco que daba el gobierno para que el estudiante fuera promovido.[20] Yo me daba cuenta perfectamente que el 60% de la población nicaragüense era analfabeta. Yo aspiraba en un momento dado, sin tener ninguna militancia con el frente sandinista, aspiraba a que se transformara toda esa situación en el pais.

P: Me imagino que lo que Ud. vio en Managua le despertó aún más la conciencia social, ¿no?

R: En Managua tuve la oportunidad de ir conociendo a fondo la gran diferencia del poder económico y del que no disfrutaba[21] la riqueza. Lo vi en los niños y en las madres que se me acercaban y me decían: «No tengo para comprarle el uniforme, no tengo para comprarle los zapatos». Y yo proveía[22] al estudiante de sus zapatos o de su uniforme. Yo vi niños que llegaban con nada de alimento en su estómago y que se me desmayaban;[23] entonces yo tenía que recurrir a la familia y preguntarles si el niño estaba enfermo. La madre me decía: «Su padre es un alcohólico y yo no tengo trabajo». El hijo sufría las consecuencias de esa situación social, que no era ésa la única, sino que se repetía en muchas otras. De allí fui cobrando conciencia social, la riqueza más grande que la docencia me ha dado. Empecé a trabajar poco a poco, porque en Nicaragua era muy difícil trabajar abiertamente. Después de la preparación que tuve con relación a mi profesión académica, empecé a dar clases en literatura española y latinoamericana en la Universidad Centroamericana, o sea la Católica. Empecé a enseñar, digamos el *Martín Fierro,* el famoso poema del gaucho argentino perseguido, desde una perspectiva socialmente comprometida.[24] A mi juicio, ésa fue la única manera responsa-

[15] rancho, hacienda
[16] llevó, impulsó
[17] enseñanza
[18] encargado
[19] escuelas normales
[20] ayudado, estimulado
[21] gozaba de
[22] daba
[23] se. . . caían inconscientes
[24] *committed*

Centro infantil en León, Nicaragua. (© *Peter Menzel/Stock, Boston*)

ble de presentar la materia, porque allí estaban los estudiantes más ricos del país, y allí prácticamente te das cuenta de cuál es la realidad de tu país. De allí de mi carrera desde el 72 hasta el 78 y un poco del 79, y todavía dando clases cuando nace la revolución.

P: ¿Jugó Ud. un rol en la revolución misma?

R: No como sandinista, porque no tengo sino una actuación humana cristiana. Pero sí, participé como «amiga» de los sandinistas. Trabajé con los jóvenes universitarios en un proyecto de concientización[25] de la realidad nacional, de los abusos del poder durante la dinastía somocista[26] y las corrupciones que había en ese momento, y sobre las persecuciones que se cometían con los estudiantes.

P: ¿Cómo cambió su vida con el triunfo de la revolución?

R: Con el triunfo, se abrió una gran expectativa, una fe grandísima en que el cambio iba a ser tan radical que se iba a sentir desde el primer momento, y eso fue cierto. Yo, por ejemplo, ya no fui la profesora en las aulas de clase, aunque me sentía que continuaba siendo profesora porque inicié un trabajo en bienestar[27] social en el cual mi experiencia en la docencia me ayudó mucho. Inicié un trabajo específico para los campesinos, y yo recordaba las palabras de mi padre: «El campesino es el hombre que produce porque es el que hace que la tierra nos dé los frutos; es el que cosecha». Para ayudar al

[25] *consciousness raising*
[26] de Somoza
[27] *welfare*

campesino, se iniciaron los centros infantiles rurales en Nicaragua sobre los cuales tuve, y todavía tengo yo, la responsabilidad nacional. Aunque algunos todavía son sólo comedores infantiles, otros son como guarderías.[28] En total tenemos 60 centros, con 100 niños y 10 educadoras en cada centro.

P: Fue así como Ud. comenzó a involucrarse[29] en los proyectos del bienestar nacional, ¿no? ¿Puede describir un poco el cargo que Ud. ocupa ahora?

R: El cargo que ocupo ahorita con el gobierno es mediante el desarrollo de trabajos en los que fuimos conduciendo —la creación de los centros para niños, para ancianos, de las cooperativas para prostitutas, de los centros de rehabilitación para alcohólicos, de los centros de rehabilitación para deshabilitados de guerra.

P: ¿Existían organizaciones similares antes de la revolución?

R: No, realmente no. Había muy poco, y lo que había era muy rudimentario y tenía otro tipo de filosofía. Por ejemplo, el anciano estaba en el centro sin ninguna esperanza de que se le estimulara, o que se le diera el calor de familia como nosotros tratamos de dar. Y claro, estos centros eran privados, y había que pagar. En el tratamiento de los huérfanos,[30] por ejemplo, el centro que había se llamaba «hogar temporal» y que yo conocí, pues, el niño no tenía mayores estímulos, no le daban ningún adelanto[31] en el proceso educacional o afectivo.[32] No tenían esa oportunidad porque el personal[33] era únicamente como una criada más. Los deshabilitados, por ejemplo, no tenían oportunidad alguna. Del deshabilitado el concepto que había era de un individuo parásito. Ahora, el concepto que tiene es de un hombre que tiene posibilidades para ser autosuficiente, para dar apoyo a su comunidad en donde él vive, inclusive de incorporarse a un trabajo en donde se pueda desempeñar[34] de acuerdo a su capacidad. No había nada para la rehabilitación del alcohólico o de la prostituta, nada.

P: ¿Está diciendo entonces que toda la filosofía de los servicios sociales ha cambiado desde el 79?

R: En absoluto. Cambió completamente toda la concepción filosófica de cada servicio, y, por lo tanto, los resultados en las personas que estaban en los centros eran completamente otros.

P: ¿Cómo se hizo el cambio?

R: Era un trabajo de equipo, y poco a poco, produjimos una diferencia en la conciencia de los técnicos y profesionales. Se le explicó al personal la importancia de su trabajo y la buena voluntad y dignidad de los que iban a atender. Esto era entre el 79 y el 81, y tuvo un gran impacto. Te pongo como ejemplo el de varias de las prostitutas rehabilitadas que ahora han formado colectivos[35] de costura[36] y están reintegrándose a la sociedad con una conciencia de su valor y dignidad como seres humanos. Como puedes ver, la

[28] donde se atiende a los niños mientras sus padres trabajan
[29] participar
[30] niños que no tienen padres
[31] progreso
[32] de las emociones
[33] empleados
[34] cumplir
[35] organizaciones
[36] fabricación de ropas

diferencia ha sido dramática, y me ha impresionado profundamente. Todo eso me motivó a mí a emprender la búsqueda de financiamiento, recursos, fuentes para robustecer[37] los centros. Pero luego Nicaragua fue enfrentando una situación de guerra en la que cada día las necesidades aumentaban. Aunque buscásemos y encontrásemos buenos frutos, las necesidades aumentaban y los materiales que íbamos adquiriendo eran demasiado pocos frente a toda la gran necesidad nacional. Allí había desplazados[38] de guerra, deshabilitados, ancianos, huérfanos de guerra, viudas, alcohólicos y prostitutas rehabilitándose, los refugiados salvadoreños, guatemaltecos, en fin, una gama[39] de necesidades en las que comparada con lo que obteníamos era demasiado pequeño. El trabajo mío fue aumentando cada día, porque las necesidades mismas iban aumentando.

P: En vista de la seria escasez[40] de bienes básicos, ¿no hay resentimientos contra los refugiados?

R: Los refugiados están inmersos en nuestra vida productiva nacional. El refugiado se encuentra como en su propia tierra porque nosotros le hacemos sentir que esa tierra, Nicaragua, es también de ellos y que la debe disfrutar como cualquier nicaragüense. Es una experiencia única y muy humana. Por eso yo te digo que si hay algo que yo creo, es que las revoluciones son capaces de transformar el sentimiento individualista del hombre; *lo he visto,* allá mismo en mi trabajo con los refugiados.

P: ¿Es verdad que la revolución ha abierto un campo nuevo de oportunidades para la mujer?

R: Esta es una de las razones por qué yo estoy ocupando ese cargo. Te lo estoy poniendo en el propio ejemplo. La posición que tengo actualmente es un cargo de dirigencia[41] dentro del Ministerio, y mi jefe, el Licenciado Reinaldo Antonio Téfel, confiere[42] comúnmente con el Comandante Ortega.[a] Yo, antes, realmente no hubiera sido nombrada en este cargo.

P: ¿Es un resultado de la revolución?

R: Absolutamente, concreto, obvio. Claro que el motivo en que la mujer vaya ganando más campo sencillamente es porque lo va conquistando con su participación en la lucha —en las tareas de alfabetización, en la propia defensa de la revolución, en las tareas de campañas de salud, en el Comité Nacional de Emergencia, un trabajo voluntario (yo soy la Secretaria Ejecutiva) en el que damos respuesta a todas las necesidades que existen en un desastre natural o en una emergencia de guerra. Es decir, cada mujer se va ganando su posición conforme[43] ella también va dando. No es una cosa que se la van a dar porque es la mujer; tienes que ganarla y la ganas mediante tu

[37]fortificar
[38]personas sin casa
[39]variedad grande
[40]falta
[41]un. . . posición administrativa importante
[42]consulta
[43]según lo que

---

[a]Daniel Ortega, Presidente de Nicaragua, elegido por el pueblo en 1984.

actuación. Tampoco existe la lucha en que la mujer no va a desempeñar un cargo porque es mujer, y que el hombre sí lo puede desempeñar; no existe porque la oportunidad la misma mujer se la ha ido abriendo.

Allá, por ejemplo, hay Ministros que son mujeres y que eso es nuevo para nosotros, es ejemplar. Hay mujeres que además son las que van estableciendo la pauta[44] para que las leyes tengan precisamente ese equilibrio entre lo que es para el hombre y lo que es de la mujer. Las leyes inclusive de beneficios para la familia son sugeridas por las mujeres, y allí estamos presentes en las asambleas e inclusive en la asamblea constituyente del país. Hay muchas mujeres que no sólo tienen un cargo honorífico de Comandante, sino que están en posiciones de dirigencia. Por ejemplo, de los Ministerios que abarcan el campo social en la Educación, Salud, Vivienda, Bienestar Social, sobre todo en Bienestar Social, la mayoría de los cargos de dirigencia la tienen las mujeres. Es estimulante para uno. Sí, yo puedo ratificar que el proceso revolucionario ha incorporado con más oportunidades a la mujer.

P: Anteriormente, cuando hablaba de los refugiados, dijo que el pueblo nicaragüense no siente resentimiento hacia ellos, y que Ud. está presenciando el desarrollo de un nuevo sentimiento cooperativo. ¿Lo ve también en cuanto al tema de las clases sociales y la redistribución de la riqueza del país?

R: Yo pienso que sí, porque el campesino nicaragüense fue el *más* marginado[45] todo el tiempo en el pasado; y es justo, y ellos reconocen que es justo para ellos, que le retribuyan[46] lo que le habían negado. Entonces el campesino tiene conciencia. Quien no tiene conciencia es aquél que siempre tuvo lo mejor. ¿Qué pasa con los refugiados salvadoreños, guatemaltecos, o cualquier otro refugiado latinoamericano cuando se incorporaron en la vida productiva nacional? Fue trascendente, porque el campesinado los aceptó como si fueran unos nicaragüenses más. Eso es producto de que el sentimiento del campesino es de gran fraternidad; no tiene el egoísmo. El campesino para mí es lo más sano de espíritu; es capaz de darte. Por ejemplo, como parte de mis responsabilidades profesionales, visito a cuatro o cinco centros cada semana, viajando por vehículo,[47] lancha[48] o avioneta.[49] También, frecuentemente voy a los centros los domingos con mi familia, como una visita familiar. Cuando vos llegás[50] de visita a una comunidad rural, el campesino te da su gallinita, su huevo; él se desprende[51] con aquel espíritu de generosidad y te lo da. Entonces, para mí es un símbolo grande de riqueza humana.

P: Con respecto a la política social, ¿hasta qué punto se puede decir que la revolución cubana ha servido como modelo?

R: No podemos decir que la revolución cubana solamente ha sido la que enriqueció los principios de la revolución nicaragüense. También hubo una

[44] modelo
[45] excluído de participación
[46] recompensen
[47] jeep
[48] barco pequeño
[49] avión pequeño
[50] vos. . . tú llegas
[51] se. . . ofrece lo que tiene

revolución francesa, una norteamericana, una mexicana y una bolchevique. Cada revolución floreció en un tiempo determinado, tuvo su hora, se desarrolló de acuerdo con la idiosincracia de cada pueblo. Lo bueno de cada revolución fue dejando la estela[52] en la revolución nicaragüense. Por eso podríamos decir que la revolución nicaragüense es ecléctica.

P: ¿Piensa Ud. que la religión popular ha jugado un rol importante en la formulación de los objetivos sociales de la revolución?

R: La religión popular, has dicho la palabra, popular, justamente ésa es la palabra que podemos aplicar. La religión popular para mí es la base de un verdadero cristianismo porque el nicaragüense en su comunidad tiene un poder religioso tradicional. Nosotros somos muy cristianos, pero la cristiandad del nicaragüense va de acuerdo con la capacidad del pastor de acercarse a sus ovejas. El rebaño,[53] si está solo, se pierde la oveja; pero si el pastor está constantemente acercándose, entonces robustece esta fe, ese espíritu de religiosidad de la oveja. Pero allá, ¿qué pasa? Muchos sacerdotes de la jerarquía, yo pienso, se han olvidado de cómo acercarse a las ovejas. Los otros, los que están optando por la iglesia popular, pues, a veces son hasta criticados muy severamente por sus superiores. Pero, ¿por qué son criticados severamente? Pero, claro, la jerarquía piensa que *ellos* son la iglesia, que *ellos* son el reino. Tal vez se ha adormecido la idea de que el reino está presente en esa comunidad de sus ovejas. Eso es lo que *yo* digo.

P: ¿Qué opina Ud. de la discriminación histórica que ha sufrido la población indígena misquita? ¿Qué está haciendo el gobierno sandinista para tratar de superarla?

R: Es muy interesante esta pregunta, porque precisamente cuando los indígenas de la costa atlántica fueron trasladados de sus propias comunidades hacia unas comunidades nuevas en donde ya la infraestructura y el desarrollo social estaban proporcionados,[54] les fue muy duro y quizá fue precipitado.[55] Fue un error de la revolución, uno de los tantos errores. La revolución no está hecha por ángeles; está formada por hombres, y eso precisamente uno tiene que reconocer. Pero hoy, que se ha reconocido ese error, se está dando la oportunidad al indígena de retornar a sus propias comunidades. Tiene dos opciones: el que quiere retornar se va, pero el que no quiere retornar puede quedarse en estas comunidades que se crearon.

P: ¿Cree Ud. que la estructura social de Nicaragua es similar a la de los otros países de América Latina? ¿Hay lecciones generales que se pueden aprender del ejemplo nicaragüense?

R: Yo pienso que la estructura social nicaragüense es similar a la de los países latinoamericanos, pero, ¿qué pasa? ¿Cuál es la lección que nos dio la revolución norteamericana, la francesa, la mexicana, la cubana? Pues, el espíritu de independencia, y eso es lo que está proliferando en los pueblos

[52] señal, marca
[53] el conjunto de todas las ovejas
[54] establecidos
[55] demasiado rápido

latinoamericanos. Nicaragua es un país con tantas limitaciones actuales —   [56] otro país
una guerra primero, un terremoto, inundaciones, sequías, en fin, fuertes
fenómenos de la naturaleza que también nos han golpeado. Pero Nicaragua
ha resistido y sigue resistiendo actualmente frente a un fenómeno en que se
trata de destruir la revolución no porque Nicaragua represente un peligro
para una potencia,[56] *no*; Nicaragua no representa *ningún* peligro. Sencillamente es por ese ejemplo que se está dando a los otros países latinoamericanos, esa sed de libertad, de autodeterminación. Yo pienso que
quizás ése es el mensaje que se está dando a los países latinoamericanos —
que aún estamos resistiendo.

P: Para terminar, ¿hay algún mensaje suyo, propio, que quisiera comunicar
a los lectores de esta entrevista?

R: El mensaje de la igualdad. Los hombres somos iguales. No importan las
razas, los credos o las diferencias que tengamos. Todos tenemos el derecho
a la libertad y a la justicia. Somos hermanos porque estamos puestos en un
mismo mundo; no somos seres de otros planetas aun cuando vivamos en
otros continentes. Esa igualdad con sus propias diferencias nos hace que
como seres razonables busquemos la paz para poder desarrollarnos. Agradezco el hecho de darme la oportunidad de decir este mensaje que yo lo
siento en mi alma.

Para verificar su comprensión

Complete cada frase con la
respuesta más apropiada.

1. El episodio de la macetera ilustra
   a. cómo era la vida diaria en el convento.
   b. la importancia de la acción individual frente a las
      diferencias sociales.
   c. el poder económico que tenía el padre de Lazo.

2. Antes de la revolución, existía
   a. muy poco en cuanto a programas de bienestar
      público.
   b. un sistema de ayuda financiera para los pobres.
   c. un plan ambicioso para promover la salud del
      campesino.

3. La filosofía pos-revolucionaria que gobierna todos
   los servicios sociales se basa en
   a. la dignidad de cada persona.
   b. el conformismo social.
   c. la psicología moderna.

4. Para Lazo, los servicios que se les otorgan a los refugiados dan prueba
   a. de la política errada de los EEUU.
   b. de las dificultades que pasan los pueblos de El Salvador y Guatemala.
   c. del espíritu humanitario de la revolución.

5. Para Lazo, la verdadera base de la estructura social nacional es
   a. la burguesía.
   b. el campesino.
   c. el proletariado urbano.

6. Lazo cree que la revolución se ha modelado en las realidades nacionales y en
   a. el ejemplo cubano.
   b. el ejemplo estadounidense.
   c. los ejemplos de todas las revoluciones anteriores.

7. Lazo afirma que la iglesia popular ha ayudado mucho a que los fines sociales de la revolución se
   a. frustren.
   b. cumplan.
   c. modifiquen.

8. Con respecto a la cultura y los valores de los indígenas, últimamente el gobierno sandinista ha tratado de
   a. entenderlos.
   b. cambiarlos.
   c. promoverlos.

Interpretación de la lectura

1. En su opinión, ¿cómo se han cambiado la filosofía y la realidad pre- y pos-revolucionarias respecto al sistema de bienestar social? Dé ejemplos concretos.
2. ¿Por qué dice Lazo que aumentan cada día su trabajo y «la gama de necesidades»? ¿Qué tendrá que ver con esto la política de los EEUU?
3. ¿Por qué es tan significativo para Lazo el trabajo para los refugiados que el gobierno sandinista está patrocinando?
4. ¿Cree Ud. que la revolución le haya brindado verdaderos logros a la mujer nicaragüense? ¿Por qué?

5. ¿Qué opina Lazo de la religión popular? ¿De la jerárquica? Y usted, ¿qué opina de las dos?
6. Según Lazo, ¿qué pueden aprender los otros países del ejemplo nicaragüense? ¿Qué piensa Ud. de esto?

Comparaciones

1. ¿Se acuerda de Fabiano, el campesino de «Cuentas»? Colóquelo en la Nicaragua actual, en uno de los centros rurales para refugiados, con los cuales Lazo trabaja diariamente. ¿Sería Fabiano más feliz en Nicaragua que en Brasil? ¿Por qué?
2. ¿Qué pensaría Vallejo de los fines sociales revolucionarios descritos por Lazo?

¿Está Ud. de acuerdo?

1. «. . .las revoluciones son capaces de transformar el sentido individualista del hombre. . .»
2. «. . .el sentimiento del campesino es de gran fraternidad; no tiene el egoísmo»
3. «. . .la revolución nicaragüense es ecléctica»

Lecturas recomendadas

Adams, Richard N. *Crucifixion by Power: Essays on Guatemalan National Social Structure, 1944–1966.* Austin: Univ. of Texas, 1970.

Alonso, Jorge. *La dialéctica clases-élites en México.* México: Centro de Investigaciones Superiores del INAH, 1976.

Bourque, Susan C., and Kay Barbara Warren. *Women of the Andes*. Ann Arbor: Univ. of Michigan, 1982.

Caviedes, L. César. *The Politics of Chile: A Sociogeographical Assessment*. Boulder, Colo.: Westview Press, 1979.

Cockcroft, James D. *Mexico: Class Formation, Capital Accumulation and the State*. New York: Monthly Review Press, 1983.

Cotler, Julio. *Clases, estado y nación en el Perú*. Lima: Instituto de Estudios Peruanos, 1978.

Flora, Cornelia Butler. *Pentecostalism in Colombia: Baptism by Fire and Spirit*. Rutherford, N.J.: Farleigh Dickinson Univ. Press, 1976.

Franco, Jean. *César Vallejo, the Dialectics of Poetry and Silence*. New York: Cambridge Univ. Press, 1976.

Long, Norman, and Bryan Roberts. *Miners, Peasants and Entrepreneurs: Regional Development in the Central Highlands of Peru*. New York: Cambridge Univ. Press, 1984.

Mariátegui, José Carlos. *Siete ensayos interpretativos de la realidad peruana*. Santiago de Chile: Editorial Universitaria, 1955.

Mercier-Vega, Luis. *Roads to Power in Latin America*. Tr. Robert Rowland. New York: Praeger, 1969.

Meyer, Doris. *Victoria Ocampo, Against the Wind and the Tide*. New York: George Braziller, 1979.

Mörner, Magnus. *Historia social latinoamericana: nuevos enfoques*. Caracas: Univ. Católica Andrés Bello, 1979.

Nash, June, and Helen Icken Safa. *Sex and Class in Latin America*. New York: Praeger, 1976.

Nun, José. "The Middle Class Military Coup." In Claudio Véliz, ed., *The Politics of Conformity in Latin America*. New York: Oxford Univ. Press, 1967.

Pike, Frederick B. *Spanish America, 1900–1970: Tradition and Social Innovation*. New York: Norton, 1973.

Ratinoff, Luis. «Los nuevos grupos urbanos: las clases medias». En Seymour Martin Lipset y Aldo Solari, eds., *Elites y desarrollo en América Latina*. Buenos Aires: Paidós, 1967.

Tumin, Melvin Marvin, and Arnold S. Feldman. *Social Class and Social Change in Puerto Rico.* Indianapolis: Bobbs-Merrill, 1971.

Van den Berghe, Pierre. *Class and Ethnicity in Peru.* Leiden: Brill, 1974.

_____, Geo. P. Primov, et al. *Inequality in the Peruvian Andes: Class and Ethnicity in Cuzco.* Columbia: Univ. of Missouri, 1977.

Vellinga, Menno. *Economic Development and the Dynamics of Class: Industrialization, Power and Control in Monterrey, Mexico.* Assen, Netherlands: Van Gorcum, 1979.

Wolf, Eric R., and Edward C. Hansen. *The Human Condition in Latin America.* New York: Oxford Univ. Press, 1972.

CAPITULO TRES

La etnicidad

La presencia indígena todavía es fuerte en los países andinos.
(© *Nicholas Sapieha/Stock, Boston*)

*I*ntroducción

Una cualidad sobresaliente de la cultura latinoamericana es la gran variedad de agrupaciones étnicas que la compone. En este capítulo, vamos a experimentar esta rica diversidad, pero primero explicaremos lo que queremos decir con el término «étnico». Lo empleamos aquí para referirnos a grupos de gentes que se diferencian entre sí en una o más de las categorías siguientes: costumbres, raza, religión, nacionalidad e idioma. En nuestra discusión queremos evitar la confusión de los términos «étnico» y «racial», pero, al mismo tiempo, reconocemos que las consideraciones raciales frecuentemente forman parte de las clasificaciones étnicas. Por ejemplo, los tres conjuntos que han dominado históricamente el mapa étnico de América Latina —los peninsulares (españoles y portugueses), los indígenas y los negros— representan diferentes grupos, tanto raciales como étnicos. Cabe notar aquí que la raza es solamente un ingrediente de la etnicidad y no es necesariamente definitorio.

Los europeos

Generalmente, los elementos más duraderos que transfirieron los españoles y portugueses al Nuevo Mundo fueron la lengua, la religión católica (ver Capítulo siete) y una jerarquía de valores pronunciadamente etnocéntricos que incluía, en particular, la convicción de la superioridad innata de su modo de ser y de percibir el mundo (ver Capítulo dos).

Los indígenas

El segundo componente étnico, el indígena, incluía culturas que variaban desde las muy primitivas y seminómadas, como la tupí-guaraní de Brasil y de Paraguay, hasta las muy adelantadas y establecidas, como la azteca, maya e inca (ver Capítulo uno). La variedad de niveles culturales que diferenciaba a los indígenas se expresaba, además, en la cantidad de lenguas diferentes que hablaban, las cuales, muchas veces, eran ininteligibles fuera de los confines de la tribu. Las civilizaciones indígenas, entonces, no eran monolíticas, sino que variaban marcadamente entre sí.

Sin embargo, hay varios atributos étnicos generales que podemos señalar entre los indígenas. Las creencias religiosas, por ejemplo, tendían a ser animistas[1] y politeístas. En casi todas las religiones indígenas se veía (y se ve todavía) el temor a los dioses, de cuyo poder todo dependía. Se veía también la reverencia hacia toda la creación —animada e inanimada— de la cual el indio se consideraba una parte integrante. Esta actitud produjo un fuerte choque con el concepto cristiano de la centralidad del ser humano frente a la creación y con la idea de que el mundo natural existe para su explotación.

Varias sociedades indígenas, como las de los aztecas y de los incas, tenían una organización teocrática, en la cual se unían el gobierno y la religión. Lo inextricable de estas instituciones en tales culturas y la presencia penetrante del misterio, el miedo y la magia, apoyaban tanto la armonía en que vivía el indio con el mundo natural, como su dependencia total de las fuerzas naturales y de los dioses que las controlaban. Usualmente se consideraba a los magos y sacerdotes indígenas entre los más aptos para gobernar, porque se creía que ellos tenían poderes especiales para interpretar la voluntad de los dioses del cosmos.

Por lo general, los indígenas tenían un concepto comunitario, no individualista, de la organización social. El énfasis en lo colectivo se veía en la tenencia comunal de la tierra, como en el *ejido* en México y el *ayllú* en Perú. También se veía en la subordinación de la voluntad individual al bienestar colectivo. En las culturas aztecas e incaicas, por ejemplo, la dedicación a la empresa común se aseguraba a través de un sistema rígido de castas sociales, en el cual las transgresiones individuales, como el robo y la pereza, se castigaban severamente.

Como se puede ver fácilmente, estos rasgos[2] distintivos de las civilizaciones indígenas, y los de los españoles y portugueses, tenían que enfrentarse sangrientamente, porque ambos expresaban en su organización, creencias y prácticas, dos visiones del mundo diametralmente opuestas.

Los africanos

Históricamente, el tercer contingente étnico importante fue el de los africanos, quienes fueron importados en la época colonial para trabajar en las minas y plantaciones, porque se creía que físicamente podían resistir mejor que los indios, ya diezmados,[3] las penurias[4] de la servidumbre (ver Capítulo dos). Los esclavos vinieron de todas partes de Africa y fueron llevados, en su mayor parte, a Brasil y al Caribe —a Cuba, Puerto Rico, Venezuela y Colombia, por ejemplo— pero también a varias áreas de México, Centro América y Perú.

Las diversas gentes africanas que fueron trasplantadas a América Latina no hablaban ni español ni portugués, sino varios idiomas africanos como el yoruba, malê, dahomey y sudanés. El español y el portugués se han enriquecido con las diferentes lenguas africanas, especialmente en los nombres que se han dado a una multitud de comidas, plantas y animales del Nuevo Mundo.

[1] que atribuyen alma a todos los seres, incluso a los inorgánicos
[2] aspectos
[3] ya. . . muchos de ellos ya se habían muerto
[4] escasez, pobreza

Saludos de un niño de descendencia africana en
Cartagena, Colombia. (© *Ulrike Welsch*)

Los africanos trajeron consigo sus creencias religiosas que eran, en su
mayor parte, animistas y fetichistas[5] como lo eran las de los indios, pero también incluían prácticas y ritos islámicos traídos por los musulmanes[6] africanos. Es irónico notar que, por lo menos en el caso de algunos musulmanes, varios esclavos llegaron con un nivel cultural más alto que el de
sus maestros españoles y portugueses. El folklore, la música y las danzas rít-
micas de Africa, las cuales se asociaban con las ceremonias religiosas, son
características étnicas bien conocidas (ver Capítulo siete). Tal vez el rasgo
más distintivo de la cultura de los africanos es su gran elasticidad y persis-
tencia ante la degradación histórica y prolongada de la esclavitud, que, por
ejemplo, no fue abolida en Brasil hasta 1888.

Ya hemos mencionado (ver Capítulo dos) que estos tres grupos diferentes no se quedaron aislados entre sí. Desde la Conquista hubo mestizaje, o sea mezcla de razas, primero entre los peninsulares y los indios; después entre aquéllos y los negros. A través de los siglos el mestizaje ha
producido matices[7] sutiles de innumerables combinaciones raciales. Ha
sido tan extenso que hoy la gran mayoría de la población de América Latina
es mestiza y expresa de maneras muy variadas las características étnicas de
las tres estirpes[8] principales.

[5]que rinden culto a
  ídolos u objetos
[6]miembro de la reli-
  gión de Mahoma
[7]gradaciones
[8]razas

El indigenismo

Es apropiado mencionar aquí el indigenismo, un movimiento político, cultural y literario importante en América Latina, que tuvo su apogeo[9] en las cuatro primeras décadas de nuestro siglo. El indigenismo, que era más fuerte en los países de gran población indígena, como México, Ecuador y Perú, tenía como fin la denuncia de la triste situación del indio, empobrecido y denigrado,[10] y la incorporación de éste a la vida nacional de una manera significativa.

Este movimiento formaba parte de una preocupación generalizada por la identidad cultural nacional (ver Capítulo ocho) y tendía a glorificar el pasado indígena como inspiración orientadora para el presente. Por ejemplo, el movimiento muralista en México, representado por artistas como Diego Rivera, José Clemente Orozco y David Alfaro Siqueiros, comunicaba visualmente el mensaje nacionalista indigenista del valor del legado[11] precolombino y de la falta de autenticidad de modelos foráneos[12] para la vida nacional. El indigenismo glorificaba al indio del pasado, como el gran héroe azteca Cuauhtémoc. Exponía también la codicia y la crueldad de los blancos para con los indios, especialmente en la expulsión de éstos de sus tierras comunales. A pesar del indigenismo, por lo general, en los países y regiones donde existió la esclavitud negra tanto los indios como los negros se encuentran todavía en el nivel más bajo de la pirámide social. Aunque persiste la situación inferior del indio, el indigenismo ha contribuido mucho a la concientización de su problemática. El movimiento nos enseña también la importante relación entre etnicidad e identidad nacional.

Los inmigrantes

Un factor final que es preciso señalar para completar nuestro cuadro esquemático es el número considerable de inmigrantes que han venido a América Latina desde mediados del siglo XIX, especialmente desde la década de los años veinte de este siglo. Inmigrantes de Italia, Austria, Alemania, España, Irlanda, Portugal, Líbano y Turquía, entre otros lugares, han afectado notablemente el carácter étnico y cultural de América Latina. Aunque Brasil, Uruguay, Argentina, Chile y México sean los países adoptivos de la gran mayoría de los inmigrantes, éstos se encuentran en todas partes. Muchos inmigrantes vinieron con el fin de trabajar en las fincas rurales; otros, para ganarse el pan como obreros industriales. Y otros más, como los numerosos judíos europeos e intelectuales españoles que se exiliaron durante la guerra civil española (1936–39), vinieron huyendo de la persecución. Varios miembros de este último grupo han contribuido enormemente a enriquecer la vida intelectual con la fundación de casas edito-

[9] momento de más grandeza
[10] desacreditado, tratado despectivamente
[11] herencia
[12] que vienen de fuera

Es posible que los antepasados de este estudiante de
Bariloche, Argentina, vinieran de Italia. (© *Owen
Franken/Stock, Boston*)

riales, como la famosa Editorial Losada en Argentina y en México, y mediante su incorporación a los ámbitos universitarios de varios países latinoamericanos. En su totalidad, los grupos inmigrantes han aportado elementos de su cocina, arte, música, religión, idioma y preparación
intelectual para enriquecer el ambiente cultural de las ciudades, y de menor
escala, de las provincias.

[13] recipiente que se usa
para fundir metales
[14] *casserole*

Crisol y cazuela

Hemos conceptualizado nuestro cuadro étnico principalmente en términos históricos y hemos hecho resaltar el concepto de la
mezcla y la síntesis a través de las épocas. Desde este punto de vista, podemos expresar la etnicidad con la metáfora del crisol.[13] Pero hay otra perspectiva, igualmente válida, sobre la temática, para ilustrar la cual la imagen de
una cazuela[14] sería más apropiada. Visto desde este ángulo, muchos y diferentes ingredientes se agregan al mismo guiso, pero aunque juntos, cada
uno retiene su carácter particular, lo cual da sabor más rico al plato. Es im-

portante incluir esta imagen en nuestra esquematización porque para cier-tos grupos de inmigrantes y para algunos indígenas, por ejemplo, su heren-cia étnica es fundamental para su identidad individual y determina su estilo de vida, lo cual incluye sus prácticas religiosas, organización familiar, len-gua, modo de vestirse y forma de expresarse. Para el indio paraguayo, o para el inmigrante alemán del sur de Brasil, la preservación de su etnicidad no es una cuestión de «color local» sino parte intrínseca de su ser. Para tales gentes, la asimilación a la cultura nacional no vale el precio de la pérdida de su herencia étnica. La retención de las tradiciones cuesta mucho, espe-cialmente en los países latinoamericanos en vías de una modernización rápida, porque los valores del pasado y los de la actualidad frecuentemente se encuentran en conflicto, como veremos en varias lecturas. De modo que la historia de la etnicidad en América Latina no es solamente la del mestizaje cultural y racial, expresada por el crisol, sino también la historia de gentes que no se funden,[15] como ocurre con los ingredientes en una cazuela. Claro está, que como en tantos otros aspectos de la cultura latinoamericana, la me-dida en la cual se puede hablar de un crisol o de una cazuela étnica varía de lugar a lugar y de región a región. Pero lo que permanece constante como característica fundamental de la cultura latinoamericana es su gran variedad étnica.

[15] unen, derriten

JULIA DE BURGOS (*1914–53*)

Influida por el ambiente tropical rural en que se crió, esta poetisa puertorriqueña expresa el amor a la naturaleza en sus colec-ciones de poesías como *Poema en veinte surcos* (1938), *Canción de la ver-dad sencilla* (1939) y *El mar y tú* (1954). Pero el bucolismo[1] lírico es sola-mente una característica de la obra de Julia de Burgos. Otra más dramática es su búsqueda dolorosa y apasionada de la identidad. Esta búsqueda la llevó a desafiar rotundamente las convenciones sociales burguesas de su época y a defender varias causas polémicas.[2] Estas incluyen la independencia de Puerto Rico y los derechos políticos y sociales del obrero, del negro y de la mujer. Su solidaridad con estos dos últimos grupos se ve claramente en el poema que sigue a continuación, el cual expresa además la esperanza de una futura aceptación mutua entre negros y blancos.

Como varios otros escritores puertorriqueños, Julia de Burgos se trasladó a Nueva York, pero tristemente nunca pudo aclimatarse[3] a lo que para ella era el ambiente neoyorquino, duro y frío. Allí murió, solitaria, de-primida y sin la alegre seguridad de la mujer en «Ay, ay, ay de la grifa negra», que sabe bien quién es.

[1] ambiente rural
[2] controversiales
[3] acostumbrarse

Guía de prelectura

Hay tres palabras clave en el poema —«negro», «blanco» y «trigueña».[4] Las primeras dos sugieren una historia de conflicto racial, mientras que la última anticipa una solución futura. Al leer el poema, trate de identificar las palabras o frases que tengan alguna asociación con las palabras clave; esto le dará una idea de la actitud de la poetisa con respecto a su herencia étnica.

[4] color de la piel entre rubio y moreno; color de trigo

Ay, ay, ay de la grifa[5] negra

Ay, ay, ay, que soy grifa y pura negra;
grifería de mi pelo, cafrería[6] en mis labios;
y mi chata[7] nariz mozambiquea.
Negra de intacto tinte,[8] lloro y río
la vibración de ser estatua negra;
de ser trozo de noche, en que mis blancos
dientes relampaguean;[9]
y ser negro bejuco[10]
que a lo negro se enreda
y comba[11] el negro nido
en que el cuervo[12] se acuesta.
Negro trozo de negro en que me esculpo,[13]
ay, ay, ay, que mi estatua es toda negra.
Dícenme que mi abuelo fue el esclavo
por quien el amo dio treinta monedas.
Ay, ay, ay, que el esclavo fue mi abuelo
es mi pena, es mi pena.
Si hubiera sido el amo,
sería mi vergüenza
que en los hombres, igual que en las naciones,
si el ser el siervo[14] es no tener derechos,
el ser el amo es no tener conciencia.
Ay, ay, ay, los pecados del rey blanco
lávelos en perdón la reina negra.
Ay, ay, ay, que la raza se me fuga[15]
y hacia la raza blanca zumba[16] y vuela

[5] persona de cabellos crespos
[6] Se refiere al orgullo que siente de su herencia africana.
[7] poco prominente, como aplastada
[8] de. . . de color puro
[9] arrojan luz, brillan
[10] junco (*rattan*)
[11] encorva, hace curva de
[12] pájaro negro (*crow*)
[13] me. . . hago una escultura
[14] esclavo
[15] escapa
[16] va con mucha rapidez

a hundirse[17] en su agua clara;
o tal vez si la blanca se ensombrará en la negra.
Ay, ay, ay, que mi negra raza huye
y con la blanca corre a ser trigueña
¡a ser la del futuro,
fraternidad de América!

[17] sumirse, sumergirse

Interpretación de la lectura

1. En la primera parte del poema (hasta la línea 13, «ay, ay, ay, que mi estatua es toda negra»), la poetisa se identifica totalmente con su ascendencia africana. Describa los elementos poéticos, por ejemplo, la repetición, el ritmo, la elección de adjetivos y metáforas, que contribuyen a esta identificación.
2. En la segunda parte (hasta la línea 24, «lávelos en perdón la reina negra»), Julia de Burgos habla de la esclavitud en Puerto Rico. Aunque dice que se apena porque su abuelo fue esclavo, parece preferir la herencia del esclavo a la del amo. ¿Por qué?
3. ¿Qué quiere decir la poetisa con «Ay, ay, ay, los pecados del rey blanco / lávelos en perdón la reina negra» (líneas 23 y 24)? ¿Qué significado tienen aquí los términos «rey» y «reina»?
4. En la tercera parte del poema (que comienza en la línea 25, «Ay, ay, ay, que la raza se me fuga»), la poetisa habla de la raza como algo que vuela y huye. Habla también del futuro y de la fraternidad. ¿Cómo se relacionan estas dos cosas? ¿Cómo expresan el tema de la etnicidad?

NICOLAS GUILLEN (*1902–   *)

Hijo y nieto de mulatos, el famoso poeta cubano Nicolás Guillén sabe lo que es luchar en la vida. Después del asesinato de su padre in 1917, Guillén tuvo que trabajar de día y estudiar de noche para terminar su educación secundaria. Después, salió de su Camagüey natal para estudiar derecho en La Habana, donde pronto descubrió que su vocación verdadera era la poesía y no las leyes. Guillén es un exponente destacado[1] de la poesía social comprometida. Partidario entusiasta de la revolución cubana, se ha dedicado a la promoción del socialismo y a la denuncia[2] del imperialismo estadounidense. Una fuente de inspiración del movimiento cari-

[1] prominente
[2] acusación

beño de «negritud», o sea, de la valorización de la cultura africana en el Caribe, Guillén encontró en los ritmos africanos y en el humor del habla popular del afrocubano una combinación exitosa para expresar ambos temas, el político y el étnico. En el poema que sigue, Guillén canta a sus dos abuelos, el uno blanco y el otro negro, y nos ofrece observaciones bellas y valiosas sobre la relación entre raza e identidad.

Guía de prelectura

En la primera parte del poema (hasta la línea 12, «¡las de mi blanco!»), Guillén habla respectivamente de los dos abuelos, del negro y del blanco, y de los dos otra vez. ¿Cómo describe al negro? ¿Al blanco? ¿Qué querrá decir el poeta con su cuidadoso balance entre los dos abuelos?

Balada de los dos abuelos

Sombras que sólo yo veo,
me escoltan[3] mis dos abuelos.

Lanza con punta de hueso,
tambor[4] de cuero y madera:
mi abuelo negro.

Gorguera[5] en el cuello ancho,
gris armadura guerrera:
mi abuelo blanco.

Pie desnudo, torso pétreo[6]
los de mi negro;
pupilas de vidrio antártico,
¡las de mi blanco!

Africa de selvas húmedas
y de gordos gongos[7] sordos. . .

—¡Me muero!
(Dice mi abuelo negro).

[3] acompañan
[4] instrumento de percusión
[5] antiguo adorno del cuello hecho de tela rígida plegada
[6] de piedra
[7] instrumento musical en forma de disco de metal

Estos hombres, que juegan al dominó al aire libre en La Habana, evocan el poema «Balada de los dos abuelos». (© *Miriam Torrado Arambulo*)

Aguaprieta[8] de caimanes,[9]
verdes mañanas de cocos.
—¡Me canso!
(Dice mi abuelo blanco).
Oh velas de amargo viento,
galeón[10] ardiendo[11] en oro.
—¡Me muero!
(Dice mi abuelo negro).
Oh costas de cuello virgen
engañadas de abalorios.[12]
—¡Me canso!
(Dice mi abuelo blanco).
Oh puro sol repujado,[13]
preso en el aro[14] del Trópico;
oh luna redonda y limpia
sobre el sueño de los monos. . .

¡Qué de barcos,[15] qué de barcos!
¡Qué de negros, qué de negros!

¡Qué largo fulgor[16] de cañas![17]
¡Qué látigo[18] el del negrero![19]
¿Sangre? Sangre. ¿Llanto? Llanto. . .
Venas y ojos entreabiertos,

[8] agua negra
[9] reptiles parecidos al cocodrilo
[10] nave grande
[11] encendido
[12] adornos de cuentas de vidrio
[13] como una joya de oro
[14] arco (del cielo)
[15] ¡Qué. . .¡Cuántos barcos!
[16] resplandor, brillantez
[17] plantas como bambú y caña de azúcar
[18] *whip*
[19] explotador de esclavos negros

y madrugadas vacías,
y atardeceres de ingenio,[20]
y una voz, fuerte voz,
despedazando[21] el silencio.
¡Qué de barcos, qué de barcos!
¡Qué de negros!

Sombras que sólo yo veo,
me escoltan mis dos abuelos.

Don Federico me grita,
y Taita[22] Facundo calla;
los dos en la noche sueñan,
y andan, andan.
Yo los junto.

                    —¡Federico!
¡Facundo! Los dos se abrazan.
Los dos suspiran. Los dos
las fuertes cabezas alzan,[23]
los dos del mismo tamaño
bajo las estrellas altas,
los dos del mismo tamaño,
ansia[24] negra y ansia blanca,
los dos del mismo tamaño,
gritan. Sueñan. Lloran. Cantan. . .
¡Cantan. . . Cantan. . . Cantan!

[20] fábrica donde convierten la caña en azúcar
[21] haciendo pedazos, destruyendo
[22] nombre dado con respeto y cariño a los negros ancianos
[23] levantan
[24] anhelo

Interpretación de la lectura

1. ¿Por qué dice Guillén que sólo él puede ver las dos sombras?
2. En la segunda parte (desde la línea 13, «Africa de selvas húmedas», hasta la línea 44, «¡Qué de negros!»), Guillén habla de las reacciones de ambos abuelos al llegar al trópico. Descríbalas haciendo hincapié[25] en las imágenes referentes a la tierra, la cual representaba lo desconocido para los dos. ¿Por qué dice «me muero» el negro, y «me canso» el blanco?
3. En la estrofa que comienza la tercera parte (desde la línea 33 hasta el final) del poema, «¡Qué de barcos, qué de barcos!», Guillén

[25] énfasis

emplea sonidos repetidos e imágenes llamativas[26] para evocar el ambiente del ingenio de azúcar durante la época de la esclavitud. Describa este ambiente. ¿De quién es el punto de vista que se presenta aquí, del abuelo negro o del blanco?

[26] que llaman la atención

Comparaciones

Compare la actitud de Guillén con la expresada por Burgos en el poema anterior. ¿Difieren en cuanto al tono? ¿En cuanto a las experiencias comunicadas? ¿En el final? ¿Cómo?

CAROLINA MARIA DE JESUS (*1914(?)–1977*)

Una mujer excepcional, Carolina María de Jesús, frente a decepciones sucesivas y una pobreza agobiante,[1] mantenía vivo su sueño de salir de la *favela,* o villa miseria,[2] en que vivía con sus tres hijos y de mudarse a una casa de ladrillo. Ganaba el pan diario vendiendo papel y metal que recogía de las calles de São Paulo. Escapaba de su miseria escribiendo, algo muy raro en la favela, y sus vecinos la criticaban por gastar su dinero en papel y tinta, cosas que no se podían vender ni comer. Pero de Jesús, quien tenía sólo unos pocos años de educación formal, persistía en su labor, convencida de su superioridad sobre sus vecinos y del valor de su diario, sus cuentos y fantasías. En 1958, un periodista brasileño se enteró de los escritos de esta mujer extraña y decidió publicar su diario para que la gente brasileña pudiera informarse sobre la condición de los pobres de las favelas, la mayoría de los cuales son negros y mulatos. Aunque de Jesús se hizo famosa y pudo, por fin, comprar la casa de sus sueños, murió pobre después de que el público nacional la olvidó.

Incluimos aquí selecciones de su famoso diario porque nos proporcionan perspectivas directas únicas sobre la vida de los pobres en la ciudad,

[1] difícil de soportar
[2] barrio pobre

quienes luchan diariamente contra el hambre. También las incluimos porque de Jesús ofrece comentarios incisivos y mordaces[3] sobre la etnicidad y la raza, y sobre la relación entre estos factores y la estructura política y social de Brasil.

3 cáusticos, sarcásticos

La favela (*fragmento*)[a]

1955

22 de julio. . . . Hay momentos en que me indigno[4] contra la vida atribulada[5] que llevo. Y hay veces que me conformo. Estuve conversando con una señora que está criando una niña de color. Es tan buena con la niña. . . Le compra vestidos caros. Yo le decía:

—Antiguamente eran los negros los que criaban a los blancos. Hoy son los blancos los que crían a los negros.

La señora me dijo que está criando a la muchachita desde nueve meses. Y la negrita duerme con ella y le dice mamá.

Apareció un joven. Dijo ser su hijo. Conté unas anécdotas. Ellos se rieron y yo seguí recogiendo.[6]

Comencé a recoger papel. Subí por la calle Tiradentes, saludé a las señoras que conozco. La dueña de la tintorería me dijo:

—¡La pobre! Es tan buena.

Se me quedó en el pensamiento repitiéndoseme: «Es tan buena».

. . .A mí me gusta quedarme en casa, con las puertas cerradas. No me gusta estar por las esquinas conversando. Me gusta estar sola o leyendo. ¡O escribiendo! Doblé por la calle Frei Antonio Galvão. Casi no había papel. Nair de Barros estaba en la ventana. (. . .) Hablé que vivía en una favela. Que la favela es la peor indigencia[7] que hay.

. . .Llené dos sacos en la calle Alfredo Maia. Llevé uno hasta la parada y después volví para llevar el otro. Recorrí otras calles. Conversé un poco con João Pedro. Fui a casa de una negra a llevarle unas latas[8] que me había pedido. Latas grandes para plantar flores. Conocí a una negrita muy limpia que hablaba muy bien. Me dijo que era costurera,[9] pero que no le gustaba la profesión. Y que me admiraba. Recogiendo papel y cantando.

Yo soy muy alegre. Todas las mañanas yo canto. Soy como las aves, que cantan tan pronto amanece.[10] Por las mañanas siempre estoy alegre. La primera cosa que hago es abrir la ventana y contemplar el firmamento.[11]

4 enojo
5 adversa, penosa
6 juntando, recolectando
7 pobreza
8 envases cilíndricos de metal
9 mujer cuyo trabajo es coser
10 clarea, se hace de día
11 cielo

---

[a] Este fragmento es de una traducción de la versión original en portugués que contiene algunos errores e inconsistencias gramaticales.

Vista de una *favela*, o villa miseria, en los cerros de Río de Janeiro, como la de Carolina María de Jesús en São Paulo.
(© *Paul Conklin/Monkmeyer*)

24 de julio. Me levanté a las cinco para ir a buscar el agua. Hoy es domingo, las favelas recogen el agua más tarde. Pero ya yo me acostumbré a levantarme temprano. Compré pan y jabón. Puse el frijol[12] al fuego y fui a lavar la ropa. Estando en el río llegó Adair Mathias, lamentando que su mamá había salido, y que ella tenía que hacer el almuerzo y lavar la ropa. Dijo que su mamá era fuerte, pero que ahora le han echado un maleficio. Que el curandero dijo que era la brujería.[b] Pero el maleficio que invade a la familia Mathias es el alcohol. Esta es mi opinión.

[12] los frijoles

---

[b] En Brasil hay mucha gente que cree en los maleficios *(evil curses)* y en la brujería *(witchcraft)* y que consulta a un curandero *(local healer)* en vez de ir al médico.

Mariana estaba lamentándose de que su esposo estaba tardando en volver. Puse la ropa a secar y vine a hacer el almuerzo. Cuando llegué a casa me encontré a Francisca peleando con mi hijo João José. Una mujer de cuarenta años discutiendo con un niño de seis años. Puse al niño adentro y cerré el portón. Ella siguió hablando. Para hacerla callar es necesario decirle:

—¡Cállate la boca, tuberculosa!

No me gusta aludir[13] los males físicos porque nadie tiene la culpa de adquirir molestias contagiosas. Pero cuando uno se da cuenta que no puede tolerar las imprecaciones del analfabeto,[14] apela[15] a las enfermedades.

Yo le dije:

—João vino a buscar hojas de papa.

—¡Si yo pudiera mudarme de esta favela! Tengo la impresión que estoy en el infierno.

. . .Me senté al sol para escribir. La hija de Silvia, pasaba diciéndome:

—¡Estás escribiendo, negra apestosa![16]

La madre la estaba oyendo y no la regañaba. Son las madres las que las inducen.

28 de julio. . . .¡Me he quedado horrorizada! Me han quemado mis cinco sacos de papel. La nieta de Elvira, la que tiene dos niñas, y que no quiere más hijos porque el marido gana poco, dijo:

—Nosotros vimos el humo. También usted pone los sacos ahí en el camino. Los pongo entre las matas[17] donde nadie los vea. Yo oí decir que ustedes en la favela viven unos robándose a los otros.

Cuando ellas hablan no saben decir otra cosa que no sea robo.

Me di cuenta que fue ella quien quemó los sacos. Me retiré con asco[18] de esa gente. Ya me habían dicho que ellos son unos portugueses malvados.[19] Que Elvira nunca hace un favor a nadie. Ahora estaré prevenida.[20] No estoy resentida.[21] Ya estoy tan acostumbrada a la maldad humana.

Sé que los sacos me van a hacer falta.

(fin del diario 1955)

1958

22 de mayo. Yo hoy estoy triste. Me siento nerviosa. Ne sé si llorar o salir corriendo sin parar hasta caer inconsciente. Es que hoy ha amanecido lloviendo. Y no he salido a conseguir dinero. Pasé el día escribiendo. Sobró macarrón,[22] voy a calentárselo a los niños. Les cociné las papas, se la comieron. Hay unos metales y un poco de hierro que voy a vendérselos a Manuel. Cuando João llegó de la escuela yo lo mandé a vender los hierros. Le dieron 13 cruzeiros.[23] Se compró un vaso de agua mineral, 2 cruzeiros. Lo regañé. ¿Quién ha visto a un favelado con esas finuras?[24]

. . .Los muchachos comen mucho pan. A ellos les gusta el pan suave. Pero cuando no lo tienen comen pan duro.

[13] mencionar
[14] las. . . los insultos de una persona ignorante
[15] invoca
[16] que tiene mal olor
[17] plantas
[18] repugnancia
[19] perversos, muy malos
[20] preparada
[21] enojada
[22] pasta (espagueti)
[23] moneda brasilera
[24] delicadezas

Duro es el pan que nosotros comemos. Dura es la cama en que dormimos. Dura es la vida de los favelados.

¡Oh! São Paulo reina que ostenta[25] vanidosa tu corona de oro que son tus rascacielos. Que vistes terciopelo[26] y seda y calzas[27] medias de algodón que es la favela.

. . .El dinero no dio[28] para comprar carne, yo hice macarrón con zanahoria. No tenía grasa, quedó horrible. Vera es la única que protesta y pide más. Y me pide:

—Mamá, véndame a doña Julita, porque allá hay comida sabrosa.[29]

Yo sé que existen brasileños aquí dentro de São Paulo que sufren más que yo. En junio de 1957 me enfermé y recorrí las oficinas del Servicio Social. Me dio dolor en los riñones de cargar tanto hierro. Para no ver a mis hijos pasar hambre fui a pedir auxilio al cacareado[30] Servicio Social. Fui ahí donde vi las lágrimas deslizarse[31] en los ojos de los pobres. Qué hiriente[32] es ver los dramas que allí se desarrollan. La ironía con que son tratados los pobres. La única cosa que ellos quieren saber son los nombres y las direcciones de los pobres.

Fui al Palacio,[33] el Palacio me mandó para la oficina de la Ave. Brigadeiro Luis Antonio. De la Avenida Brigadeiro me mandaron para el Servicio Social da Santa Casa. Hablé con María Aparecida que me oyó y me contestó tantas cosas y no me dijo nada. Resolví irme al Palacio y me puse en la cola.[34] Hablé con un señor, Alcides: Un hombre que no es nipón,[35] pero es amarillo como mantequilla vieja. Hablé con el señor Alcides:

—Yo vine aquí a pedir ayuda porque estoy enferma. Usted me mandó a ir a la Avenida Brigadeiro Luis Antonio, y yo fui. De la Avenida Brigadeiro me mandaron a ir a la Santa Casa. Y yo he gastado el único dinero que tenía en transporte.

—¡Préndanla!³⁶[36]

No me dejaron salir. Y un soldado me puso una bayoneta en el pecho. Miré al soldado y me di cuenta que él tenía lástima de mí. Le dije:

—Yo soy pobre. Por eso es que vine aquí.

3 de junio. . . .Cuando yo estaba en la parada del tranvía, Vera empezó a llorar. Quería pasteles. Yo estaba nada más que con 10 cruzeiros, 2 para pagar el tranvía y 8 para comprar picadillo.[37] Geralda me dio 4 cruzeiros para comprar los pasteles, ella comía y cantaba. Y yo pensaba: ¡mi dilema es siempre la comida! Cogí el tranvía. Vera comenzó a llorar porque no quería ir parada[38] y no había donde sentarse.

. . .Cuando tengo poco dinero procuro[39] no pensar en los hijos que van a pedir pan, café. Desvío mi pensamiento hacia el cielo. Pienso: ¿habrá habitantes allá arriba? ¿Serán mejores que nosotros? ¿Será que el predominio de allá suplanta al de nosotros? ¿Habrá muchas naciones allá igual que aquí en la tierra? ¿O es una nación única? ¿Existirán favelas allá? Y si existen favelas, cuando yo muera, ¿iré a vivir a una favela?

. . .Cuando comencé a escribir oí voces alteradas.[40] Hace tanto tiempo que no hay pleito[41] en la favela. (. . .) Era Odete y su esposo que están se-

[25] hace alarde, muestra
[26] *velvet*
[27] usas, llevas puestas
[28] fue suficiente
[29] deliciosa
[30] famoso (en sentido sarcástico)
[31] correrse
[32] doloroso
[33] un edificio del gobierno
[34] línea de personas que esperan
[35] japonés
[36] deténganla
[37] tipo de carne barata
[38] de pie
[39] hago esfuerzos para, trato de
[40] que gritaban
[41] disputa, riña

parados. Pelearon porque él trajo otra mujer en el carro en que trabaja. Ellas estaba en casa de Francisco, hermano de Alcino. Salieron para la calle. Yo fui a ver la pelea. Agredieron[42] a la mujer que estaba con Alcino. Cuatro mujeres y un niño se abalanzaron[43] contra la mujer con tanta violencia que la tiraron al suelo. La Marli salió. Dijo que iba a buscar una piedra para tirársela por la cabeza a la mujer. Yo puse a la mujer en el carro y a Alcino y les dije que se fueran. Pensé en llamar a la policía pero mientras llega la policía matan a la mujer. Alcino le dio unos golpes a la suegra, que es la peor agitadora. Si yo no me meto para ayudar a Alcino él llevaba la de perder.[44] Las mujeres de la favela son horribles en un pleito. Lo que puede resolverse con palabras ellas lo convierten en un conflicto. Parecen cuervos[45] fajándose.[46]

. . .La Odete se indignó conmigo por haber defendido a Alcino. Yo le dije:

—Tú tienes cuatro hijos que criar.

—No me importa. Lo que quería era matarla.

Cuando yo empujaba a la mujer para dentro del carro, ella me decía:

—Usted es la única que es buena.

Me daba la sensación de que estaba quitándole un hueso a unos perros. Y Odete cuando vio a su esposo salir con la otra en el carro, se puso furiosa. Me vinieron a insultar por entrometida.[47] Yo pienso que la violencia no resuelve nada. (. . .) La asamblea de los favelados es con palos, cuchillos, pedradas y violencia.

. . .La favela es el cuarto de las sorpresas. Esta es la quinta mujer que Alcino trae aquí a la favela. Y a su esposa cuando la ve, pelea.

. . .Hoy está caliente[48] la favela. Durante el día Leila y su compañero tuvieron un pleito. Arnaldo es negro. Cuando vino para la favela era un niño. ¡Pero qué niño! Era bueno, educado, cariñoso y obediente. Era el orgullo del padre y de quien lo conocía.

—¡Este va a ser un negro, sí señor!

—Negro *tú*.

—Negro *turututú*.

—¡Y negro sí señor!

Negro *tú* es el negro más o menos.[49] El negro *turututú* es el que no vale nada. Y el negro Sí Señor es el de la alta sociedad. Pero Arnaldo se trasformó en un negro *turututú* después que creció. Se volvió estúpido, pornográfico, obsceno y alcoholista. No sé como una persona puede echarse a perder así. El es compadre de doña Domingas.

¡Pero qué compadre!

Doña Domingas es una negra más buena que un pan. Tranquila y hacendosa.[50] Cuando Leila se quedó sin casa se fue a vivir a casa de doña Domingas.

. . .Doña Domingas era quien lavaba la ropa a Leila, que la obligó a dormir en el suelo y a darle la cama. Se convirtió en la dueña de la casa. Yo le decía:

—¡Revírate[51] Domingas!

—Ella es bruja, puede echarme un maleficio.

[42] atacaron
[43] lanzaron
[44] llevaba. . . estaba en posición desventajosa
[45] *crows*
[46] golpeándose
[47] persona que interfiere (en los asuntos de otros)
[48] agitada
[49] más. . . regular
[50] diligente en las tareas domésticas
[51] rebélate

—Pero las maleficios no existen.

—Sí existen. Yo la vi hacerlo.

Es porque Leila andaba diciendo que ella enderezaba vidas.[52] Y yo vi a varias señoras ricas aparecerse por aquí. Había un tal doña Guiomar, Edviges Goncalves, la mujer que tiene varios nombres y varias residencias porque compra a crédito y no paga y da el nombre cambiado donde compra. Cuando sale a la calle parece María Antonieta. Y la doña Guiomar vino para esclavizar a doña Domingas. (. . .) Doña Domingas recibe una pensión de su extinto esposo. Y era obligada a darle el dinero a Leila que es la compañera de Arnaldo. El siendo compadre[53] de Domingas, era para que defendiera a la comadre.[54] Pero él la explotaba. Se repartía el dinero entre los dos. Y encima practicaba sus escenas amorosas delante del ahijado.[55]

. . .Doña Domingas se fue de la casa. Se fue para Carapicuiba a vivir con doña Iracema. Se quedó su hijo Nilton. Yo hice todo lo posible para que el muchacho se fuera. Pero Leila le decía:

—Yo soy bruja. Si te vas, te convierto en un elefante.

Yo me topaba[56] a Nilton:

—Buenos días, Nilton. ¿Tú no quieres irte con tu mamá?

—Yo no voy porque Leila me dijo que ella es bruja y que si yo me iba ella me convierte en un elefante y el elefante es un bicho[57] muy feo. Sabe, Carolina, ¿y si ella me convierte en puerco? Yo tengo que comer salcochos[58] y alguien me llevará para un chiquero[59] para que yo engorde. Me van a capar.[60] Y si ella me convierte en un caballo, alguien me cogerá para halar un carro y encima me darán fustazos.[61]

. . .Cuando Nilton comenzó a pasar hambre, se fue con su madre. Pensé: el hambre también sirve de juez.

Un día yo discutía con Leila. Ella y Arnaldo incendiaron mi barracón.[62] Los vecinos lo apagaron.

5 de junio. . . .Estuve observando a nuestros políticos. Para observarlos fui a una Asamblea. La sucursal[63] del Purgatorio, porque la casa principal está en la oficina del Servicio Social, en el palacio del Gobierno. Fue ahí donde vi sonar dientes.[64] Vi a los pobres salir llorando. Y las lágrimas de los pobres conmueven a los poetas. No conmueven a los poetas de salón, pero sí a los poetas del basurero,[65] los idealistas de las favelas, un espectador que asiste y observa las tragedias que los políticos representan con relación al pueblo.

16 de junio. . . José Carlos está mejor. Le di un lavado de ajo y un cocimiento de apio.[66] Me burlé del remedio de la mujer, pero tuve que dárselo porque actualmente uno se arregla como pueda. Debido al costo de la vida tenemos que volver al primitivismo. Lavar en tinas,[67] cocinar con leña.

. . .Yo escribía obras y se la presenta a los directores de circos. Ellos me respondían:

—Es una lástima que seas negra.

Se olvidan ellos que yo adoro mi piel negra, y mi cabello áspero.[68] Y hasta creo que el pelo del negro es más educado que el pelo del blanco. Porque el

[52] ella. . . ayudaba a gente con problemas
[53] una relación parecida a la de *godfather*
[54] una relación parecida a la de *godmother*
[55] una relación parecida a la de *godchild*
[56] enfrentaba
[57] animal
[58] alimento cocido con agua y sal
[59] lugar donde crían los cerdos
[60] castrar
[61] golpes dados con el látigo
[62] choza, casita muy pobre
[63] oficina
[64] sonar. . . hacer ruido con los dientes
[65] sitio donde se arroja la basura
[66] lavado. . . tipo de medicina hecha en casa
[67] recipientes de metal para lavar la ropa
[68] grifo, que no es suave

pelo del negro se queda donde uno lo pone. Es obediente. Y el pelo del blanco, nada más que darle un movimiento a la cabeza, ya sale de su lugar. Es indisciplinado. Si las reencarnaciones existen yo quiero volver a ser siempre negra.

   . . .Un día, un blanco me dijo:

   —Si los negros hubieran llegado al mundo después de los blancos, entonces los blancos podían protestar con razón. Pero, ni el blanco ni el negro conoce su origen.

   El blanco es el que dice que es superior. Pero ¿qué superioridad representa el blanco? Si el negro toma el aguardiente, el blanco toma. La enfermedad que coge al negro, coge al blanco. Si el blanco tiene hambre, el negro también. La naturaleza no discrimina a nadie.

   19 de septiembre. . . .En el Frigorífico ellos dejaron de poner más la basura en la calle porque las mujeres recogían la carne podrida para comer.

   20 de septiembre. . . .Fui a la tienda, llevé 44 cruzeiros. Me compré un kilo de azúcar, uno de frijol y dos huevos. Sobró 2 cruzeiros. Una señora blanca que hizo compras gastó 43 cruzeiros. Y el señor Eduardo me dijo:

   —En los gastos casi que empataron[69] ustedes.

   Yo le dije:

   —Ella es blanca, tiene derecho a gastar más.

   Ella me dijo:

   —El color no tiene que ver.[70]

   Entonces empezamos a hablar sobre el prejuicio. Ella me dijo que en los Estados Unidos, no quieren a los negros en las escuelas.

   Me pongo a pensar: los norte-americanos son considerados los más civilizados del mundo y todavía no se han convencido que discriminar al negro es como discriminar al sol. El hombre no puede luchar contra los productos de la Naturaleza. Dios creó todas las razas en la misma época. Si hubiera creado a los negros después de los blancos. Ahí entonces que los blancos podrían rebelarse.

   28 de mayo. . . .La vida es igual a un libro. Sólo después que lo hemos leído sabemos lo que encierra. Y nosotros cuando estamos al final de nuestra vida es cuando sabemos lo que ha pasado en nuestra vida. La mía, hasta aquí, ha sido negra. Negra es mi piel. Negro es el lugar donde yo vivo.

[69]salieron iguales
[70]no. . .importa

Para verificar su comprensión

¿Cierto o falso?

_____   1. Los favelados, incluso la autora, llevan una vida difícil.

_____ 2. A de Jesús no le gusta conversar con la gente; es muy solitaria.

_____ 3. Los otros favelados no entienden por qué de Jesús quiere escribir, pero, por lo menos la dejan en paz.

_____ 4. Si llueve, de Jesús no sale a conseguir dinero.

_____ 5. Lo que más le preocupa a de Jesús es poder dar de comer a sus tres hijos.

_____ 6. De Jesús tenía la suerte de que el sistema de servicios sociales la ayudaría cuando estuviera enferma.

_____ 7. A través de sus escritos, la autora intenta escaparse de la miseria en que vive.

_____ 8. A diferencia de la mayoría de los favelados, de Jesús cree en la brujería.

_____ 9. La autora parece más alegre al final de la lectura que al comienzo.

_____ 10. De Jesús siente cierto orgullo de ser negra.

Interpretación de la lectura

1. ¿Cómo describiría Ud. la visión del mundo de Carolina de Jesús? ¿Qué piensa Ud. de ella?

2. La autora, como pobre, madre soltera (ver Capítulo cinco) y negra, sufre enormemente. ¿Es posible decir a qué se debe más su sufrimiento: a su condición económica, a su sexo o a su color? Explique.

3. ¿Qué nos sugiere el último párrafo, el fechado el 28 de mayo, sobre la relación entre raza, etnicidad y clase social?

4. ¿Qué opinaría la autora sobre el tema de la etnicidad? ¿Estaría de acuerdo con la imagen del crisol o con la de la cazuela?

Comparaciones

1. ¿Difiere la experiencia vivida por de Jesús de las descritas por Burgos y Guillén? ¿En qué forma?

2. ¿Ve Ud. cierta similitud entre la sociedad de los favelados y la de los mendigos descritos por Asturias (ver Capítulo dos)? Explique su respuesta.

RICARDO POZAS (*1912–*   )

Este conocido antropólogo mexicano se incluye en la ya mencionada corriente indigenista por su obra clave sobre los tzotziles del sur de México, *Juan Pérez Jolote* (1952). A diferencia de muchos estudios antropológicos, éste se presenta como la biografía de un individuo, en gran parte típico del grupo. De este modo, la historia de Juan es también la de sus semejantes;[1] es el relato de un pueblo indígena en proceso de cambio. La tradicional organización social, económica, religiosa y familiar de los tzotziles se encuentra ahora alterada por costumbres y prácticas occidentales, las cuales causan dislocación y confusión al asimilarse a un ambiente netamente[2] precolombino. La penetración de la cultura nacional en todos estos aspectos se concreta en la vida de Juan, quien sale de su pueblo para enfrentarse al prejuicio racial, para incorporarse,[3] sin entenderlo, al torbellino[4] de la revolución mexicana, y para aprender castellano y vestirse como «ladino», o blanco. De resultas, cuando regresa a su pueblo, después de una larga ausencia, es considerado, y se considera a sí mismo, como un forastero.[5] A duras penas,[6] Juan emprende la tarea de adaptarse de nuevo a la cultura india, de aprender a hablar tzotzil como si fuera por primera vez, y de integrar las dos partes de su identidad cambiada.

Poco a poco, Juan llega a ocupar posiciones de importancia en su municipio. En los dos fragmentos que se presentan a continuación, vemos la vida ceremonial de los tzotziles, las responsabilidades de sus funcionarios, el sincretismo[7] de sus prácticas religiosas y el efecto insidioso del alcohol en casi todos los aspectos de su cultura, algo exacerbado por el monopolio que ejercen los ladinos sobre la producción y distribución del trago.[8] A través de este extracto, se puede apreciar el aislamiento en que vivían los tzotziles antes de la revolución, la penetración muy superficial de la religión católica y de la lengua española, y el fuerte arraigo de las tradiciones precolombinas (ver Capítulos dos, siete). Más aún, se observa con nitidez[9] que en la vida tzotzil la forma y el misterio valen mucho más que la substancia y la razón.

[1] otras personas de su comunidad
[2] puramente
[3] unirse
[4] disturbio, aturdimiento
[5] extraño, que no es del lugar
[6] a. . . con mucho esfuerzo
[7] la conciliación de las religiones indígenas y la católica
[8] bebida alcohólica
[9] claridad

Guía de prelectura

Lea los tres primeros párrafos y luego busque el mejor resumen de cada uno entre las frases que se dan a continuación.

_____ 1. A Juan lo nombran *fiscal*.

_____ 2. Ser *fiscal* es un cargo muy importante.

a. Tiene que saber las fechas de las fiestas del pueblo.

b. Es parte de su responsabilidad religiosa tradicional.

_____   3. El *fiscal* tiene que instruirse   c. El otro fiscal no sirve porque
          sobre los santos.   no sabe leer.

Juan Pérez Jolote (*fragmento*)

Cuando regresé de la finca me nombraron *fiscal,*[a] porque yo sé leer. Este año el *fiscal* era Andrés Tiro; pero como no sabe leer, dijo mal la fecha de la fiesta de San Juan, y se hizo el día 23, en vez del 24, de junio. Cuando se dieron cuenta, lo metieron a la cárcel.

El *fiscal* tiene que saber cuándo son todas la fiestas. Yo no me equivoco porque sé leer y veo el calendario cada vez que alguien viene a preguntarme; los *mayordomos,* los *pasiones,* los *alférez,* los *ojob,*[10] a todos les digo. Cada uno que tiene cargo,[11] cuando viene el domingo a la plaza, me pregunta cuándo es la fiesta o la celebración de los *mayordomos,* cuándo se cambian los cargos. . . Todos me piden que les diga, y me regalan una *cuarta* —un cuarto de litro— de *trago.*

En el Año Nuevo me agarraron y me llevaron a jurar de *fiscal.* Uno de los más viejos del pueblo fue mi *yajualtiquil.*[12] Después del juramento me llevó a la iglesia y me enseñó lo que eran todos los santos.[b]

—Éste —me dijo, señalando a San Sebastián— es el patrón de los carneros;[13] él es el que manda sus carneros con el pastor para que los cuide. El pastor es San Juan. Si se pierde algún carnero le exige a San Juan que lo reponga. Cuando esto sucede, pregunta San Juan a San Sebastián: «¿Qué tanto te voy a pagar por el carnero?»

—Por eso, en la antevíspera[14] de la fiesta de San Sebastián, es a éste al que le recomiendan sus carneros las mujeres; y le traen yerbas[15] y sal para que las bendiga, para darlas a los carneros cuando se enfermen.

—El *martomo*[c] santo es el que cuida a San Sebastián, el que tiene que vestirlo para cada fiesta. La gente viene, y le dice a San Sebastián: «Usted, señor San Sebastián, cuídame mis carneros, que no les pase nada. Ahora voy a hablar con tu pastor». Y van a ver a San Juan, y le dicen: «Hágame usted favor, señor pastor, de cuidar mis carneros todos los días; por dónde van a

[10] los mayordomos. . . varios funcionarios ceremoniales indígenas
[11] puesto, función
[12] mentor, guía
[13] animales muy apreciados por su lana
[14] dos noches antes
[15] hierbas

---

[a] El fiscal es un funcionario de mucha importancia en el pueblo; su deber principal es anunciar las fechas correctas de las fiestas.

[b] Se notarán algunos «errores» obvios en la versión tzotzil del cristianismo. Estas discrepancias tienen razones históricas y demuestran lo incompleto del dominio europeo sobre el modo de ser indio.

[c] Los términos indígenas generalmente no tienen equivalentes en español.

andar sobre la tierra, dónde van a beber agua y a comer su yerba». Todo esto debes tú saberlo, para cuando te lo pregunten —me decía mi *yajualtiquil.*

—Éste es el patrón de las bestias —me dijo, señalando al Señor Santiago—. A él vienen a pedirle los hombres y las mujeres que tienen mulas o caballos. Los viernes son los días de las bestias, y ese día se le prende[16] candela a este Santo.

—Este otro es San Miguel, el patrón de los músicos. El ayuda y da bendición a los músicos. Es el jefe de las guitarras y de las arpas; a él vienen los que tienen cargo de músicos, porque ellos se pasan los días y las noches tocando en fiestas, y funerales, y él les quita el sueño. A él le piden que cuide a sus mujeres para que no les pase nada.

—Éste es San Nicolás, es el patrón de las gallinas; lleva sus bateas[17] para poner el maíz y dar de comer a las gallinas. Pero no sé cómo le hace San Nicolás para darles maíz a las gallinas, porque tiene las dos manos ocupadas.

—Éste es San Jerónimo; a él vienen todos los curanderos,[18] porque él es el que tiene todos los *chuleles*[19] y anda cuidando las almas de todo el mundo; ya lo ves aquí con un *bolom*[20] en sus pies, que es el *chulel* de un hombre.

—Éste que está encajonado[21] es el señor San Manuel; se llama también señor San Salvador, y señor San Mateo, es el que cuida a la gente, a las criaturas. A él se le pide que cuide a uno en la casa, en los caminos, en la tierra.

—Este otro, que está en la cruz, es también el señor San Mateo; está enseñando, está mostrando cómo se muere en la cruz, para enseñarnos a respetar. Lo mataron porque los judíos, los diablos —*pukujes*—, comían mucha gente; y él dio su vida para librarnos.

—Antes de que naciera San Manuel, el sol estaba frío, igual que la luna. En la tierra vivían los *pukujes,* que se comían a la gente. El sol empezó a calentar cuando nació el Niño Dios, que es hijo de la Virgen, el señor San Salvador.

—Los parientes de la Virgen eran *pukujes* —judíos—. Cuando ella se sintió embarazada,[22] le dijo a San José: «Voy a tener un niño». Sus parientes sabían que, cuando naciera el Niño Dios, iba a alumbrar, y corrieron de su casa a la Virgen. Entonces se montaron sobre un burrito y fueron a Belén; allí nació Cristo, el Niño Jesús, dentro de un pesebre,[23] sobre la paja. Cuando nació, aclaró bien el día y calentó el sol, y los *pukujes* huyeron, se escondieron entre los cerros, en las barrancas,[24] para que ya no los vieran.

—Si viene alguno de los *pukujes* cuando se aclara, cuando alumbra el día, cuando calienta, ya no puede comer gente, porque lo está mirando el señor San Salvador, porque el sol son los ojos de Dios.

—A los tres días que nació, el Niño Dios no tenía qué comer, y sufrió mucho San José y le dijo a la Virgen: «¿Qué vamos a comer, hijita?» Entonces, el Niño dijo: «Si no tienen qué comer, voy a trabajar». Nadie sabe de dónde sacó las herramientas, cuando se puso a hacer una puerta de un tronco que le dio un hombre; pero el tronco era corto para hacer la puerta. Entonces le dijo San José: «Está muy corto el tronco, no alcanza». «Va a ver cómo alcanza», dijo el Niño. Y cogió el tronco, lo estiró[25] como si fuera un lazo, y hasta sobró.[26]

[16] enciende
[17] recipientes
[18] personas del pueblo que se dedican a curar enfermedades
[19] almas de los seres humanos, encarnados en los animales que viven en el monte
[20] león
[21] en un cajón
[22] encinta, que iba a tener un hijo
[23] *manger*
[24] precipicios
[25] hizo más largo
[26] había más de lo que necesitaba

Tal vez estas indígenas guatemaltecas hayan sufrido bruscos cambios
culturales similares a aquéllos experimentados por Juan Pérez Jolote.
(© *Owen Franken/Sygma*)

—Entonces supo la gente que había estirado un palo, y lo buscaron parà matarlo. Entonces se fueron sobre los pueblos, por los cerros, huyendo para salvarse.

—En un pueblo llegó a trabajar e hizo milpa,[27] en un lugar donde había muchas moscas que le picaban.[28] Allí dijo: «Les voy a hacer una cena para que vean que soy trabajador». En seguida, mandó hacer una cruz con un carpintero. Cuando el carpintero le dijo a San José: «Aquí está la cruz», San José la entregó al Salvador. Entonces éste les dijo a los judíos: «No se coman a mis hijos; por eso estoy yo aquí, cómanme a mí». Y se clavó en la cruz.[29]

—Antes de que se clavara, fue a ver cómo estaba el *Olontic*.[30] Después que vio cómo estaba allá abajo, vino a clavarse. El se clavó para que se acordara la gente que hay castigo para los diablos —*pukujes*—; para que no siguieran comiendo gente.

—Este otro es el patrón de la iglesia: es San Juan Evangelista. Este fue el primero que hizo milpa. Fue el primer hombre. Nació antes que naciera Jesucristo. Rezando en los montes, en los cerros y en las barrancas, enseñó a

[27] tierra destinada al cultivo del maíz
[28] mordían
[29] se. . . se crucificó él mismo
[30] el más allá

los hombres a vivir como ahora vive la gente. Por eso en cada fiesta se le pide salud para que la gente trabaje.

Y así conocí a los santos que hay en la iglesia de mi pueblo.

Yo he servido mucho a mi pueblo, y me siguen dando cargos. Después fui *alférez*[31] de la Virgen del Rosario; pero ese cargo lo tomé por gusto. Los *mayordomos* y *alférez* pueden vender trago, y así sacan lo que se gasta en la fiesta.

El hombre que me entregó el cargo me dio quince pesos para que empezara a vender trago; así compré un garrafón,[32] y todos los domingos iba a vender aguardiente en la plaza de mi pueblo. Todos mis compañeros que me compraban me ofrecían copa, y me *embolaba*[33] yo mucho.

Yo no podía dejar de tomar, porque por mi cargo soy una señora, pues la Virgen del Rosario de quien soy *alférez* es una señora, y a mí me vienen a convidar[34] todos los que tienen cargo de santos que son hombres.

Cuando entregué el cargo de *alférez,* me llamó el secretario del pueblo y me dijo:

—El Presidente de México quiere que todo el pueblo de Chamula sepa leer; pero antes hay que enseñarles a hablar castellano. El Gobierno quiere que tú seas maestro de castellanización y te va a pagar cincuenta pesos mensuales.

—Si es orden del Gobierno de México, tomaré el cargo —le dije.

Para enseñar a hablar *castilla,* el Gobierno nombró doce maestros para los parajes[35] de mi pueblo; yo tuve treinta alumnos en Cuchulumtic y les enseñaba algunas palabras de castilla y algunas letras para que aprendieran a leer. A los tres años se acabó la campaña, y nos quitaron a todos el cargo; ahora, la gente que quiere aprender castilla compra «aceite guapo» en las boticas de San Cristóbal, porque dicen que es bueno para aprender a hablar.

Ya me dieron otro cargo y ahora soy *alférez* de San Juan. He vuelto a vender trago en mi casa, y todos los días vendo dos garrafones. Cuando ya no puedo ir por ellos, mi hijo Lorenzo va. Una vez, los vigilantes le quitaron un garrafón porque no lo compró donde debía de comprarse; yo ya se lo había explicado desde antes. Hay dos fábricas de trago en San Cristóbal y los dueños se han repartido[36] los pueblos para vender el aguardiente; uno vende a los chamulas[37] y zinacantecos;[38] el otro vende a todos los demás pueblos, que son muchos, tantos, que el dueño es el hombre más rico de San Cristóbal y paga vigilantes que andan por los pueblos. Con máuser y pistolas, entran a las casas, las esculcan[39] y se llevan a la cárcel, o matan, a los que hacen aguardiente de contrabando o venden trago de otras fábricas. Sólo ellos pueden hacerlo, y sólo ellos pueden venderlo, porque el gobierno ha rematado[40] con ellos la venta.

A mi casa vienen a beber todos los días compañeros que llegan a comprar, me dan de lo que toman y con todos tomo yo. «Ya no tomes más», me dicen mi Lorenzo y mi Dominga; pero yo no puedo dejar de tomar. Hace días que ya no como. . . Así murió mi papá. Pero yo no quiero morirme. Yo quiero vivir.

[31] funcionario que cuida la imagen de uno de los santos en la iglesia del pueblo
[32] botella muy grande
[33] emborrachaba
[34] invitar
[35] lugares, regiones
[36] dividido
[37] del pueblo de Chamula
[38] del municipio de Zinacantan, vecino a Chamula
[39] registran, buscan cosas ilícitas
[40] dado, les ha adjudicado

Para verificar su comprensión

A. Complete cada frase con la respuesta más apropiada.
   Según el *yajualtiquil:*

1. San Sebastián es
   a. el patrón de los carneros.
   b. el carnero.
   c. el pastor.

2. El Señor Santiago es
   a. el patrón de las candelas.
   b. el patrón de los animales.
   c. el patrón de los músicos.

3. San Jerónimo es
   a. el patrón del maíz.
   b. el patrón del más allá.
   c. el patrón de los curanderos.

4. San Manuel, San Salvador y San Mateo
   a. cuidan a los pobres.
   b. son un solo santo.
   c. dan de comer a las bestias.

5. Los *pukujes* son
   a. los diablos.
   b. los espíritus del bien.
   c. los hambrientos.

6. Cuando nació el Niño Jesús
   a. desapareció el sol.
   b. los *pukujes* se fueron.
   c. la gente ya no podía comer.

7. El Niño Jesús se puso a trabajar porque
   a. sus padres querían que lo hiciera.
   b. ya tenía las herramientas.
   c. no tenía qué comer.

8. Cuando corrió la noticia de que el Niño Jesús
   había estirado un palo, tuvo que
   a. huir.
   b. construir muchas casas nuevas.
   c. cultivar la milpa.

9. El Niño Jesús mandó construir una cruz para
   a. espantar a los diablos.
   b. dar prueba de su valentía.
   c. salvar a sus hijos.

10. San Juan Evangelista es
    a. anterior a Jesucristo.
    b. el patrón de los montes, cerros y barrancas.
    c. el santo más importante.

B. Cierto o falso.

_____ 1. Es importante que el que tenga un cargo pueda vender trago para que pueda recuperar sus gastos en la fiesta.

_____ 2. En la plaza, los domingos, cuando sus amigos le convidaban a tomar aguardiente, Juan se emborrachaba.

_____ 3. Cuando tenía a cargo la Virgen del Rosario, Juan no tenía que tomar.

_____ 4. El gobierno no quería que se alfabetizara a los chamulas.

_____ 5. La gente cree que el «aceite guapo» le ayudará a hablar castellano.

_____ 6. Juan tiene absoluta libertad de comprar su aguardiente dónde y de quién quiera.

_____ 7. Juan quiere seguir tomando porque le da gusto.

_____ 8. Juan teme acabar como su papá.

Interpretación de la lectura

1. ¿Qué opina Ud. de la interpretación tzotzil de los santos y del Niño Dios?
2. ¿Cómo explica Ud. el papel preponderante que tiene el alcohol en las ceremonias indígenas? ¿Se relaciona con el monopolio que tienen los ladinos sobre la venta del alcohol? Explique.
3. ¿Qué nos enseña este trozo sobre la relación entre la identidad étnica y la nacional? ¿Sobre la etnicidad vista como crisol y como cazuela?

Para investigar más

Haga una investigación sobre el indigenismo y la revolución mexicana. ¿Han beneficiado a comunidades indígenas como la de Juan?

ROSARIO CASTELLANOS
(*1925–1974*)

Esta autora mexicana es conocida como indigenista y feminista, una combinación inusitada[1] en las letras latinoamericanas. Se crió en el estado sureño indio de Chiapas, donde presenció directamente el prejuicio racial y sexual. En su primera novela, *Balún Canán* (1957), Rosario Castellanos describe, desde el punto de vista de una niña, el sistema de explotación bajo el cual viven el indio y la mujer. Trata también la situación difícil del mestizo ilegítimo y resentido que se encuentra entre dos mundos —el del indio y el del blanco— y rechazado por los dos. Castellanos traza la creciente conciencia política de los indios, quienes llegan a desafiar al patrón de la finca y a demandar abiertamente su derecho a la educación, algo prometido por la revolución.

Una de las características más importantes de esta novela es el ambiente de miedo y superstición que domina a los personajes principales y que afecta toda la acción. Por la preponderancia de la superstición, Castellanos sugiere que el mundo mágico de los indios ha penetrado hondamente[2] en la psiquis[3] del blanco. El primer fragmento ilustra el extraño poder que ejerce el indio aun en su servidumbre; al mismo tiempo, muestra el prejuicio racial por parte del blanco. Que este prejuicio es algo difícil de erradicar lo sugiere el último párrafo del libro, en el segundo fragmento aquí.

[1] desacostumbrada, rara
[2] profundamente
[3] mentalidad, psicología

Balún Canán (*fragmentos*)

I

Recién salida del baño la cabellera de mi madre gotea.[4] Se la envuelve en una toalla para no mojar el piso de su dormitorio.

Yo voy detrás de ella, porque me gusta verla arreglarse. Corre[5] las cortinas, con lo que la curiosidad de la calle queda burlada, y entra en la habitación una penumbra[6] discreta, silenciosa, tibia. De las gavetas[7] del tocador[8] mi madre va sacando el cepillo de cerdas[9] ásperas; el peine de carey veteado;[10] los pomos[11] de crema de diferentes colores; las pomadas para las pestañas y las cejas; el lápiz rojo para los labios. Mi madre va, minuciosamente, abriéndolos, empleándolos uno por uno.

[4] deja caer gotas
[5] cierra
[6] oscuridad
[7] cajones
[8] pequeña mesa con espejo
[9] pelos duros de animales
[10] de. . . hecha de concha de tortuga
[11] jarros

Yo miro, extasiada, cómo se transforma su rostro; cómo adquieren relieve las facciones; cómo acentúa ese rasgo que la embellece. Para colmarme[12] el corazón llega el momento final. Cuando ella abre el ropero y saca un cofrecito de caoba[13] y vuelca[14] su contenido sobre la seda de la colcha,[15] preguntando:

—¿Qué aretes[16] me pondré hoy?

La ayudo a elegir. No. Estas arracadas[17] no. Pesan mucho y son tan llamativas. Estos calabazos[18] que le regaló mi padre la víspera de su boda son para las grandes ocasiones. Y hoy es un día cualquiera. Los de azabache.[19] Bueno. A tientas[20] se los pone mientras suspira.

—¡Lástima! Tan bonitas alhajas[21] que vende doña Pastora. Pero hoy . . . ni cuando. Ya me conformaría yo con que estuviera aquí tu papá.

Sé que no habla conmigo; que si yo le respondiera se disgustaría, porque alguien ha entendido sus palabras. A sí misma, al viento, a los muebles de su alrededor entrega las confidencias. Por eso yo apenas me muevo para que no advierta que estoy aquí y me destierre.[22]

—Ya. Los aretes me quedan bien. Hacen juego[23] con el vestido.

Se acerca al espejo. Se palpa[24] en esa superficie congelada, se recorre con la punta de los dedos, satisfecha y agradecida. De pronto las aletas de su nariz empiezan a palpitar como si ventearan[25] una presencia extraña en el cuarto. Violentamente, mi madre se vuelve.

—¿Quién está ahí?

De un rincón sale la voz de mi nana[26] y luego su figura.

—Soy yo, señora.

Mi madre suspira, aliviada.

—Me asustaste. Esa manía que tiene tu raza de caminar sin hacer ruido, de acechar,[27] de aparecerse donde menos se espera. ¿Por qué viniste? No te llamé.

Sin esperar respuesta, pues ha cesado de prestarle atención, mi madre vuelve a mirarse en el espejo, a marcar ese pequeño pliegue[28] del cuello del vestido, a sacudirse la mota[29] de polvo que llegó a posársele sobre el hombro. Mi nana la mira y conforme la mira va dando cabida en ella a un sollozo que busca salir, como el agua que rompe las piedras que la cercan. Mi madre la escucha y abandona su contemplación, irritada.

—¡Dios me dé paciencia! ¿Por qué lloras?

La nana no responde, pero el sollozo sigue hinchándose[30] en su garganta, lastimándola.

—¿Estás enferma? ¿Te duele algo?

No, a mi madre no le simpatiza esta mujer. Basta con que sea india. Durante los años de su convivencia mi madre ha procurado[31] hablar con ella lo menos posible; pasa a su lado como pasaría junto a un charco,[32] remangándose[33] la falda.

—Tomá.[34] Con esto se te va a quitar el dolor.

Le entrega una tableta blanca, pero mi nana se niega a recibirla.

—No es por mí, señora. Estoy llorando de ver cómo se derrumba esta casa porque le falta cimiento de varón.

[12] llenarme
[13] caja pequeña hecha de una madera especial
[14] vierte
[15] cobertura de cama
[16] joyas para las orejas
[17] con adorno colgante
[18] otro tipo de aretes
[19] piedra semipreciosa de color negro
[20] sin mirar en el espejo
[21] joyas
[22] eche del dormitorio
[23] hacen. . . corresponden, van
[24] toca con las manos
[25] olfatearan el aire
[26] niñera
[27] espiar
[28] parte doblada
[29] partícula
[30] creciendo
[31] ha hecho lo posible
[32] depósito de agua en los caminos, como después de lluvia
[33] recogiéndose (para no mojarla)
[34] la señora le habla a la nana usando «vos» en vez de «tú», como se hace también en Argentina

Mi madre vuelve a guardar la tableta. Ha logrado disimular su disgusto y dice con voz ceñida,[35] igual:

—No hace un mes que se fue César. Me escribe muy seguido. Dice que va a regresar pronto.

—No estoy hablando de tu marido ni de estos días. Sino de lo que vendrá.

—Basta de adivinanzas.[36] Si tenés algo qué decir, decilo pronto.

—Hasta aquí, no más allá, llega el apellido de Argüello. Aquí, ante nuestros ojos, se extingue. Porque tu vientre fue estéril y no dio varón.[37]

—¡No dio varón! ¿Y qué más querés que Mario? ¡Si es todo mi orgullo!

—No se va a lograr señora. No alcanzará los años de su perfección.[a]

—¿Por qué lo decís vos, lengua maldita?

—¿Cómo lo voy a decir yo, hablando contra mis entrañas?[38] Lo dijeron otros que tienen sabiduría y poder. Los ancianos de la tribu de Chactajal se reunieron en deliberación. Pues cada uno había escuchado, en el secreto de su sueño, una voz que decía: «que no prosperen, que no se perpetúen. Que el puente que tendieron[39] para pasar a los días futuros, se rompa». Eso les aconsejaba una voz como de animal. Y así condenaron a Mario.

Mi madre se sobresaltó[40] al recordar.

—Los brujos. . .

—Los brujos se lo están empezando a comer.

Mi madre fue a la ventana y descorrió, de par en par,[41] las cortinas. El sol de mediodía entró, armado y fuerte.

—Es fácil cuchichear[42] en un rincón oscuro. Hablá ahora. Repetí lo que dijiste antes. Atrevete a ofender la cara de la luz.

Cuando respondió, la voz de mi nana ya no tenía lágrimas. Con una terrible precisión, como si estuviera grabándolas sobre una corteza,[43] como con la punta de un cuchillo, pronunció estas palabras:

—Mario va a morir.

Mi madre cogió el peine de carey y lo dobló, convulsivamente, entre sus dedos.

—¿Por qué?

—No me lo preguntes a mí, señora. ¿Yo qué puedo saber?

—¿No te mandaron ellos para que me amenazaras? ¿No te dijeron: asústala para que abra la mano y suelte lo que tiene y después nos lo repartamos entre todos?

Los ojos de la nana se habían dilatado de sorpresa y de horror. Apenas pudo balbucear:[44]

—Señora. . .

—Bueno, pues andá con ellos y deciles que no les tengo miedo. Que si les doy algo es como de limosna.[45]

La nana retiró vivamente sus manos, cerrándolas antes de recibir nada.

—¡Te lo ordeno!

—Los brujos no quieren dinero. Ellos quieren al hijo varón, a Mario. Se lo comerán, se lo están empezando a comer.

---

[a] Aquí la nana predice la muerte prematura de Mario, el único hijo varón de la señora.

[35] apretada
[36] juegos misteriosos, *riddles*
[37] hijo (en vez de hija)
[38] contra. . . contrario a mis emociones
[39] extendieron, pusieron
[40] asustó, sintió miedo
[41] de. . . completamente
[42] hablar en voz baja
[43] el exterior del tronco de los árboles
[44] hablar dificultosamente, vacilantemente
[45] caridad a los pobres

Mi madre se enfrentó resueltamente con la nana.

—Me desconozco. ¿Desde qué horas estoy escuchando estos desvaríos?[46] La nana dio un paso atrás, suplicante.

—No me toques, señora. No tienes derecho sobre mí. Tú no me trajiste con tu dote.[47] Yo no pertenezco a los Argüellos. Yo soy de Chactajal.

—Nadie me ha atado las manos, para que yo no pueda pegarte.

Con ademán colérico[48] mi madre obligó a la nana a arrodillarse en el suelo. La nana no se resistió.

—¡Jurá que lo que dijiste antes es mentira!

Mi madre no obtuvo respuesta y el silencio la enardeció[49] aún más. Furiosa, empezó a descargar, con el filo[50] del peine, un golpe y otro y otro sobre la cabeza de la nana. Ella no se defendía, no se quejaba. Yo las miré, temblando de miedo, desde mi lugar.

—¡India revestida,[51] quitate de aquí! ¡Qué no te vuelva yo a ver en mi casa!

Mi madre la soltó y fue a sentarse sobre el banco del tocador. Respiraba con ansia y su rostro se le había quebrado en muchas aristas[52] rígidas. Se pasó un pañuelo sobre ellas, pero no pudo borrarlas.

Silenciosamente me aproximé a la nana que continuaba en el suelo, deshecha, abandonada como una cosa sin valor.

II

Ahora vamos por la calle principal. En la acera opuesta[53] camina una india. Cuando la veo me desprendo[54] de la mano de Amalia y corro hacia ella, con los brazos abiertos. ¡Es mi nana! ¡Es mi nana! Pero la india me mira correr, impasible, y no hace un ademán de bienvenida. Camino lentamente, más lentamente hasta detenerme. Dejo caer los brazos, desalentada.[55] Nunca, aunque yo la encuentre, podré reconocer a mi nana. Hace tanto tiempo que nos separaron. Además, todos los indios tienen la misma cara.

Para verificar su comprensión

Conteste cada pregunta con una o dos oraciones completas.

1. ¿Qué significado tendrá la escena que comienza el capítulo, donde la madre está arreglándose, maquillándose[56] y mirándose al espejo inconsciente de la presencia de su hija?
2. ¿Qué importancia tiene que la señora, asustada por la presencia de la nana, generalice sobre los indios al dirigirle la palabra?

[46] disparates, tonterías
[47] dinero que tradicionalmente lleva consigo la mujer cuando se casa
[48] enojado
[49] puso más colérica
[50] borde
[51] atrevida, sinvergüenza
[52] líneas
[53] al otro lado
[54] separo
[55] desanimada
[56] colocándose cosméticos

3. Según la niña, ¿cuál es la actitud de la señora hacia la nana?
4. ¿Por qué llora la nana? ¿Cómo reacciona la señora?
5. ¿Qué predicen los brujos sobre el futuro del apellido Argüello? ¿Qué le va a pasar a Mario, el único varón?
6. ¿De qué acusa la señora a la nana? ¿Cómo responde la nana?
7. ¿Por qué cree la señora que tiene derecho a pegarle a la nana? ¿Cuál es la reacción de la niña?

Interpretación de la lectura

1. Compare la reacción de la niña al final del primer fragmento con su actitud al final de la novela. ¿Qué quiere decir Castellanos con este contraste?
2. ¿Cómo ilustra esta lectura la influencia indígena en la mentalidad blanca?

Comparaciones

1. Se nos cuenta *Juan Perez Jolote* desde la perspectiva del indígena y *Balún Canán* desde la del blanco. Explique cómo estas perspectivas son apropiadas para ilustrar y criticar la condición del indio.
2. La falta de respeto del blanco por la cultura indígena es uno de los temas principales de la literatura indigenista. ¿Cómo se ve esto en las lecturas de Pozas y Castellanos?

Para comentar

Es posible y es preciso mantener las diferencias étnicas y también forjar una sola nación unida. ¿Está Ud. de acuerdo?

Tema escrito

Compare las supersticiones que critica de Jesús en su diario con las que vemos en las lecturas de Pozas y Castellanos. ¿Por qué cree Ud. que tienen tanta importancia en estas lecturas las supersticiones, los brujos y los maleficios? ¿Se puede relacionar la superstición con lo etnológico? ¿Con la pobreza? ¿Con el sincretismo cultural?

ANA LYDIA VEGA (*1946–*   )

Esta joven escritora y profesora de francés en la Universidad de Puerto Rico ganó el prestigioso Premio Casa de las Américas en 1982 por su colección de cuentos *Encancaranublado,* la cual abarca toda la actualidad antillana, no solamente la de su Puerto Rico natal. Con un sentido agudo de las flaquezas[1] humanas, Ana Lydia Vega escribe con ironía, humor y pasión de sus islas queridas, las cuales comparten la misma historia y el mismo destino, pero que, por la vanidad y el prejuicio, tanto individuales como colectivos, rehusan[2] reconocer sus lazos comunes.

El concepto unitario de las Antillas que Vega expresa se nota de varias maneras en sus escritos: por la inclusión de todas las nacionalidades del Caribe; por la yuxtaposición de la presencia preponderante de los EEUU y la pequeñez antillana; y por la forma muy natural en que emplea el castellano, el francés y el inglés en sus cuentos. Escribe en un rico lenguaje oral en el cual predominan la metáfora y la personificación de la naturaleza tropical. En «Encancaranublado», el cuento que da título al volumen, Vega trata el tema del emigrante caribeño, del que deja su propio país para mejorar su suerte en los EEUU. El haitiano, el dominicano y el cubano que comparten el mismo botecito experimentan varias tensiones y resentimientos nacionalistas provenientes de los estereotipos étnicos históricos que guardan unos acerca de los otros. Por eso, no están preparados de ninguna manera para lo que les acontece al final del cuento. En un estilo dotado de una vivacidad palpable, Vega nos presenta uno por uno a estos tres viajeros.

[1] debilidades
[2] se niegan, no aceptan

Guía de prelectura

Para encaminarse un poco en la lectura, lea los primeros ocho párrafos y escoja el mejor resumen de cada uno.

_____ 1. Es septiembre.

_____ 2. No ha visto ningún botecito desde que salió de Haití.

a. Se estableció un sentido de solidaridad entre ellos.

b. El cubano necesitaba socorro.

—— 3. Su aventura es triste pero hay que ponerla en contexto.

—— 4. Antenor oye gritos.

—— 5. El quisqueyano suspira de alivio.

—— 6. Antenor y Diógenes no hablan el mismo idioma pero se entienden.

—— 7. Antenor y Diógenes vieron a otro náufrago.

—— 8. «Como si fuéramos pocos parió la abuela».

c. Es la época de los huracanes.

ch. No quieren compartir con el tercero lo poco que tienen.

d. Es preferible viajar a quedarse en la isla.

e. Antenor siente la monotonía del viaje.

f. El dominicano quiere subir.

g. El dominicano siente gratitud hacia Antenor.

Encancaranublado

El cielo está encancaranublado
¿Quién lo encancaranublaría?
El que lo encancaranubló
buen encancaranublador sería.

Septiembre, agitador profesional de huracanes, avisa guerra llenando los mares de erizos[3] y aguavivas.[4] Un vientecito sospechoso hincha la guayabera[5] que funge[6] de vela en la improvisada embarcación. El cielo es una conga encojonada[7] para bembé[8] de potencias.

Cosa mala, ese mollerudo[9] brazo de mar que lo separa del *pursuit of happiness*. Los tiburones[10] son pellizco de ñoco[11] al lado de otros señores peligros que por allí jumean.[12] Pero se brega.[13] Antenor lleva dos días en la monotonía de un oleaje prolongación de nubes. Desde que salió de Haití no ha avistado siquiera un botecito de pescadores. Es como jugar al descubridor teniendo sus dudas de que la tierra es legalmente redonda. En cualquier momento se le aparece a uno el consabido[14] precipicio de los monstruos.

Atrás quedan los mangós podridos de la diarrea y el hambre, la gritería de los macoutes,[a] el miedo y la sequía. Acá el mareo[15] y la amenaza de la sed

[3] *sea urchins*
[4] *jellyfish*
[5] tipo de camisa que se usa comúnmente en el trópico
[6] funciona
[7] furiosa (vulgar)
[8] fiesta
[9] fuerte
[10] *sharks*
[11] pellizco. . . poca cosa, una insignificancia
[12] esperan escondidos
[13] se lucha
[14] bien conocido
[15] pérdida del equilibrio y del sentido de la orientación

---

[a] los «tontons macoutes», la policía secreta del antiguo dictador François *(Papa Doc)* Duvalier

Estos refugiados haitianos, rumbo a Miami, se parecen a los tres antillanos en «Encancaranublado». (© *Randy Taylor/Sygma*)

cuando se agote la minúscula provisión de agua. Con todo y eso, la triste aventura marina es crucero[16] de placer a la luz del recuerdo de la isla.

Antenor se acomoda bajo el caldero hirviente del cielo. Entre el merengue[17] del bote y el cansancio del cuerpo se hubiera podido quedar dormido como un pueblo si no llega a ser por los gritos del dominicano. No había que saber español para entender que aquel náufrago quería pon.[18] Antenor lo ayudó a subir como mejor pudo. Al botecito le entró con tal violencia un espíritu burlón de esos que sobrevuelan el Caribe que por poco se quedan los dos a pie. Pero por fin lograron amansarlo.

—Gracias, hermanito, dijo el quisqueyano[19] con el suspiro de alivio que conmovió a la vela.

El haitiano le pasó la cantimplora[20] y tuvo que arrancársela casi para que no se fuera a beber toda el agua que quedaba, así, de sopetón.[21] Tras largos intercambios de miradas, palabras mutuamente impermeables y gestos agotadores llegaron al alegre convencimiento de que Miami no podía estar muy lejos. Y cada cual contó, sin que el otro entendiera, lo que dejaba —que era poco— y lo que salía a buscar. Allí se dijo la jodienda[22] de ser antillano, negro y pobre. Se contaron los muertos por docenas. Se repartieron maldi-

[16] viaje
[17] un baile del Caribe
[18] que lo llevara
[19] dominicano
[20] vasija para llevar agua en viajes y excursiones
[21] repentinamente
[22] lo frustrante, lo difícil

ciones a militares, curas y civiles. Se estableció el internacionalismo del hambre y la solidaridad del sueño. Y cuando más embollados[23] estaban Antenor y Diógenes —gracia neoclásica del dominicano— en su bilingüe ceremonia, repercutieron nuevos gritos bajo la bóveda entorunada del cielo.[24]

El dúo alzó la vista hacia las olas y divisó la cabeza encrespada[25] del cubano detrás del tradicional tronco de náufrago.

—Cómo si fuéramos pocos parió la abuela —dijo Diógenes, frunciendo el ceño.[26] El haitiano entendió como si hubiera nacido más allá del Masacre. Otro pasajero, otra alma, otro estómago, para ser exactos.

Pero el cubano aulló con tanto gusto y con tan convincente timbre santiaguero[27] que acabaron por facilitarle el abordaje[28] de un caribeñísimo Qué se joda[29] ante la rumba[30] que emprendió en el acto el bote.

No obstante la urgencia de la situación, el cubano tuvo la prudencia de preguntar:

—¿Van pa Miami, tú? antes de agarrar la mano indecisa del dominicano.

Volvió a encampanarse la discusión. Diógenes y Carmelo —tal era el nombre de pila[31] del inquieto santiaguero— montaron tremendo perico.[32] Antenor intervenía con un ocasional *Mais oui* o un *C'est ça asaz timiducho* cada vez que el furor del tono lo requería. Pero no le estaba gustando ni un poquito el monopolio cervantino[33] en una embarcación que, destinada o no al exilio, navegaba después de todo bajo bandera haitiana.

Contrapunteado por Diógenes y respaldado por un discreto maraqueo[b] haitiano, Carmelo contó las desventuras que lo habían alejado de las orientales playas de la Antilla Mayor.

—Oyeme, viejo, aquello era trabajo va y trabajo viene día y noche. . .

—Oh, pero en Santo Domingo ni trabajo había. . .

—Pica caña y caña pica de sol a sol, tú. . .

—Qué vaina, hombre. En mi país traen a los dichosos madamos[34] pa que la piquen y a nosotros que nos coma un caballo. . .[35]

El haitiano se estremeció ligeramente al roce de la palabra madamo, reservada a los suyos y pronunciada con velocidad supersónica por el quisqueyano. No dijo nada para no hacerle más cosquillas al bote, ya bastante engreído por la picadura del agua.

—Chico, ya tú ves que donde quiera se cuecen frijoles —dijo el cubano, iniciando la búsqueda de comestibles con su imprudente alusión.

Antenor tenía, en una caja de zapatos heredada de un zafacón[36] de ricos, un poco de casabe,[37] dos o tres mazorcas de maíz reseco, un saquito de tabaco y una canequita[38] de ron, víveres que había reunido para el viaje con suma dificultad. Había tomado la precaución de sentarse sobre ella por aquello de que caridad contra caridad no es caridad. Pero el cubano tenía un olfato altamente desarrollado por el tráfico del mercado negro, que era su especialidad allá en Santiago, y:

[23] acelerados
[24] la. . . el enojado cielo que los cubría
[25] grifa, rizada
[26] frunciendo. . . *frowning*
[27] timbre. . . acento característico de los habitantes de Santiago (ciudad de Cuba)
[28] subida a bordo
[29] Que. . . Por qué no. Que se fastidie. (vulgar)
[30] otro baile del Caribe
[31] nombre. . . nombre de bautizo
[32] charla muy larga
[33] el. . . la conversación en español
[34] haitianos
[35] que. . . muramos
[36] cubo de basura
[37] torta de tapioca
[38] botella pequeña

---

[b]Contrapunteado. . . una metáfora musical para contrastar los tres estilos de hablar

—Levanta el corcho,[39] prieto —dijo sin preámbulos, clavándole el ojo a la caja de zapatos como si fuera la mismísima Arca de la Alianza.[40]

Antenor fingió no enterarse, aunque las intenciones del Carmelo eran claramente políglotas.

—Alza el cagadero,[41] madamo, que te jiede[42] a ron y a tabaco —tradujo Diógenes, olvidando súbitamente los votos de ayuda mutua contraídos, antes de la llegada del cubano, con su otra mitad insular.

Antenor siguió jugando al tonto. De algo tenía que servir el record de analfabetismo mundial que nadie le disputaba a su país, pensó, asumiendo la actitud más despistada[43] posible ante los reclamos de sus hermanos antillanos.

Al fin, impacientes e indignados por la resistencia pasiva de Antenor, le administraron tremendo empujón que por poco lo manda de excursión submarina fuera de su propio bote. Y se precipitaron sobre la cajita como si talmente fuera el mentado Cuerno de la Abundancia.

Almorzados el casabe y las mazorcas, los compinches[44] reanudaron su análisis socioeconómico comparado de las naciones caribeñas. Carmelo mascaba tabaco y Diógenes empinaba el codo[45] con la contentura del que liga los encantos de la Estatua de la Libertad bajo la desgastada túnica.

—Yo pienso meterme en negocios allá en Miami —dijo Carmelo—. Tengo un primo que, de chulo[46] humilde que era al principio, ya tiene su propio. . . club de citas,[47] vaya. . .

—Ese es país de progreso, mi hermano —asintió el dominicano con un latigazo de tufo[48] a la cara del haitiano.

Antenor no había dicho ni esta boca es mía[49] desde que lo habían condenado a solitaria. Pero sus ojos eran muñecas negras atravesadas por inmensos alfileres.

—Allá en Cuba —prosiguió Carmelo— los clubes de citas están prohibidos, chico. No hay quien viva con tantas limitaciones.

—Pues allá en la República hay tantas putas[50] que hasta las exportamos —ripostó[51] Diógenes con una carcajada tan explosiva que espantó a un tiburón lucido de espoleta[52] a la sombra del bote.

—Tout Dominikenn se pit —masculló Antenor desde su pequeño Fuerte Allen.[c] Con la suerte de que Diógenes no le prestó oreja, habitado como estaba por preocupaciones mayores.

—El problema —profundizó Carmelo— es que en Cuba las mujeres se creen iguales a los hombres y, vaya, no quieren dedicarse. . .

—Oh, pero eso será ahora porque antes las cubanas se las traían[53] de a verdá —dijo su compañero, evocando los cotizados[54] traseros[55] cubanos de fama internacional.

A Carmelo no le había gustado nada la nostálgica alusión a la era batistiana[56] y ya le estaba cargando el lomo[57] la conversación del quisqueyano. Así es que le soltó de buenas a primeras:

---

[c] Se refiere al Fuerte Ethan Allen en Puerto Rico; se usa aquí para indicar un lugar seguro.

[39] tapa
[40] Arca. . . cofre del Antiguo Testamento
[41] *butt, rear end*
[42] huele mal
[43] desorientada
[44] compañeros
[45] empinaba. . . bebía con exceso
[46] individuo que explota a una prostituta
[47] club. . . casa de prostitución
[48] mal olor, mal aliento
[49] no. . . apenas había abierto la boca
[50] prostitutas
[51] respondió
[52] aleta *(fin)*
[53] se. . . expresión de énfasis
[54] de gran valor
[55] nalgas
[56] del ex-dictador cubano Fulgencio Batista
[57] cargando. . . cansándolo

—¿Y qué? ¿Cómo está Santo Domingo después del temporal?[58] Dicen los que saben que no se nota la diferencia. . .

Y acompañó el dudoso chiste con la carcajada que se oyó en Guantánamo.

El dominicano se puso jincho,[59] lo cual era difícil, pero prefirió contener su cólera al fijarse en los impresionantes bíceps del pasajero cubano, que atribuyó al fatídico[60] corte de caña.

Para disimular, buscó la cantimplora. El mar estaba jumo[61] perdido y el bote se remeneaba más que caderas de mambó[62] en servicio a Dambalá.[63] La cantimplora rodó, cayendo a los inoportunos pies de Antenor. El dominicano se la disputó. Antenor forcejeó. El cubano seguía la pelea sonreído, con cierta condescendencia de adulto ante bronca de niños.

En eso, empezó a lloviznar. Entre el viento, el oleaje y el salpafuera[64] antillano que se formó en aquel maldito bote, el tiburón recobró las esperanzas: Miami estaba más lejos que China.

El haitiano lanzó la cantimplora al agua. Mejor morir que saciarle la sed a un sarnoso[65] dominicano. Diógenes se paró de casco[66] boquiabierto. Pa que se acuerde que los invadimos tres veces, pensó Antenor, enseñándole los dientes a su paisano.

—Trujillo[67] tenía razón —mugía[68] el quisqueyano, fajando[69] como un toro bravo en dirección a la barriga[70] haitiana.

El bote parecía un carrito loco de fiesta patronal. Carmelo salió por fin de su indiferencia para advertir:

—Dejen eso caballero, ta[71] bueno ya, que nos vamos a pique[72] coño. . .[73]

Y a pique se fueron, tal como lo hubiera profetizado el futuro hombre de negocios miamense. A pique y lloviendo, con truenos y viento de música de fondo y el sano entusiasmo de los tiburones.

Pero en el preciso instante en que los heroicos emigrantes estaban a punto de sucumbir a los peligros del Triángulo de Bermudas oyóse un silbato sordo, ronco y profundo cual cántico de cura en réquiem de político y:

—¡Un barco! —gritó Carmelo, agitando la mano como macana[74] de sádico fuera del agua.

Las tres voces náufragas se unieron en un largo, agudo y optimista alarido de auxilio.

Al cabo de un rato —y no me pregunten cómo carajo se zapatearon[75] a los tiburones porque fue sin duda un milagro conjunto de la Altagracia, la Caridad del Cobre y las Siete Potencias Africanas— los habían rescatado[76] y yacían,[77] cansados pero satisfechos, en la cubierta del barco. Americano, por cierto.

El capitán, ario[78] y apolíneo[79] lobo de mar de sonrojadas mejillas, áureos cabellos y azulísimos ojos, se asomó para una rápida verificación de catástrofe y dijo:

—*Get those niggers down there and let the spiks take care of 'em.* Palabras que los incultos héroes no entendieron tan bien como nuestros bilingües lectores. Y tras de las cuales, los antillanos fueron cargados sin ternura hasta

[58] tempestad, mal tiempo persistente
[59] pálido
[60] desgraciado
[61] borracho
[62] otro baile caribeño
[63] deidad africana
[64] confusión
[65] que tiene sarna, enfermedad de la piel (insulto)
[66] de. . . en seco, súbitamente
[67] antiguo dictador dominicano
[68] decía con sonido similar al del toro
[69] atacando
[70] vientre, estómago
[71] está
[72] nos. . . se hunde el barco
[73] exclamación vulgar
[74] garrote, maza (*weapon*)
[75] espantaron
[76] salvado
[77] estaban tendidos
[78] europeo, de piel blanca
[79] hermoso

la cala[80] del barco donde, entre cajas de madera y baúles mohosos, compartieron su primera mirada post naufragio: mixta de alivio y de susto sofrita en esperanzas ligeramente sancochadas.[ch]

Minutos después, el dominicano y el cubano tuvieron la grata experiencia de escuchar su lengua materna, algo maltratada pero siempre reconocible, cosa que hasta el haitiano celebró pues le parecía haberla estado oyendo desde su más tierna infancia y empezaba a sospechar que la oiría durante el resto de su vida. Ya iban repechando jalda arriba las comisuras de los salados labios[81] del trío, cuando el puertorriqueño gruñó en la penumbra:

—Aquí si quieren comer tienen que meter la mano y duro. Estos gringos no le dan na[82] gratis ni a su mai.[83]

Y sacó un brazo negro por entre las cajas para pasarles la ropa seca.

[80] parte más baja en el interior
[81] repechando. . . empezando a sonreír
[82] nada
[83] madre

Para verificar su comprensión

¿Cierto o falso?

_____ 1. La dinámica interpersonal cambia abruptamente con la llegada de Carmelo.

_____ 2. A Antenor no le fastidia que Diógenes y Carmelo conversen en español.

_____ 3. Carmelo quería quedarse en Cuba pero no había trabajo.

_____ 4. Diógenes, el quisqueyano, se queja de que en la República Dominicana traigan a los haitianos para picar caña.

_____ 5. El cubano no quiere dejar a Antenor sin suficientes provisiones.

_____ 6. Diógenes se mantiene solidario con Antenor, a pesar de la barrera del idioma.

_____ 7. Antenor realmente no entiende lo que quieren sus dos compañeros.

_____ 8. Carmelo viene buscando la libertad porque en Cuba se le prohibe poner negocios capitalistas.

_____ 9. El capitán americano ve a los náufragos más como negros que como caribeños.

_____ 10. El puertorriqueño del barco se queja de lo mucho que se tiene que trabajar en los EEUU.

[ch] mixta. . . metáfora culinaria para decir que se miraban con una mezcla de alivio y susto

Use su imaginación

Continúe el cuento, inventando un futuro en los EEUU para los tres recién llegados. ¿Cómo serán sus vidas?

Temas escritos

1. Haga una investigación sobre la política inmigratoria actual de los EEUU. Según la ley, ¿podrían quedarse los tres personajes del cuento? Explique.
2. Investigue el argumento de los partidarios del Movimiento Santuario respecto a lo que ellos consideran como la injusticia de la política estadounidense de inmigración.

Para comentar

Debemos prohibirles la entrada a todos los refugiados «políticos» latinoamericanos porque, en realidad, sólo vienen por razones económicas. ¿Está Ud. de acuerdo?

Lecturas recomendadas

Andrews, George Reid. *The Afro-Argentines of Buenos Aires.* Madison: Univ. of Wisconsin Press, 1980.

Aguirre Beltrán, Gonzalo. *La población negra de México: estudio etnohistórico.* México: Fondo de Cultura Económica, 1972.

Bastide, Roger. *African Civilizations in the New World.* Tr. Peter Gree. New York: Harper & Row, 1971.

_____. *The African Religions of Brazil.* Tr. Helen Sebba. Baltimore: Johns Hopkins Univ. Press, 1978.

Carvalho Neto, Paulo de. *Estudios afros: Brasil, Paraguay, Uruguay, Ecuador.* Caracas: Instituto de Antropología e Historia, Univ. Central de Venezuela, 1971.

Crahan, Margaret E., and Franklin W. Knight. *Africa and the Caribbean: The Legacies of a Link.* Baltimore: Johns Hopkins Univ. Press, 1979.

Crespo R., Alberto. *Esclavos negros en Bolivia.* La Paz: Academia Nacional de Ciencias de Bolivia, 1977.

Díaz, Oswaldo. *El negro y el indio en la sociedad ecuatoriana.* Bogotá: Ediciones Tercer Mundo, 1978.

Fernandes, Florestan. *The Negro in Brazilian Society.* Tr. Jacqueline D. Skiles, A. Brunel, and Arthur Rothwell. New York: Columbia Univ. Press, 1969.

Freyre, Gilberto. *Casa-Grande y Senzala.* Trads. Benjamín de Garay y Lucrecia Manduca. Prólogo y cronología de Darcy Ribeiro. Venezuela: Biblioteca Ayacucho, 1977.

Handbury-Tenison, Robin. *Aborigines of the Amazon Rain Forest: The Yanomamo.* Amsterdam: Time-Life, 1982.

Hawkins, John. *Inverse Images: The Meanings of Culture, Ethnicity and Family in Postcolonial Guatemala.* Albuquerque: Univ. of New Mexico Press, 1984.

Ibero-americana, 1 (1932–   ). Berkeley: Univ. of California Press.

Kendall, Carl, John Hawkins, and Laurel Bossen, eds. *Heritage of Conquest: Thirty Years Later.* Albuquerque: Univ. of New Mexico Press, 1983.

Margolis, Maxine L., and Williams E. Carter, eds. *Brazil, Anthropological Perspectives: Essays in Honor of Charles Wagley.* New York: Columbia Univ. Press, 1979.

Mayer, Enrique. *Reciprocity, Self-Sufficiency and Market Relations in a Contemporary Community in the Central Andes of Peru.* Ithaca, N.Y.: Cornell Univ. Press, 1974.

Millones, Luis. *Minorías étnicas en el Perú.* Lima: Pontificia Univ. Católica del Perú, 1973.

Moro, América, y Mercedes Ramírez. *La macumba y otros cultos afrobrasileños en Montevideo.* Montevideo: Ediciones de la Banda Oriental, 1981.

Moreno Fraginals, Manuel. *Africa en América Latina.* México: Siglo XXI y UNESCO, 1977.

Nascimento, Abdias do. "Racial Democracy." In *Brazil: Myth or Reality?* Tr. Elisa Larkin do Nascimento. Ibadan, Nigeria: Sketch Pub. Co., 1977.

Nutini, Hugo G., y Barry Isaac. *Los pueblos de habla náhuatl de la región de Tlaxcala y Puebla.* Trad. Antonieta S. M. de Hope. México: Instituto Indigenista, 1974.

Olien, Michael D. *Latin Americans: Contemporary Peoples and Their Cultural Traditions.* New York: Holt, Rinehart & Winston, 1973.

Ortiz Oderigo, Néstor R. *Macumba: culturas africanas del Brasil.* Buenos Aires: Plus Ultra, 1976.

Pescatello, Ann M., ed. *Old Roots in New Lands: Historical and Anthropological Perspectives on Black Experiences in the Americas.* Westport, Conn.: Greenwood Press, 1977.

Poletti, Syria. *Gente conmigo.* Buenos Aires: Losada, 8a ed., 1976.

Pollak-Eltz, Angelina. *The Black Family in Venezuela.* Horn and Wien, Austria: Berger, 1974.

_____. *Cultos afroamericanos (vudú y hechicería en las Américas).* Caracas: Univ. Católica Andrés Bello, 1977.

_____. *Panorama de estudios afroamericanos.* Caracas: Univ. Católica Andrés Bello, 1972.

Redekop, Calvin Wall. *Strangers Become Neighbors: Mennonite and Indigenous Relations in the Paraguayan Chaco.* Scottsdale, Pa.: Herald Press, 1980.

Reichel-Dolmatoff, Gerardo y Alicia. *Estudios antropológicos.* Bogotá: Instituto Colombiano de Cultura, Subdirección de Comunicaciones Culturales, 1977.

Rout, Leslie. *The African Experience in Spanish America, 1502 to Present Day.* Cambridge and New York: Cambridge Univ. Press, 1976.

Ramos, Arthur. *As culturas negras do Novo Mundo.* São Paulo: Companhia Editôra Nacional, 4a ed., 1979.

Skidmore, Thomas E. *Black into White: Race and Nationality in Brazilian Thought.* New York: Oxford Univ. Press, 1974.

Stavenhagen, Rodolfo. *Problemas étnicos y campesinos: ensayos.* México: Instituto Nacional Indigenista, 1980.

Studies in Latin American Ethnohistory and Archaeology. Vol 1 (1983). Ann Arbor: Museum of Anthropology, Univ. of Michigan.

Urbánski, Edmund Stefan. *Hispanic America and its Civilizations: Spanish-Americans and Anglo-Americans.* Tr. Frances Kellam Hendricks and Beatrice Berler. Norman, Okla.: Univ. of Oklahoma Press, 1978.

Whitten, Norman E., Jr. *Black Frontiersmen: A South American Case.* Cambridge, Mass.: Schenkman Pub. Co., 1974.

La urbanización

Vista del centro de San José, Costa Rica. (© *Paul Conklin/Monkmeyer*)

Introducción

El crecimento urbano

A veces se piensa en América Latina como una región bucólica de campesinos vestidos de blanco descansando a la escasa sombra de un árbol, de indios en la selva dedicados a la caza y la pesca, y de negros caribeños bailando alegremente al compás del tambor a la orilla del mar. Es pintoresco el cuadro pero no muy ajustado a la realidad de la gran mayoría de la población. Más acertado sería un cuadro que incluyera al pequeño burócrata archivando papeles en su oficina abarrotada[1] en el décimo piso de un rascacielos que, aunque nuevo, ya está en deterioro, al chofer de camión gesticulando enérgicamente para que se descongestione la circulación, y al vendedor ambulante[2] vociferando monótonamente para vender sus chicles o su fruta. Sucede que América Latina está urbanizándose rápida y desatinadamente, al grado que cuatro de las diez ciudades más grandes del mundo están allí. México, con sus 18,1 millones de habitantes, ocupa el primer lugar, un honor dudoso que se proyecta para México hasta el año 2000, cuando se estima que su población alcance aproximadamente 26 millones.[a] El porcentaje de la población urbana de América Latina tomada como totalidad es actualmente del 68,9%, comparado con el 41,1% en 1950 y el 76,6% previsto para el año 2,000.[b] De modo que el ritmo de la urbanización se ha

[1] llena de cosas
[2] que va de un lugar a otro

---

[a] Las tres ciudades más grandes de América Latina, después de México, son:

São Paulo	15,9 millones
Buenos Aires	10,9 millones
Río de Janeiro	10,4 millones

Chicago Tribune, May 5, 1986, Sec. 1, p. 5.

[b] Otras comparaciones ilustrativas son las siguientes:

Región	Proporción estimada de la totalidad que vive en áreas urbanas		
	1950	1985	2000
Africa	14,8%	32,1%	42,2%
Asia	16,9%	28,2%	35,8%
Norteamérica	63,9%	74,3%	78,0%
América Latina	41,1%	68,9%	76,6%
Europa	55,9%	73,3%	79,0%

acelerado dramáticamente desde 1950 y se cree que continuará su carrera veloz por lo menos hasta finales de nuestro siglo.   [3]desmedido, excesivo

¿A qué se debe el aumento desaforado[3] de los centros metropolitanos? Como se puede imaginar, las razones son muchas e interrelacionadas y algunas pesan más en ciertas regiones que en otras. Por ejemplo, los factores que rigen el proceso en Uruguay, un país que históricamente ha tenido un alto porcentaje de población urbana, tienen que ser muy distintos de los de Panamá, donde la presencia norteamericana influye tanto, y de los de Venezuela, cuya urbanización ha sido muy reciente, precipitada, y ha estado condicionada a las fluctuaciones del mercado petrolero exterior. Pero, en general, el vertiginoso crecimiento se debe sobre todo a tres factores, a saber: 1) una tasa alta de fertilidad y natalidad; 2) un declive en la mortalidad, especialmente la infantil; y 3) un influjo extraordinario de migrantes rurales.[c]

Los antropólogos y la ciudad

Es el tercer factor, la migración, el que ha sido objeto   [4]organizaciones
de mayor interés y estudio, tal vez porque los antropólogos han tendido a   [5]más allá del fondo
enfocar los grupos rurales, y cuando éstos comenzaron a mudarse a la   visible, detrás de la
ciudad, aquéllos los siguieron, investigando su vida, organización familiar y   apariencia
redes[4] sociales en su nuevo habitat. En este respecto los estudios del antropólogo norteamericano Oscar Lewis han sido muy influyentes, sobre todo en los años sesenta, por la luz que arrojaron para millones de lectores sobre la vida de los pobres de la ciudad, y la elaboración de la llamada «cultura de la pobreza» (ver Capítulo cinco). Pero a través de los escritos de Lewis se percibe un trasfondo[5] pesimista, específicamente, una vinculación bastante directa entre la pobreza urbana, el deterioro familiar y la susceptibilidad del proletariado a ideologías extremistas.

Tal vez como reacción a estos pronósticos oscuros, y comenzando en los años setenta, aparecieron trabajos de otros antropólogos y urbanólogos que criticaron algunas de las afirmaciones de Lewis y/o resaltaron el lado más positivo de la vivencia urbana de los pobres.[ch] Por ejemplo, Peter Lloyd en

---

Unión Soviética	39,3%	66,3%	74,3%
Oceanía	61,3%	71,7%	73,1%

Marc Leepson, *Supercities, Problems of Urban Growth* (Congressional Quarterly, Washington, D.C.), Editorial Research Report, November 22, 1985, p. 891.

[c]Cabe recordar que hablamos de la trayectoria de la migración, de sus tendencias principales, ya que los dos tipos de movimiento, rural/urbano, urbano/rural, siempre han coexistido con grados distintos de intensidad.

[ch]Véase por ejemplo, Larissa Adler de Lomnitz, *Cómo sobreviven los marginados* (México: Siglo XXI, 1978); Douglas Butterworth y John K. Chance, *Latin American Urbanization* (New York: Cambridge Univ. Press, 1981); Peter Lloyd, *The "Young Towns" of*

Lima y Larissa Adler de Lomnitz en México han observado no sólo la cohesión y solidaridad entre los vecinos de las villas miseria estudiadas, sino también la ingeniosidad y flexibilidad de los pobres al adaptarse a las duras exigencias de su nueva situación.   [6]modelos, normas

Sea como sea, no cabe duda alguna de que la migración es un fenómeno central en el proceso de urbanización, ni de que éste se haya generalizado tanto que ahora se puede hablar inclusive de la «urbanización de la cultura». Con esto queremos decir que tanto las modalidades y pautas[6] de comportamiento y expresión, como los focos del poder, comercio y difusión de información, se han hecho urbanos.[d]

¿Qué se entiende por urbanización?

Esto sugiere la fluidez del ambiente urbano, además del tremendo impacto que produce la ciudad en el campo. Es una influencia sobre todo económica y cultural. Es económica por la correspondiente desintegración de las bases campesinas tradicionales y su reemplazo por bienes citadinos y nuevas redes de intercambio urbano/rural. Y es cultural porque expone al campesino a un modo diferente de encarar el mundo, el trabajo y las relaciones sociales, y siembra en él expectativas de mejora. Por estos motivos es preciso concebir el campo y la ciudad no como dos extremos de un contínuo, sino como las dos caras de la misma moneda, inextricablemente ligados y mutuamente dependientes.[e] De manera que cuando hablamos de la urbanización, nos referimos a un proceso de transformación socioeconómico y cultural *centrado* en la ciudad pero que *afecta* a la totalidad de la vida. En otras palabras, tratamos un proceso dinámico y su efecto en la gente, en su propia vida. Tengamos en cuenta, como el intelectual mexicano Víctor Urquidi ha observado, que «estamos tratando no con terrenos y concreto, o con autopistas, proyectos de vivienda y centros comunitarios, o con agua, parques o atmósferas contaminadas, sino con personas —seres humanos. . .»[f]

Lima, Aspects of Urbanization in Peru (Cambridge: Cambridge Univ. Press, 1980); Wm. P. Magnin, ed., *Peasants in Cities* (Boston: Houghton Mifflin, 1970); and Helen Icken Safa, *The Urban Poor of Puerto Rico, a Study in Development and Inequality* (New York: Holt, Rinehart and Winston, 1974).

[d]Aníbal Quijano, ''The Urbanization of Latin American Societies,'' in Jorge Hardoy, ed., *Urbanization in Latin America: Approaches and Issues* (New York: Doubleday, 1975), p. 150.

[e]Quijano, pág. 136.

[f]Víctor Urquidi, «La ciudad subdesarrollada», en *Demografía y economía,* publicación de El Colegio de México, III (2), 1969, pág. 155.

Por esta razón, no nos conciernen las medidas demográficas basadas en la   [7]de ayuda mutua
densidad o el tamaño de la población, no nos preocupan las definiciones
estrictas o técnicas de lo que es urbano.[g] Nos conviene en cambio un concepto flexible y amplio de la ciudad como núcleo de influencia ideológica,
política y económica. Tal formulación tan relativista es muy apropiada para
América Latina porque sus ciudades no están repitiendo las etapas previas
europeas y norteamericanas del desarrollo industrial y urbano. De hecho, si
hay una correlación entre la industrialización y la urbanización en América
Latina es a la inversa porque hoy día la migración a la ciudad parece acelerarse precisamente en los países *menos* industrializados.[h] Varios factores
—el desequilibrio entre la industrialización y la urbanización y en la relación simbiótica[7] tradicional entre la ciudad y el campo, junto con la explosión demográfica y la dependencia económica— garantizan una evolución
urbana distinta de la de cualquier modelo del pasado.[i]

La ciudad en la historia de América Latina

Cuando se piensa en la historia de la ciudad en Améri-
ca Latina se tiende a considerar las grandes ciudades de Cuzco o de Tenochtitlán como el punto de partida. Sin embargo, en realidad, más que el comienzo, estas ciudades fueron el final. Los incas y los aztecas fueron los últimos en una larga cadena de gente urbana que data desde la aparición de la
cultura olmeca en la costa del Golfo de México, alrededor de 1500 a. de J.C.
Más tarde, la cultura clásica maya construyó Tikal, su ciudad más grande. En
el año 550 d. de J.C., Tikal comprendía una extensión territorial de 123
kilómetros cuadrados y una población de 45.000 habitantes. Esta ciudad,
tanto como las civilizaciones contemporáneas en Monte Albán y Teotihua-
cán (entre los años 200 y 700 d. de J.C.), florecieron debido a su compleja
organización social y comercial urbanas sin precedentes.[j]

Por lo tanto, cuando llegaron los españoles, las maravillas que los dejaron
boquiabiertos y que registraron con asombro en sus crónicas, fueron la
culminación, y no el comienzo, de muchos siglos de desarrollo urbano. Es
una culminación que tal vez podamos apreciar mejor que el soldado Bernal

---

[g]Para mayor información sobre estas consideraciones, véase el interesante ensayo de
Luis Lander y Julio César Funes, ''Urbanization and Development,'' en Hardoy, *Urbanization,* págs. 287–337.

[h]Jorge E. Hardoy, Raúl O. Basaldúa and Oscar A. Moreno, ''Urban Land: Policies and
Mechanisms for its Regulation and Tenure in South America,'' in Hardoy, *Urbanization,*
p. 225.

[i]Butterworth y Chance, pág. X.

[j]Butterworth y Chance, págs. 2–7.

Díaz del Castillo, quien vio Tenochtitlán por primera vez en 1519 con la expedición de Hernán Cortés:

> . . .nos quedamos admirados, y decíamos que parecía a las cosas de encantamiento que cuentan en el libro de Amadís,[8] por las grandes torres y *cués*[9] y edificios que tenían dentro en el agua, y todos de calicanto,[10] y aun algunos de nuestros soldados decían que si aquello que veían si era entre sueños,[11] y no es de maravillar que yo escriba aquí de esta manera, porque hay mucho que ponderar en ello que no sé como lo cuente: ver cosas nunca oídas, ni aun soñadas, como veíamos.[k]

Los españoles tuvieron también inclinación hacia el urbanismo e incorporaron esta cualidad distintiva de su cultura a la empresa colonial. Lo hicieron a tal punto que las ciudades coloniales fueron realmente núcleos de conquista cuya construcción a veces *antecedió* a su colonización. Las ciudades hispanoamericanas se basaban en una plaza central y un trazado de calles rectas desde el centro; de esta plaza irradiaban todos los intereses comerciales y políticos. El corazón de la ciudad constaba de la plaza mayor, y a su lado el cabildo,[12] otras oficinas administrativas, la iglesia y las casas de la gente española pudiente.[13] Por lo general, toda la riqueza y poder se concentraban en el centro de la ciudad, siendo Lima y México[l] los ejemplos más destacados de la época colonial. Por lo tanto, se puede decir que un rasgo común de la ciudad colonial española fue su carácter administrativo y explotador como agente del imperio español.

Los portugueses no eran de orientación tan urbana como los españoles. El contraste entre el plan de establecimiento español y el portugués refleja las diferencias políticas y económicas básicas entre los dos poderes. Los portugueses no vinieron para explotar grandes poblaciones indígenas sino para hacerse ricos como empresarios individuales. De modo que sus primeras ciudades evolucionaron sin planeamiento, normalmente en la costa, como la encantadora ciudad de Salvador, que fue la capital de Brasil entre 1549 y 1763.[ll]

El desequilibrio del desarrollo urbano/rural

En la época de la independencia, el desarrollo urbano en América Latina se estimuló con la expansión de los medios de transporte, como el ferrocarril y los frigoríficos para llevar los productos a la costa y, de

[8] una de las novelas de caballería más populares de la época
[9] templos
[10] arte de construir edificios con ladrillo, piedra, etcétera
[11] si. . . si soñaban
[12] ayuntamiento
[13] rica, poderosa

---

[k] Bernal Díaz del Castillo, *Historia verdadera de la conquista de la Nueva España* (México: Porrúa, 1977), I, pág. 160.
[l] Butterworth y Chance, págs. 10–11.
[ll] *Ibid.*, pág. 12.

allí, al extranjero. El cultivo del trigo, cacao, café, algodón y azúcar en el siglo pasado fomentó la creación de centros urbanos de comercio que mantenían una relación de intercambio con el campo y con la ciudad más grande. Cada país desarrolló sus propias redes internas de transporte y comunicación que siguieron las líneas ya establecidas de las rutas comerciales tradicionales. A comienzos de este siglo, algunos países comenzaron a diversificar su producción. Establecieron centros regionales que tendían al desarrollo rural equilibrado y tenían por propósito estimular el mercado interior.[m] Pero las economías regionales estaban (y todavía están) mal integradas a las nacionales porque los sistemas de transporte todavía dan casi exclusivamente al exterior; en realidad, hay muy poco incentivo de parte del sector público para la inversión de fondos en el desarrollo de la economía rural. Como consecuencia, persiste el monocultivo de productos cuyo valor fluctúa en el mercado exterior.

La excesiva vulnerabilidad de las áreas rurales y la falta crónica de productividad agrícola se deben en parte a que América Latina todavía «se debate entre dos extremos, el latifundio y el minifundio».[n] El latifundio implica el uso extensivo o ineficiente de la mano de obra y de la tierra, y también el descuido[14] de sus recursos minerales. El minifundio promueve el monocultivo y retarda las mejoras técnicas. Además, el pequeño lote de tierra no utiliza la mano de obra disponible de la familia, generalmente, numerosa. En ambos casos el resultado es la imposibilidad creciente del sector agrícola de alimentar a una población que se incrementa precipitadamente. La baja productividad rural y su concomitante, la desnutrición, están vinculadas al viejo sistema de clases y al sistema injusto, en algunos casos medieval, de tenencia de la tierra (ver Capítulo dos). Pocos campesinos poseen tierra —sólo la tienen en arriendo[15]— pero aunque la poseyeran, simplemente no les produciría lo suficiente como para que se ganaran el pan. Los programas para mejorar el cultivo y rendimiento[16] de la tierra son lamentablemente pocos e inconstantes. De resultas, el campesino deja el campo por la ciudad, no porque la tecnología agrícola moderna lo haya desplazado, sino porque la alternativa es la casi certeza del hambre.[ñ]

El campesino en la ciudad

En la ciudad el campesino tiene por lo menos la posibilidad de una vida mejor y puede contar con algún pariente o compadre que le precedió para que le proporcione hospedaje.[17] Además, la ciudad tiene «ambiente», cierto atractivo de aventura y de novedad. La llamada es

[14]falta de cuidado, negligencia
[15]alquiler
[16]producto, utilidad

[17]alojamiento

[m]Jorge E. Hardoy, *Las ciudades en América latina* (Buenos Aires: Paidós, 1972), pág. 104.
[n]Hardoy, *Las ciudades,* pág. 94.
[ñ]Urquidi, pág. 144.

fuerte cuando se acude a ella de una choza aislada de la sierra desnuda donde le espera la misma rutina, día tras día, y la misma tierra dura con la cual lucharon sus antepasados siglos atrás. Son, por lo general, los jóvenes solteros quienes abandonan el campo para la ciudad, aunque últimamente se han ido también muchas mujeres para buscar trabajo como domésticas, un puesto que puede proporcionar pan y techo si se es soltera y sin hijos. A veces, los campesinos llegan por etapas, pasando un tiempo, tal vez unos años, en un centro provincial, aclimatándose un poco a las modalidades urbanas, para luego trasladarse a la metrópoli donde típicamente se van a radicar en el mismo barrio pobre donde viven otros migrantes de su «tierra».

Las invasiones

En otros casos, los recién llegados se agrupan hasta que sus números son grandes y bajo cubierta de la noche, «invaden» un sitio abandonado. Un ejemplo clásico, que tuvo lugar en Lima en 1954, fue la ocupación cuidadosamente planeada y ejecutada de terrenos descuidados por un grupo de 5.000 individuos y familias de obreros. A medianoche de la Nochebuena, «invadieron» el lugar que después sería su «barriada», o villa miseria, y lo bautizaron con el nombre de «Ciudad de Dios». Los «invasores» esperaban conmover[18] la conciencia y ganar la simpatía del público hacia su condición desesperada. El alto nivel de organización de sus líderes es digno de comentario. El urbanólogo peruano José Matos Mar, en un conocido estudio lo describe así:

> La manera como el grupo se organizó evidencia en sus moradores[19] huellas[20] de patrones[21] culturales tradicionales y una gran dosis de creatividad. Pusieron la barriada bajo la advocación[22] de un santo católico, organizaron una sociedad para instalar una cruz en el cerro próximo, desde el que se domina la barriada, y se organizaron en forma similar a otras barriadas de la ciudad. Una simple estera[23] o unas rayas[24] blancas sobre el arenal[25] marcaron la propiedad de los pobladores. Aunque muchos abandonaron la empresa, cerca de 5.000 personas aceptaron esta forma de vida apoyándose en sus asociaciones, con todos sus defectos y dificultades, y haciendo lo necesario para contar con servicios básicos.[°]

Los «invasores» tuvieron éxito en lograr que la falta de vivienda económica se reconociera por algunos años como el principal problema urbano de Lima. No obstante, las casas nuevas que se construyeron se destinaban a la gente de las clases medias, y los materiales eran muy costosos hasta para estos grupos.

[18] afectar, impresionar
[19] habitantes
[20] señales
[21] modelos
[22] Pusieron. . . dedicaron la barriada a
[23] tejido de juncos o palma que sirve para cubrir el suelo
[24] líneas
[25] extensión grande de terreno arenoso

[°] José Matos Mar, *Las barriadas de Lima, 1957* (Lima: Instituto de Estudios Peruanos, 1977), pág. 99.

Así es que, de una manera u otra, los «invasores», o «paracaidistas» como se les llama en México, o los simples migrantes, se establecen en los intersticios[26] olvidados de la ciudad —en edificios abandonados, callejones,[27] lotes vacantes, o arenales, como los fundadores de «Ciudad de Dios». Luego, comienzan a hacer mejoras en la «invasión», construyendo su casucha de los desechos[28] industriales, haciendo reparaciones, marcando linderos[29] y organizándose en asociaciones de vecinos como los primeros pasos en una larga lucha para establecerse como un barrio, una «exbarriada» o «invasión», con título y derecho a los servicios urbanos como cualquier otra comunidad orgánica.

[26] espacios pequeños
[27] calles estrechas
[28] residuos, lo que queda de los materiales usados
[29] líneas divisorias

El trabajo

Como es de esperar, muy pocos migrantes rurales encuentran trabajo estable porque tienen, por lo común, muy poca preparación y porque simplemente casi no hay trabajo, incluso para la gente entrenada. La gran mayoría tiene que abastecerse con el trabajo esporádico como vendedores ambulantes, jardineros, asistentes de albañiles,[30] cocineras o costureras. Todos comparten la misma inseguridad económica, la cual sirve como base para la creación ingeniosa de redes de intercambio y ayuda mutua, como pronto veremos.

[30] trabajadores que construyen edificios con ladrillos, piedras, etcétera

El caso cubano

Por lo ya expuesto, podemos ver que los migrantes llegan a las ciudades como atraídos por un imán,[31] y que se establecen como pueden, a causa de muchas fuerzas. Cabe tener en cuenta que hay excepciones a esta generalización, de las cuales la más notable e instructiva es la cubana. Uno de los logros más indisputables de la revolución cubana ha sido en el área del planeamiento urbano, o dicho de otra manera, en el restablecimiento de un balance viable entre el desarrollo urbano y el rural (ver Capítulo seis). Así es que se ha reemplazado el ambiente urbano de decadencia, prostitución y miseria que caracterizaba a La Habana en los años cincuenta, cuando era el lugar predilecto de veraneo y esparcimiento[32] de muchos extranjeros adinerados, especialmente norteamericanos. Hoy día, aunque la escasez de vivienda y la falta de bienes básicos son aún problemas muy serios, no se ve en las calles de La Habana la degradación humana que se ve en las otras ciudades grandes de América Latina, en las cuales la deprivación nos recuerda a los pordioseros deshumanizados descritos por Miguel Angel Asturias (ver Capítulo dos).

[31] magnetismo

Antiguas mansiones como ésta ahora hospedan a tres o cuatro familias en La Habana. (© *Miriam Torrado Arambulo*)

Las limitaciones de la estructura urbana

El caso cubano es admirable pero singular. Por esto, al yuxtaponerlo al cuadro urbano de gran parte de América Latina, resalta aun más claramente la incapacidad de la estructura urbana para absorber a los números cada vez mayores de migrantes que la asaltan. Esta incapacidad es comunicada gráficamente por las siguientes cifras: 1) se estima en 1.000 los migrantes que llegan diariamente a México solamente; 2) a más de 2 millones de residentes de México les falta agua corriente; 3) más de 3 millones viven en lugares que carecen de sistemas de desagüe;[33] 4) cada día se producen en México 14.000 toneladas de desperdicios,[34] aunque la ciudad posee la capacidad de procesar sólo 8.000 toneladas.[p] Del balance de las sobras se alimentan y se visten miles de personas.

[32] diversión
[33] canalización de aguas de desecho
[34] basura, residuos

En la encrucijada[35]

Con la excepción notable de Cuba, hasta ahora el proceso de urbanización ha sido dirigido por el azar, como en una lotería, y por la negligencia y el autointerés oficiales. La planificación urbana, ordenada e

[35] donde se cruzan dos o más caminos

---

[p] Richard C. Shroeder, *Troubled Mexico* (Congressional Quarterly, Washington, D.C.), Editorial Research Report, November 19, 1985, p. 856.

íntegra, «casi no existe». Predominan las débiles tentativas *ad hoc.*[q] De resultas, nos quedamos con una conceptualización incompleta del problema basada «en gran parte en deducciones e intuiciones».[r] La urbanización desenfrenada[36] puede desembocar en un darwinismo de adquisición[37] cuando no en el primitivismo de la «selva de concreto» que recuerda la advertencia pesimista del conocido historiador urbano Lewis Mumford: «El desmoronamiento[38] de Roma fue el resultado final de su crecimiento exagerado. . . ejemplo amenazador de la expansión incontrolada, la explotación sin escrúpulos y el exceso materialista».[s] Por peligrosos que sean el crecimiento alocado y la codicia materialista, es todavía más amenazante el espectro furtivo de la explosión demográfica que está al acecho,[39] esperando invalidar el poco progreso que se ha realizado en la formulación de un programa urbano integrado y humano. La urbanización puede ser una fuerza muy positiva en la evolución política, socieconómica y cultural de América Latina. No sólo puede estimular economías y mercados tanto internos como externos, sino que también puede ser un mecanismo poderoso para la incorporación de las masas en la participación de la vida política e institucional a escala nacional.[t] Ante esta posibilidad vale pensar en la capacidad y la responsabilidad del ser humano expresadas aquí por el gran poeta chileno Pablo Neruda: «debemos hacer algo en esta tierra/porque en este planeta nos parieron/y hay que arreglar las cosas de los hombres/porque no somos pájaros ni perros».[u] Ya es tiempo de «hacer algo», de dirigir el proceso, porque América Latina está en la encrucijada. De la decisión que se tome, por iniciativa o por inercia, depende en considerable medida el futuro del subcontinente, un futuro en el cual están en juego no sólo las relaciones tradicionales y las cambiantes entre la ciudad y el campo, sino también la vida misma de millones de seres humanos.

[36] desordenada
[37] darwinismo. . . competencia viciosa por los bienes materiales
[38] ruina
[39] está. . . como un animal esperando para atacar

JORGE HARDOY (*1926–   *)

Este destacado bonaerense se recibió de arquitecto y luego realizó sus estudios de postgraduados en la Universidad de Harvard, donde recibió su doctorado en planificación urbana. Desde entonces, Jorge Hardoy ha empleado sus conocimientos en una variedad de actividades: ha

---

[q] Urquidi, pág. 147.
[r] Hardoy, *Urbanization*, p. 103.
[s] Lewis Mumford, *The City in History,* citado en Urquidi, pág. 137.
[t] Hardoy, *Urbanization*, p. 226.
[u] Pablo Neruda, «No me lo pidan», en *Canción de gesta* (Barcelona: Editorial Seix Barral, 1977), págs. 65–66.

dictado clases en la Universidad del Litoral en Rosario, Argentina, y en la Universidad de Yale; ha trabajado como director e investigador del conocido centro de estudios sociales, el Instituto Torcuato DiTella en Buenos Aires; y se ha desempeñado como Presidente de la Sociedad Interamericana de Planificación. Adicionalmente, Hardoy ha colaborado en numerosos estudios como *Urbanization in the Americas from its Beginnings to the Present* (1978) con Richard P. Schaedel y Nora Scott Kinzer, y ha publicado varias obras propias, como *Las ciudades en América latina, seis ensayos sobre la urbanización contemporánea* (1972), de la cual viene su contribución a este capítulo.

La carrera de este distinguido urbanólogo se caracteriza por una visión amplia, equilibrada e integrada de la urbanización, que incorpora tanto la ciudad como el campo, y por sus esfuerzos incesantes de convencer a los gobiernos de la necesidad de un planeamiento sistemático y generalizado a nivel nacional.

Guía de prelectura

Según lo que ya sabemos del pensamiento de Hardoy, ¿cuáles de las siguientes opiniones podrían ser suyas?

1. los gobiernos deben invertir más fondos en el desarrollo rural/urbano equilibrado.
2. Podemos solucionar los problemas urbanos cómo y cuándo se nos presenten.
3. Tenemos que elaborar un plan coordinado para solucionar y anticiparnos a los problemas urbanos.
4. La urbanización es un fenómeno «autocontenido» que impacta mínimamente las estructuras políticas y sociales.
5. La urbanización tiene consecuencias políticas y sociales críticas para el futuro de América Latina.

La ciudad y el campo en América latina: un análisis de las relaciones socioeconómicas
(fragmento)

Todos los años el sector público y el sector privado invierten sumas multimillonarias en las ciudades de América latina. Esas inversiones pertenecen al sector industrial, al sector comercial, al sector defensa, al sector obras públicas, al sector vivienda, sanidad, educación, recreación o a otros sectores. Son invertidas en programas anuales para proveer a la población urbana y suburbana de empleos, servicios, alojamiento, movilidad, comunicaciones, educación, salud, esparcimiento,[1] etc. Por lo general es el sector público quien las promueve, financia y ejecuta. Otras veces es el sector privado que lo hace con la cooperación del Estado u operando con independencia. En algunos casos existe apoyo[2] financiero y técnico internacional. Sin embargo, nadie sabe en realidad cuánto se invierte. La incertidumbre es aun mayor si consideramos que un porcentaje que varía según las ciudades, pero que no es de ningún modo desdeñable[3] con respecto al total, se invierte espontánea e individualmente en el mejoramiento de terrenos y en la autoconstrucción de viviendas, comercios y servicios. Todas esas inversiones tienen algo en común: se realizan en lapsos relativamente breves y están concentradas en un espacio tan reducido del territorio de cada país que en las naciones más extensas de América latina, como el Brasil, la Argentina y el Perú, no alcanzan al 1% de la superficie nacional total y en los de menor extensión, como El Salvador, Costa Rica y Uruguay, oscilarán entre el 3% y el 4%, según definiciones de lo que es urbano y suburbano y lo que es rural.

Todos los años el sector público y el sector privado también invierten sumas cuantiosas[4] en las áreas rurales de América latina. Las invierten en la construcción de caminos y puentes, en obras de irrigación y recuperación, en programas de electrificación rural, construcción de silos, recuperación de tierras exhaustas, mecanización, etc. Están dirigidas a promover la producción de los establecimientos ganaderos y agrícolas y a desarrollar las plantaciones, la forestación y la minería, a mejorar los sistemas de comercialización y dotar[5] de algunos servicios indispensables a la población rural. Sin embargo, la productividad de la agricultura es, por lo general, baja y los niveles de ingreso y los niveles generales de vida son notablemente inferiores a los de la población urbana. «Otros indicios[6] de la miseria campesina» —explica un informe— «son la increíble deficiencia de la dieta alimentaria o las condiciones de vivienda dominantes en los campos.»[a] El

[1] recreación
[2] ayuda
[3] insignificante
[4] muy grandes
[5] proveer
[6] señales

---

[a] Secretaría de la CEPAL, *El desarrollo social de América latina en la postguerra* (Buenos Aires: Solar Hachette, 1966), pág. 32.

producto nacional depende cada vez menos de la producción agropecuaria a pesar de que en números reales la población rural continúa creciendo y se duplicará con exceso entre 1960 y el año 2000. Desocupación y subocupación constituyen entonces el cuadro general de las áreas rurales acentuado por la rigidez de su estratificación social.

La prioridad y la coordinación con que realicen las inversiones el sector público y el sector privado en todos los órdenes de la vida nacional es esencial para su mejor efectividad y, fundamentalmente, para alcanzar estructuras económicas articuladas de alcances nacionales. Pero sin una idea clara de lo que se invierte anualmente en las ciudades y en los campos de América latina y sobre cómo se invierte y quién lo invierte, sin la posibilidad de estimar sino en forma muy global el estado del equipamiento y de los servicios, la situación de los mercados de empleos y los costos de funcionamiento de cada ciudad, resulta muy problemática cualquier proyección de necesidades que sirva de base a un plan ordenado y coordinado de inversiones.

Los distritos centrales de las ciudades de América latina no son viejos sino prematuramente avejentados por falta de renovación y conservación. En los distritos periféricos[7] se mezclan todos los errores derivados de la carencia[8] de políticas[9] sobre la forma de guiar y controlar el crecimiento de nuestras ciudades y reflejan todas las injusticias de sociedades divididas, fuertemente estratificadas y en las que existe escasa participación de los grupos mayoritarios en las decisiones que moldean sus vidas. Aun los distritos de construcción más recientes exhiben la ineficiencia, el alto costo y la monotonía de trazados[10] poco aptos para la vida contemporánea.

Asumiendo que sea posible concretar[11] a corto plazo una actitud más positiva por parte del Estado y de los diferentes sectores de la sociedad, las ciudades de América latina enfrentan un problema aun más grave. La urbanización en el continente tiene una antigüedad de 2.000 años. Ha crecido constantemente y no hay razones de orden económico, social o político que permitan suponer que pueda detenerse en cada país hasta que alcance porcentajes compatibles con el funcionamiento y el nivel de sus economías. En otras palabras, la urbanización está pasando en cada país de América Latina por una fase diferente, pero es correcto inferir que seguirá su curso con mayor o menor celeridad,[12] dependiendo del potencial urbanístico de cada país y respondiendo a factores de atracción urbana, de movilidad interurbana y de oportunidades en las áreas rurales. Lo que esto significa en términos cuantitativos ha sido ya señalado repetidas veces con bastante aproximación. Ahora bien, ¿cuentan individualmente los países de América latina con los recursos de inversión necesarios para enfrentar un crecimiento urbano que puede oscilar entre 270 millones y 340 millones de personas en los últimos cuarenta años de este siglo, ofreciendo a los nuevos habitantes urbanos los empleos, las viviendas y los servicios indispensables? ¿Es posible conseguir que las inversiones que puedan realizarse sean hechas correctamente en función de sectores prioritarios integrados territorialmente en la estrategia de desarrollo de cada país? Mi respuesta a estos interro-

[7] de los alrededores
[8] falta
[9] *policies*
[10] diseños
[11] materializar, realizar
[12] rapidez

gantes es pesimista. Mi pesimismo surge de la certeza de que es imposible actuar racionalmente con el actual sistema político-administrativo de muchos de los países o simplemente actuar con la actual estructura de poder que persiste. Sin un desarrollo más acelerado y sin una más equilibrada y justa distribución de los ingresos no es posible un incremento sustancial del ahorro[13] nacional, y sin un aumento del ahorro no hay aumento en la capacidad de inversión. Y la inversión que debería realizarse, simplemente para fijar a la nueva población urbana con niveles ambientales aceptables y para lanzar[14] un programa de renovación de nuestras ciudades es tan formidable que escapa, por ahora y mientras persistan los actuales criterios a las posibilidades de cualquiera de los países de América latina.[b]

Cualquier política de urbanización que se enuncie debería tener en cuenta varios hechos; primero: en las actuales circunstancias políticas y económicas la urbanización seguirá realizándose sin las inversiones necesarias; segundo: la situación tenderá a deteriorarse aun más y su futura solución será a largo plazo, todavía más difícil si no se toman desde ahora medidas que tiendan a maximizar el efecto de las inversiones que se realicen y a crear condiciones ambientales para que esa urbanización sin inversiones se efectúe con las mínimas fricciones; tercero: ante el contraste entre las condiciones de vida y especialmente, de las oportunidades de toda índole[15] entre la ciudad y el campo, la ciudad, de preferencia las grandes capitales nacionales y regionales, constituye la meta de las aspiraciones de la población rural y de las ciudades de rangos menores; cuarto: un análisis del proceso de urbanización y la elaboración de políticas que determinen la mejor distribución de la población urbana sobre el territorio deben incorporar las cambiantes relaciones entre el campo y la ciudad y no limitarse a los espacios urbanos exclusivamente; quinto: la urbanización tiene aspectos positivos y negativos no bien detectados ni analizados; evidentemente la urbanización ha servido para incorporar a la vida nacional vastos sectores de la población pero también, por no habérsela adecuado especialmente, la urbanización no ha servido a los propósitos de integración regional dentro de cada país siendo una causa adicional de la desequilibrada evolución que se nota en toda el área; sexto: por no ser tratado integralmente, el campo no ha sido incorporado ni social ni económicamente en forma efectiva a los sistemas urbano-regionales que se están formando; séptimo: por su dinamismo la urbanización tiene implicaciones políticas y económicas fundamentales para el área e influirá en la futura estructura de poder y su desarrollo.

Habría un interrogante[16] adicional, sobre la manera como se realizan las inversiones relacionadas con la urbanización y el desarrollo rural y sobre

[13]reserva de fondos
[14]iniciar
[15]tipo
[16]pregunta

---

[b] «La imposición de los estándares de la clase media urbana-industrial intentada en la masa de población en proceso de urbanización conduce a invasiones masivas y a la bancarrota de muchos programas oficiales de vivienda de «bajo costo» », John C. Turner, "Housing Priorities, Settlement Patterns and Urban Development in Modernizing Countries," *Journal of the American Institute of Planners,* XXXIV(6), págs. 354–363.

las prioridades que reciben. Obviamente la prioridad de esas inversiones debería estar fijada por un plan nacional socioeconómico que decidiese mejorar las condiciones urbanas y rurales en forma integrada dentro de una estrategia general a largo plazo. Sin embargo, son muy pocos los países de América latina que están gobernados con planes periódicos.[17] Aun así creo que ninguno de ellos contempla encarar[18] el desarrollo urbano y rural en forma conjunta. En la mayoría de los países se han elaborado planes nacionales de desarrollo por períodos de cuatro, cinco o seis años que no han recibido aprobación de las Cámaras,[19] no han pasado de constituir una publicación o están siendo elaborados para un incierto futuro. Cualquiera que examine los planes de desarrollo económico de los países latinoamericanos comprobará el desinterés general que existe por incorporar en esos planes programas de inversiones urbanas, aún discriminados por sectores, como tradicionalmente son presentados.[c] Sólo en Brasil fue promovido entre 1965 y 1967 un importante esfuerzo por estructurar un Sistema de Planeamiento Local Integrado que debería integrarse con los planes socioeconómicos que elaboran otros niveles de gobierno.[ch] En Venezuela, la Dirección de Obras Públicas está tratando de sancionar una ley de urbanismo. En el Uruguay, el plan del CIDE (Comité Interministerial de Desarrollo Económico) incluyó consideraciones de valor sobre el ordenamiento territorial pero el plan no ha recibido sanción legislativa.[d] En Chile, ha ido gestándose[20] en los últimos dos o tres años una política de regionalización de alcances nacionales y fue creado, en diciembre de 1965, el Ministerio de Vivienda y Urbanismo que, a través de su Dirección General, se ocupa de elaborar los planes de vivienda rural y urbana y supervisa, coordina y reglamenta todo lo relacionado con la planificación urbana. En Colombia, el tratamiento de una ley de reforma urbana ha sido postergado hasta después de las elecciones de 1970. En la Argentina, México, Ecuador y Paraguay, hasta ahora, las únicas experiencias en materia urbana han sido fruto de iniciativas municipales totalmente desvinculadas,[21] por lo general, de los poderes superiores de decisión.

La tendencia común es la de apreciar el desarrollo rural y el desarrollo urbano como problemas aislados. De igual modo, cualquier programa de promoción rural o de mejoramiento urbano es lanzado sin ni siquiera buscar una explicación a las posibles consecuencias que unos u otros pueden tener en la aceleración o desaceleración de la urbanización en una deter-

[17]con. . . a largo plazo
[18]confrontar
[19]cuerpos legislativos
[20]desarrollándose
[21]desconectadas

---

[c]Hardoy, Basaldúa y Moreno, sec. 2, págs. 27–54.

[ch]Harry J. Cole, "Integrated Metropolitan Development in Brazil," in *Urbanization in Developing Countries,* publication of the International Union of Local Authorities (The Hague: Martinus Nijhoff, 1968) pp. 153–162.

[d]*Plan Nacional de Desarrollo Económico y Social, 1965–1974,* (Montevideo: CECEA, 1966).

minada región, por ejemplo, o de la presión sobre determinados servicios urbanos o en la oferta de mano de obra rural,[22] etcétera.

[22] la. . . *availability of rural manpower*

Conclusiones

La urbanización del campo y la ruralización de la ciudad parecen ser por ahora dos procesos simultáneos y complementarios. Si las políticas agrarias propuestas tienen por objetivo aumentar la producción, crear estabilidad y mejores condiciones de vida al trabajador rural e incorporarlo en forma activa a la vida institucional y política de un país, las políticas urbanas, no planteadas[23] pero igualmente urgentes, tienen objetivos que se complementan con los anteriores. Son ellos: hacer de la ciudad un elemento de progreso y cambio social; hacer de la ciudad un elemento de desarrollo nacional al integrar y complementar mejor a la sociedad y a la economía urbanas con la sociedad y la economía rurales; hacer de la ciudad un marco[24] para cambios cualitativos masivos y para promover una radical reforma de las estructuras de poder sin la cual todo intento de desarrollo real de América latina se verá seriamente limitado y distorsionado.

[23] establecidas
[24] fondo, *framework*
[25] cercana
[26] falta de desarrollo

Mediante el análisis de ocho puntos que evidencian la estrecha[25] relación que existe en América latina entre las ciudades y las áreas rurales he intentado definir otras tantas líneas de investigación y acción. Ordenarlas e integrarlas supone una tarea compleja acerca de la cual existe una experiencia muy reducida. Sin embargo, estoy convencido de que no podemos continuar por el camino recorrido hasta ahora. En otras palabras, no podemos continuar aceptando a las áreas rurales como un símbolo de atraso[26] y de una herencia colonial, simplemente porque constituyan una prolongada verdad histórica, y a las ciudades como los únicos contextos espaciales y sociales con características modernas y dinámicas. La dicotomía rural-urbana persistirá mientras los planes nacionales de desarrollo económico se interesen en promover la industrialización en total detrimento de la producción agrícola, e ignoren la realidad geográfica de América latina.

Cabe finalmente preguntar: ¿Pueden los países latinoamericanos implementar políticas urbanas y políticas rurales integradas, de acuerdo con los principios enunciados en este ensayo y dentro de los límites impuestos por las economías nacionales? ¿Qué cambios, en el espacio latinoamericano, produciría una industrialización y desarrollo agrícola simultáneos como derivación del crecimiento de los niveles de consumo de mercados integrados? La respuesta a esas dos preguntas es, en gran parte, la respuesta al futuro de la sociedad latinoamericana.

Para verificar su comprensión

Escoja la respuesta más apropiada.

1. Tanto en la ciudad como en el campo, la inversión de fondos
   a. está mal coordinada y supervisada.
   b. permite conseguir algunas cosas importantes.
   c. tiene un control financiero riguroso.

2. Las ciudades de América Latina reflejan
   a. la gran influencia que tienen los planificadores.
   b. la ausencia de una política urbana.
   c. la benevolencia de los políticos.

3. La actitud de Hardoy hacia la posibilidad de que los países latinoamericanos enfrenten el futuro crecimiento urbano es
   a. optimista.
   b. pesimista.
   c. neutral.

4. Hardoy cree que la urbanización continuará realizándose
   a. a menos que se inviertan más fondos.
   b. si no controlamos la natalidad.
   c. tengamos o no un plan coordinado.

5. Cualquier plan urbano debe
   a. mejorar las condiciones de vida urbanas.
   b. fomentar la industria.
   c. producir más edificios gubernamentales nuevos.

6. Los varios ejemplos nacionales que da Hardoy ilustran
   a. la competencia por fondos entre los varios organismos locales.
   b. la importancia de la iniciativa municipal.
   c. la concepción del desarrollo urbano separado del rural.

7. Entre las ventajas futuras de la urbanización Hardoy incluye
   a. un buen sistema de transporte.
   b. cambios sociales.
   c. mejoras en la vivienda.

8. Hardoy quiere sobre todo
   a. cambiar la estructura política.
   b. desarrollar el campo.
   c. superar la dicotomía rural/urbana.

Interpretación de la lectura

1. Según Hardoy, ¿por qué resulta tan difícil proyectar las necesidades básicas en la elaboración de un plan ordenado de inversiones? ¿Qué piensa Ud. de esto?
2. ¿Cree Hardoy que los países latinoamericanos pueden absorber financieramente el crecimiento urbano proyectado? ¿Por qué? ¿Comparte Ud. la opinión de Hardoy?
3. Hardoy menciona siete puntos importantes para la elaboración de cualquier plan urbano. ¿Cuáles de éstos le parecen más importantes a Ud. y por qué? ¿Hay otros que agregaría Ud.?
4. En la opinión de Ud., ¿por qué será tan común la tendencia de considerar la ciudad y el campo como dos entidades separadas?
5. ¿Cuál es la relación entre la capacidad de reconocer la vinculación rural/urbana y el «desorden» de la evolución de la sociedad latinoamericana?
6. ¿Cree Ud., como Hardoy, que la ciudad puede «promover una reforma radical de las estructuras de poder»? ¿Por qué?
7. Hardoy pone énfasis en un plan articulado de desarrollo rural/urbano. Si se implementara tal plan, con inversiones adecuadas, ¿sería esto suficiente, o es que todavía hay otros factores que complican la solución?
8. ¿Comparte Ud. con Hardoy la opinión de que la respuesta a los problemas discutidos por él «es, en gran parte, la respuesta al futuro de la sociedad latinoamericana»? Explique.

Temas escritos

1. Haga una investigación sobre la planificación urbana en Cuba, comparando sus logros con las carencias que se ven en el resto de América Latina, y señalando en particular el tema del desequilibrio rural/urbano que trata Hardoy. Comente también sobre el porqué del éxito cubano en este ámbito.
2. Haga una investigación sobre la ciudad capital de Brasília, uno de los ejemplos más destacados del planeamiento urbano en el mundo. ¿Cómo y por qué fue creada Brasília? ¿Qué opina la gente que vive allí? ¿Le gusta? ¿Ha cambiado el foco nacional hacia el interior del país? ¿Qué diría Hardoy sobre Brasília? Basándose en este ejemplo, comente tanto los límites como las ventajas de la planificación urbana.

JOSE LUIS ROMERO (*1909–1977*)

Este historiador social argentino se hizo conocer [1] clases
primero como medievalista, especializándose en los orígenes y el desarrollo de la burguesía en Europa y luego en las áreas influenciadas por la cultura europea. Pero José Luis Romero no escribió solamente acerca de Europa sino también de América Latina. Su *Latinoamérica: las ciudades y las ideas* (1976), del cual proviene «Las ciudades masificadas», es uno de los estudios estándares sobre la urbanización. En él se percibe el mismo concepto del proceso urbano que en los otros escritos de Romero: una amplia visión sintética que busca vinculaciones entre los eventos históricos y que los coloca dentro de un contexto cuidadosamente considerado; y una visión de la ciudad como un centro mercantilista y burgués en el cual se mantiene viva la cultura europea.

A través de su *Latinoamérica,* Romero explora las varias funciones históricas de la ciudad y la relación entre sus actividades comerciales y culturales. En la última sección trata el fenómeno actual de la «masificación», o sea la homogeneización cultural de la ciudad, y lo relaciona con la ideología del consumo. Estudia las manifestaciones de la «masificación» en todas las capas[1] sociales, desde las clases altas tradicionales hasta las más bajas e informes. Según Romero el conjunto para todos los grupos es alienante.

Guía de prelectura

Basándose en lo que Ud. acaba de leer sobre Romero, y sus propias expectativas sobre el tema, haga conjeturas acerca de cuáles de los siguientes podrían ser ejemplos de la «masificación».

1. un estilo de vida cosmopolita
2. el uso de trajes típicos regionales
3. el empleo generalizado de la computadora
4. las multinacionales
5. las empresas de tecnología «suave»
6. la lucha por el ascenso
7. el poco interés en el consumo de bienes
8. los Sheraton y los Hilton internacionales
9. hablar quechua como lengua materna

Las ciudades masificadas
(*fragmento*)

Masificación y estilo de vida

Las clases altas y las clases medias fueron sin duda, las más celosas[2] defensoras de los últimos bastiones de la estructura;[a] pero no todos sus sectores defendieron con el mismo vigor el estilo tradicional de vida. Hubo grupos tradicionalistas: quizá los más conservadores o los de más viejo arraigo, que se sentían depositarios de un legado[3] que se consustanciaba[4] con su posición aristocratizante. Encerrados en un círculo cada vez más estrecho, velaban[5] por el prestigio de sus apellidos y conservaban lo que podían de aquellas costumbres y formas de vida que heredaron de sus mayores. En los viejos clubes o en las sociedades de beneficencia, en los conciertos y las fiestas, una vaga atmósfera decadente impregnaba la convivencia de quienes se resistían a ceder[6] a la presión de los cambios.

Los sectores no tradicionales, en cambio, se manifestaron más ágiles, en parte porque muchos de sus miembros habían llegado a sus filas[7] no hacía mucho tiempo. Quizá por eso algunos intentaron asimilar lo que podían de esas formas de vida de los sectores conservadores. Pero estaban demasiado urgidos[8] por establecer y consolidar el control de lo que parecía una nueva estructura y no era sino una metamorfosis de la antigua. Sin duda lo lograron, y esa conquista repercutió[9] sobre el estilo de vida que elaboraron y adoptaron, invistiéndolo del prestigio que le proporcionaba su posición eminente y, sobre todo, su poder. Era el estilo de vida que correspondía a una cultura cosmopolita, creación de las metrópolis, o mejor dicho, de una capa común a muchas metrópolis de las que integraron el nuevo mundo urbano de Latinoamérica, relacionado, sobre todo, con los Estados Unidos. En todas ellas crecían los grupos que se envanecían[10] de ser cosmopolitas, de hablar varias lenguas de las que intercalaban[11] palabras en la conversación cotidiana, de vestir como en las grandes capitales, de deslizarse toda la jornada[12] a través de un sistema de actividades que suponían su inserción en el mundo y no en su país o su ciudad. Era una cultura en la que la amistad y el diálogo iban siendo remplazados por las formas convencionales de las relaciones públicas, y en la que la espontaneidad parecía tan inadecuada y peligrosa como en una corte barroca. Era una cultura de secretarias ejecutivas, de cocktails, de reuniones de alto nivel realizadas en una sala a la que un

[2] cuidadosas, diligentes
[3] herencia
[4] se concretaba
[5] cuidaban
[6] rendirse, abandonarse
[7] líneas
[8] urgentemente determinados
[9] causó repercusiones, afectó
[10] llenaban de vanidad
[11] añadían
[12] deslizarse. . . pasar el día

---

[a] Se refiere a la estructura social urbana tradicional antes de los cambios del período de la postguerra y particularmente de las décadas de los años sesenta y setenta.

móvil[13] de acrílico prestaba su frialdad, de agendas saturadas de fechas comprometidas y de decisiones adoptadas en complicidad con la computadora amiga. Esa cultura era, sin duda, propia de las metrópolis, pero no específica de cada metrópoli. Era la que habían creado entre todas bajo la seducción del modelo elaborado en las grandes ciudades de los Estados Unidos, y en la que quedaron sumergidos y atrapados sus creadores, víctimas y usufructuarios[14] a un tiempo: los grandes empresarios, los abogados influyentes, los científicos enloquecidos por el *paper* que debían presentar a un congreso con el objeto de que no dejaran de invitarlos al próximo, los gestores[15] de las grandes empresas multinacionales, los artistas de éxito, los promotores de la parafernalia publicitaria, los organizadores de grandes espectáculos, las reinas de la belleza que aspiraban a ser modelos internacionales, y todos los que trataban de ser internacionales antes de ser o acaso olvidados de ser. Toda una corte de imitadores y de aspirantes a ingresar en sus filas alimentaba a esa cultura cuya resonancia[16] multiplicaba los medios masivos de difusión y consagraba el creciente prestigio del poder social. Era, acaso, la cultura que correspondía al mundo industrial y especialmente a la era tecnológica; pero era una cultura que subestimaba la vida privada y la espontaneidad. Típica de una sociedad escindida[17] y barroca, las élites habían aceptado el sacrificio de ofrecerse como espectáculo a los demás.

Las torres modernas —vidrio y aluminio, de ser posible— se transformaron en los baluartes[18] de esta cultura cosmopolita o, si se quiere, multinacional. Porque no sólo la economía se fue haciendo multinacional, sino también la peculiar cultura creada en gran parte por quienes la manejaban y por los creyentes de esa nueva fe, en la que se trasmutaba,[19] sin diferenciarse demasiado, la antigua fe del siglo XIX en el progreso. Baluartes y símbolos de ella eran también los Sheraton internacionales y los Hilton internacionales, entre los que se desplazaban los habitantes de las torres de vidrio y aluminio, quizá sin saber bien si estaban en México, San Pablo o Buenos Aires, porque las diferencias desaparecían en el ambiente cosmopolita e internacional. Sólo el perfil y el color de la tez[20] del personal de servicio[21] podía sembrar alguna duda. Y acaso algún viajero llegara a sospechar que la camarera que lo atendía regresaba a un rancherío periférico[22] cuando terminaba su escrupuloso trabajo.

Un estilo de vida tan decididamente fundado en la dependencia de una sociedad exigente rechazaba la posibilidad de que aquellos que habían optado por la extroversión se reencontraran en algún momento consigo mismos. La renuncia a un estilo interior de vida era el precio que había que pagar por el éxito. Se inventó una cultura convencional para paliar[23] la dura experiencia de la orfandad[24] interior. Fue la cultura de los *best sellers*, de los espectáculos que no había que dejar de ver, de la exposición que era necesario haber visitado. Hasta se inventó un uso convencional del ocio,[25] dedicado a un golf ejercitado como un rito o a unos viajes a los lugares en los que convenía haber estado. Era exterior y enajenadora,[26] pero era, en el fondo, una cultura y acaso la única compatible con el estilo de vida de una élite

[13] ornamento colgante que se mueve en el aire
[14] los que usan ciertas cosas
[15] gerentes, administradores
[16] importancia
[17] dividida, separada
[18] defensa
[19] convertía
[20] piel
[21] personal. . . sirvientes
[22] un. . . barrio muy pobre en las afueras
[23] hacer más suave
[24] abandono
[25] tiempo libre
[26] alienante

Vista urbana típica en Caracas. ¿Será un ejemplo de la «ciudad masificada» de José Luis Romero? (© *Peter Menzel*)

enajenada. Quizá su expresión más diáfana[27] fuera la preocupación por el status y por la posesión de sus signos. Las cosas perdieron valor por sí mismas y se convirtieron en símbolos. Era una alegría diabólica —en el más estricto sentido de la palabra— la que producía gozar las cosas saboreando[28] al mismo tiempo la envidia de los que no las poseían.

Sólo una nube enturbiaba la sensación de poderío que experimentaban las nuevas élites: su masificación inevitable e incontenible. Sus miembros eran, sin duda, los privilegiados de la nueva sociedad, pero los privilegiados eran muchos. Alguno pudo tener su avión particular. Acaso un Boeing que le permitía hacer viajes intercontinentales. Pero aun ése tuvo, alguna vez, que someterse al rigor cósmico de la cola.[29] Nada tan revelador de la nueva so-

[27] clara
[28] apreciando
[29] línea de personas que esperan

ciedad como la cola de los privilegiados. Y aun en los lugares más exclusivos y manejados por la propia élite, se vio instalar el *self-service* en el elegante *buffet* y se vio a los privilegiados hacer cola ante la seductora mesa de los platos fríos. Fue un doloroso descubrimiento comprobar que había muchos más privilegiados que localidades[30] en un teatro de revistas semipornográficas y lujosas o en el *ring-side* de un estadio de box. Triste cosa fue para un gran empresario tener que confesar a su huésped que no había podido conseguir localidades, a pesar de la intervención de todos los gestores oficiosos que manejan los hilos de la gran ciudad. Pero nadie podría sorprenderse de su impotencia: en el proceso de masificación de la gran ciudad hay un momento en que no hay hilos ni quien los maneje. Es el momento en que vuelve a la memoria el viejo símbolo de Babel.

Fueron las clases altas y las altas clases medias —las nuevas élites— las que introdujeron un nuevo estilo de vida en las ciudades latinoamericanas, sin duda luego de un progresivo remplazo de las influencias europeas por la de los Estados Unidos. Tanto en el resto de las clases medias como en las clases populares, por el contrario, se advirtió cierta apelación[31] a las formas tradicionales de vida, quizá porque sus miembros deseaban que quedara bien claro que pertenecían a la sociedad normalizada.[32] Eran, por lo demás, clases necesariamente conservadoras, no en el sentido político de la palabra sino en cuanto a respetar ciertos valores acuñados[33] de antiguo: se podía ser liberal, socialista o comunista y seguir siendo conservador de esos valores. Se notaba, precisamente, en la perpetuación de su estilo de vida tradicional. Cierto terror a un salto en el vacío que pusiera en peligro un ascenso difícilmente conquistado—o, en todo caso, estimado suficientemente como para no comprometerlo en balde—,[34] aconsejaba moderar las acciones. La casa siguió siendo lo que había sido, aunque el tocadiscos o el aparato estereofónico remplazara al piano. La lucha por el ascenso siguió perturbando[35] las mentes, pero el nivel de la aventura no sobrepasó nunca el de la seguridad. Y si creció la tentación del consumo, raramente el monto de las cuotas mensuales que debía pagar la familia sobrepasaba las posibilidades de su presupuesto.

Frente al delirio de las clases altas y de las altas clases medias, frente a la modestia de las clases populares normalizadas y frente a la pujanza[36] sin canales de la nueva masa, las medianas clases medias constituyeron el sector más estable. Renovaron el estilo de vida burgués dentro de una concepción entre antigua y moderna, en el que el sentido de la medida no impedía del todo cierto alarde[37] de audacia; y como que era burgués de origen, se mostró sólido y equilibrado. En el fondo, ese estilo de vida del núcleo central de las clases medias se fundaba en el reconocimiento de que en ninguna sociedad —ni en la antigua mercantil ni en la nueva industrial y tecnológica— eran incompatibles el ocio y el trabajo; no estaba en sus posibilidades ni en sus tendencias, ciertamente, desdeñar[38] el trabajo; pero su filosofía se dirigía a alcanzar una cultura del ocio, o mejor, un estilo interior de vida en

[30] asientos, billetes
[31] invocación, llamada
[32] en orden, con reglas y normas
[33] creados
[34] en. . . en vano
[35] alterando, inquietando
[36] fuerza grande de impulsión
[37] ostentación
[38] despreciar

el que el ámbito de lo privado constituyera el reducto eficaz[39] contra la masificación. En el seno de ese estilo de vida se reelaboró un nuevo sistema de normas, elástico y firme al mismo tiempo, y sobre todo un conjunto de pautas[40] para la vida individual que entrañaba[41] la reivindicación de ciertos valores antiguos: los morales, los estéticos, los intelectuales. Clase consumidora como todas, formó parte de su estilo de vida el consumo de los productos de cultura y la preocupación por la calidad de la vida.

Conservadoras también a su manera, las clases populares fieles a las normas de la sociedad normalizada persistieron en su forma de vida tradicional. Fuera de su incorporación al consumo, poco cambió en sus actitudes, que acusaron[42] la influencia de las medianas clases medias a las que anhelaron[43] incorporarse y trataron de imitar. Fue expresión de esa tendencia la adopción prematura, por parte de quienes aspiraban al ascenso social, de las formas de vida y de mentalidad de las clases medias, cada uno a la espera de que su ascenso se materializara en su nivel de ingresos y le fuera posible transformar sus expectativas en realidad. Pero esas clases populares fueron las más sensibles y las más indefensas frente a las nuevas situaciones, y sufrieron rápidamente el proceso de masificación. Aceptarla fue para ellas un problema de supervivencia, fuera de que no tuvieron otra alternativa. Engrosaron[44] las filas de los sindicatos[45] y pudieron remediar parte al menos de sus carencias[46] gracias al apoyo colectivo. Ciertamente, poco tenían que perder y mucho que ganar cediendo a la masificación. Fue distinto el caso de las medianas clases medias. La masificación fue para ellas una experiencia dolorosa porque atacaba, precisamente, ese anhelo de interioridad que caracterizaba a sus miembros, celosos de su individualidad y de su condición de personas diferenciadas. Duro fue para el pequeño burgués que cultivaba amorosamente su ámbito privado avenirse[47] a las nuevas y ásperas condiciones de la vida colectiva; y encontrarse sumido[48] en una multitud o agregado[49] a una cola le pareció un agravio[50] a su dignidad.

Unidos por una condición común y por un proceso de cambio que todos sufrieron por igual, los distintos estratos de la sociedad normalizada mantuvieron cierta homogeneidad que se manifestó en ciertas coincidencias en sus estilos de vida. Pero la sociedad anómica[51] que se constituyó a su lado, y frente a ella, careció de supuestos comunes que integraran a sus diversos grupos. Era, pues, inverosímil que pudieran ostentar un estilo de vida definido. Tuvo cada grupo su modo de vida, pero el conjunto se definió, en cada ciudad, por su aire abigarrado[52] y, finalmente, por su anomia.[53]

El conjunto fue anómico. Pero no porque lo fuera cada grupo, sino como resultado de su azarosa[54] yuxtaposición en el ámbito urbano en el que habían coincidido. Cada grupo traía, en rigor, un estilo de vida, bien definido, por cierto, puesto que correspondía a tradiciones casi seculares,[55] inclusive los tradicionales grupos populares urbanos que más pronto cedieron a la presión de los grupos inmigratorios. Pero el nuevo ambiente de las ciudades y las duras condiciones creadas por la incorporación de los grupos

[39] el. . . protección efectiva
[40] normas, modelos
[41] contenía
[42] evidenciaron
[43] desearon
[44] aumentaron
[45] *labor unions*
[46] faltas
[47] ajustarse
[48] sumergido
[49] unido
[50] ofensa
[51] condición de ser alienado, sin identidad o dirección
[52] heterogéneo
[53] alienación
[54] fortuita, no planeada
[55] muy viejas

recién llegados disolvieron rápidamente esos estilos de vida hibridándolos[56] y destruyendo su armonía interna. Quedó en el seno[57] de cada grupo, quizá, un conjunto de hábitos y creencias, de normas y actitudes que provenían de su tradición; pero los principios básicos fueron quebrados por la adopción de otros muy disímiles, de los que no podían prescindir[58] quienes afrontaban la dura experiencia del trasplante[59] y la forzosa adecuación[60] a nuevas situaciones.

[56]mezclándolos
[57]centro
[58]omitir
[59]cambio a un lugar nuevo
[60]adaptación

Para verificar su comprensión

Escoja la palabra más apropiada.

1. En América Latina las clases altas y medias _____ (adoptaron, rechazaron) el estilo de vida urbano de los EEUU.
2. Este estilo de vida nuevo corresponde a la época _____ (nacionalista, tecnológica).
3. En la cultura «masificada» no hay lugar para _____ (la familia, la espontaneidad).
4. Recordamos el viejo símbolo de la torre de Babel cuando nos sentimos _____ (temerosos, impotentes)
5. En cuanto a la retención del estilo tradicional de vida, casi todos los otros grupos eran _____ (más, menos) conservadores que los adinerados.
6. Las clases populares tenían mucho que _____ (ganar, perder) a causa de la «masificación».
7. El nuevo ambiente urbano ha _____ (quebrado, fortalecido) los estilos tradicionales de vida.
8. Los grupos inmigrantes tuvieron que _____ (mantener, cambiar) sus modalidades culturales regionales.

Interpretación de la lectura

1. Romero distingue entre la sociedad «normalizada» y la «anómica». ¿Qué querrá decir con estos dos términos?

2. A su parecer, ¿por qué enfatiza Romero la influencia estadounidense en la «masificación»? ¿Tendrá razón? ¿Por qué?

3. ¿Por qué insiste Romero en que la cultura urbana cosmopolita es «propia de las metrópolis, pero no específica de cada metrópoli»?

4. La «masificación» simboliza para Romero «la orfandad interior», o sea, la ausencia de una vida interior propia. ¿Cómo se relacionan la «masificación» y la orfandad? ¿Cree Ud. que es acertado aquí el planteamiento de Romero?

5. Según Romero, ¿por qué es el ocio tan importante para el burgués?

6. ¿Por qué dice Romero que las clases populares son «las más indefensas» ante el proceso de «masificación»? ¿Está Ud. de acuerdo?

7. ¿En qué se diferencia el proceso de «masificación» de los medianos grupos medios?

8. Para Romero, la «masificación» ha absorbido a todos los sectores normalizados, o integrados a la cultura urbana, mientras que los sectores no asimilados constituyen una masa anómica que influye negativamente en la totalidad, produciendo un ambiente generalizado de hibridación enajenante. Comente sobre estas relaciones. ¿Le parecen convincentes? ¿Por qué?

Temas escritos/Comparaciones

1. Se ha dicho que ahora tiene más sentido hablar de categorías culturales basadas en los criterios «urbano» y «rural» que en las basadas en los criterios nacionales. Según este argumento, tienen más en común la ciudad de México y Tokio, digamos, que aquélla y San Cristóbal en Chiapas, el escenario de la lectura sobre Juan Pérez Jolote (ver Capítulo tres). O, dicho de otra forma, que Fabiano (ver Capítulo dos) tiene más en común con Juan Pérez Jolote de lo que tiene con los residentes de São Paulo. ¿Le parece válida esta comparación? ¿Por qué?

2. ¿Por qué ha sido el mimetismo una constante en el desarrollo cultural latinoamericano? ¿Tendrá que ver con la dependencia económica? ¿Con otros factores históricos? ¿Cuáles?

3. Romero habla del cosmopolitismo de un modo peyorativo, como un factor negativo en la formación cultural latinoamericana, mientras Ocampo (ver Capítulo dos) lo ve como una fuerza que puede ser positiva. Comente sobre las discrepancias en las dos visiones. ¿Cómo lo ve Ud.? ¿Cómo se relaciona la tensión entre el nacionalismo y el cosmopolitismo con el desarrollo de las ciudades en América Latina?

4. ¿Estaría de acuerdo Hardoy con las críticas hechas por Romero? ¿Cómo rectificarían los dos la situación aquí descrita?

¿Está Ud. de acuerdo?

1. Los seducidos por la masificación son «todos los que trataban de ser internacionales antes de ser o acaso olvidados de ser».
2. «La renuncia a un estilo interior de vida era el precio que había que pagar por el éxito» en la nueva cultura internacional.
3. «era una alegría diabólica. . . la que producía gozar las cosas saboreando al mismo tiempo la envidia de los que no las poseían»

LARISSA ADLER DE LOMNITZ
(*1932–   *)

Larissa Adler de Lomnitz estudió en la Universidad de California en Berkeley y en la Universidad Iberoamericana de México. Chilena de nacimiento, esta respetada antropóloga social ha residido en México por muchos años, donde ha enseñado en la Escuela de Planificación Urbana y en la Escuela Graduada de Antropología, ambas facultades de la Universidad Nacional.

Las investigaciones académicas de la profesora Lomnitz han enfocado grupos tan dispares como las clases medias urbanas en Chile, los grupos migratorios mexicanos y las familias pudientes[1] de la ciudad de México (ver Capítulo cinco). Una preocupación que se percibe como constante a través de sus escritos es la importancia fundamental de las redes de reciprocidad y ayuda mutua y cómo se desarrollan entre grupos diferentes. Los fragmentos que siguen a continuación son de su muy bien acogido libro *Cómo sobreviven los marginados* (1978), que trata de la barriada[2] mexicana «Cerrada del Cóndor» y la adaptación de los migrantes al ambiente urbano mediante la creación de relaciones sociales basadas en la necesidad económica compartida. La autora describe el proceso así:

> Cuando la supervivencia física o social de un grupo se encuentra en juego, la gente moviliza sus recursos sociales y los convierte en un recurso económico. El dicho español «hoy por ti, mañana por mí» resume sucintamente el principio del intercambio recíproco, y presupone una situación de escasez equilibrada y recurrente para ambos contrayentes.[a]

[1] poderosas, ricas
[2] villa miseria, barrio pobre

---

[a] Larissa Adler de Lomnitz, *Cómo sobreviven los marginados* (México: Siglo XXI, 1978), pág. 205.

Làs lecturas de la profesora Lomnitz escogidas para este capítulo ilustran su tesis central de que «las relaciones sociales *se convierten en un recurso económico* a través del intercambio recíproco».[b] El primer fragmento abarca la institución mexicana del «cuatismo», una relación muy estrecha de amistad masculina, mientras el segundo toca la «confianza», la base de toda relación de asistencia mutua. Estos dos fragmentos ofrecen una perspectiva sobre cómo se defienden los que no tienen lugar dentro de la estructura económica de la ciudad.

Guía de prelectura

Lea los primeros cuatro párrafos de la lectura y escoja la respuesta que exprese mejor la idea central de cada uno.

_____	1.	a. Las relaciones de cantina son muy importantes para el «cuatismo».
_____	2.	b. Los «cuates» deben ser generosos unos con otros.
_____	3.	c. Aunque hay varios tipos de «cuatismo», en todos se nota que ésta es una relación muy especial.
_____	4.	ch. El término «amigos» no implica mucha familiaridad.

Asociaciones formales e informales (*fragmentos*)

El cuatismo como relación diádica[3]

Para un poblador de Cerrada del Cóndor, los «amigos» a secas[4] son simples conocidos con quienes se mantiene una relación de cordialidad, sea por tratarse de amigos o familiares de un «cuate», compañeros de trabajo o de deportes, etc. Esta relación no tiene mayor contenido emocional ni tampoco implica necesariamente un grado de confianza suficiente para acercarse a pedir un favor. Significa simplemente ubicarse mutuamente en el campo social.

[3] entre dos personas
[4] a. . . y nada más, solamente

---

[b] *Ibid.,* pág. 206.

Cuando dos «amigos» se encuentran con cierta frecuencia y llegan a entablar[5] un trato personal directo, pueden volverse «más amigos»; en esta etapa intermedia puede generarse un grado de confianza suficiente para intercambiar pequeños favores. Sin embargo, se siguen guardando formas de trato social que implican una cierta distancia. Con los «cuates», en cambio, ya se tiene una relación especial, frecuentemente cargada de emotividad y que puede llegar a representar la relación interpersonal más intensa en la vida del hombre. En estas relaciones se dan diferentes grados de intensidad y diferentes funciones. En Cerrada del Cóndor se entiende que los «cuates» son ante todo compañeros de parranda[6] y de entretenciones.[7] Hay diferentes tipos de cuates: el cuate deportista, el cuate con el que se platica, el cuate pariente, etc. El hecho de emborracharse juntos se considera como una marca de confianza y una liberación de las formas rígidas del trato impersonal: «La borrachera es una liberación, se desinhibe la gente. Los que están sobrios[8] no pueden decir muchas cosas que dicen cuando borrachos: son sus verdades.» La agresión verbal o física entre cuates representa la forma de desahogo de una agresividad indiferenciada que se reprime en el transcurso de las relaciones sociales normales, aun entre parientes cercanos. Por ejemplo, una relación tío-sobrino implica un trato formal y respetuoso, aun cuando ambos conviven en la misma unidad doméstica. Si se suscitan diferencias de opinión, tales como se originan frecuentemente en un partido de fútbol, el sobrino no debe contradecir abiertamente a su tío. En cambio, si son cuates, se vuelve perfectamente aceptable que el sobrino diga en el curso de una borrachera: «Mire tío, yo a usted lo respeto mucho, pero si vuelve a decir eso. . .» Esta forma irrespetuosa de hablar no sería aceptable en la casa; en cambio, en la taberna todo se consiente a los cuates. En casos extremos, los contrincantes se disculpan al día siguiente «echándole la culpa al trago», y las cosas se arreglan.

Un informante de Roberts[c] definió la amistad masculina en Guatemala en la siguiente forma: «Tener amigos significa confiarse en los otros, emborracharse con ellos y ser muy abiertos en sus confidencias.» Entre los migrantes mapuches[9] en Santiago escuchábamos frecuentemente: «Para tener amigos hay que tomar.»[ch] En forma análoga, nos decía un informante de Cerrada del Cóndor: «Yo no bebo, por eso no tengo amigos.» En estos tres casos, el término «amigos» significa un tipo de amistad masculina muy particular. Las relaciones de cantina son importantes desde un punto de vista social y se extienden fácilmente en otras direcciones: por ejemplo, una proposición de compadrazgo[10] se origina frecuentemente en rueda[11] de bebedores. Desde un punto de vista psicológico, el hecho de beber juntos implica despojarse[12] de todas las reservas mentales, es decir, entregar al cuate la llave de todos los secretos del alma. Es una alta muestra de confianza.[d]

[5] establecer
[6] fiesta
[7] diversión
[8] no borrachos
[9] indígenas de una zona de Chile
[10] una. . . pedir a un amigo ser padrino del hijo
[11] grupo social
[12] quitarse

---

[c] Bryan Roberts, *Organizing Strangers* (Austin: Univ. of Texas Press, 1973), p. 29.
[ch] Larissa Adler de Lomnitz, «Ingestión de alcohol entre migrantes mapuches en Santiago», *América indígena,* 29 (1), 1969, págs. 47–71.
[d] Lomnitz, pág. 70.

Las obligaciones mutuas de los cuates incluyen ser sinceros, darse consejos, defenderse en los pleitos y ayudarse mutuamente en toda ocasión. La actitud ideal entre cuates es de la más amplia generosidad, la que se simboliza en la costumbre de «disparar» (convidar)[13] bebidas alcohólicas, prestarse dinero y darse consejos.

[13]comprar

El grupo de cuates

La relación diádica de amistad basada en intereses comunes (deportes, juegos, diversiones) y cimentada[14] en una relación emocional o de ayuda mutua más o menos intensa, tiende a convertirse en una amistad de grupo, por el hecho de juntarse habitualmente tres o más cuates para realizar actividades en común. Tales actividades pueden ser muy variadas; beber, conversar, jugar barajas,[15] jugar futbol, ver televisión, jugar rayuela,[16] ir al cine o a los toros, pasear o simplemente irse de parranda. Las mujeres están totalmente excluidas de participar en esta relación.

[14]establecida
[15]naipes
[16]juego en el que se tiran tejos o discos hacia una raya en el suelo
[17]en mano
[18]lleva juntamente
[19]que elimina diferencias
[20]guardar dinero

En Cerrada del Cóndor los grupos de cuates están formados comúnmente por cuatro o cinco hombres, aunque ciertos grupos pueden llegar a diez o más miembros. Los clubes de futbol de la barriada son asociaciones basadas en el cuatismo. Tres de los clubes están basados en una macro-red de parentesco entre migrantes originarios de un mismo pueblo; en cambio, el cuarto club (llamado «Club México») está basado en vecinos no necesariamente emparentados entre sí. Los miembros de este club tienden a ser más urbanizados y más abiertos a la fluidez de las relaciones sociales en la ciudad, en contraposición con los migrantes que se mantienen encerrados en sus relaciones familísticas. Butterworth[e] ha descrito una situación similar al comparar a dos grupos de cuates en la ciudad de México: uno formado por migrantes emparentados entre sí y otro más urbanizado, compuesto por compañeros de trabajo no emparentados.

La existencia del grupo de cuates se manifiesta a través de las ruedas de bebedores. En estas reuniones, el cuate que se encuentra en posesión de dinero efectivo[17] se considera obligado a «disparar» bebidas alcohólicas a sus cuates: de esta manera, el cuatismo comporta[18] un mecanismo nivelador[19] de recursos monetarios, al reducir a todos los cuates a un mismo común denominador económico y al impedir el ahorro[20] individual que podría llegar a diferenciar económicamente a cualquiera de los miembros del grupo. Además, los cuates se defienden mutuamente, se ayudan en la construcción y arreglo de sus viviendas y se prestan toda clase de servicios. Sobre todo, el grupo de cuates representa la comunidad afectiva del hombre en la ciudad. Este patrón es muy similar al que habíamos observado entre los migrantes mapuches en Santiago, quienes «transfieren las funciones y los valores de su antigua comunidad indígena a un grupo de amigos. . . En

---

[e]Douglas Butterworth, ''Two Small Groups: A Comparison of Migrants and Non-migrants in Mexico City,'' in *Urban Anthropology,* I(1), 1972, pp. 29–50.

estos grupos, el beber es condición indispensable de ingreso y membresía».[f]

Reciprocidad y confianza

¿Qué es la confianza?

A un nivel elemental, ninguna convivencia en sociedad es posible sin un grado mínimo de confianza entre sus miembros. Por ejemplo, en las sociedades complejas modernas, el individuo debe confiar en que las personas desconocidas con quienes se topará[21] en la calle o en los lugares públicos no le harán daño. Goffman[g] ha estudiado los símbolos y las señales que utiliza la cultura para expresar este tipo de confianza elemental: estilo de ropa, corte de pelo, movimientos, miradas, etc. Todo individuo aprende así a categorizar a sus semejantes[22] y a separar a los potencialmente peligrosos de los potencialmente confiables.

En una sociedad pequeña el individuo tiende a «relacionarse repetidamente con las mismas personas en prácticamente todas las situaciones sociales. En cambio, en una sociedad grande el individuo tiene muchas relaciones impersonales o parciales».[h] En otras palabras, los miembros de sociedades pequeñas se mueven dentro de roles prescritos por la cultura: estos roles incluyen la especificación de la ayuda mutua. Cuando cada cual sabe a quién ayudar y a quién acudir,[23] la confianza está implícita en la relación. Pero al crecer la sociedad aumenta su complejidad y la movilidad socioeconómica y ocupacional de sus integrantes: los roles totales que se dan en las sociedades pequeñas se van fraccionando. La familia tiende a disgregarse y se debilita la fuerza de las obligaciones adscritas a los roles de parentesco. En esta situación, se produce una mayor dependencia de ciertas instituciones: agencias de créditos, hospitales, seguro social, agencias de empleos, seguro de cesantía,[24] fondos de pensiones, etc. Las relaciones de confianza persisten en áreas menos críticas desde un aspecto de supervivencia, tales como el aspecto emocional.

Sin embargo, existen sociedades complejas que no han desarrollado todo el complicado aparato institucional capaz de asegurar las necesidades de supervivencia para todos sus miembros. En la mayoría de las sociedades urbanas latinoamericanas, por ejemplo, no existe un nivel satisfactorio de seguridad social para la mayoría de la población; sin embargo, gran parte de la población ya ha abandonado la relativa protección de la pequeña comuni-

[21] encontrará casualmente
[22] otras personas (en la comunidad)
[23] pedir ayuda
[24] seguro. . . dinero que reciben los desempleados

---

[f]Lomnitz, «Ingestión»
[g]Irving Goffman, *The Presentation of Self in Everyday Life* (New York: Doubleday, 1959); *Behavior in Public Places* (New York: The Free Press, 1966).
[h]B. Benedict, "Sociological Characteristics of Small Territories and Their Implications for Economic Development," ASA (4), 1966, p. 23.

dad, con sus roles prescritos y sus relaciones interpersonales estables y directas. En tales sociedades es vital que el individuo tenga un grupo de parientes o amigos *de confianza,* con quienes pueda contar en las emergencias de la vida, y para satisfacer sus necesidades diarias.

Según el grado de confianza, cada pariente o amigo puede servir para entablar una relación de reciprocidad diferente: unos para préstamos, otros para las grandes emergencias, otros para confidencias o información. Hay que crearse una *clientela* de individuos de confianza, comenzando con algunos parientes y extendiendo el círculo hasta donde lo permitan los propios recursos de intercambio.

En resumen, las sociedades urbano-industriales complejas tienden a *institucionalizar* la ayuda mutua, mientras que las sociedades campesinas pequeñas tienden a *prescribirla* a través de los roles sociales. En ambos casos la solidaridad social se canaliza a través de mecanismos relativamente independientes de la iniciativa personal, siempre que el individuo acate[25] las normas y los valores de la cultura. En cambio, en ciertas sociedades en vías de industrialización, existen grupos urbanos que *no están amparados*[26] por mecanismos efectivos de seguridad social institucionalizada y que se enfrentan a un serio problema de supervivencia. En tales casos, el individuo se ve obligado a crearse una red social. La confianza representa el cemento que cohesiona estas redes y hace posible el intercambio recíproco esencial para su supervivencia.

Tal es el caso de Cerrada del Cóndor, donde la comunidad efectiva del individuo es la red de intercambio recíproco entre vecinos (parientes y no parientes). La creación de tales grupos económicamente viables con fines de ayuda mutua es indispensable para la supervivencia individual y colectiva. Frente a condiciones objetivas extremadamente adversas, es preciso que estas redes tengan una gran solidaridad; por lo tanto, se requiere un alto nivel de confianza entre sus integrantes. La confianza evoluciona junto con la relación diádica, se sustenta en el intercambio recíproco y llega a identificarse con este intercambio. Ya no bastan los roles tradicionales, como en el campo. El poblador de barriada ya no se pregunta: ¿Quiénes son mis parientes?, sino *¿con quién puedo contar?*

[25] observe, obedezca
[26] protegidos

Para verificar su comprensión

¿Cierto o falso?

_____ 1. Los «cuates» en Cerrada del Cóndor son sobre todo amigos de bebida y de juegos deportivos.

_____ 2. El emborracharse juntos se considera una ofensa a la etiqueta aceptada.

_____ 3. La violencia verbal entre los «cuates» no se tolera.

_____   4. Las disputas pueden resolverse si se le echa la culpa al trago.

_____   5. Para tener amigos hay que tomar.

_____   6. Se puede observar grados diferentes de urbanización en los varios clubes de fútbol de la barriada.

_____   7. Los «cuates» comparten todo menos el dinero.

_____   8. La confianza importa mucho en las sociedades complejas que no tienen instituciones que sirvan a toda la población.

_____   9. La ayuda mutua basada en la confianza es algo bueno pero no necesario para los habitantes de Cerrada del Cóndor.

_____   10. En Cerrada del Cóndor se observa que los roles tradicionales que servían en el campo siguen sirviendo adecuadamente en la ciudad.

Interpretación de la lectura

1. En su opinión, ¿por qué es necesario que el trago sea el cemento del «cuatismo»? ¿Nos dice esto algo sobre el machismo en la cultura mexicana? ¿Es tan importante el alcohol en los EEUU. en el establecimiento de las amistades masculinas? ¿Cómo se explican las diferencias?

2. ¿Por qué son excluidas las mujeres de la relación del «cuatismo»? ¿Tendrán las mujeres sus propias amistades íntimas? ¿Se formarán de manera diferente de las de los hombres? ¿Por qué?

3. Comente sobre el «mecanismo nivelador» que es producto del «cuatismo». ¿Por qué es esencial para la relación?

4. Describa lo que le pasa al individuo a medida que éste cambia de una sociedad pequeña a una grande. ¿Por qué tiende este proceso a la fragmentación de los roles individuales y familiares?

5. ¿Por qué le da Lomnitz tanta importancia al papel que desempeña la confianza en la supervivencia de los marginados? ¿Está Ud. de acuerdo? ¿Por qué?

Comparaciones

1. Compare las actitudes de Romero y Lomnitz respecto a la adaptabilidad de los migrantes a la ciudad. ¿Los habitantes de Cerrada del Cóndor se considerarían «masificados»? ¿Anómicos? ¿Por qué?

2. ¿Cómo podría ayudar a la gente de Cerrada del Cóndor la planificación urbana/rural equilibrada por la que aboga Hardoy?
3. Para los «cuates» de Cerrada del Cóndor, la bebida es una liberación, pero para Juan Pérez Jolote (ver Capítulo tres) no lo es. ¿Cómo se explica la diferencia? ¿Tiene que ver con las diferencias entre la ciudad y el campo? ¿Con otros factores?

Tema escrito

Trace una comparación entre la organización social de Cerrada del Cóndor y la de Ciudad de Dios en Lima, tratada por José Matos Mar en su estudio *Las barriadas de Lima, 1957* (pág. 99). ¿Cuáles son sus semejanzas? ¿Sus diferencias?

LOURDES ARIZPE S. (*1945–   *)

Lourdes Arizpe estudió en la Ecole d'Interprètes de l'Université de Genéve y recibió su maestría de la Escuela Nacional de Antropología en México y su doctorado del London School of Economics. Esta antropóloga mexicana ha ocupado numerosos puestos, entre ellos el de investigadora en el Museo Nacional de Antropología y en el Instituto de Antropología, ambos en México; de coordinadora del Centro de Estudios Sociológicos y de profesora de antropología en El Colegio de México. La profesora Arizpe logró aceptación y renombre dentro de su campo profesional al ser designada socia de la Royal Anthropological Society de Inglaterra y de la Asociación Internacional de Ciencias Antropológicas y Etnológicas, y por ser recipiente de las prestigiosas becas Fullbright-Hays y Guggenheim.

Entre sus estudios más recientes se destacan *Migration, Ethnicity and Economic Challenge* (1977) y *The Challenge of Cultural Pluralism* (1979). La lectura de este Capítulo proviene de su muy conocido estudio *Indígenas en la ciudad de México* (1975), el cual trata de las llamadas «Marías», o sea, las indígenas de vestimenta tradicional que trabajan como vendedoras ambulantes en las calles de la ciudad de México. El tema del que se ocupa la autora es la relación entre la marginalidad económica y la etnicidad, que es una relación complicada por varias consideraciones económicas y culturales.

El migrante indígena en la ciudad de México

El indígena en general se instala en la ciudad en núcleos comunitarios en vecindades y ciudades perdidas,[1] en los que tiende a perpetuar el patrón de vida rural indígena. Se nota una gran distancia social entre estos núcleos y la población urbana que los rodea. El aislamiento social en que viven las familias indígenas en la ciudad es significativo por sus efectos: siguen conservando un modo de vida y un sistema de valores, incongruentes con la vida urbana, que retardan su eventual incorporación a la estructura ocupacional. Les impide mayor conocimiento y familiaridad con el tipo urbano de relaciones sociales y económicas. A su vez, a manera de círculo vicioso, este desconocimiento es un obstáculo para que lleguen a ocupar empleos que les permitirían elevar su nivel de vida y ampliar su red de relaciones sociales y ocupacionales. En suma, viviendo entre paisanos,[2] los migrantes no se integran a la sociedad urbana, y, lo que es más importante, impiden que sus hijos lo hagan.

El hombre indígena en la ciudad ocupa sólo trabajos no capacitados[3] y de baja remuneración.[4] Trabaja de «diablero», cargador, o machetero[5] en la Merced y en otros mercados, o de peón de albañil,[6] de bolero,[7] de voceador o de vendedor ambulante, generalmente por su cuenta pero también contratado por alguna fábrica para vender sus productos. Es decir, es un subocupado. Este hecho plantea la siguiente pregunta: ¿Es subocupado por ser indígena? Aquí hay dos aspectos importantes que considerar: la identidad étnica sólo puede designarse como un obstáculo al avance económico y social de un migrante, *en tanto que existan empleos que lo puedan absorber.* De ningún modo puede discutirse el peso de los factores étnicos en una situación de desempleo. Dicho de otra forma, los indígenas indudablemente forman parte de la población marginal de la ciudad de México; con ellos comparten pobreza, viviendas miserables y carencias de educación y adiestramiento.[8] Pero, el hecho de que sean indígenas no es determinante: *su posición socioeconómica está dada por la estructura ocupacional urbana y no por sus características culturales.*

El segundo aspecto a considerar es el siguiente: la gente que se sorprende cuando el indígena no se integra a la sociedad urbana, en realidad desconoce la vida alternativa que se les ofrece. A cambio de su rica tradición indígena, la ciudad les pide que se transformen en uno más de los miles de marginales sin rostro que se refugian en las ciudades perdidas sin posibilidad de encontrar empleo permanente, presos en la miseria, la criminalidad y el alcoholismo. Porque a los marginales urbanos que no son indígenas, ¿qué les ha ofrecido la ciudad?

Así, nosotros replantearíamos la pregunta hecha dos párrafos arriba, a la siguiente: el migrante, ¿es indígena por ser subocupado? Es decir, ambas preguntas se pueden contestar explicando por qué han surgido colonias de

[1] villas miseria, barrios pobres
[2] gente del mismo lugar de origen
[3] no. . . trabajos que no requieren entrenamiento
[4] salario
[5] «diablero». . . trabajos manuales en mercados de frutas y vegetales frescos
[6] trabajador que construye edificios con ladrillos, piedras, etcétera
[7] limpiabotas
[8] entrenamiento, instrucción

Esta joven mexicana mantiene a su niña vendiendo comida en el umbral de su casa. (© *Paul Conklin/Monkmeyer*)

migrantes indígenas que conservan su identidad étnica, en la ciudad de México en los últimos diez años, cuando en décadas anteriores se incorporaban culturalmente en forma más rápida a la sociedad urbana. Creemos que se debe a dos factores. Por una parte, a la intensificación de la migración, en especial de la permanente, por el deterioro de la situación económica de las familias en la comunidad de origen. Pero fundamentalmente, a la reducción de la capacidad de absorción de mano de obra de la estructura ocupacional urbana en la última década, reducción demostrada estadísticamente por varios investigadores. (*Cf.* Muñoz, Oliveira y Stern, 1972; Suárez Contreras, 1972.)

Los indígenas que llegaron en los años cuarentas y cincuentas encontraron rápido acomodo en la instalación y expansión de las industrias y en el crecimiento de los servicios. Los que han llegado en los sesentas, en cambio, han encontrado bloqueado el camino hacia ocupaciones en el sector secundario e incluso el terciario, por lo que han caído en subocupaciones. Ante el rechazo económico de la sociedad urbana, han buscado ayuda económica y apoyo social en familiares y paisanos que viven en la ciudad. Podemos suponer que en décadas anteriores, aunque el migrante indígena también recibía ayuda inicial de sus paisanos, con el tiempo lograba independizarse de ellos al adquirir un ingreso permanente. Al mismo tiempo, al ascender en la estratificación social urbana, perdía rápidamente su indumentaria[9] y su identidad de indígena. Actualmente, en cambio, la situación económica de estos migrantes está estancada.[10] *Totalmente marginados, sin posibilidad de movilidad social y económica, necesitan del apoyo de su grupo étnico en la ciudad y así, en vez de perderla, reafirman su identidad étnica.*

En cuanto a la aparición de las «Marías» en la ciudad vemos que se trata de una consecuencia de lo anterior. Los ingresos del jefe de familia son insuficientes para sostener a ésta en la ciudad, sobre todo porque normalmente tienen muchos hijos. La esposa indígena, por tanto, se ve forzada a trabajar, rompiendo el patrón tradicional indígena del rol de la mujer. Pero se encuentra sumamente limitada en cuanto a alternativas de empleo. No puede trabajar de sirvienta porque es casada[a] o tiene varios hijos; es casi siempre analfabeta y carece de toda capacitación técnica; no tiene familiaridad con el manejo de una tienda o de una casa. Pero aquí estamos considerando la situación ideal donde existiera demanda de mano de obra femenina. De hecho no la hay. El desempleo femenino en el Distrito Federal[11] es más flagrante que el masculino. Actualmente a las indígenas no se les acepta en muchos empleos porque los patronos tienen posibilidad de escoger entre varias candidatas y esto hace importante su identidad étnica. *Es decir, esta última adquiere importancia sólo en la medida en que existe desempleo.* Le queda sólo la venta ambulante como opción más ventajosa para ganar algún dinero. *Por lo tanto, resulta incorrecto plantear el problema de las «Marías» como un problema étnico.* Su posición socioeconómica está dada, no por sus características culturales sino por su falta de educación y capacitación, su dependencia en el trabajo asalariado como fuente de ingresos, y por el hecho de que no tienen acceso a los diversos servicios sociales que provee la ciudad. En esto sólo están en ligera[12] desventaja con el resto de la población marginal de la ciudad, cuya situación está caracterizada por el desempleo y subempleo. Dicho de otra forma, los demás marginales, a pesar de no ser indígenas, viven en las mismas pésimas[13] condiciones de vida. Por lo tanto, en términos amplios puede decirse que no son pobres por ser indígenas sino por ser marginales.

Es de vital importancia comprender este hecho, ya que refuta por completo la noción de que integrando *culturalmente a las «Marías» se resolverá su miseria.* La investigación mostró ampliamente que el vivir en su grupo étnico las beneficia más de lo que las perjudica: les proporciona apoyo, ayuda, relaciones sociales y una fuerte cohesión de grupo; asimismo, su personalidad étnica les favorece en la medida en que la gente simpatiza con ellas y tiende a ayudarlas. Es claro, sin embargo, que les cierra las puertas a ciertas ocupaciones. Pero si éstas ya están saturadas de por sí, no hace mucha diferencia el que sean o no indígenas. *En suma, la identidad cul-*

[9] ropa
[10] suspendida
[11] la ciudad de México
[12] de poca importancia
[13] malísimas

---

[a] Las empleadas viven en las casas donde trabajan y, por lo tanto, no son casadas.

Turistas en busca de recuerdos en este mercado indígena. Las vendedoras, ¿serán las «Marías» de la capital mexicana? (© *Paul Conklin/Monkmeyer*)

tural de las «Marías» mejora o agrava ligeramente su situación social, pero en última instancia no la determina.

Evidentemente, es necesario proporcionarles cursos de alfabetización y capacitación como los que les ofrece actualmente el Centro de Capacitación del Departamento del Distrito Federal, con objeto de que no queden rezagadas[14] al ser eventualmente absorbidas por la estructura ocupacional; esto en caso de que se creen nuevos empleos para mujeres. Sin embargo, esta medida afectará sólo a las esposas de los migrantes permanentes y no a las

[14]atrás, atrasadas

de los temporales y estacionales.[15] Para que éstas abandonen la venta ambulante, tendrían que crearse empleos temporales que les ofrecieran las mismas ventajas que la venta ambulante.

[15] por estación del año, por temporada

Para verificar su comprensión

Escoja la mejor respuesta.

1. El indígena en la ciudad vive
   a. adaptándose completamente a los valores urbanos.
   b. con la esperanza de volver al campo.
   c. socialmente aislado del resto de la población urbana.

2. El indígena en la ciudad
   a. es subocupado.
   b. habla bien el español.
   c. ocupa trabajos calificados.

3. El indígena en la ciudad no puede encontrar trabajo fijo
   a. por ser indígena.
   b. por ser de origen rural.
   c. por ser víctima de la economía urbana.

4. Antes de los años sesenta, los migrantes indígenas que se adaptaban a la ciudad
   a. hablaban más español.
   b. mantenían su estilo de vida rural.
   c. eran marginados.

5. Ahora, ya que no tienen lugar en el sistema económico, los indígenas
   a. dependen cada vez más de su identidad cultural.
   b. son más susceptibles al crimen.
   c. toman más alcohol.

6. El desempleo femenino
   a. es mayor que el masculino.
   b. es exagerado por los investigadores sociales.
   c. es menos de lo que era en el pasado.

7. Para las «Marías», la venta ambulante
   a. les trae varios beneficios.
   b. es casi la única forma de trabajo disponible.
   c. les conviene culturalmente.

8. Los otros marginados, no indígenas, viven
   a. mejor que los indígenas.
   b. peor que los indígenas.
   c. igual que los indígenas.

Interpretación de la lectura

1. Por una parte, Arizpe dice del indígena que «El vivir en su grupo étnico. . . les cierra las puertas a ciertas ocupaciones», pero por otra dice que el mercado de trabajo está tan saturado que no entran en juego cuestiones de etnicidad. ¿Qué pasaría si hubiera trabajos? ¿Importaría entonces la etnicidad? ¿Cómo?
2. Si Ud. fuera vendedora ambulante, ¿cuáles serían las ventajas de su trabajo? ¿Las desventajas? ¿Qué pensaría de la vida urbana?
3. La conclusión de Arizpe refuta la noción de la integración cultural de las «Marías» como el mejor medio para ayudarlas. ¿Cómo?

Comparaciones

1. ¿Qué diría de Jesús (ver Capítulo tres) sobre la conclusión de Arizpe de que el problema no es de etnicidad sino de marginalidad?
2. Mientras Lomnitz hace hincapié[16] en la adaptabilidad de los migrantes a la nueva situación urbana, Arizpe destaca la dependencia creciente de los indígenas migrantes en su modo tradicional de vida. ¿Cómo se explica la diferencia entre los dos grupos?
3. ¿Qué pensaría Romero de las «Marías»? ¿Las consideraría «masificadas»? ¿«Anómicas»? ¿Por qué?
4. ¿Cómo se relacionan el caso de las «Marías» y la insistencia de Hardoy en incluir el campo en cualquier cuadro de urbanización?

[16] énfasis

*L*ecturas recomendadas

Acosta, Maruja, y Jorge E. Hardoy. *Políticas urbanas y reforma urbana en Cuba.* Buenos Aires: Instituto Torcuato DiTella, 1971.

Arizpe S., Lourdes. *La migración por relevos y la reproducción social del campesinado.* México: Centro de Estudios Sociológicos, El Colegio de México, 1980.

Boraiko, Allen A. "Earthquake in Mexico." *National Geographic.* Vol. 169, No. 5 (May, 1986), pp. 654–675.

Butterworth, Douglas. «Migración rural-urbana en América Latina: el estado de nuestro conocimiento». *América indígena* (México), Vol. XXXI (enero, 1971), págs. 85–103.

Cornelius, Wayne A., and Robert Kemper, *Metropolitan Latin America: The Challenge and the Response.* Beverly Hills, Calif.: Sage, 1978.

DeMattos, Carlos. «Crecimiento y concentración espacial en América Latina: algunas consecuencias». En Sergio Boisier y otros, eds., *Experiencias de planificación regional en América Latina.* Santiago de Chile: ILPES/SIAP, 1981.

Eckstein, Susan. *The Poverty of Revolution: The State and the Urban Poor in Mexico.* Princeton, N.J.: Princeton Univ. Press, 1977.

Epstein, David G. *Brasília, Plan and Reality: A Study of Planned and Spontaneous Urban Development.* Berkeley: Univ. of California Press, 1973.

Evenson, Norma. *Two Brazilian Capitals: Architecture and Urbanism in Río de Janeiro and Brasília.* New Haven, Conn.: Yale Univ. Press, 1973.

Gilbert, Alan, ed., in association with Jorge E. Hardoy and Ronaldo Ramírez. *Urbanization in Contemporary Latin America.* New York: John Wiley & Sons, 1982.

Halebsky, Sandor, and John M. Kirk, eds. *Cuba, Twenty-Five Years of Revolution, 1959–1984.* New York: Praeger, 1985.

Huey, John. *The Wall Street Journal* (October 18, 1985).

Katzman, Martin T. *Cities and Frontiers in Brazil.* Cambridge, Mass.: Harvard Univ. Press, 1977.

Lewis, Oscar. *Anthropological Essays.* New York: Random House, 1959. (See in particular his essay "Urbanization Without Breakdown," pp. 413–426.)

_____. *Los hijos de Sánchez.* México: Joaquín Mortiz, 9a ed., 1974.

Ludwig, Armin K. *Brasília's First Decade: A Study of its Urban Mythology and Urban Support Systems.* Amherst: Univ. of Massachusetts, 1980.

Morse, Richard. "Trends and Issues in Latin American Urban Research, 1965–79." *Latin American Research Review* VI(1), part 1, pp. 3–52; *LARR* VI(2), part 2, pp. 19–75.

_____. *From Community to Metropolis: A Biography of São Paulo.* New York: Octagon Books, 1974.

Pomar, María Teresa. «La mujer indígena». En Lucía Guerra-Cunningham, ed., *Mujer y sociedad en América Latina.* Irvine: Univ. de California, 1980, págs. 91–99.

Pozas, Ricardo, et al. *La ciudad.* México: Acta Sociológica de la Facultad de Ciencias Políticas y Sociales, UNAM, 1969.

Preston, David. *Environment, Society and Rural Change in Latin America: Past, Present, and Future in the Countryside.* New York: John Wiley & Sons, 1980.

Quijano, Aníbal. *Dependencia, urbanización y cambio social.* Lima: Mosca Azul, 1977.

Rama, Angel. *La ciudad letrada.* Hanover, N.H.: Ediciones del Norte, 1984.

Revista latinoamericana de estudios urbanos regionales, EURE. Santiago de Chile: Pontífica Universidad Católica de Chile.

Varios. «Hacia el futuro de la ciudad». En *Nexos: sociedad, ciencia, literatura* (México). (noviembre, 1985), págs. 17–25.

CAPITULO CINCO

La familia

Tres generaciones de una familia de Bogotá se reúnen en un día de fiesta. La familia extensa sigue siendo una institución muy importante en América Latina. (© *Stuart Cohen*)

*I*ntroducción

La familia tradicional

No existe otra institución cultural que sea más importante para el desarrollo histórico de América Latina que la familia. Tampoco hay otra institución que exprese mejor los valores culturales del pasado y del presente. Los varios temas que tratamos separadamente —clase social, etnicidad, religión, educación y urbanización— desembocan[1] y se combinan en la institución de la familia, surgiendo así la tensión entre la tradición y el cambio.

[1] terminan

La familia extensa

Típicamente, la familia latinoamericana es extensa; incluye no solamente a padres e hijos sino también a abuelos, tíos y primos en el seno familiar. Muchas veces hay tres generaciones que viven bajo el mismo techo, o que viven muy cerca, lo cual ofrece una oportunidad para el contacto diario e íntimo entre los jóvenes y los mayores. Normalmente, los ancianos son respetados por su edad y sabiduría y son considerados como una parte integrante de la familia, no como una carga.[2] Por otro lado, los niños no son el centro de toda la atención y aprenden desde muy jóvenes a respetar a los mayores. Cuando los padres salen a una fiesta, frecuentemente llevan a los niños consigo. Cuando eso no es apropiado, pueden dejarlos con los abuelos, un pariente o una empleada; a veces ésta es de tanta confianza que se considera como parte de la familia.

La familia extensa es de fundamental importancia social. Sirve como una fuente de apoyo moral al individuo, quien casi siempre puede contar con algún pariente para que lo aconseje o reconforte,[3] y tiene además la seguridad de saber que pertenece a un grupo que lo respalda.[4] Las frecuentes reuniones familiares refuerzan el sentido de aceptación, y dan afecto y significado a la vida individual.

Otra característica de la familia extensa es que ayuda mucho a sus miembros cuando buscan empleo, promoción o recomendaciones. Los negocios,

[2] obligación
[3] reanime espiritual o físicamente
[4] apoya

la política y varias otras empresas en América Latina todavía se conducen en su mayor parte según las normas del **personalismo.** Es decir que para un individuo, si un tío, cuñado, primo o amigo de su familia lo puede recomendar para un puesto, esto mejora significativamente su posibilidad de conseguirlo. Es que la palabra de un pariente vale mucho más que la de un desconocido. No queremos sugerir que el mérito individual y los procedimientos objetivos no sean importantes, porque lo son. Ni queremos implicar que las «conexiones» no sean muy ventajosas en cualquier otra sociedad, como, por ejemplo, en los EEUU. Lo que queremos señalar es que en América Latina el personalismo pesa más en la balanza.

El compadrazgo

La institución del compadrazgo es otro aspecto importante de la vida familiar. Mediante la misma, las personas que no se relacionan por la sangre o por el casamiento se incluyen como parte integral del círculo familiar. Por lo usual, son padrinos de los hijos de la familia, a quienes les dan regalos en los días de su santo y tienen atenciones especiales para con ellos. Un compadre o una comadre es una persona especial que está muy unida a la familia. Los compadres ayudan financiera y emocionalmente en los tiempos difíciles, y están presentes en toda ocasión o ceremonia familiar, desde los bautizos hasta los entierros.

El patriarcado

Como ya sabemos (ver Capítulo dos), la familia tradicional se caracteriza por el patriarcado—la subordinación de la esposa y de los hijos a la autoridad del esposo/padre y la definición estricta de los papeles sexuales y familiares. Se destaca la singular importancia de la mujer en el mantenimiento de la casa y la crianza y educación de los hijos, especialmente la educación religiosa. Por lo general, en tales familias, la mujer no trabaja fuera de la casa; por lo tanto, este arreglo tradicionalista se aplica sobre todo a las familias relativamente acomodadas.

La familia en cambio

El madresolterismo

La familia tradicional sigue intacta y fuerte en muchas partes de América Latina, principalmente entre las clases altas y medias de las provincias y de los pueblos rurales. Pero para millones de otras personas, la vida familiar significa algo radicalmente diferente. Por ejemplo, en las clases populares, tanto rurales como urbanas, las necesidades económicas son tales que frecuentemente el padre abandona sus responsabilidades para con la familia, especialmente en casos de libre unión, o sea cuando la pareja no está casada por la ley. El **madresolterismo** —la situación en que la madre no casada es responsable de los hijos— es, desafortunadamente, común en toda América Latina y se relaciona, entre otros factores, con el nivel socioeconómico inferior de las clases populares. El madresolterismo es un problema social de larga historia, principalmente en el campo, pero con el crecimiento rápido de las ciudades, es ahora un gran problema urbano también. Como ya hemos observado (ver Capítulo tres), muchas de las familias pobres de la ciudad suelen[5] consistir en una madre y varios hijos. Mujeres como Carolina María de Jesús pasan muchas horas trabajando o buscando trabajo para dar de comer a sus niños, los cuales raras veces están supervisados ni pueden asistir regularmente a la escuela. También, por razones de necesidad económica, éstos tienen que salir a trabajar a una tierna[6] edad, lo cual acorta la etapa de la niñez.

[5]acostumbran
[6]joven

Los jóvenes y la pobreza

Se calcula que dos tercios de la población de Latinoamérica viven en la pobreza y que el 40% de la población en su totalidad tiene menos de 15 años de edad. Si consideramos estos datos, podemos apreciar que una porción significativa de la población se compone de jóvenes de familias con privaciones[7] económicas. Estos carecen de una preparación mínima para superar[8] su situación, social y económicamente inferior. En el campo, los jóvenes tienen que ayudar a sus padres con su trabajo; para ellos, sería un lujo recibir más de unos pocos años de instrucción formal. En las ciudades grandes hay incluso jóvenes que viven en la calle, que

[7]carencias
[8]vencer, dejar atrás, salvar

no tienen hogar ni familia con la cual vivir. Estos se encuentran muy vulnerables al crimen y a las drogas. Desafortunadamente, su número está aumentando con la explosión demográfica, con la migración de gente rural y con la correspondiente incapacidad del estado para asimilarlos como parte productiva de la sociedad (ver Capítulo cuatro).

La familia urbana de clase media

No son las familias de las clases populares las únicas afectadas por los problemas económicos y los otros factores relacionados con la urbanización. Las familias de las clases medias también sienten agudamente estas presiones. El compás acelerado de la vida de la ciudad, su cualidad móvil y transitoria y las dificultades económicas alteran considerablemente la composición y los valores de la familia tradicional. Ahora, por ejemplo, muchas mujeres salen a trabajar, entre otras razones, para ayudar a preservar el nivel de clase media (ver Capítulo dos). Esto se hace cada vez más difícil porque el costo de la vida sigue elevándose aceleradamente. Cuando contribuye económicamente a la familia, la mujer tiende a compartir con su esposo las decisiones familiares. Esto afecta, claro está, la estructura patriarcal y disminuye la autoridad tradicional del hombre. Influye también en el número de hijos que la familia puede mantener adecuadamente (ahora unos dos o tres en vez de los cinco o seis de antes) y en la manera en que éstos se crían.

Valores en cambio

Estos cambios traen consigo cambios en los valores asociados usualmente con la familia. Tanto el hombre como la mujer se encuentran ahora ante un dilema entre las expectativas tradicionales y las realidades de hoy día. En muchos casos, este choque produce tensiones y confusión de papeles, algo que se relaciona con el aumento de los divorcios y de las separaciones legales dentro de los sectores medios. Es que muchas familias están tratando de acomodarse a una situación fluida en la cual los valores tradicionales ya no sirven, y los nuevos todavía no se han formulado. Parecen una excepción a esta observación las familias profesionales de la clase media alta. El nivel superior de educación, la expectativa, tanto del hombre como de la mujer, de seguir en sus carreras respectivas y la capacidad financiera de proveer para la crianza de sus hijos facilitan la cooperación conyugal y suavizan los conflictos. No obstante esto, tales familias representan una minoría muy pequeña dentro del contexto total, cuya gran mayoría ha caído víctima de una tasa de inflación agobiante.[a]

La familia extensa modificada

Aunque todavía no hay consenso entre los antropólogos sociales sobre si la familia urbana del grupo medio se está haciendo más nuclear, parece incontrovertible que ésta se encuentra físicamente cada vez más alejada[9] de sus familiares (ver Capítulo cuatro). Para evitar que se aflojen[10] los lazos familiares, y para recibir favores mutuos en cuanto al cuidado de los niños, las mujeres en particular se mantienen en contacto —por teléfono, reuniéndose a tomar un café y arreglando las relaciones sociales de la familia. Así la mujer sirve como «gerente social», o en el lenguaje de los sociólogos, como mujer «centralizadora», para mantener vivas las tradiciones familiares y adaptarlas a las nuevas circunstancias.[b] Mientras antes vivían bajo el mismo techo, ahora es más común que cada grupo nuclear mantenga su propia residencia, y que todos se reúnan frecuentemente en ocasiones especiales. La familia extensa «modificada» aquí descrita todavía puede hacer preparaciones satisfactorias, aunque inconvenientes, para la crianza de los niños, dejándolos con una empleada de confianza, o con una abuela o tía. Pero estas opciones casi no existen para muchas familias de los grupos obreros. Como resultado, en algunas ciudades se están construyendo centros infantiles donde se cuida a los niños de tales familias, pero son seriamente inadecuados para la demanda. Otra innovación es la construcción de hogares para los ancianos, en los cuales se cuida a los mayores, a quienes el estilo de vida y los pequeños apartamentos de sus hijos no les convienen. Aunque estas instituciones no son comunes, su existencia nos dice

[9] distanciada, separada
[10] debiliten, pierdan intensidad

---

[a] *1981 Statistical Yearbook, Annuaire Statistique* (New York: United Nations, 1983), págs. 169–177.
Partiendo de la base 1970 = 100, se puede ver la tasa de inflación para 1980 en las siguientes ciudades:

Santiago de Chile	419,601%
Buenos Aires	259,090%
Montevideo	13,007%
São Paulo	1,321%

[b] Larissa de Lomnitz and Marisol Pérez Lisaur, "The History of a Mexican Urban Family," *Journal of Family History,* III (Winter 1978), pp. 392–409.

bastante sobre los cambios que ocurren actualmente dentro de la familia urbana de los sectores medios.

Padres e hijos

Las relaciones entre padres e hijos reflejan lo ya expuesto.[11] Con la disminución de la autoridad exclusiva del padre, del número de hijos en la familia y del apoyo de la familia extensa, la familia actual gira en torno a los hijos mucho más que antes. Esto tiene sus ventajas, desde luego, pero a veces impone mucha presión en los jóvenes para salir bien en sus estudios, para dar validez a los sacrificios y las expectativas de los padres, y para garantizar que los hijos mantengan o mejoren su nivel social en una sociedad en donde la competencia es dura. Al mismo tiempo, los padres no han soltado del todo las riendas[12] tradicionales. Por una parte, quieren desarrollar en sus hijos los valores nuevos de la independencia, la competencia y el individualismo; por otra, quieren vigilar su vida social y sexual, decidir con quiénes salen y tener la última palabra en toda cuestión que concierna a su futuro. Obviamente, esta contradicción causa conflictos con los jóvenes, cuyos propios valores están también en estado de formación.

[11] dicho, expresado
[12] soltado. . . disminuido el control

La cultura de la juventud

Como consecuencia de éstos, y de otros factores interrelacionados, existe actualmente en América Latina, como en otros lugares, una «cultura de la juventud». En ella, los jóvenes buscan su identidad y autoafirmación principalmente dentro del grupo de sus semejantes. Esto no quiere decir que los jóvenes no se definan con respecto a sus padres, sino que buscan más la identificación con sus amigos. Se visten con «blue jeans» y camisetas universalmente de moda; prefieren la música internacional del «rock»; se comunican en su propia jerga[13] y se peinan según las normas aceptadas por el grupo. La búsqueda de la identidad a través del grupo, y el deseo de adquirir ciertos bienes que signifiquen status dentro de él, se combinan para hacer de estos jóvenes un mercado muy lucrativo para la propaganda comercial de la sociedad de consumo. En América Latina como en los EEUU, por ejemplo, la cultura de la juventud es a la vez un culto a la juventud, desde el punto de vista materialista. Es importante reconocer que este modo de ser de los jóvenes, y el consumismo concomitante, implican una extensa fluctuación en los valores de la familia urbana de los sectores medios.

[13] lenguaje informal de una misma clase o grupo

Los niños de América Latina, como estos niños nicaragüenses del campo, esperan tener un futuro mejor que el de sus padres. (© *Miriam Lazo Laguna*)

Retrato familiar

En resumen, la familia patriarcal y la extensa siguen muy fuertes en América Latina.[c] También continúa fuerte la institución del compadrazgo. Sin embargo, por importantes que sean, representan solamente un fragmento del retrato familiar. Para lograr la visión multidimensional necesaria, hay que tomar en cuenta también la figura de la madre soltera, la del joven *declassé* de la ciudad y del campo, y la de la familia urbana de las clases medias, incluyendo a sus hijos. Tal vez sean los jóvenes los que deban ocupar el primer plano del cuadro, por ser tan numerosos y por ser los creadores de la pintura familiar del futuro. Entretanto, nuestro retrato se pinta con colores diferentes y contrastantes, con ángulos agudos, y con figuras geométricas que muchas veces entran en colisión. Es una imagen que, según la perspectiva del observador, o capta la vitalidad y la fluidez o el conflicto en el tema de la familia —tradición y cambio.

---

[c] Con fines analíticos, se distingue aquí entre la familia patriarcal y la extensa, aunque tradicionalmente han estado ambas íntimamente entrelazadas.

GABRIELA MISTRAL (*1889–1957*)

De familia humilde, sangre mezclada y orígenes rurales, Gabriela Mistral llegó a ser, en 1945, la primera mujer y el primer escritor latinoamericano en ganar el Premio Nobel de Literatura. Nacida en el aislado y remoto valle de Elqui en el sur de Chile, fue nombrada cónsul chilena en varias ciudades cosmopolitas del mundo. No obstante su renombre internacional, Mistral siempre se identificaba con la gente humilde y especialmente con la mujer rural e india. Su poesía expresa los valores y las experiencias de su vida. Trata los temas del amor, la naturaleza, la vida espiritual, la maternidad, el panamericanismo y el sufrimiento amargo. En un estilo simple, sin adornos, directo y a veces áspero, Mistral comunica nítidamente[1] las emociones elementales de la vida.

Una característica sobresaliente de su obra es la exaltación de la maternidad. Aunque Mistral nunca se casó ni tuvo hijos propios, adoptó a su sobrino, quien tristemente se suicidó a la edad de quince años. Sea por su tragedia personal o por la fuerte espiritualidad que infunde[2] a toda su obra, Mistral elogia a la madre. Para ella, la madre es la fuente de todo sentido y afecto en la vida —es el eje[3] emocional de la familia; la que transmite los valores eternos; la que expresa en su ser el ritmo creativo de la naturaleza, o sea, el principio femenino que rige[4] el cosmos. En el siguiente poema en prosa, que Mistral escribió a su propia madre desde México, vemos el poder trascendental[5] de la figura de la madre y el papel femenino tradicional por el que Mistral abogaba.[6]

[1] claramente
[2] comunica, inspira
[3] centro
[4] gobierna
[5] de gran importancia
[6] defendía, favorecía

Recuerdo de la madre ausente
(*fragmento*)

Madre: en el fondo de tu vientre se hicieron en silencio mis ojos, mi boca, mis manos. Con tu sangre más rica me regabas[7] como el agua a las papillas del jacinto,[8] escondidas bajo la tierra. Mis sentidos son tuyos, y con éste como préstamo de tu carne ando por el mundo. Alabada[9] seas por todo el esplendor de la tierra que entra en mí y se enreda[10] en mi corazón.

*

Madre: Yo he crecido, como un fruto en la rama espesa,[11] sobre tus rodillas. Ellas llevan todavía la forma de mi cuerpo; otro hijo no te la ha borrado.

[7] nutrías
[8] *hyacinth*
[9] glorificada
[10] mezcla, envuelve
[11] densa

Tanto te habituaste a mecerme,[12] que cuando yo corría por los caminos quedabas allí, en el corredor de la casa, como triste de no sentir mi peso.

No hay ritmo más suave, entre los cien ritmos derramados[13] por el *primer músico,* que ese de tu mecedora,[14] madre, y las cosas plácidas que hay en mi alma se cuajaron[15] con ese vaivén[16] de tus brazos y tus rodillas.

Y a la par[17] que mecías me ibas cantando, y los versos no eran sino palabras juguetonas, pretextos para tus *mimos.*[18]

En esas canciones tú me nombrabas las cosas de la tierra: los cerros, los frutos, los pueblos, las bestiecitas del campo, como para domiciliar[19] a tu hija en el mundo, como para enumerarle los seres de la familia; ¡tan extraña!, en que la habían puesto a existir.

*

Y así, yo iba conociendo tu duro y suave universo: no hay palabrita nombradora de las criaturas que no aprendiera de ti. Las maestras sólo usaron después de los nombres hermosos que tú ya habías entregado.

Tú ibas acercándome, madre, las cosas inocentes que podía coger sin herirme; una hierbabuena[20] del huerto,[21] una piedrecita de color, y yo palpaba en ellas la amistad de las criaturas. Tú, a veces, me comprabas y otras me hacías, los juguetes: una muñeca de ojos muy grandes como los míos, la casita que se desbarataba[22] a poca costa. . .[23] Pero los juguetes muertos yo no los amaba, tú te acuerdas: el más lindo era para mí tu propio cuerpo.

Yo jugaba con tus cabellos como con hilillos de agua escurridizos,[24] con tu barbilla[25] redonda, con tus dedos, que trenzaba[26] y destrenzaba. Tu rostro inclinado era para tu hija todo el espectáculo del mundo. Con curiosidad miraba tu parpadear[27] rápido y el juego de la luz que se hacía dentro de tus ojos verdes; ¡y aquello tan extraño que solía pasar sobre tu cara cuando eras desgraciada, madre!

Sí, todito mi mundo era tu semblante;[28] tus mejillas, como la loma color de miel, y los surcos[29] que la pena cavaba[30] hacia los extremos de la boca, dos pequeños vallecitos tiernos. Aprendí las formas mirando tu cabeza: el temblor de la hierbecitas en tus pestañas y el tallo[31] de las plantas en tu cuello, que, al doblarse hacia mí, hacía un pliegue[32] lleno de intimidad.

Y cuando ya supe caminar de la mano tuya, apegadita cual un pliegue vivo de tu falda,[33] salí a conocer nuestro valle.

*

Los padres están demasiado llenos de afanes[34] para que puedan llevarnos de la mano por un camino o subirnos las cuestas.[35]

Somos más hijos tuyos; seguimos ceñidos[36] contigo, como la almendra[37] está ceñida en su vainita[38] cerrada. Y el cielo más amado por nosotros no es aquel de las estrellas límpidas y frías, sino el otro de los ojos vuestros, tan próximos, que se puede besar sobre su llanto.

El padre anda en la locura heroica de la vida y no sabemos lo que es su día. Sólo vemos que por las tardes vuelve y suele dejar en la mesa una parvita[39] de frutos, y vemos que os entrega a vosotras para el ropero familiar los lienzos[40] y las franelas[41] con que nos vestís. Pero la que monda[42] los frutos para la

[12] moverme en tus brazos
[13] vertidos, esparcidos
[14] silla de brazos que se mece, se mueve
[15] juntaron, unieron
[16] movimiento
[17] a. . . a la vez
[18] cariños, demostraciones expresivas de amor
[19] orientar, darle un lugar
[20] planta de olor de menta
[21] jardín
[22] deshacía, descomponía
[23] a. . . muy fácilmente
[24] *slippery*
[25] *chin*
[26] entretejía, *braided*
[27] abrir y cerrar los ojos
[28] cara, rostro
[29] hendeduras, señales, arrugas
[30] abría
[31] parte de la planta que sirve de sostén a las hojas, flores y frutos
[32] *fold, pleat*
[33] apegadita. . . tan cerca que era como parte de tu ropa
[34] trabajo
[35] cerritos, colinas
[36] rodeados
[37] *almond*
[38] cascarita
[39] cantidad pequeña
[40] telas (para hacer ropa)
[41] tejidos finos de lana
[42] quita la cáscara a las frutas

boca del niño y los exprime[43] en la siesta calurosa eres tú, madre. Y la que corta la franela y el lienzo en piececitas, y las vuelve un traje amoroso que se apega bien a los costados friolentos del niño, eres tú, madre pobre, *¡la ternísima!*

Ya el niño sabe andar, y también junta palabritas como vidrios de colores. Entonces tú le pones una oración leve[44] en medio de la lengua, y allí se nos queda hasta el último día. Esta oración es tan sencilla como la espadaña[45] del lirio. Con ella, ¡tan breve!, pedimos cuanto se necesita para vivir con suavidad y transparencia sobre el mundo: se pide el pan cotidiano, se dice que los hombres son hermanos nuestros y se alaba[46] la voluntad vigorosa del Señor.

Y de este modo, la que nos mostró la tierra como un lienzo extendido, lleno de formas y colores, nos hace conocer también al Dios escondido.

*

Yo era una niña triste, madre, una niña huraña[47] como son los grillos[48] oscuros en el día, como es el lagarto[49] verde, bebedor del sol. Y tú sufrías de que tu niña no jugara como las otras, y solías decir que tenía fiebre cuando en la viña[50] de la casa la encontrabas conversando con las cepas[51] retorcidas y con un almendro esbelto[52] y fino que parecía un niño embelesado.[53]

Ahora está hablando así también contigo, que no le contestas; y si tú la vieses le pondrías la mano en la frente, diciendo como entonces: «Hija, tú tienes fiebre».

*

Todos los que vienen después de ti, madre, enseñan sobre lo que tú enseñaste y dicen con muchas palabras cosas que tú decías con poquitas; cansan nuestros oídos y nos empañan[54] el gozo de oír *contar*. Se aprendían las cosas con más levedad[55] estando tu niñita bien acomodada sobre tu pecho. Tú ponías la enseñanza sobre ésa como cera[56] dorada del cariño; no hablabas por obligación, y así no te apresurabas, sino por necesidad de derramarte hacia tu hijita. Y nunca le pediste que estuviese quieta y tiesa[57] en una banca dura, escuchándote. Mientras te oía, jugaba con la vuelta de tu blusa o con el botón de concha de perla[58] de tu manga. Y éste es el único aprender deleitoso[59] que yo he conocido, madre.

*

Después, yo he sido una joven, y después una mujer. He caminado sola, sin el arrimo[60] de tu cuerpo, y sé que eso que llaman la libertad es una cosa sin belleza. He visto mi sombra caer, fea y triste, sobre los campos sin la tuya, chiquitita, al lado. He hablado también sin necesitar tu ayuda. Y yo hubiera querido que, como antes, en cada frase mía estuvieran tus palabras ayudadoras para que lo que iba diciendo fuese como una guirnalda[61] de las dos.

Ahora yo te hablo con los ojos cerrados, olvidándome de donde estoy, para no saber que estoy tan lejos; con los ojos apretados, para no mirar que hay un mar tan ancho entre tu pecho y mi semblante. Te converso cual si estuviera tocando tus vestidos; tengo las manos un poco entreabiertas y creo que la tuya está cogida.

[43] extrae el líquido
[44] delicada
[45] parte de la flor que es semejante a una espada
[46] elogia
[47] que se esconde de la gente
[48] *crickets*
[49] *lizard*
[50] terreno plantado de uvas
[51] tronco de la planta que da uvas
[52] delgado y alto
[53] encantado, como hipnotizado
[54] quitan el brillo, oscurecen
[55] delicadeza, gracia
[56] sustancia blanda y moldeable
[57] rígida, tensa
[58] concha. . . madre-perla
[59] que causa placer
[60] apoyo, ayuda
[61] corona tejida de flores

Ya te lo dije: llevo el préstamo de tu carne, hablo con los labios que me hiciste y miro con tus ojos las tierras extrañas. Tú ves por ellos también las frutas del trópico —piña grávida[62] y exhalante[63] y la naranja de luz. Tú gozas con mis pupilas el contorno de estas otras montañas, ¡tan distintas de la montaña desollada[64] bajo la cual tú me criaste! Tú escuchas por mis oídos el habla de estas gentes,[a] que tienen el acento más dulce que el nuestro, y las comprendes y las amas; y también te laceras[65] en mí cuando la nostalgia en algún momento es como una quemadura y se me quedan los ojos abiertos y sin ver sobre el paisaje mexicano.

*

Gracias en este día y en todos los días por la capacidad que me diste de recoger la belleza de la tierra, como un agua que se recoge con los labios, y también por la riqueza de dolor que puedo llevar en la hondura de mi corazón, sin morir.

Para creer que me oyes he bajado los párpados y arrojo[66] de mí la mañana, pensando que a esta hora tú tienes la tarde sobre ti. Y para decirte lo demás, que se quiebra en las palabras, voy quedándome en silencio. . .

[62] pesada como si estuviera encinta
[63] que despide aroma
[64] pelada (sin vegetación)
[65] sientes dolor
[66] echo, despido

Para verificar su comprensión

Complete las siguientes frases con la respuesta más apropiada.

1. Mistral compara a su mamá con la naturaleza, y se compara a sí misma con
   a. las plantas nutridas por la tierra.
   b. el río que da agua.
   c. el esplendor de la tierra.

2. En la mecedora de la mamá, Mistral
   a. dormía a gusto.
   b. cantaba sobre las cosas plácidas.
   c. sentía el ritmo de la vida.

3. Las canciones de la mamá
   a. hacían dormir a Mistral.
   b. le enseñaban del mundo a Mistral.
   c. reconfortaban a Mistral.

---

[a] Se refiere aquí a los mexicanos. Mistral escribió este poema en prosa durante su estancia en México (1921–23), adonde fue invitada por el Ministro de Educación, José Vasconcelos, para participar en la reforma del sistema de educación mexicano.

4. La mamá le enseña sobre la tierra, y mediante esto, sobre
   a. las ciencias naturales.
   b. la hermandad.
   c. el Dios escondido.

5. A través de este poema en prosa, Mistral
   a. conversa nostálgicamente con su madre.
   b. reconoce la influencia del trópico en sus emociones.
   c. se desahoga del sentido de culpa que siente hacia su madre.

Interpretación de la lectura

1. Mistral traza un vínculo bello y directo entre la madre y la naturaleza. Descríbalo, dando su propia interpretación del lenguaje poético de la autora.
2. ¿Por qué dice Mistral de su madre que «todito mi mundo era tu semblante»?
3. ¿Cómo es que la madre hace que la niña conozca a Dios?
4. Mistral establece una comparación entre su madre y las maestras que le enseñaron en la escuela. ¿Qué quiere decir con esta comparación?
5. ¿Cómo es que Mistral se siente todavía tan unida a la madre, a pesar de los años y de la distancia?
6. ¿Cuál es el regalo de su madre que Mistral más aprecia?

Tema escrito

¿Cree Ud. que esta lectura nos enseña algo sobre la relación entre madre e hija en América Latina? ¿Entre madre e hija en otras partes del mundo? ¿Por qué?

Para comentar

Mistral dice de los hijos latinoamericanos: «Somos más hijos tuyos», o sea, que son más de las madres que de los padres. ¿Qué piensa Ud. de esta afirmación?

DOMITILA BARRIOS DE CHUNGARA
(*1937–*   )

Nacida y criada en un pueblo minero en lo alto de los Andes bolivianos, Domitila Barrios de Chungara ha conocido íntimamente la privación y la lucha por la sobrevivencia. Consciente de lo que es la pobreza por su pasado personal, se ha dedicado a mejorar las condiciones de vida y de trabajo de los mineros bolivianos, quienes llevan una existencia extremadamente penosa. A través del organismo que ella misma fundó, el Comité de Amas de Casa del Siglo XX (nombre de la comunidad en que vive), Barrios de Chungara ha tomado parte muy activa en la campaña para conseguir mejoras socioeconómicas para las mujeres y para las familias mineras. En este fragmento de testimonio, relatado a la antropóloga brasileña Moema Viezzer, la autora habla de su niñez pobre, de su responsabilidad de cuidar a sus hermanitas después de la muerte de su mamá, de sus sacrificios para educarse y de lo que significaba la vida familiar para una joven de la clase obrera rural.

Si me permiten hablar (*fragmento*)

Bueno, en el 54[1] me fue difícil regresar a la escuela después de las vacaciones, porque nosotros teníamos una vivienda que consistía en una pieza[2] pequeñita donde no teníamos ni patio y no teníamos dónde ni con quiénes dejar a las wawas.[3] Entonces consultamos al director de la escuela y él dio permiso para llevar a mis hermanitas conmigo. El estudio se hacía por las tardes y por las mañanas. Yo tenía que combinar todo: casa y escuela. Entonces yo llevaba a la más chiquita cargada[4] y a la otra agarrada de la mano y Marina llevaba las mamaderas[5] y las mantillas[6] y mi hermana la otrita llevaba los cuadernos. Y así todas nos íbamos a la escuela. En un rincón teníamos un cajoncito donde dejábamos a la más chiquita mientras seguíamos estudiando. Cuando lloraba, le dábamos su mamadera. Y mis otras hermanitas allí andaban de banco en banco. Salía de la escuela, tenía que cargarme la niñita, nos íbamos a la casa y tenía yo que cocinar, lavar, planchar, atender a las wawas. Me parecía muy difícil todo eso. ¡Yo deseaba tanto jugar! Y tantas otras cosas deseaba, como cualquier niña.

Dos años después, ya la profesora no me dejó llevar a mis hermanitas porque ya metían bulla.[7] Mi padre no podía pagar a una sirvienta, pues no le alcanzaba su sueldo ni para la comida y la ropa de nosotras. En la casa, por

[1] el año 1954
[2] cuarto, sala
[3] palabra quechua que significa «bebé»
[4] en brazos
[5] botellas para darle leche a un bebé
[6] piezas de tela con que se envuelve a los niños
[7] metían. . . hacían ruido

Esta escena que muestra la adaptación al mundo moderno y la conservación del modo de ser tradicional debe haberle sido familiar a Domitila Barrios de Chungara. (© *Ulrike Welsch*)

ejemplo, yo andaba siempre descalza;[8] usaba los zapatos solamente para ir a la escuela. Y eran tantas cosas que tenía que hacer y era tanto el frío que hacía en Pulacayo que se me reventaban[9] las manos y me salía mucha sangre de las manos y de los pies. La boca, igual, se me rajaban[10] los labios. De la cara también salía sangre. Es que no teníamos suficientes prendas de abrigo.[11]

Bueno, como la profesora me había dado aquella orden, entonces yo empecé a irme sola a la escuela. Echaba llave[12] a la casa y tenían que quedarse las wawas en la calle, porque la vivienda era oscura, no tenía ventana y les daba mucho terror cuando se la cerraba. Era como una cárcel, solamente con una puerta. Y no había dónde dejar a las chicas, porque en ese entonces vivíamos en un barrio de solteros, donde no había familias, puros hombres vivían en ahí.

Entonces mi padre me dijo que dejara la escuela, porque ya sabía leer y leyendo podía aprender otras cosas. Pero yo no acepté y me puse fuerte[13] y seguí yendo a clases.

Y resulta que un día la chiquita comió ceniza de carburo[14] que había en el basurero, ese carburo que sirve para encender las lámparas. Sobre esa ceniza habían echado comida y mi hermanita, de hambre, creo yo, se fue a comer de allí. Le dio una terrible infección intestinal y luego se murió. Tenía tres años.

[8] sin zapatos
[9] abría la piel
[10] reventaban
[11] prendas. . . para el frío
[12] Echaba. . . Cerraba con llave
[13] firme
[14] combinación de carbono con otro elemento

Yo me sentí culpable de la muerte de mi hermanita y andaba muy muy deprimida. Y mi padre mismo me decía que esto había ocurrido porque yo no había querido quedarme en casa con las wawas. Como yo había criado a ésta mi hermanita desde que nació, eso me causó un sufrimiento muy grande.

Y desde entonces comencé a preocuparme mucho más por mis hermanitas. Mucho más. Cuando hacía mucho frío, y no teníamos con qué abrigarnos,[15] yo agarraba los trapos[16] viejos de mi padre y con eso las abrigaba, les envolvía sus pies, su barriga.[17] Las cargaba, trataba de distraerlas. Me dediqué completamente a las niñas.

Mi padre gestionó[18] en la empresa minera de Pulacayo para que le dieran una vivienda con patiecito, porque era muy difícil vivir donde estábamos. Y el gerente, a quien mi papá le arreglaba[19] sus trajes, ordenó que le dieran una vivienda más grande con un cuarto, una cocina y un corredorcito donde se podía dejar a las chicas. Y fuimos a vivir en un barrio que era campamento,[20] donde la mayoría de las familias eran de obreros de las minas.

Sufríamos hambre a veces y no nos satisfacían los alimentos porque era poco lo que podía comprar mi papá. Ha sido duro vivir con privaciones y toda clase de problemas cuando pequeñas. Pero eso desarrolló algo en nosotras: una gran sensibilidad, un gran deseo de ayudar a toda la gente. Nuestros juegos de niños siempre tenían algo relacionado con lo que vivíamos y con lo que deseábamos vivir. Además, en el transcurso de nuestra infancia habíamos visto eso: mi madre y mi padre, a pesar de que teníamos tan poco, siempre estaban ayudando a algunas familias de Pulacayo. Entonces, cuando veíamos pobres por la calle mendigando, yo y mis hermanas nos poníamos a soñar. Y soñábamos que un día íbamos a ser grandes, que íbamos a tener tierras, que íbamos a sembrar y que a aquellos pobres les íbamos a dar de comer. Y si alguna vez nos sobraba[21] un poco de azúcar o de café o de alguna otra cosa y oíamos un ruido, decíamos: «De repente aquí está pasando un pobre. Mira, aquí hay un poquito de arroz, un poquito de azúcar». Y lo amarrábamos[22] a un trapo y . . . «¡pá!. . .» lo echábamos a la calle para que algún pobre lo recoja. Una vez ocurrió que le tiramos a mi papá su café cuando volvía del trabajo. Y cuando entró a la casa nos regañó mucho y nos dijo: «¿Cómo pueden ustedes estar desechando[23] lo poco que tenemos? ¿Cómo van a despreciar[24] lo que tanto me cuesta ganar para ustedes?» Y bien nos pegó.[25] Pero eran cosas que se nos ocurrían, pensábamos que así podríamos ayudar a alguien, ¿no?

Y bueno, así era nuestra vida. Yo tenía entonces 13 años. Mi padre siempre insistía en que no debía seguir en la escuela. Pero yo le iba rogando, rogando, y seguía yendo. Claro, siempre me faltaba material escolar. Entonces, algunos maestros me comprendían, otros no. Y por eso me pegaban, terriblemente me pegaban porque yo no era buena alumna.

El problema es que habíamos hecho un trato[26] mi papá y yo. El me había explicado que no tenía dinero, que no me podía comprar material, que no

[15] protegernos del frío
[16] pedazos de tela vieja
[17] vientre, abdomen
[18] pidió
[19] cosía, reparaba
[20] instalación temporaria
[21] teníamos más de lo necesario
[22] atábamos, sujetábamos
[23] descartando, tirando
[24] desdeñar, no apreciar
[25] dio golpes
[26] acuerdo, pacto

podía dar nada para la escuela. Y yo le prometí entonces que no le iba a pedir nada para la escuela. Y de ahí que me arreglaba[27] como podía. Y por eso tenía yo problemas.

En el sexto curso tuve como profesor a un gran maestro que me supo comprender. Era un profesor bastante estricto, y los primeros días que yo no llevé el material completo, me castigó bien severamente. Un día me jaló[28] de los cabellos, me dio palmadas,[29] y, al final, me botó[30] de la escuela. Tuve que irme a la casa, llorando. Pero al día siguiente, volví. Y de la ventana miraba lo que estaban haciendo los chicos.

En uno de esos momentos, el profesor me llamó:

—Seguramente no ha traído su material —me dijo. Yo no podía contestar y me puse a llorar.

—Entre. Ya pase, tome su asiento. Y a la salida se ha de quedar usted.

Para ese momento, una de las chicas ya le había avisado que yo no tenía mamá, que yo cocinaba para mis hermanitas y todo eso.

A la salida me quedé y entonces él me dijo:

—Mira, yo quiero ser tu amigo, pero necesito que me digas qué pasa con vos.[31] ¿Es cierto que no tienes tu mamá?

—Sí, profesor.

—¿Cuándo se murió?

—Cuando estaba todavía en el primer curso.

—Y tu padre, ¿dónde trabaja?

—En la policía minera, es sastre.[32]

—Bueno, ¿qué es lo que pasa? Mira, yo quiero ayudarte, pero tienes que ser sincera. ¿Qué es lo que pasa?

Yo no quería hablar, porque pensé que iba a llamar a mi padre como algunos profesores lo hacían cuando estaban enojados. Y yo no quería que lo llamara, porque así había sido mi trato con él: de no molestarlo y no pedirle nada. Pero el profesor me hizo otras preguntas y entonces le conté todo. También le dije que podía hacer mis tareas, pero que no tenía mis cuadernos, porque éramos bien pobres y mi papá no podía comprar y que, años atrás, ya mi papá me había querido sacar de la escuela porque no podía hacer ese gasto más. Y que con mucho sacrificio y esfuerzo había yo podido llegar hasta el sexto curso. Pero no era que mi papá no quisiera, sino porque no podía. Porque, incluso, a pesar de toda la creencia que había en Pulacayo de que a la mujer no se le debía enseñar a leer, mi papá siempre quiso que supiéramos por lo menos eso.

Sí, mi papá siempre se preocupó por nuestra formación. Cuando murió mi mamá, la gente nos miraba y decía: «Ay, pobrecitas, cinco mujeres, ningún varón. . . ¿Para qué sirven?. . . Mejor si se mueren». Pero mi papá muy orgulloso decía: «No, déjenme a mis hijas, ellas van a vivir». Y cuando la gente trataba de acomplejarnos[33] porque éramos mujeres y no servíamos para gran cosa, él nos decía que todas las mujeres tienen los mismos derechos que los hombres. Y decía que nosotras podíamos hacer las hazañas[34]

[27] manejaba
[28] tiró
[29] dio. . . golpeó con la palma de la mano
[30] arrojó, echó afuera
[31] contigo
[32] persona que se dedica a hacer trajes para hombre
[33] hacernos sentir inferiores
[34] acciones ilustres

que hacen los hombres. Nos crió siempre con esas ideas. Sí, fue una disci- | [35] nos. . . nos entendía-
plina muy especial. Y todo eso fue muy positivo para nuestro futuro. Y de ahí | mos perfectamente
que nunca nos consideramos mujeres inútiles.

El profesor comprendía todo esto, porque yo le contaba. E hicimos un trato de que yo le iba a pedir todo el material de que necesitaba. Y desde ese día nos llevábamos a las mil maravillas.[35] Y el profesor nos daba todo el material que necesitábamos yo y mis hermanitas más. Y así pude terminar mi último año escolar. . .

Para verificar su comprensión

Responda a cada pregunta con una o dos frases breves.

1. ¿Cómo combinaba la autora la vida de la casa y de la escuela?
2. ¿Qué hizo Barrios de Chungara cuando no pudo continuar llevando a sus hermanitas a la escuela?
3. Dice Barrios de Chungara que el hambre desarrolló en ella una gran sensibilidad. ¿Cómo?
4. ¿Cuál era el trato que hicieron la autora y su papá?
5. ¿Qué dificultades le causó el pacto a la autora?
6. ¿Qué hizo el maestro de Barrios de Chungara para ayudarla a resolver sus problemas?
7. ¿Por qué decían los vecinos que era una lástima que el papá tuviera «cinco mujeres, ningún varón»?

Interpretación de la lectura

1. ¿Por qué se sentía culpable la autora por la muerte de su hermanita? ¿La considera culpable usted?
2. Si el papá de Barrios de Chungara realmente cree que las mujeres «tienen los mismos derechos que los hombres», ¿cómo se explica su actitud respecto a la determinación de su hija de educarse?
3. ¿Cree Ud. que si la autora hubiera sido *hijo* mayor en vez de *hija* mayor sus responsabilidades familiares y sus oportunidades para desenvolverse habrían sido diferentes? ¿Por qué?
4. En su opinión, ¿resolvió la autora satisfactoriamente el conflicto que se le presentaba al tener que elegir entre sus obligaciones domésticas y su deseo de superarse?

Comparaciones

1. Basándose en lo que ya sabemos de Mistral y de su actitud hacia la vida familiar, ¿qué opinaría ella de Barrios de Chungara, y viceversa?
2. En la vida de Carolina de Jesús (ver Capítulo tres) y en la de Domitila Barrios de Chungara vemos la misma tenacidad y dedicación obsesiva por alcanzar una sola meta—la de superarse, suceda lo que suceda. Compare los medios con que cada una contaba para su vida familiar cotidiana y la función que cumplía para cada una su obstinada determinación.

CLARICE LISPECTOR (*1924–1977*)

La cuentista y novelista brasileña Clarice Lispector ha sido aplaudida internacionalmente por sus penetrantes obras psicológicas y existencialistas. Estas captan en un inimitable lenguaje poético las «pequeñas epifanías» o momentos de revelación que experimentamos en la vida, pero que raras veces podemos conservar. Por lo usual, Lispector escribe sobre la vida interior del individuo urbano ensimismado[1] y su enajenación de la sociedad circundante. Frecuentemente, su protagonista es la mujer de clase media que se siente atrapada[2] en una situación doméstica sin sentido y que vive dependiente de su esposo y familia, sin voluntad propia. En términos generales, Lispector se ocupa de la incapacidad del ser moderno de salir de sí mismo, de tratarse con los otros y de relacionarse con el mundo exterior. Si el individuo logra conocerse y abrirse, es una experiencia algo momentánea y medrosa.[3] Después, se encierra otra vez en el capullo[4] protector de su rutina diaria, familiar e insignificante. En su popular cuento «Feliz cumpleaños», el cual fue presentado en la televisión brasileña, Lispector habla con ironía de las relaciones familiares, contrastando lo que son para ella con lo que fingimos[5] que son.

[1] encerrado, concentrado en sí mismo
[2] prisionera
[3] llena de miedo
[4] cubierta
[5] aparentamos, simulamos

Guía de prelectura

En «Feliz cumpleaños» Lispector desenmascara[6] las pretensiones, la hipocresía y el resentimiento que a su parecer constituyen las pasiones que están escondidas en

[6] descubre, revela

el fondo de las relaciones familiares. En las primeras páginas del cuento, la autora comienza por pintar un retrato de la dinámica sicológica entre los miembros de una familia en Brasil.

En los dos primeros párrafos se habla de una de las nueras[7] (la de Olaria) y de sus razones para asistir a la fiesta de cumpleaños. También se explica por qué no ha venido su esposo. En el tercer párrafo se presenta a la nuera de Ipanema. Lea Ud. estos tres párrafos y describa la relación entre las dos nueras. ¿Se llevan bien? Haciendo conjeturas basadas en lo que ha leído en estos tres párrafos, ¿cómo cree Ud. que serán las relaciones entre los otros miembros de esta familia?

[7]*daughters-in-law*

Feliz cumpleaños

La familia fue llegando poco a poco. Los que vinieron de Olaria estaban muy bien vestidos porque la visita significaba al mismo tiempo un paseo a Copacabana. La nuera de Olaria apareció vestida de azul marino, con adornos de «pailletés»[8] y un drapeado que disfrazaba la barriga sin faja.[9] El marido no vino por razones obvias: no quería ver a los hermanos. Pero había mandado a la mujer para que no parecieran rotos todos los lazos, y ella venía con su mejor vestido para demostrar que no precisaba de ninguno de ellos, acompañada de tres hijos: dos niñas a las que ya les estaba naciendo el pecho, infantilizadas con volados[10] color rosado y enaguas almidonadas[11] y el chico acobardado por el traje nuevo y la corbata.

Como Zilda —la hija con la que vivía quien cumplía años— había dispuesto sillas unidas a lo largo de las paredes, como en una fiesta en la que se va a bailar, la nuera de Olaria, después de saludar con la cara adusta[12] a los de la casa, se apoltronó[13] en una de las sillas y enmudeció, la boca apretada, manteniendo su posición de ultrajada.[14] «Vine por no dejar de venir», había dicho a Zilda, sentándose en seguida, ofendida. Las dos muchachitas de color rosado y el chico, amarillos y muy peinados, no sabían muy bien qué actitud tomar y se quedaron de pie al lado de la madre, impresionados con su vestido azul marino y los «pailletés».

Después vino la nuera de Ipanema con dos nietos y la niñera.[15] El marido vendría después. Y como Zilda —la única mujer entre todos los hermanos y la única que, estaba decidido desde hacía años, tenía espacio y tiempo para alojar[16] a la del cumpleaños—, como Zilda estaba en la cocina ultimando[17] con la sirvienta las croquetas y sándwiches, quedaron: la nuera de Olaria

[8]*braided cord piping*
[9]un. . . *hanging folds of cloth that hid her girdleless belly*
[10]*ruffles*
[11]enaguas. . . *starched petticoats*
[12]austera, rígida
[13]se sentó
[14]injuriada, maltratada
[15]empleada que cuida a los niños
[16]hospedar, albergar
[17]terminando de preparar

Esta familia hispana en Nueva York disfruta de una fiesta de
cumpleaños, a diferencia de la familia descrita por Clarice Lispector.
(© *Barbara Rios/Photo Researchers*)

muy dura, con sus hijos de corazón inquieto a su lado; la nuera de Ipanema
en la fila opuesta de las sillas fingiendo ocuparse del bebé para no encarar[18]
a la concuñada[19] de Olaria; la niñera, ociosa[20] y uniformada, quedó con la
boca abierta.

Y a la cabecera de la mesa grande la del cumpleaños, que ese día festejaba
sus ochenta y nueve años.

Zilda, la dueña de casa, había arreglado la mesa temprano, llenándola de
servilletas de papel de colores y vasos de papel alusivos a la fecha, esparciendo[21] globos colgados del techo en algunos de los cuales estaba escrito:
«Happy Birthday!», en otros: «¡Feliz cumpleaños!» En el centro había dispuesto la enorme torta. Para adelantar el expediente,[22] había arreglado la
mesa después del almuerzo, apoyando las sillas a la pared, y mandando a los
chicos a jugar en la casa del vecino para que no desarreglaran la mesa.

Y, para adelantar siempre el expediente, había vestido a la festejada[23] después del almuerzo. Desde entonces le había puesto la presilla[24] con el
broche alrededor del cuello, esparciendo por arriba un poco de agua de
Colonia para disfrazarle[25] aquel olor a encierro,[26] y la había sentado a la
mesa. Y desde las dos de la tarde quien cumplía años estaba sentada a la cabecera de la ancha mesa vacía, tiesa[27] en la sala silenciosa.

[18] ponerse cara a cara
[19] esposa del cuñado
[20] desocupada
[21] poniendo en varios lugares
[22] adelantar. . . acelerar las cosas
[23] homenajeada
[24] cordón en forma de lazo con que se prende algo
[25] cubrirle, esconderle
[26] olor a. . . olor a cosas viejas, guardadas por mucho tiempo
[27] rígida, tensa

De vez en cuando, consciente de las servilletas de colores. Mirando curiosa a uno u otro globo que los coches que pasaban hacían estremecer.[28] Y de vez en cuando aquella angustia muda: cuando seguía, fascinada e impotente, el vuelo de la mosca en torno a la torta.

Hasta que a las cuatro horas había entrado la nuera de Olaria y después la de Ipanema.

Cuando la nuera de Ipanema pensó que no soportaría[29] ni un minuto más la situación de estar sentada en frente de la concuñada de Olaria —que ahíta[30] de las ofensas pasadas no veía motivos para apartar los ojos desafiantes[31] de la nuera de Ipanema— entraron finalmente José y la familia. Y apenas ellos se besaban cuando ya la sala comenzó a llenarse de gente, que ruidosamente se saludaba como si todos hubiesen esperado abajo el momento de, sofocados por el atraso, subir los tres descansos de la escalera,[32] hablando, arrastrando[33] criaturas sorprendidas, llenando la sala, e inaugurando la fiesta.

Los músculos del rostro de la agasajada[34] no la interpretan más, de modo que nadie sabe si ella está alegre. Estaba puesta a la cabecera. Se trataba de una anciana grande, delgada, imponente y morena. Parecía hueca.[35]

—¡Ochenta y nueve años, sí señor! —dijo José, el hijo mayor ahora que había fallecido[36] Jonga—. ¡Ochenta y nueve años, sí señora! —dijo restregándose[37] las manos en pública admiración y como imperceptible señal para todos.

Todos se interrumpieron atentos, y miraron a la del cumpleaños de un modo más oficial. Algunos movieron la cabeza en señal de admiración, como si se tratara de un récord. Cada año que la anciana vencía era una vaga etapa de toda la familia. ¡Sí señor!, dijeron algunos sonriendo tímidamente.

—¡Ochenta y nueve años! —repitió como un eco Manuel, que era socio de José—. ¡Es una florcita! —agregó espiritual y nervioso, y todos rieron menos su mujer.

La vieja no daba señales.

Algunos no le habían traído ningún regalo. Otros le habían llevado una jabonera, una combinación[38] de jersey, un prendedor de fantasía,[39] una plantita de cactus, nada, nada que la dueña de casa pudiese aprovechar[40] para sí misma o para sus hijos, nada que la propia agasajada pudiese realmente aprovechar, haciendo de esta manera alguna economía: la dueña de casa guardaba los regalos, amarga, irónica.

—¡Ochenta y nueve años! —repitió Manuel afligido, mirando a la esposa.

La vieja no daba señales.

Entonces, como si todos hubiesen tenido la prueba final de que no servía para nada esforzarse, con el encogimiento[41] de hombros de quien estuviera junto a una sorda, continuaron haciendo solos su fiesta, comiendo los primeros sándwiches de jamón, más como prueba de animación que por apetito, jugando a que todos estaban muertos de hambre. Fue servido el ponche, Zilda transpiraba,[42] ninguna cuñada la había ayudado en realidad, la grasa caliente de las croquetas esparcía un olor a picnic; y de espaldas a la

[28] temblar
[29] toleraría
[30] cansada, fastidiada
[31] que buscan confrontación
[32] descansos. . .*staircase landings*
[33] tirando de la mano
[34] festejada
[35] cóncava, vacía
[36] muerto
[37] frotándose
[38] *slip*
[39] un. . .*costume jewelry*
[40] utilizar, disfrutar
[41] movimiento de contracción
[42] sudaba

agasajada, que no podía comer frituras,[43] ellos se reían inquietos. ¿Y Cordelia? Cordelia, la nuera más joven, sentada, sonreía.

—¡No señor! —respondió José con falsa perversidad—, ¡hoy no se habla de negocios!

—¡Está bien, está bien! —retrocedió Manuel de inmediato, mirando rápidamente a su mujer, que de lejos extendía su oído atento.

A la cabecera de la mesa ya sucia, los vasos manchados, sólo permanecía la torta entera; ella era la madre. La agasajada pestañeó.

Y cuando ya la mesa estaba inmunda,[44] las madres enervadas con el barullo[45] que los hijos hacían, mientras las abuelas se recostaban complacientes en las sillas, entonces apagaron la inútil luz del corredor para encender la vela de la torta, una vela grande con un papel en el que estaba escrito «89». Pero nadie elogió la idea de Zilda, y ella se preguntó angustiada si ellos no estarían pensando que había sido por economizar en las velas —sin que nadie recordara que ninguno había contribuido ni siquiera con una caja de fósforos a la comida de la agasajada, que ella, Zilda, trabajaba como una esclava, con los pies exhaustos y el corazón sublevado.[46] Entonces encendieron la vela. Y entonces José, el líder, cantó con más fuerza, entusiasmando con una mirada autoritaria a los más vacilantes[47] o sorprendidos, «¡vamos!, ¡todos a la vez!» —y de repente todos comenzaron a cantar en voz alta como soldados. Despertada por las voces, Cordelia miró despavorida.[48] Como no habían ensayado,[49] unos cantaron en portugués, y otros en inglés. Entonces intentaron corregirlo: y los que habían cantado en inglés pasaron a cantar en portugués, y los que lo habían hecho en portugués pasaron a cantar en voz baja en inglés.

Mientras cantaban, la agasajada, a la luz de la vela, meditaba como si estuviera junto a una estufa de leños.[50]

Eligieron al bisnieto[51] menor que, de bruces[52] sobre el regazo de la madre animosa, ¡apagó la llama con un único soplo lleno de saliva! Por un instante aplaudieron la inesperada potencia del chico que, espantado y jubiloso, miraba a todos encantado. La dueña de casa esperaba con el dedo listo en el botón de la luz del corredor, y encendió la lámpara.

—¡Viva mamá!

—¡Viva la abuela!

—¡Viva doña Anita! —dijo la vecina que había aparecido.

—*Happy Birthday!* —gritaron los nietos del Colegio Bennett.[53]

Aplaudieron todavía con algunos aplausos espaciados.

La agasajada miraba la torta apagada, grande y seca.

—¡Parta la torta, abuela! —dijo la madre de los cuatro hijos—. ¡Es ella quien debe partirla! —aseguró incierta a todos, con aire íntimo e intrigante. Y, como todos aprobaran satisfechos y curiosos, ella de repente se tornó impetuosa—: ¡Parta la torta, abuela!

Y de pronto la anciana tomó el cuchillo. Y sin vacilar, como si vacilando un momento toda ella cayera al frente, dio la primera tajada[54] con puño de asesina.

[43] comida frita
[44] sucia
[45] enervadas. . . fatigadas por el ruido
[46] indignado
[47] inseguros
[48] aterrorizada, espantada
[49] preparado de antemano
[50] estufa. . . aparato para calentar que quema madera
[51] hijo del nieto o de la nieta
[52] de. . . boca abajo
[53] prestigiosa escuela metodista en Río de Janeiro
[54] dio. . . cortó la primera porción

—¡Qué fuerza! —secreteó la cuñada de Ipanema, y no se sabía si estaba escandalizada o agradablemente sorprendida. Estaba un poco horrorizada.

—Hasta hace un año ella era capaz de subir esas escaleras con más aliento[55] que yo —dijo Zilda, amarga.

Una vez dado el primer tajo, como si la primera pala de tierra hubiese sido lanzada, todos se acercaron con el plato en la mano, insinuándose en fingidos[56] codazos[57] de animación, cada uno para su palita con masa.

En breve las tajadas eran distribuidas en los platos, en un silencio lleno de confusión. Los hijos menores, con la boca escondida por la mesa y los ojos al nivel de ésta, seguían la distribución con muda intensidad. Las pasas[58] rodaban de la torta entre migajas[59] secas. Los chicos asustados veían cómo se desperdiciaban las pasas, y seguían con la mirada atenta la caída.

Y cuando fueron a mirar, ¿no se encontraron con que la agasajada ya estaba devorando su último bocado?

Y, por así decir, la fiesta estaba terminada.

Cordelia miraba a todos ausente,[60] sonreía.

—¡Ya lo dije: hoy no se habla de negocios! —respondió José, radiante.

—¡Está bien, está bien! —retrocedió Manuel conciliador, sin mirar a la esposa que no le perdía pisada—.[61] Está bien —Manuel intentó sonreír y una contracción le pasó rápida por los músculos de la cara.

—¡Hoy es el día de mamá! —dijo José.

En la cabecera de la mesa, el mantel manchado de coca-cola, la torta deshecha, ella era la madre. La agasajada pestañeó.

Ellos se movían agitados, riendo a su familia. Y ella era la madre de todos. Y si bien ella no se irguió,[62] como un muerto que se levanta lentamente obligando a la mudez y al terror a los vivos, la agasajada se puso más dura en su silla, y más alta. Ella era la madre de todos. Y como la presilla la sofocase,[63] y ella era la madre de todos, impotente desde la silla los despreciaba. Y los miraba pestañeando. Todos aquellos hijos suyos y nietos y bisnietos que no pasaban de carne de su rodilla,[64] pensó de repente como si escupiera. Rodrigo, el nieto de siete años, era el único que era carne de su corazón, Rodrigo, con ese rostro duro, viril, despeinado. ¿Dónde estaba Rodrigo? Rodrigo con la mirada somnolienta y entumecida,[65] su cabecita ardiente, confundida. Aquel sería un hombre. Pero, parpadeando, ella miraba a los otros, ella, la agasajada. ¡Oh el desprecio por la vida que fallaba![66] ¿Cómo?, ¿cómo habiendo sido tan fuerte había podido dar a luz aquellos seres opacos, con brazos blandos y rostros ansiosos? Ella, la fuerte, que se había casado en la hora y el tiempo debidos con un hombre a quien, obediente e independiente, ella respetara; a quien respetara y que le hiciera hijos y le pagara los partos y le honrara las abstinencias. El tronco había sido bueno. Pero había dado aquellos ácidos e infelices frutos, sin capacidad siquiera para una buena alegría. ¿Cómo había podido ella dar a luz aquellos seres risueños, débiles, sin austeridad? El rencor rugía[67] en su pecho vacío. Unos comunistas, eso es lo que eran; unos comunistas. Los miró con su cólera de vieja. Parecían ratones acodándose,[68] eso parecía su familia.

[55] vigor, fuerza
[56] falsos
[57] golpes dados con el codo
[58] uvas secas
[59] pedacitos pequeños
[60] como si no estuviera allí
[61] no. . . observaba todos sus actos
[62] si. . . aunque ella no se levantó
[63] le impidiese la respiración
[64] no. . . no valían nada
[65] somnolienta. . . pesada y torpe por el sueño
[66] perdía su fuerza
[67] emitía un sonido como el del león
[68] con los codos sobre la mesa

Irrefrenable,[69] dio vuelta la cabeza y con fuerza insospechada escupió en el piso.

—¡Mamá! —gritó mortificada la dueña de casa—. ¡Qué es eso, mamá! —gritó traspasada[70] de vergüenza, sin querer mirar siquiera a los otros, sabía que los desgraciados se miraban entre ellos victoriosamente, como si le correspondiera a ella educar a la vieja, y no faltaría mucho para que dijeran que ella ya no bañaba más a la madre, jamás comprenderían el sacrificio que ella hacía—. ¡Mamá, qué es eso! —dijo en voz baja, angustiada—. ¡Usted nunca hizo eso! —agregó bien alto para que todos escucharan, quería sumarse al escándalo de los otros, cuando el gallo cante por tercera vez renegarás[a] de tu madre. Pero su enorme vergüenza se suavizó cuando ella percibió que los demás bajaban la cabeza como si estuvieran de acuerdo en que la vieja ahora no era más que una criatura.

—Ultimamente le ha dado por[71] escupir —terminó entonces confesando afligida ante todos.

Ellos miraron a la agasajada, compungidos,[72] respetuosos, en silencio.

Parecían ratones amontonados esa familia suya. Los chicos, aunque crecidos —probablemente ya habían pasado los cincuenta años, ¡qué sé yo!—, los chicos todavía conservaban bonitos rasgos. ¡Pero qué mujeres habían elegido! ¡Y qué mujeres las que los nietos —todavía más débiles y agrios— habían escogido! Todas vanidosas y de piernas flacas, con aquellos collares falsificados de mujeres que a la hora no aguantan la mano,[73] aquellas mujercitas que casaban mal a los hijos, que no sabían poner en su lugar a una sirvienta, y todas ellas con las orejas llenas de aros[74] —¡ninguno, ninguno de oro! La rabia la sofocaba.

—¡Denme un vaso de vino! —exigió.

De pronto se hizo el silencio, cada uno con un vaso inmovilizado en la mano.

—Abuelita, ¿no le va a hacer mal? —insinuó cautelosamente[75] la nieta rolliza[76] y bajita.

—¡Qué abuelita ni qué nada!—explotó ácidamente la agasajada—¡Qué el diablo se los lleve, banda de maricas,[77] cornudos[78] y atorrantes![79] ¡Quiero un vaso de vino, Dorothy! —ordenó.

Dorothy no sabía qué hacer, miró a todos en un cómico pedido de auxilio. Pero como máscaras eximidas[80] e inapelables,[81] ningún rostro se manifestaba. La fiesta interrumpida, los sándwiches mordidos en la mano, algún pedazo que estuviera en la boca hinchando hacia afuera la mejilla. Todos se habían quedado ciegos, sordos y mudos, con las croquetas en las manos. Y miraban impasibles.

Desamparada, divertida, Dorothy le dio el vino: astutamente, apenas dos dedos en el vaso. Inexpresivos, preparados, todos esperaban la tempestad.

Su mirada estaba fija, silenciosa. Como si nada hubiera pasado.

---

[a] Referencia bíblica al acto de Pedro cuando negó conocer a Jesucristo.

[69] incontenible, incontrolable
[70] fuera de sí
[71] le. . . ha comenzado a
[72] con lástima
[73] no. . . se rompen fácilmente
[74] aretes
[75] con precaución y prudencia
[76] robusta, gruesa
[77] afeminados (insulto grave)
[78] con mujeres infieles
[79] vagabundos, perezosos
[80] sin culpas u obligaciones
[81] a las que no se puede pedir nada

Todos se miraron corteses, sonriendo ciegamente, abstractos como si un perro hubiese hecho pis en la sala. Con estoicismo, recomenzaron con las voces y las risas. La nuera de Olaria, que tuviera su primer momento de unión con los demás cuando la tragedia victoriosamente parecía próxima a desencadenarse,[82] tuvo que retornar solitaria a su severidad, sin siquiera el apoyo de los tres hijos que ahora se mezclaban traidoramente con los otros. Desde su silla monacal,[83] ella analizaba críticamente esos vestidos sin ningún modelo determinado, sin un drapeado, qué manía tenían de usar vestido negro con collar de perlas, eso no era moda ni cosa que se le pareciera, no pasaba de maniobra de economía. Examinando de lejos los sándwiches que casi no tenían manteca. Ella no se había servido nada ¡nada! Solamente había comido una sola cosa de cada plato, para probar.

Y por así decir, la fiesta estaba terminada.

Las personas quedaron sentadas, benevolentes. Algunas con la atención vuelta hacia adentro de sí, a la espera de algo para decir. Otras vacías y expectantes, con una sonrisa amable, el estómago lleno de aquellas porquerías[84] que no alimentaban pero quitaban el hambre. Los chicos, incontrolables ya, gritaban llenos de vigor. Algunos tenían la cara mugrienta;[85] otros, los más chicos, estaban mojados; la tarde había caído rápidamente. ¿Y Cordelia? Cordelia miraba ausente, con una sonrisa atontada, soportando sola su secreto. ¿Qué tenía ella? preguntó alguien con curiosidad negligente, indicándola de lejos con la cabeza, pero nadie respondió. Encendieron el resto de las luces para precipitar la tranquilidad de la noche, los chicos comenzaban a pelearse. Pero las luces eran más pálidas que la tensión pálida de la tarde. Y el crepúsculo de Copacabana, sin ceder, mientras tanto se ensanchaba cada vez más y penetraba por las ventanas como un peso.

—Tengo que irme —dijo perturbada una de las nueras levantándose y sacudiéndose las migas de la falda. Varios se levantaron sonriendo.

La agasajada recibió un beso cauteloso de cada uno como si su piel tan poco familiar fuese una trampa.[86] E, impasible, parpadeando, recibió aquellas palabras de propósito atropelladas[87] que le decían intentando dar un ímpetu final de efusión a lo que no era otra cosa que pasado: la noche ya había caído casi por completo. La luz de la sala parecía entonces más amarilla y más rica, las personas envejecidas. Los chicos ya se habían puesto histéricos.

—Acaso ella piensa que la torta sustituye a la cena —se preguntaba la vieja, allá en sus profundidades.

Pero nadie podría adivinar lo que ella pensaba. Y para aquellos que junto a la puerta todavía la miraron una vez más, la agasajada era apenas lo que parecía ser: sentada a la cabecera de la mesa sucia, con la mano cerrada sobre el mantel como encerrando un cetro,[88] y con aquella mudez que era su última palabra. Con un puño cerrado sobre la mesa, nunca más sería únicamente lo que ella pensara. Su apariencia final la había sobrepasado y, su-

[82] hacer explosión
[83] de monje
[84] comidas sin valor nutritivo
[85] sucia
[86] aparato para atraparlos
[87] dichas rápidamente
[88] vara que usa un rey como símbolo de autoridad

perándola, se agigantaba serena. Cordelia la miró espantada. El puño mudo y severo sobre la mesa decía a la infeliz nuera que sin remedio amaba tal vez por última vez: Es necesario que se sepa. Es necesario que se sepa. Que la vida es corta. Que la vida es corta.

Sin embargo ninguna vez más lo repitió. Porque la verdad es un destello[89] apenas. Cordelia la miró espantada. Y, nunca más, ni una vez repitió —mientras Rodrigo, el nieto de la agasajada, empujaba la mano de aquella madre culpable, perpleja y desesperada que una vez más miró para atrás implorando a la vejez todavía una señal de que una mujer debe, en un ímpetu afligido, finalmente agarrar su última oportunidad y vivir. Una vez más Cordelia quiso mirar.

Pero a esa nueva mirada, la agasajada tornaba a ser una vieja a la cabecera de la mesa.

Había pasado el destello. Y arrastrada por la mano paciente e insistente de Rodrigo, la nuera lo siguió, aterrada.

—No todos tienen el privilegio y el orgullo de reunirse alrededor de la madre —carraspeó[90] José recordando que era Jonga el que hacía los discursos.

—De la madre ¡al diablo! —rió bajito la sobrina, y la prima más lenta[91] rió sin ver la gracia.

—Nosotros lo tenemos —dijo Manuel, tímido, sin mirar más a su mujer— Nosotros tenemos ese gran privilegio —dijo distraído, enjugándose la palma húmeda de las manos.

Pero no era nada de eso, apenas el malestar de la despedida, nunca sabiéndose lo que debía decirse, José esperaba de sí mismo con perseverancia y con fe la próxima frase del discurso. Que no venía. Que no venía. Que no venía. Los otros aguardaban.[92] ¡Qué falta hacía Jonga en esos momentos! —José se enjugó[93] la frente con el pañuelo—, ¡qué falta hacía Jonga en esos momentos! Claro que también había sido el único al que la vieja siempre aprobara y respetara, y era eso lo que diera a Jonga tanta seguridad. Y cuando él murió, nunca más la vieja volvió a hablar de él, poniendo una pared entre su muerte y los otros. Tal vez lo había olvidado. Pero no había olvidado aquella mirada firme y directa con que siempre mirara a los otros hijos, haciéndoles cada vez desviar[94] los ojos. El amor de madre es duro de soportar: José se enjugó la frente, heroico, risueño.

Y de repente llegó la frase:

—¡Hasta el año que viene! —dijo José súbitamente malicioso, encontrando, de esta manera, sin más ni menos, la frase adecuada: ¡una indirecta feliz!—. Hasta el año que viene, ¿eh? —repitió con miedo de no haber sido comprendido.

La miró, orgulloso de la artimaña[95] de la vieja que astutamente siempre vivía un año más.

—¡El año que viene nos veremos frente a la torta encendida! —aclaró mejor el otro hijo, Manuel, perfeccionando el espíritu del socio—. ¡Hasta el año

[89] iluminación rápida y breve
[90] habló con voz áspera
[91] estúpida
[92] esperaban
[93] limpió el sudor de
[94] apartar
[95] artificio, astucia

que viene, mamá! ¡y frente a la torta encendida! —dijo él explicando todo mejor, cerca de su oreja, mientras miraba obsequioso[96] a José. Y de pronto la vieja lanzó una carcajada, una risa floja, comprendiendo la alusión.

Entonces ella abrió la boca y dijo:

—Así es.

Estimulado porque su frase hubiera dado tan buenos resultados, José le gritó emocionado, agradecido, con los ojos húmedos:

—¡El año que viene nos veremos, mamá!

—¡No soy sorda! —dijo la agasajada ruda, afectuosa.

Los hijos se miraron riendo, vejados,[97] felices. La cosa había dado en el blanco.[98] Los chicos fueron saliendo alegres, con el apetito arruinado. La nuera de Olaria dio una palmada de venganza a su hijo, demasiado alegre y ya sin corbata. Las escaleras eran difíciles, oscuras, increíble insistir en vivir en un edificio que fatalmente sería demolido día más día menos,[99] y en el juicio de desalojo[100] Zilda todavía iba a dar trabajo y querer empujar a la vieja hacia las nueras —pisando el último escalón, con alivio los invitados se encontraron en la tranquilidad fresca de la calle. Era noche, sí. Con su primer escalofrío.

Adiós, hasta otro día, precisamos[101] vernos. Vengan a vernos, se dijeron rápidamente. Algunos consiguieron mirar los ojos de los otros con una cordialidad sin recelo.[102] Algunos abotonaban los sacos de los chicos, mirando al cielo en busca de una señal del tiempo. Todos sentían oscuramente que en la despedida tal vez se hubiera podido —y ahora sin peligro de compromisos— ser más bondadosos y decir una palabra de más —¿qué palabra? ellos no lo sabían bien, y se miraban sonrientes, mudos. Era un instante que pedía ser vivido. Pero que estaba muerto. Comenzaron a separarse, caminando medio de costado, sin saber cómo desligarse[103] de los parientes sin brusquedad.

—¡Hasta el año que viene! —repitió José la feliz indirecta, saludando con la mano con efusivo vigor, los escasos[104] cabellos blancos volando. El estaba gordo, pensaron, necesitaba cuidar el corazón—. ¡Hasta el año que viene! —gritó José elocuente y grande, y su altura parecía desmoronable.[105] Pero las personas que ya se habían alejado no sabían si debían reír alto para que él escuchara o si bastaría con sonreír en la oscuridad. Aunque algunos pensaron que felizmente había algo más que una broma en la indirecta y que sólo en el próximo año serían obligados a encontrarse delante de la torta encendida; mientras que otros, ya en la oscuridad de la calle, pensaron si la vieja resistiría un año más a los nervios y la impaciencia de Zilda, pero ellos sinceramente nada podían hacer al respecto. «Por lo menos noventa años», pensó melancólica la nuera de Ipanema. «Para completar una fecha linda», pensó soñadora.

Mientras tanto, allá arriba por sobre escaleras y contingencias, la agasajada estaba sentada a la cabecera de le mesa, erecta, definitiva, más grande que ella misma. ¿Es que hoy no habrá cena?, meditaba ella. La muerte era su misterio.

[96] con deseo de complacer
[97] maltratados
[98] dado. . . resultado bien
[99] día más. . . tarde o temprano
[100] juicio. . . orden de abandonar el edificio
[101] necesitamos
[102] desconfianza
[103] separarse
[104] pocos
[105] que se podía deshacer

Para verificar su comprensión

¿Cierto o falso?

_____ 1. Zilda cuida a la anciana porque le tiene mucho afecto.

_____ 2. Los hijos quieren mucho a la agasajada y viceversa.

_____ 3. La anciana considera a las nueras débiles y vanas.

_____ 4. La vecina llama a la anciana por su nombre porque, a diferencia de la familia, la ve como persona.

_____ 5. Zilda se siente culpable de que la vieja escupa en el suelo.

_____ 6. Cordelia cree ver una señal reveladora en el rostro de la octogenaria.

_____ 7. José sabe bien hacer discursos y no le hace ninguna falta la presencia de Jonga, el hermano mayor fallecido.

_____ 8. Las fórmulas sociales que obedece la familia enmascaran un profundo sentimiento de enajenación.

Interpretación de la lectura

1. ¿Por qué cree Ud. que la anciana desprecia a su familia?
2. ¿Qué significado tiene el hecho de que la anciana escupa en el suelo?
3. En su opinión, ¿con qué perspectiva simpatiza Lispector, la de la anciana o la de los hijos?
4. ¿Cómo interpreta Ud. el comentario de José, «¡Hasta el año que viene!»?
5. ¿Qué función cree Ud. que tenía Jonga en la familia antes de morir? ¿Era más cohesiva la vida familiar antes de su muerte? Explique su respuesta.
6. Comente sobre la ironía de esta celebración ritual, la fiesta de cumpleaños, la cual debe servir para cimentar la solidaridad familiar. Comente también sobre la ironía del título.
7. ¿Cómo ve Ud. la falta de comunicación dentro de esta familia? ¿Cómo se vincula esto al resentimiento y al sentido de culpa expresados en el cuento?
8. ¿Cree Ud. que Zilda cumple la función de la mujer centralizadora descrita en la introducción al capítulo? ¿Por qué?

Temas escritos

1. «Feliz cumpleaños» trata de lo dañinas y vacías que son las apariencias sociales y las convenciones burguesas familiares.
2. «Feliz cumpleaños» trata del problema de la vejez en una cultura cada vez más materialista y orientada hacia la juventud.
3. «Feliz cumpleaños» trata del drama social de la familia extensa que fracasa ante un ambiente en el que se valora el individualismo a expensas de la solidaridad familiar.

MARIO BENEDETTI (*1920–*   )

Este famoso escritor uruguayo vive actualmente en España, donde escribe para el periódico *El País,* internacionalmente difundido. Como Clarice Lispector, Mario Benedetti se preocupa de la soledad y enajenación del individuo urbano. Sus protagonistas, en su mayor parte, son pequeños burócratas de la clase media que viven desarraigados[1] en un ambiente impersonal u hostil en el que predominan el engaño y la mentira. Sus cuentos expresan lo que es para él el vacío de la vida de Montevideo y la imposibilidad de crear relaciones humanas basadas en la sinceridad y el respeto mutuo.

En el siguiente cuento, somos testigos de las recriminaciones recíprocas de una pareja que decide poner fin a su matrimonio y separarse. Su hijo adolescente, quien narra el relato, también es testigo.

[1] sin raíces

Guía de prelectura

Lea el primer párrafo y escoja el mejor resumen. Recuerde que el autor presenta el diálogo entre los padres por el medio indirecto de los pensamientos del hijo. Esta técnica literaria intensifica el efecto dramático del cuento.

1. El joven entra al estudio mientras sus padres están peleando. No le hacen caso y siguen acusándose, el

uno al otro, de ser infieles. La madre acusa al padre de salir ostentosamente con «la Otra», mientras el padre acusa a la madre de ser indiscreta con Ricardo. El hijo es testigo forzoso de la riña desde su sitio, hundido en su asiento, y sus padres pronto ignoran su presencia.

2. El joven fracasó en sus exámenes y sus padres están enojadísimos con él. Dicen que perdió demasiado tiempo en el Jardín Botánico, yendo al cine, etcétera, en vez de estudiar. El joven quiere irse pero el padre le obliga a quedarse, mientras la madre pide tolerancia por parte del padre. Después, sigue una discusión acalorada entre los padres, quienes deciden separarse.

La guerra y la paz

Cuando abrí la puerta del estudio, vi las ventanas abiertas como siempre y la máquina de escribir destapada y sin embargo pregunté: —¿Qué pasa?—. Mi padre tenía un aire autoritario que no era el de mis exámenes perdidos. Mi madre era asaltada por espasmos de cólera que la convertían en una cosa inútil. Me acerqué a la biblioteca y me arrojé en el sillón verde. Estaba desorientado, pero a la vez me sentía misteriosamente atraído por el menos maravilloso de los presentes. No me contestaron, pero siguieron contestándose. Las respuestas, que no precisaban el estímulo de las preguntas para saltar y hacerse añicos,[2] estallaban frente a mis ojos, junto a mis oídos. Yo era un corresponsal[3] de guerra. Ella le estaba diciendo cuánto le fastidiaba la persona ausente de la Otra. Qué importaba que él se olvidara de su ineficiente matrimonio, del decorativo, imprescindible ritual de la familia. No era precisamente eso, sino la ostentación desfachatada,[4] la concurrencia[5] al Jardín Botánico llevándola del brazo, las citas en el cine, en las confiterías.[6] Todo para que Amelia, claro, se permitiera luego aconsejarla con burlona piedad (justamente ella, la buena pieza) acerca de ciertos límites de algunas libertades. Todo para que su hermano disfrutara recordándole sus antiguos consejos prematrimoniales justamente él, el muy cornudo,[7] acerca de la plenaria[8] indignidad de mi padre. A esta altura el tema había ganado en precisión y yo sabía aproximadamente qué pasaba. Mi adolescencia se sintió acometida[9] por una leve sensación de estorbo[10] y pensé en levantarme. Creo que había empezado a abandonar el sillón. Pero, sin

[2] pedazos
[3] periodista
[4] descarada, desvergonzada
[5] asistencia
[6] restaurante que sirve café, té, dulces y emparedados
[7] con mujer infiel
[8] completa
[9] atacada
[10] molestia, incomodidad

mirarme, mi padre dijo: —Quédate—. Claro, me quedé. Más hundido que antes en el pullman[11] verde. Mirando a la derecha alcanzaba a distinguir la pluma del sombrero materno. Hacia la izquierda, la amplia frente y la calva[12] paternas. Estas se arrugaban y alisaban[13] alternativamente, empalidecían y enrojecían siguiendo los tirones[14] de la respuesta, otra respuesta sola, sin pregunta. Que no fuera falluta.[15] Que si él no había chistado[16] cuando ella galanteaba[17] con Ricardo, no era por cornudo sino por discreto, porque en el fondo la institución matrimonial estaba por encima de todo y había que tragarse las broncas[18] y juntar tolerancia para que sobreviviese. Mi madre repuso que no dijera pavadas,[19] que ella bien sabía de dónde venía su tolerancia.

De dónde, preguntó mi padre. Ella dijo que de su ignorancia; claro, él creía que ella solamente coqueteaba con Ricardo y en realidad se acostaba con él. La pluma se balanceó con gravedad, porque evidentemente era un golpe tremendo. Pero mi padre soltó una risita y la frente se le estiró, casi gozosa. Entonces ella se dio cuenta que había fracasado, que en realidad él había aguardado eso para afirmarse mejor, que acaso siempre lo había sabido, y entonces no pudo menos que desatar unos sollozos histéricos y la pluma desapareció de la zona visible. Lentamente se fue haciendo la paz. El dijo que aprobaba, ahora sí, el divorcio. Ella que no. No se lo permitía su religión. Prefería la separación amistosa, extraoficial, de cuerpos y de bienes.[20] Mi padre dijo que había otras cosas que no permitía la religión, pero acabó cediendo. No se habló más de Ricardo ni de la Otra. Sólo de cuerpos y de bienes. En especial, de bienes. Mi madre dijo que prefería la casa del Prado. Mi padre estaba de acuerdo: él también la prefería. A mí me gusta más la casa de Pocitos. A cualquiera le gusta más la casa de Pocitos. Pero ellos querían los gritos, la ocasión del insulto. En veinte minutos la casa del Prado cambió de usufructuario[21] seis o siete veces. Al final prevaleció la elección de mi madre. Automáticamente la casa de Pocitos se adjudicó a mi padre. Entonces entraron dos autos en juego. El prefería el Chrysler. Naturalmente, ella también. También aquí ganó mi madre. Pero a él no pareció afectarle; era más bien una derrota[22] táctica. Reanudaron la pugna[23] a causa de la chacra,[24] de las acciones[25] de Melisa, de los títulos hipotecarios, del depósito de leña. Ya la oscuridad invadía el estudio. La pluma de mi madre, que había reaparecido, era sólo una silueta contra el ventanal. La calva paterna ya no brillaba. Las voces se enfrentaban roncas,[26] cansadas de golpearse; los insultos, los recuerdos ofensivos, recrudecían[27] sin pasión, como para seguir una norma impuesta por ajenos.[28] Sólo quedaban números, cuentas en el aire, órdenes a dar. Ambos se incorporaron, agotados de veras, casi sonrientes. Ahora los veía de cuerpo entero. Ellos también me vieron, hecho[29] una cosa muerta en el sillón. Entonces admitieron mi olvidada presencia y murmuró mi padre, sin mayor entusiasmo: —Ah, también queda éste—. Pero yo estaba inmóvil, ajeno, sin deseo, como los otros bienes gananciales.[30]

[11] sillón
[12] parte de la cabeza de donde se ha caído el pelo
[13] se. . . *wrinkled and smoothed out*
[14] movimientos violentos
[15] falsa
[16] no había dicho nada
[17] coqueteaba
[18] rabias, disputas
[19] tonterías
[20] posesiones
[21] dueño, propietario
[22] vencimiento
[23] pelea
[24] granja, finca
[25] *stock certificates*
[26] ásperas
[27] empeoraban
[28] extraños
[29] como
[30] bienes. . . posesiones y dinero acumulados durante el matrimonio

Para verificar su comprensión

Escoja el mejor resumen del segundo párrafo del cuento.

1. Los padres proceden a la división de sus posesiones materiales. Aunque son de la clase media baja, se disputan vociferadamente sus pocos bienes, y el padre, como siempre, sale ganando. Entretanto, la madre se da cuenta de lo perturbado que está el hijo por todo lo sucedido y se siente mortificada.
2. Los padres proceden a la división de sus posesiones materiales. Puesto que son de la alta burguesía, tienen mucho que distribuirse y lo discuten alteradamente. Al final de su larga discusión se dan cuenta otra vez de la presencia del hijo, quien representa para el padre otro objeto que requiere distribución.

Comparaciones

Ambos, Lispector y Benedetti, hacen resaltar el fracaso de la familia actual, tanto la extensa como la nuclear. ¿Qué querrán decir al presentar este enfoque? ¿Cuáles serán, para ellos, las causas de esta falla? ¿Serán aplicables a otras culturas? Explique.

ROSARIO CASTELLANOS
(1925–1974)

Como ya sabemos (ver Capítulo tres), Rosario Castellanos, en sus novelas, cuentos y poesías, trata sobre todo de la condición de los indios y de la mujer. Su poema «Valium 10» expresa claramente el dilema de la mujer moderna de clase media que sale a trabajar y vuelve a casa cansada y con ganas de descansar, pero lo que le espera es solamente más trabajo. Aquí Castellanos comunica la soledad y las dudas interiores de la mujer profesional sobre el porqué de la vida que lleva.

Valium 10

A veces (y no trates
de restarle[1] importancia
diciendo que no ocurre con frecuencia)
se te quiebra[2] la vara[3] con que mides,
se te extravía[4] la brújula[5]
y ya no tienes nada.

El día se convierte en una sucesión
de hechos incoherentes, de funciones
que vas desempeñando por inercia y por hábito.

Y lo vives. Y dictas el oficio[6]
a quienes corresponde. Y das la clase
lo mismo a los alumnos inscritos que al oyente.
Y en la noche redactas[7] el texto que la imprenta
devorará mañana.
Y vigilas (oh, sólo por encima)
la marcha de la casa, la perfecta
coordinación de múltiples programas
—porque el hijo mayor ya viste de etiqueta[8]
para ir de chambelán[9] a un baile de quince años
y el menor quiere ser futbolista y el de en medio
tiene un póster del Che[a] junto a su tocadiscos.

Y repasas las cuentas del gasto y reflexionas
junto a la cocinera, sobre el costo
de la vida y el ars magna[10] combinatoria
del que surge el menú posible y cotidiano.

Y aún tienes voluntad para desmaquillarte[11]
y ponerte la crema nutritiva y aún leer
algunas líneas antes de consumir la lámpara.

Y en la oscuridad, en el umbral[12] del sueño,
echas de menos[13] lo que se ha perdido:
el diamante de más precio, la carta
de marear,[14] el libro
con cien preguntas básicas (y sus correspondientes
respuestas) para un diálogo
elemental siquiera con la Esfinge.[15]

[1] quitarle
[2] rompe
[3] *yardstick*
[4] pierde
[5] instrumento que
señala el norte
magnético
[6] dictas. . . ejerces tu
profesión
[7] preparas por escrito
[8] con traje formal
[9] con apariencia de
persona oficial e
importante
[10] ars. . . gran arte,
usado aquí con
ironía
[11] quitarte los cosméticos
[12] el principio
[13] echas. . . sientes
nostalgia por
[14] la. . . mapa para
navegar
[15] *Sphinx*

---

[a] Revolucionario argentino Ernesto «Che» Guevara que luchó con Fidel Castro en 1959
para derrocar al dictador cubano Fulgencio Batista.

Y tienes la penosa sensación
de que en el crucigrama se deslizó una errata[16]
que lo hace irresoluble.[17]

Y deletreas el nombre del Caos. Y no puedes
dormir si no destapas
el frasco de pastillas y si no tragas una
en la que se condensa,
químicamente pura, la ordenación del mundo.

[16] error
[17] imposible de solucionar

Para verificar su comprensión

¿Cierto o falso?

_____   1.   La mujer en el poema sabe lo que quiere de la vida.

_____   2.   La vida de la mujer carece de sentido.

_____   3.   La mujer cumple con sus obligaciones por hábito.

_____   4.   La mujer no cree haber errado en el camino que ha elegido.

_____   5.   La mujer se preocupa porque tiene mucho que hacer y está enferma.

Interpretación de la lectura

1.   En su opinión, ¿por qué a veces pierde su perspectiva la mujer aquí descrita?
2.   ¿Difiere la rutina doméstica de la profesional? ¿Cómo?
3.   ¿Cuáles son las cosas que ella ha perdido? ¿Qué simbolizan?
4.   ¿Qué simbolizará el crucigrama a que se refiere Castellanos?
5.   ¿Cómo puede una pastilla ordenar el mundo?

Comparaciones

¿Cree Ud. que este poema presenta de una manera realista la vida de la mujer que tiene «doble» trabajo?

¿Tendrá una contraparte en la mujer estadounidense? Explique.

OSCAR LEWIS (1914–1970)
RUTH M. LEWIS (1916–   )
SUSAN M. RIGDON (1943–   )

El antropólogo norteamericano Oscar Lewis es mundialmente conocido por sus numerosos estudios sobre las familias urbanas pobres de América Latina. En sus historias orales más famosas, como *Five Families* (1959) y *The Children of Sánchez* (1961), Lewis entrevistó a varias familias de los suburbios de la capital de México. Estas narraron la historia de su vida personal y familiar, lo cual permitió a los lectores la oportunidad de conocer íntimamente las condiciones de vida dentro de la llamada «cultura de la pobreza».

Su último proyecto, llevado a cabo en Cuba entre 1969 y 1970 con un equipo de sociólogos y antropólogos, es un estudio muy revelador del efecto de la revolución en la vida diaria de varias familias. En tres grandes volúmenes, *Four Men* (1977), *Four Women* (1977) y *Neighbors* (1978), Lewis deja que sus informantes cuenten sobre sus vidas antes y después de la revolución. Aunque hubo muchas dificultades con las autoridades gubernamentales respecto al proyecto, y aunque Lewis murió antes de que éste se completara, su esposa Ruth y otra investigadora norteamericana, Susan Rigdon, lograron terminarlo.

La mayoría de las personas que relatan su biografía proviene de los sectores más pobres, pero nuestra informante principal es una profesional de la clase media alta, clase cuya mayoría se exilió en los EEUU durante los años sesenta por su inconformidad con el gobierno marxista cubano. La familia del pasaje que sigue se considera muy revolucionaria y apoya entusiasmadamente a Fidel Castro. Para la mujer joven, Mónica, «Mi meta es servir a la Revolución con mi trabajo. Mi vida es un camino hacia la sociedad socialista».

Pero el camino no es parejo[1] ni fácil. En la primera parte de la lectura, Mónica, exbrigadista, o sea voluntaria en la campaña de alfabetización rural de 1960, reflexiona un poco sobre el porqué de su reciente separación de su esposo Paco. Es, a la vez, una joven madre de dos hijas que se casó a los diez y siete años, psicóloga con título universitario, y empleada del Ministerio de Educación. Después, la mamá de Mónica, la señora Reyes, también lo comenta, y desde la ventaja de la madurez, nos ofrece algunas observaciones agudas sobre la familia cubana antes de y después de la revolución.

[1] uniforme, sin diferencias

Mónica (*fragmento*)

Creo que simplemente lo que influye en la diferencia entre hombres y mujeres es un criterio de tipo cultural. El varón desde que nace le dicen que es varón, y que es el varoncito, y que tiene que ser un macho y que tiene que tener quinientas mujeres. Desde la cuna,[2] cuando gritan, le están diciendo que tiene que ser macho. Sobre todo en Cuba donde el machismo se lleva al grado extremo.

Al contrario, a la niña le están diciendo:

—A ti no se te puede ver desnuda, el blúmer[3] no te lo puedes quitar, las niñas no se sientan así, las niñas caminan así, las niñas no miran a los varones, las niñas tienen que guardar su virginidad para cuando venga un santo varón a los veinte años entregársela.

Yo también fui educada así, y para mí era fundamental el llegar virgen al matrimonio.

Tuve una época que mami me hablaba un poco libremente del sexo, y a mí me molestaba, porque me parecía que, después de haber hecho ella tanto daño en ese sentido, me molestaba que ella misma viniera a hablar de esas cosas. Entonces la rechazaba. Ahora le rechazo su criterio de la vida sexual, incluso, a veces, hablo basura que no hago, no, pero me doy el gusto de hablarla. Eso es un gran avance para mí, el poder hablar, pero le digo montones de cosas que no las pienso, por ejemplo, que mis hijas van a ser muy libres y van a hacer lo que les dé la gana. Entonces ella dice:

—Bueno, eso son las tuyas. Yo ya crié las mías y tú crías las tuyas como quieras.

Un poco le doy a entender que entiendo que ella tuvo criterios muy equivocados en mi educación, pero, a pesar de eso, no me gusta herirla. Fundamentalmente es buena.

Desde pequeña he tratado de que mis hijas vean la cosa sexual lo más normal posible, sin hablarles de eso. Hasta ahora no se han preocupado por preguntarme concretamente la relación sexual; yo no adelanto tampoco. Si no me preguntan, no tengo por qué contárselo. Cuando tengan edad, irán conociendo cómo es la vida sexual porque yo pienso así cada vez que me preguntan contestárselo de acuerdo a su edad, pero contestarles de verdad.

Cuando tengan diez u once años quisiera que tengan la relación que se tiene a esa edad, con los amiguitos. Eso se lo pienso apadrinar,[4] que vengan a casa, si quieren oír música, que oigan música, pienso hablar con ellas y les pienso decir que, cuando tengan sus noviecitos me lo cuenten. No voy a pretender[5] ser su amiga porque no voy a poder sustituir a una de su misma edad. Ellas siempre van a tener una confidente de su edad, ahora, pienso que, por lo menos, me vean a mí lo más cercana, lo más compañera posible.

No quisiera que empezaran mis hijas a tener relaciones sexuales jóvenes, lo cual no quiere decir que si las empiezan a tener no las tengan. Si yo pu-

[2] cama para niños
[3] ropa interior
[4] apoyar, aprobar
[5] aspirar a, ambicionar

diera influiría en que no empezaran a tener relaciones sexuales siendo unas adolescentes, por ejemplo. No creo que sea beneficioso, aunque no creo que sea malo ni que sea inmoral, pero no creo que les ayude en la vida. Sí, pienso que tengan relaciones de noviazgo[6] y en las relaciones de noviazgo pues suceden cosas, que hagan con su novio. Quisiera que tuvieran relaciones sexuales antes de casarse y pienso que las tengan.

Les diría que estén seguras de estar enamoradas del hombre con el que van a tener una relación sexual, pero no sólo eso, sino que, además, estén muy seguras de que el hombre está muy enamorado de ellas y que va a la relación sexual con el mismo criterio que ellas, y que entienda perfectamente que ellas tengan relaciones sexuales, y que lo vea igual que ellas como una máxima expresión de amor. Si los dos tienen ese criterio, que tengan relaciones sexuales el tiempo que quieran tenerlas.

En todas partes de Cuba, las mujeres han tenido que revisar sus actitudes hacia el matrimonio, puesto que ahora se ven comprometidas a trabajar al lado de los hombres por el éxito y por la continuidad de la Revolución.

Creo que muchos hombres, en el fondo, profundamente preferirían que su mujer se quedara en casa. Sin embargo, ya hay toda una conciencia de que un revolucionario no tome una actitud así, y muchos se ven presionados para ser un buen revolucionario y admiten que las mujeres trabajen. Pero creo que por convicción plena no son muchos. Es mi opinión muy personal. Por conciencia de que la mujer debe ser ella y de que debe de realizarse y que debe desarrollarse, no creo que sea la mayoría. Creo que la mayoría admiten la situación inicialmente por no chocar, por un problema social, pero que, a medida que va sucediendo, cada vez lo van entendiendo mejor y se van adaptando a esa nueva situación.

Ahora hay revolucionarios que no es que no lo admitan pero que todavía dicen:

—Pero mi mujer no trabaja.

Eso lo he discutido con gente que entiendo que son buenos revolucionarios, y que, sin embargo, sienten con orgullo que su mujer esté en la casa. Les digo:

—Tú no tienes moral para mandarme a mí ni a poner un clavo en la pared si tu mujer no trabaja. Mi marido es tan de carne y hueso como tú y le encantaría igual que tú cuando llegara que yo esté en la casa.

Este año Paco y yo nos separábamos. En línea general, me siento mejor desde que estoy separada. Hay altos y bajos en eso porque hay momentos en que no me siento bien, que me vuelvo *pa*[7] atrás, eso es lógico, sobre todo cuando me veo sometida a presiones. En las pocas veces que le planteo[8] a Paco que no podíamos seguir juntos, la reacción de él fue tan. . . Le tiene pánico a un rompimiento de nuestro matrimonio. No admite la posibilidad. Yo creo que a él, de verdad, eso le puede afectar realmente en su vida.

A veces tengo la sensación de que me quiere mucho más a mí de lo que yo le quiero a él. Eso a mí me duele mucho analizarlo. Durante todo el matri-

[6] novios
[7] para
[8] explico

monio ha sido muy bueno conmigo; además, tiene terror a herirme en cualquier cosa y ha aceptado que tenga millones de defectos. Me trata un poco a mí como algo que no quiere lastimar, un poco demasiado especial conmigo. Lo más correcto es, de vez en cuando, decírmelo.

—Tú tal cosa, tal otra y tal otra y punto.

Después de la separación me dijo:

—Si crees que esto es una cosa importante para que pueda ayudar en algo todo este rollo,[9] iré a ver un psiquiatra.

Un domingo, cuando estuvo en casa, que fue una mañana —aquellos eran unos momentos muy malos— me planteó que había ido a un psiquiatra soviético. Dice él que el psiquiatra le dijo que no tenía nada, que estaba perfectamente, que está un poco deprimido. Yo primero le dije que no debía saber la cosa, pero de hecho él me la contó y, además, yo también quería saber. Entonces hablamos poco de eso, en lo que empezábamos a hablar se paraba porque, además, estaba un poco agresivo y era muy difícil la comunicación.

Mi papel de esposa no creo que haya sido bueno y no creo que haya sido malo, pero tampoco creo que he llen*ao*[10] todos los requisitos que debe de llenar una buena esposa, de la que antes era la esposa ideal, en el sentido de ocuparse minuciosamente[11] de su ropa, de su comida, criar sus hijos y limpiar su casa. No creo que eso haya sido, además, decisivo en nuestro matrimonio aunque sí estoy segura que él lo tuvo que sentir. Quizás un poco me sitúo más como compañera del hombre y discuto con él las cosas y no agarro perfectamente el rol de ama de casa.

Yo a un hombre le doy lo que le pueda dar, mi ternura como madre, mi ternura como esposa en determinados momentos, y que no sea específicamente sexual, sino en el resto. Lo que no esté incapacitada para dárselo se lo doy, pero no puedo entregar mi vida entera a un hombre. Es lo único que no he resuelto, ni he hecho mucho para resolverlo. Quizá si pudiera responder totalmente como mujer eso sería un lazo adicional. Sería un poco más dependiente de un hombre y no quiero ser dependiente de nadie.

Creo que el amor es necesario y que es una deficiencia no tenerlo. Pero también creo que no se logra fácilmente y que no puede ser un centro, no puede ser una meta[12] en la vida, ni debe ser una meta. Creo que siempre ha habido gente capaz de amar, en la vieja sociedad también, pero creo que eso es un rollo, y que es una tragedia, y que es difícil. No sé, yo eso lo tengo últimamente así a nivel de guard*ao*[13] en una gaveta, no lo toco.

Creo que el amor tiene que ser una cosa espontánea, y no se puede planificar. De todas maneras, me parece que no quisiera enamorarme. Entiendo que no pueda cifrar[14] mi felicidad ni en un hombre ni en una cosa específica. Para mí la vida. . . la felicidad, está compuesta de pequeños momentos. Soy feliz en cuanto sea capaz de encontrarle toda la cosa positiva que pueda tener en un momento el trabajo, el oír música, el mirar a una de mis hijas, o el estar con mi marido. Cuando uno tiene metas, se es incapaz de disfrutar[15] nada porque la ansiedad por llegar a la meta no te permite disfrutar del

[9] dificultad, problema
[10] llenado
[11] ocuparse. . . cuidar meticulosamente
[12] objetivo
[13] guardado
[14] poner exclusivamente
[15] se. . . no se tiene la capacidad de gozar

camino. Entonces no quisiera que nunca más haya metas en mi vida personal.

Mami quedó muy trastornada[16] cuando Paco y yo nos separamos. Ahora mi mamá se retiró; ya está vieja, no tiene actividades, no tiene un gran contenido para su vida. Se siente sola y quizás es el momento en que más debíamos apoyarla, en que más debíamos acercarnos a ella, tratar de entenderla y no es así. En este momento no hacemos eso; desde que nos casamos mis hermanos, quizá mi hermana un poco más que yo. En eso mami hace las salvedades[17] de que yo soy mejor. No nos ocupamos lo suficiente de ella; yo creo que eso en este momento es verdad. Creo que en este momento hemos rechazado un poco a mami.

A veces tengo que hacer un esfuerzo para ser cariñosa con ella, y ahora lo hago conscientemente, porque ya he tenido la posibilidad de sentarme y analizar bien todas aquellas cosas, y llegar a la conclusión de por qué ella fue así. Llegar a la conclusión de que ella tiene sesenta y cinco años y que es justo que este tiempo que le queda yo tengo que pensar: «Tengo que ir a verla». Está sola, incluso cuando llego, la beso pero nunca le hago una caricia fuera del momento en que llego. Le doy el primer beso y punto; incluso si me acaricia a mí es algo que siento extraño.

Mami quisiera que fuéramos a verla a veces, a hablar con ella, oírla, pero no es la disposición nuestra el entender su problemática ya dentro de la vejez, ayudarla en eso, sentarnos a oírla. Es una persona muy difícil y cuando uno trata de acercarse, pues choca con la personalidad de ella y lo más fácil es simplemente la huida. Por ejemplo, me pregunta:

—¿Por qué no me llamaste?

—Bueno, vieja, porque mira. . ., pero a mami no se le puede contestar una cosa mínima ni se le puede dar la contraria[18] porque es que sus hijos no la quieren, que sus hijos no la respetan, que ella es una vieja ya. Entonces la entiendo muchas veces pero, simplemente, es que, como me molesta esa actitud, pues lo más fácil es no ir.

Es excesivamente dominante. Trata de dirigir la vida desde todo lo más que ella puede, en grandes cosas, en pequeñas cosas, en detalles. Por ejemplo, llega a casa un domingo y entonces lo critica todo y se mete en los más pequeños detalles y trata de cambiarlos, y a mí eso me choca.[19] No hay sólo pequeños detalles, sino incluso cosas más serias. Ella sabe que la señora que me cuida las niñas, en mi casa o en una institución, es una persona con defectos, lógicamente, pero que el saldo para mí es positivo.[20] Quien me cuida los niños tiene una serie de privilegios, diría yo en mi casa, producto de eso. Entonces mami llega y dice:

—Porque comprenderás que no le deberías permitir.

Empieza a pelear y yo le contesto:

—Está bien, mami. Mira, yo soy así, pienso así. . .

Pero ella sigue y sigue.

—Ustedes ya no me quieren, como yo soy un estorbo para mis hijas.

Se siente víctima siempre.

[16] preocupada
[17] hace. . . advierte, admite
[18] dar. . . contradecir
[19] irrita, molesta
[20] el. . . recibo más de lo que pierdo

Yo más o menos he sido una buena hija, según lo que me enseñaron debía ser una buena hija: una hija que, más o menos, siguiera la cultura y las orientaciones y los valores propios de sus padres, que estudiara, que se casase con una persona que a los padres más o menos guste, que se dedique a su casa, a tener niños, que les dé nietecitos a los padres. Bueno, no creo que haya buenos hijos ni malos hijos ni regulares hijos, sino que son gente que responden a determinadas situaciones. Creo que he respondido, más o menos, a las situaciones que se me han planteado, o sea que mis relaciones han sido las que se podían esperar de mí de acuerdo con mi temperamento y con las situaciones familiares que tuve.

Señora Reyes (*fragmento*)

La separación de Mónica para mí fue uno de los golpes más duros que he recibido. Le voy a decir por qué. Porque estudió psicología, y criticaba muchísimo, muchísimo, a los hijos de los divorciados, o sea, se cuidaba mucho de la felicidad de sus hijos, pero no pudo mantenerlo. Es porque cometió la imprudencia de casarse siendo una niña.

Paco es buen muchacho y él y Mónica se llevan muy bien. Pero, mire, Mónica muy mimada[21] aquí y muy mimada allá. El se casó y ella se pasaba,[22] Paco la complacía[23] muchísimo. El, muy enamorado de ella, era pudiéramos decir «el clavo»[24] de ella, lo que Mónica quería. Ella llega a donde quiere llegar, con ese carácter que tiene, que no hace presión. Bueno, pero con esa lentitud que tiene, fue la única de mis hijas que acabó la carrera universitaria. Los demás la dejaron.

Mónica estaba en primer año de la Universidad cuando se casó. Yo le dije a Paco:

—Mire, yo no quiero que Mónica deje la carrera.

Me contestó:

—No se preocupe, que esto es asunto mío.

Y Mónica terminó la carrera como si fuera la hija mayor de él. Aún no tenía dieciocho años cuando nació su primera hija y la segunda nació poco después. Entonces Paco le ayudaba a cuidar las niñas, él resolvía todos los problemas y todas las dificultades para que ella acabara la carrera. Pero mientras ella estudiaba, y mientras vivía en mi casa y cuando se casó, Mónica era una niña, aunque ya estaba casada y tenía hijos.

¿Entonces qué sucede? Mónica terminó su carrera y fue a trabajar y empezó a tratar con ese hombre y con el otro. Se volvió madura entre sus manos. Cuando llegó a esa etapa ya había quemado[25] la etapa de ella de no-

[21] consentida, acostumbrada a recibir todo lo que pide
[22] se excedía
[23] satisfacía sus gustos
[24] el corazón, lo esencial
[25] terminado

viazgo y lo que era esa etapa que había sido en ella mujer y madre. Y ahora que ya tiene veintitrés años, ya tiene hijos grandes. Hay una negra que le cuida las muchachas por el día y, cuando llega por la noche ya las niñas están dormidas, y si no, se ponen majaderas[26] porque en ese momento llegó mamá.

Paco, un muchacho muy íntegro,[27] se mete en el Partido, es muy revolucionario y va a reuniones y reuniones. Mónica llegaba a casa y él no estaba, donde ella no debía tener ningún interés en ir allí. ¿Con quién va a hablar? Ya está hasta aquí de casa, de marido y hogar. El marido la traía al trabajo, el marido la llevaba a casa, pero viene el racionamiento de la gasolina y entonces la hermana es quien la llevaba allá. Había veces en que le preguntaba por Paco y:

—No, si hace tres días que no lo veo.

Entonces él la descuidó, ¿entiende? Por la política y por confianza de que era algo que no se le iba a terminar. Cuando ella se lo planteó, ese hombre se asombró.[28]

Yo misma llegué a pensar que Paco no quería mucho a Mónica. Yo dije:

—Paco no está muy enamorado. Pero sí la quiere, la idolatra.[29] El habla de ella maravillas. Dice:

«El responsable soy yo que me olvidé que me había casado con una mujer muy niña y muy romántica, que le gusta que la mimen».

Para mí, a Mónica le faltó atención por parte del marido y, al faltarle atención, y empezar a vivir otra etapa nueva de su vida. . . aparte de los ejemplos que le rodean, que hoy todas las mujeres están:

—No seas boba, divórciate.

Mire, en la época mía, nadie se divorciaba. Cuando había un problema y hablaba con la amiga, la amiga le decía:

—Sí, pero chica, fíjate, ¿y los hijos? ¿Qué dirá tu familia? ¿Qué dirá tu papá?

Y eso no caminaba. Pero ahora no, ahora llegó el libertinaje.[30]

—No, no, a mí si no me va bien me divorcio.

Y Mónica está en ese ambiente.

Paco es un hombre bueno, buen padre, quiere mucho a las hijas y Mónica es muy buena madre, pero a ella quien no la deja ser buena madre es el ambiente en que se está desarrollando, el exceso de trabajo, las reuniones en horas inadecuadas. No creo que sea el Partido porque ella hubiera llamado a Paco y hubiera hablado con él. Ah, las interioridades matrimoniales yo las desconozco. Además, a ella le dolió muchísimo tomar esa determinación. No crea usted que es indiferente a Paco. Se botó muchas lágrimas de ambos lados, y bastantes.

Desde entonces, Mónica en eso ha sido muy inteligente. Ha querido que Paco siga en la casa haciendo la vida con las niñas como antes, hasta que no surja[31] el divorcio o lo que sea. El va mucho allá los domingos y hay una charla, y él se ríe y va allí y le busca conversación, y ellos hablan como amigos, porque él no se da por vencido.

[26] necias, tontas
[27] honesto, honrado
[28] se sorprendió mucho
[29] adora
[30] falta de respeto a las leyes morales
[31] salga, aparezca

Tengo esperanzas de que vuelvan a empezar de nuevo. El sí le propuso, pero ella le dijo que no. Mónica está experimentando. Razona mucho, piensa por mucho tiempo, pero cuando toma una determinación ya es definitiva.

Considero muy desastroso que no haya esa unión en la casa que debe haber en los matrimonios y en las familias, que los hogares se destruyen. Para mí, la base de toda sociedad es el hogar, porque el hogar es el Estado, o sea, cada pedacito de hogar forma la República, ¿no? Yo creo que los hogares se debilitan con el sistema de trabajo que se lleva. La costumbre que había antes, por ejemplo en mi casa, toda la vida hubo una hora de almorzar y una hora de comer, sin que eso fuera un rigor para nadie sino como los horarios de comer. En las casas se ponían de acuerdo con los horarios de las oficinas y en las oficinas, usted sabe, se salía a las once y media o a las doce. Los niños salían a esa hora de la escuela. Entonces usted le podía decir a la cocinera:

—Mira, aquí se almuerza a las doce y media.

Entonces todos los miembros de mi casa estaban pendientes de[32] la hora de comer y nos reuníamos todos en la mesa. Era muy difícil que faltara uno a la hora de la comida. Nosotros no nos sentábamos a la mesa hasta que papá no se sentaba, y se hablaba, se hacía sobremesa,[33] después se iban al trabajo y por la tarde era igual.

Cuando fui inspectora escolar y trabajaba en otro distrito, venía matándome para ver si estaba en mi casa a la hora que iban a comer mis hijos. Trato de seguir así y algo les he dicho a mis hijos pero influye muy poco. No, no, cada uno que coja el camino que quiera. Ahora mismo tengo mi nieta conmigo, ¿Y usted ve que si mi nieta tiene exámenes, tiene algo, y yo quisiera ir a ver una película, no voy, porque la niña llega a tal hora del colegio.

Las costumbres de Cuba son, desayuno, almuerzo y comida y dos meriendas. Pero, realmente, ya no existe esa costumbre. Después que vino la Revolución y estableció los comedores escolares y los comedores populares para los empleados, y vino la deficiencia del transporte, la deficiencia de la gasolina y de las máquinas particulares que fallaron, el individuo que —como por ejemplo mi hijo— jamás en la vida había comido fuera, pero porque a él le daban media hora para almorzar, decidió comer en el centro de trabajo, y comenzó cada uno a almorzar en su trabajo. ¿Qué sucede? Que la mujer almuerza por un lado, el marido por el otro, y los niños por el otro. Cuando se ven entonces, es por la noche, si acaso, si quieren. Hay veces que se les quitan ya las ganas de verse, porque entonces el marido tiene una reunión y la esposa tiene otra. A mí me da la impresión que no son tantas las necesidades de reuniones como las ganas que tienen de quedarse por ahí.

Conozco varias parejas jóvenes que no se casan; es que la mujer de Cuba hoy en día no se quiere casar, si tienen hogar o si no lo tienen. Creo que la mujer cubana ha estado tan sujeta en la casa, porque nosotros tenemos unas costumbres que provienen de España, y en España la mujer es una propiedad del marido, ¿no? Entonces, al liberarse la mujer de la obligación de la casa, busca el pretexto *pa* no volver, y está bien eso.

[32]pendientes. . . atentos a

[33]el tiempo que se está a la mesa charlando después de haber comido

Para verificar su comprensión

¿Cierto o falso?

—————   1. Las mujeres cubanas no han tenido que
          cambiar sus actitudes hacia el matrimonio
          después de la revolución.
—————   2. La mayoría de los hombres prefiere que su
          mujer trabaje a que se quede en casa porque
          casi es preciso tener dos sueldos.
—————   3. Paco ha sido un esposo muy atento y cariñoso.
—————   4. Mónica cree que ha sido una esposa excelente.
—————   5. Mónica sufre porque es una mujer muy
          dependiente del hombre.
—————   6. La señora Reyes quedó trastornada por la
          separación de Mónica y Paco.
—————   7. Según la señora Reyes, un factor que
          contribuyó mucho a la separación fue el
          exceso de trabajo.
—————   8. La señora Reyes no cree que las jóvenes deban
          liberarse de la casa.

Interpretación de la lectura

1. ¿Por qué cree Ud. que Mónica rechaza tan vehementemente los
   papeles sexuales tradicionales? ¿Puede Ud. trazar un vínculo entre
   este rechazo y la relación entre Mónica y su mamá? ¿Entre Mónica y
   sus hijas?
2. ¿Cuáles son las ideas de Mónica sobre la dependencia femenina?
   ¿Sobre el amor? ¿Ve Ud. algo de la ideología revolucionaria en estas
   opiniones?
3. A su parecer, ¿cómo se relacionan el fracaso del matrimonio de
   Mónica, su personalidad fuerte y las metas revolucionarias?
4. La señora Reyes critica el sistema de trabajo cubano y lo acusa de
   haber debilitado la unión familiar. Luego contrasta la vida familiar de
   antaño con la actual. Comente detenidamente este contraste,
   incluyendo el efecto que ha tenido en la vida familiar la escasez de
   comida, transporte, gasolina, etcétera.
5. ¿Cree Ud. que son para bien o para mal los cambios que la revolución
   ha traído a la familia cubana?

Comparaciones

1. Establezca una comparación entre la vida de la mujer de «Valium 10» y la de Mónica. ¿Qué tienen en común?
2. ¿En qué difieren la actitud de Mónica hacia su mamá y la de Mistral hacia la suya? ¿A qué se deben estas diferencias?
3. Establezca una comparación entre la vida de Carolina de Jesús (ver Capítulo tres), la de Domitila Barrios de Chungara y la de Mónica centrándose en sus actitudes respecto a la importancia de tener metas en la vida.

Para comentar

¿Está Ud. de acuerdo con las siguientes ideas de Mónica?:

1. El amor «no puede ser un centro, no puede ser una meta en la vida, ni debe ser una meta».
2. «Bueno, no creo que hay buenos hijos ni malos hijos ni regulares hijos, sino que son gente que responden a determinadas situaciones».

Lecturas recomendadas

Amadeo Gely, Teresa. *Aspectos de la familia, el hogar y la mujer puertorriqueña.* Madrid: Imprenta Samarán, 1972.

Berruecos, Luis. *El compadrazgo en América Latina.* México: Instituto Indigenista Interamericano, 1976.

Bock, E. Wilbur, Sugiyama Iutaka and Felix M. Berardo. "Maintenance of the Extended Family in Urban Areas of Argentina, Brazil and Chile." *Journal of Comparative Family Studies,* Vol. I (Spring, 1975), pp. 31–45.

Bolton, Ralph. *Conflictos en la familia andina*. Lima: Centro de Estudios Andinos, 1975.

Gutiérrez de Piñeda, Virginia. *Familia y cultura en Colombia*. Bogotá: Coediciones Tercer Mundo y Departamento de Sociología, Univ. Nacional de Colombia, 1968.

Fitz, Earl E. *Clarice Lispector*. Boston: Twayne Publishers, 1985.

Hawkins, John. *Inverse Images, the Meaning of Culture, Ethnicity and Family in Postcolonial Guatemala*. Albuquerque: Univ. of New Mexico Press, 1984.

Journal of Family History. Special issue on *The Latin American Family,* Vol. III (Winter, 1978).

————. Special issue on *The Latin American Family in the Nineteenth Century*, Vol. X (Fall, 1985).

King, Marjorie. "Cuba's Attack on Women's Second Shift, 1974–1976." *Latin American Perspectives,* Vol. IV (1977), pp. 27–37.

Kinzer, Nora Scott. "Sociocultural Factors Mitigating Role Conflict of Buenos Aires Professional Women." In Ruby Rohrlich-Leavitt, ed., *Women Cross-Culturally, Change and Challenge*. The Hague: Mouton, 1975, pp. 181–197.

Leñero-Otero, Luis. *Beyond the Nuclear Family: Cross-Cultural Perspectives*. London: Sage Publications, 1977.

————. *Investigación de la familia en México: presentación y avance de resultados de una encuesta nacional*. 2da ed. México: Instituto Mexicano de Estudios Sociales, 1971.

————. *Sociocultura y población en México: realidad y perspectivas de política*. México: Editorial Edicol, 1977.

Lewis, Oscar, Ruth Lewis, y Susan M. Rigdon. *Cuatro hombres, viviendo la revolución, una historia oral de Cuba contemporánea*. Trad. del prefacio e introducción de Bernardo Giner de los Ríos. México: Joaquín Mortiz, 1980.

————. *Neighbors*. Urbana: Univ. of Illinois, 1978.

Lindstrom, Naomi. "Clarice Lispector: Articulating Women's Experience." *Chasqui,* Vol. VIII (1978), pp. 43–52.

Nuttini, Hugo G., Pedro Carrasco, and James M. Taggart, eds. *Essays on Mexican Kinship*. Pittsburgh: Univ. of Pittsburgh Press, 1976.

Osorno Cárdenas, Marta Cecilia. *La mujer colombiana y latinoamericana*. Medellín: Impreso Marín, 1974.

Randall, Margaret. *Cuban Women Now: Interviews with Cuban Women*. Toronto: Women's Press, 1974.

_____. *Women in Cuba: Twenty Years Later*. New York: Smyrna Press, 1981.

Regin, Claude. "Sex Equality in Cuba." *The Washington Post* (August 4, 1974), sec. F, p. 10.

Rosen, Bernard C. *The Industrial Connection: Achievement and the Family in Developing Societies*. New York: Aldine, 1982.

Smith, Raymond T., ed. *Kinship, Ideology and Practice in Latin America*. Chapel Hill: Univ. of North Carolina Press, 1984.

Solari, Aldo, and Rolando Franco. "The Family in Uruguay." In Man Singh Das and Clinton J. Jesser, eds., *The Family in Latin America*. New Delhi: Vikas, 1980, pp. 46–83.

Zetina Lozano, Guadalupe. «El trabajo de la mujer y su vida familiar». En María del Carmen Elú de Leñero, ed., *Mujeres que hablan*. México: Instituto Mexicano de Estudios Sociales, 1971.

CAPITULO SEIS

La educación

Este joven de la Universidad de Buenos Aires probablemente sigue un programa de estudios bastante especializado y exigente. (© *Owen Franken/Stock, Boston*)

Introducción

El sistema tradicional

Tradicionalmente, la educación en América Latina ha sido elitista, humanista, privada (en su mayor parte católica) y se ha basado en modelos europeos, especialmente en los franceses (ver Capítulo dos) Esta orientación ha reflejado clara y fielmente la estricta estratificación social que ha caracterizado a América Latina a través de toda su historia. Además, los valores aristocráticos encarnados[1] en el sistema expresan hábitos culturales y sociales que se han formado a través de los siglos y que son, por lo tanto, muy resistentes al cambio. Por esto, el proceso de acomodación de las instituciones y los valores jerárquicos a las necesidades democratizantes del mundo moderno es arduo, vacilante e inconsistente.

Es un proceso plagado de contradicciones, luchas políticas e ineficiencias burocráticas. El sistema educativo en América Latina es fuertemente centralizado y tanto las escuelas privadas como las públicas son administradas por el estado. Por lo general, con las excepciones notables de México, Cuba y Nicaragua, existen dos sistemas paralelos de educación: el privado, por lo común católico, para la gente acomodada y el público para la gente de menores recursos. Éste último es seriamente inadecuado, especialmente en las áreas rurales. Ningún sistema sirve a la mayoría de la gente pobre de la ciudad o del campo. Como puede imaginarse, la burocracia es enorme, pesada e incapaz de responder debidamente a las necesidades locales o a las sugerencias de reforma. El ritmo de cambio en la estructura educacional varía mucho porque depende de numerosos factores —desde el estado de la economía y la política nacionales, hasta la eficacia de la iniciativa reformista de individuos y grupos pequeños. De modo que el ritmo de cambio en países como Argentina, Uruguay y Chile es muy diferente al de los más pobres y menos alfabetizados como Haití, la República Dominicana y Bolivia; sobre todo, depende de la explosión demográfica, la cual frustra y amenaza cancelar toda posibilidad de progreso con su tasa[2] de crecimiento anual del 2,3% para América Latina.

El positivismo

En el pasado hubo tentativas destacadas para modernizar el sistema educativo, pero siempre resultaron inaplicables a la realidad o insuficientes. Por ejemplo, durante la segunda mitad del siglo XIX, el positivismo europeo proporcionó el ímpetu necesario para que países como Chile, México y Brasil incorporaran al curriculum materias como la ingeniería civil y las matemáticas modernas, especialmente la geometría. El positivismo hizo hincapié en el cultivo del intelecto para conocer el mundo material, en contraste con el énfasis eclesiástico tradicional en el reino espiritual. Los positivistas creían que así se podía obtener el orden y progreso sociales, e inclusive, la perfección humana. Esta visión fue abrazada con entusiasmo por muchos liberales latinoamericanos como camino a un futuro estable, moderno y sobre todo, seglar.[3] Los positivistas mexicanos, por ejemplo, querían despojar[4] a la Iglesia de su control firme sobre la educación y abrir paso a la educación «científica» moderna. Aunque hubo reformas importantes y aunque la Iglesia perdió su mando exclusivo sobre la educación, el carácter fundamentalmente elitista, humanista y privado de ésta seguía intacto como testimonio profundo del fuerte arraigo de las estructuras y los valores tradicionales, y del obstáculo, casi infranqueable,[5] del sistema rígido de clases sociales.

[3]laico
[4]quitar
[5]insuperable

La reforma universitaria

En nuestro siglo hemos observado varias tentativas de reformar el sistema vigente y una fuerte presión para modernizarlo y democratizarlo. Estas han ganado influencia con el crecimiento acelerado de las clases medias, para quienes la educación es de suma importancia (ver Capítulo dos). El ejemplo más destacado es la famosa Reforma Universitaria, que tuvo sus comienzos en 1918 entre el estudiantado de la Universidad de Córdoba, Argentina. Tenía como meta la participación de los estudiantes en la administración de la universidad, el llamado «cogobierno», y el derecho de destituir[6] a los profesores que los estudiantes consideraran incompetentes y que usaran sus puestos como sinecuras[7] hereditarias. Muchos de estos estudiantes, conscientes de su posición privilegiada como universitarios, sentían una responsabilidad ante los problemas nacionales. A su parecer, no podían seguir aceptando una educación arcaica, aristocrática y estrictamente especializada cuando la situación nacional reclamaba una preparación moderna, democrática y amplia. De este movimiento crítico datan la moderna politización de la universidad y el concepto de «autonomía universitaria», o sea, de autogobierno y libertad teórica de la

[6]separar de su cargo
[7]empleo fácil y bien remunerado

intervención estatal. Este principio ha sido violado repetidamente desde fines de los años sesenta, con el ejemplo reciente más notorio de la Universidad de Guatemala, ocupada y clausurada por el gobierno militar en septiembre de 1985. A pesar de tales represalias,[8] desde la década de los años veinte, los universitarios han llegado a ser una fuerza potente, capaz de influir directamente en la política nacional.

[8] represiones

La politización de la universidad

La actividad política de los estudiantes se concentra en las universidades estatales, las cuales han crecido enormemente desde 1945. No es raro que los estudiantes activistas pierdan clases y exámenes por participar en una manifestación o campaña electoral. Muchos críticos dicen que la universidad estatal se ha convertido en un sitio de tantos conflictos políticos que ha causado la partida de profesores y estudiantes serios, y que ha dañado gravemente la calidad de la educación. Otros dicen que la politización es saludable para el intercambio y la expresión abierta de ideologías diferentes, y que sirve como un freno[9] contra los abusos de las autoridades gubernamentales. Sea como sea, un resultado de esta situación es una rivalidad aguda entre la universidad estatal —la cual es gratis y teóricamente abierta a casi todo estudiante que tenga su título secundario— y la privada —la cual cobra derechos[10] de matrícula y exámenes además de mensualidades, es más selectiva y es, en su mayor parte, católica.

[9] contención, algo que restringe
[10] pago

La educación técnica

Otro cambio significativo, que data más o menos desde 1945, es la fundación por todo el contiente de escuelas secundarias y de universidades técnicas. Una de las más famosas de éstas, el Politécnico de Monterrey, México, atrae a estudiantes de todas partes. Las escuelas técnicas tienen como propósito dar a los estudiantes entrenamiento en ocupaciones prácticas, como la agronomía y la ingeniería industrial, para que puedan prepararse para responder a los problemas socioeconómicos urgentes del país. Estas escuelas proveen una alternativa al curriculum secundario humanista tradicional, el cual pone énfasis en materias como historia, literatura y filosofía, y que ahora sirve principalmente como preparatorio para la universidad. Otro propósito notable de la educación técnica es el de extender la preparación y otros beneficios de la instrucción a un público más amplio. Las escuelas técnicas, tanto en el nivel universitario como en el secundario, ofrecen no solamente una preparación para una carrera, sino también un vehículo valioso de movilidad vertical.

Las campañas de alfabetización

Tal vez las innovaciones más destacadas no se vean en la educación formal sino fuera de la sala de clase estructurada: en las campañas de educación y alfabetización rurales que se han llevado a cabo en ciertos países. Por ejemplo, en México uno de los objectivos principales de la revolución era la alfabetización de la gente marginada y su incorporación a la vida nacional. José Vasconcelos, escritor, intelectual y Ministro de Educación entre 1920 y 1924, inició un programa ambicioso en el cual se construyeron más de mil escuelas rurales y se enseñaron materias tan variadas como el castellano y los clásicos de las literaturas griega y romana.

[11] dignas de crédito
[12] objetivo

Otra campaña muy famosa, en la década de los años sesenta, fue la del conocido educador brasileño Paulo Freire. A través de su programa, Freire quería alfabetizar a los pobres y, a la vez, concientizarlos con respecto a sus derechos civiles. Aunque la hostilidad del gobierno puso un fin abrupto a sus esfuerzos, la filosofía educacional de Freire ha sido una inspiración para campañas subsiguientes, como las de Cuba y de Nicaragua, y ha representado una de las influencias fundamentales en la teología de la liberación (ver Capítulo siete).

El tercer ejemplo es el cubano. En los primeros años de la revolución, el gobierno de Fidel Castro organizó una campaña extraordinaria de alfabetización rural que dependía de la dedicación e idealismo de los jóvenes, ¡muchos de los cuales tenían sólo 12 y 13 años de edad! Aunque es muy difícil encontrar estadísticas confiables,[11] se estima que entre 1961 y 1962 la tasa de analfabetismo adulto se redujo aproximadamente del 20% hasta menos del 5%. El programa de «seguimiento», o sea, la continuación de la instrucción al nivel primario para los adultos ya semialfabetizados, contribuyó mucho a consolidar los logros del esfuerzo inicial y a hacer más factible la meta[12] revolucionaria de dar a cada cubano el equivalente de una educación de sexto grado. Desde entonces, el gobierno cubano se ha mantenido fiel a su promesa de mejorar las oportunidades educacionales en el campo, un fin adoptado también por los sandinistas en su campaña revolucionaria de 1980, como veremos.

Las dificultades actuales: el ejemplo de Honduras

Estos cambios e innovaciones son considerables, [13] niega
pero, desafortunadamente, insuficientes, y la educación en América Latina
se encuentra actualmente en dificultades extremas. En los países más pobres, como Honduras, hay muy pocas escuelas, escasos maestros, aún
menos maestros preparados (a veces no han alcanzado un nivel más avanzado que el que están enseñando), y hay muy pocos caminos transitables
para que los alumnos, maestros o inspectores del estado lleguen a las escuelas. ¡En 1970, sólo había 250 millas de caminos pavimentados en todo el
país! En el campo, los supervisores viajan en jeep, pero todavía no alcanzan a
visitar muchos lugares que no son accesibles mediante ninguna clase de
vehículo.

Aunque Honduras tiene una población en su mayor parte rural, las oportunidades educacionales en el campo son casi inexistentes. Ninguna exageración es suficiente para mostrar el obstáculo fundamental que representa el desequilibrio pronunciado entre la educación en la ciudad y la del
campo. También hace falta motivación entre los campesinos para asistir a la
escuela (si es que ésta existiera). Los padres necesitan que sus hijos les
ayuden con su trabajo en el campo y es casi imposible convencerles del
valor futuro abstracto de la educación cuando todo en su alrededor inmediato concreto lo desmiente.[13] Sería muy raro que un niño hondureño de
una zona rural completara la primaria y sería casi imposible que completara
la secundaria —en primer lugar, porque casi no hay escuelas a este nivel en
el campo, y en segundo, porque si las hay son privadas y hay que pagar.

En 1966, el 50% de los niños hondureños de edad primaria fueron matriculados en la escuela, pero la tasa de deserción escolar es alta. Alcanza
aproximadamente el 80%. Por ejemplo, entre 1961 y 1966 solamente el 17%
de los estudiantes matriculados en la primaria llegaron al sexto grado. En
cuanto a la secundaria durante el mismo período, menos del 8% de la población entre 13 y 18 años de edad estaba matriculado. El caso hondureño no es
aislado; se repite en Guatemala, Bolivia y otras partes. Para 1971, aún en Venezuela, un país relativamente adelantado, el 23,5% de la población mayor
de 15 años era analfabeto.

El problema radical: el ejemplo de El Salvador

El problema radical de la educación en América Latina
proviene de la antigua estratificación de clases y de los valores sociales. La

educación es todavía para los de las clases altas y medias y sólo esporádica-
mente para el resto. Este problema antiguo se ha agravado actualmente con
la explosión demográfica que ejerce presión sobre los recursos limitados
del estado y que amenaza arruinar todas las mejoras que se han puesto en
marcha. Tomemos el ejemplo de El Salvador, un país no atípico en donde se
ha sufrido de guerra intestina,[14] dictadura, invasiones extranjeras, subdesarrollo económico, dependencia del monocultivo y división social rígida entre una oligarquía poderosa y una mayoría pobre. A pesar de todos estos factores y aunque El Salvador es el país más densamente poblado de América
Latina, su población continúa aumentando precipitadamente, con consecuencias muy negativas para la educación del pueblo. En 1968, la mitad de la
población adulta era analfabeta; el 58% de los niños entre las edades de 5 y
14 años estaba matriculado en las escuelas primarias; y el 14% entre las
edades de 15 y 19, en las secundarias. La explosión demográfica es tal que
para 1980, el Estado habría tenido que duplicar el número de asientos escolares en las primarias y más que duplicar el de las secundarias, ¡simplemente
para mantener el *status quo* insatisfactorio de 1968! Claro está que no lo
llevó a cabo, porque El Salvador sufre una guerra civil que ha imposibilitado
toda tentativa de mejora educacional, y porque presenta por añadidura una
división notoria, aun en términos latinoamericanos, entre los pocos ricos y
los muchos pobres, y a aquéllos no les importa la educación de éstos. De
modo que, hasta ahora por lo menos, al gobierno de El Salvador le han
faltado tanto la voluntad como la capacidad de cumplir con lo que se necesitaba, solamente en lo concerniente a la educación, desde hace décadas.

[14] civil, interna

Dificultades y posibilidades

Los ejemplos de Honduras y El Salvador son representativos de los problemas serios que existen en grados diferentes por toda
América Latina, los cuales podemos resumir así: 1) las tentativas de reforma
sobrepasadas por la explosión demográfica; 2) con excepción de Cuba y
Nicaragua, el desequilibrio notorio entre las oportunidades educacionales
en la ciudad y en el campo; 3) la poca preparación de muchos maestros, especialmente los rurales; 4) la falta seria de escuelas secundarias públicas; 5)
la politización de la universidad estatal y la represión del gobierno; 6) la
centralización ineficiente y excesiva de la educación; 7) la estratificación social perpetuada por un sistema todavía en su mayor parte elitista.

Pero el cuadro educacional no es del todo pesimista. Son influyentes e
inspiradores los esfuerzos democratizantes de grupos, individuos e incluso
de gobiernos para: 1) difundir más ampliamente los beneficios de la educación; 2) reformarla para que responda a las necesidades sociales de la actualidad; 3) hacerla una fuerza positiva activa en la construcción nacional; y
4) comunicar, a través de ella, valores humanitarios de igualdad, como las

lecturas de este capítulo muestran. Los deseos y tentativas de reforma y democratización educacionales deben yuxtaponerse a los obstáculos ya discutidos para proporcionar un enfoque balanceado sobre el tema muy complejo de la educación en América Latina.

SONYA RENDON (*1942–*   )

     Sonya Rendón, nacida y criada en Ecuador, completó su educación en los EEUU. Realizó el sueño de su vida cuando ella y su colega, Patricia McTeague, fundaron el Centro Educativo Nuevo Mundo en Guayaquil en 1978. De sus comienzos desfavorables en una sala de la casa familiar con unos veinte estudiantes, esta empresa ha crecido sorprendentemente. Ahora tiene varios edificios propios, una secundaria además de la primaria original, aproximadamente 525 estudiantes y una larga lista de espera.

Sonya Rendón, codirectora de Nuevo Mundo.
(© *Mary Alma Sullivan*)

Nuevo Mundo es un tributo a la dedicación individual y a la perseverancia, a pesar de la escasez de medios financieros y de los obstáculos que proporciona el letargo[1] de la burocracia estatal. Es además un modelo de innovación social. En la siguiente entrevista, realizada en abril de 1985, la directora habla de la misión peculiar de este centro educativo.

[1] lentitud, indiferencia

Entrevista con Sonya Rendón

Nuevo Mundo: un experimento educativo modelo

Pregunta: Sonya, ¿nos puede hablar un poco de la misión de Nuevo Mundo? Es lo que me parece tan distintivo del Centro.

[2] salida
[3] dirigida

Respuesta: Claro, de acuerdo. Cuando desde hace mucho tiempo pensamos en crear este Centro Educativo, queríamos hacer algo diferente de lo que se había hecho hasta ahora. En primer lugar, teníamos como objetivo central el que los chicos (y chicas, porque somos una escuela mixta) que de allí salieran fueran personas que pudieran compartir valores con todos los círculos sociales existentes en el Ecuador. Para nosotros esto es muy importante. Es decir, nosotros no estamos educando a una élite para seguir manteniendo diferencias sociales, sino que quisiéramos crear un grupo social que a su egreso[2] pudiera internarse para cambiar esta situación social existente en el Ecuador y cambiar un poco el mundo. De allí viene el nombre de Nuevo Mundo. Allí también va su misión de cambiar un poco la estructura social actual.

P: Es una misión muy noble. ¿Cuál es su inspiración?

R: Pues, Cristo y su Evangelio. Nuestra escuela es una escuela católica. Generalmente, cuando escuchamos esta palabra pensamos que tiene que estar regentada[3] por sacerdotes, por una comunidad religiosa o por religiosas. En nuestro caso es algo totalmente diferente; en el Ecuador yo diría que somos muy pocos los colegios que nos dedicamos a la educación religiosa sin pertenecer a una comunidad religiosa. Somos lo que llamamos cristianos comprometidos, y de ahí viene nuestra inspiración.

P: ¿Cómo se ve en la práctica la misión social del Centro?

R: Por nuestra dedicación tanto a la educación del niño pobre como a la del niño rico, algo muy raro para una escuela privada en América Latina. Los niños que se educan en la mañana son aquella clase social que puede pagar una pensión alta y los niños que estudian en la tarde son la clase social de escasos recursos que pagan una pensión nominal. Pero Nuevo Mundo es una sola entidad. Para nosotros, es un solo cuerpo y todos los estudiantes son de la misma importancia. Por esto nosotros manifestamos a nuestros profesores que el mismo interés debe ser desplegado[4] hacia ambos grupos, y que tan pronto un año un profesor puede estar trabajando en la mañana en cuarto grado como al año siguiente en primer grado en la escuela de la tarde. Para nosotros es muy importante que el profesor aprecie, quiera y tenga este deseo de sacar ambos grupos adelante, dándoles lo mejor de sí.

P: ¿Qué piensan los padres pudientes[5] de tener que subvencionar[6] la educación de los niños pobres de la tarde?

R: Pues, al principio hubo una reacción bastante negativa porque no existía ningún precedente para tal cosa tan atrevida,[7] porque en el Ecuador la conciencia de clase tiene una historia larga y penosa.

Es verdad que tuvimos cierta resistencia por parte de los padres. «¡Cómo, mi hijo Fulano de Tal va a estar con el hijo de la cocinera ocupando el mismo local!» Los padres de los niños de la tarde son pobres de verdad. Son víctimas del subempleo y la mayoría vende frutas, periódicos, botellas para mantenerse, mientras sus mujeres trabajan como domésticas. Sí tuvimos cierta resistencia. Pero ahora ya esto ha sido superado[8] y la cosa va adelante. Poco a poco, a través de muchas reuniones y conferencias, nosotros pudimos hacerles conscientes a los padres de que como cristianos estamos en la obligación de dar al que no tiene. Dar al más necesitado. No sólo en el dar económicamente sino de dar su tiempo, su persona, para venir y conocer cómo es el Nuevo Mundo de la tarde. Nosotros hemos logrado que un grupo bastante significativo de madres de clase media forme una asociación que se llama Asociación de Madres de Familia de Fundación Nuevo Mundo (Fundación Nuevo Mundo es el nombre de la escuela de la tarde). Ellas se han organizado para visitar los hogares de Durán (el barrio de donde vienen los niños de la tarde) para dar clases o charlas o reuniones de educación para la fe y de aspectos generales de cuidados familiares.

P: ¿Cuidados familiares? ¿En qué consisten?

R: Yo diría consejería. De cómo mantener mejor un hogar, cómo ayudar a hacer que el presupuesto[9] familiar se trabaje mejor. En todo caso darle a estas familias, madres, un sentido de orgullo de ser madres, de ser mujeres, de tener un hogar; de darles aquella esperanza de que por ser mujeres ellas algún día pueden ser dueñas de su propio destino y que no tienen que estar bajo el yugo[10] del hombre con quien conviven.

Es tratar de darle a la mujer otro sentido de dignidad para ella y su familia.

P: ¿Las madres de Durán también participan en la escuela?

R: Sí. Las dos clases se reúnen para cierta actividad a nivel madres de familia, pero también las madres de familia de la tarde han formado su propia

[4]puesto en práctica
[5]ricos
[6]costear, pagar
[7]arriesgada, audaz
[8]vencido
[9]*budget*
[10]dominio

asociación para ayudar a sus propios hijos. Ellas están muy satisfechas con la obra que se realiza, ya que lo típico es que tú mandas a tu hijo a la escuela y te olvidas del niño. Nuevo Mundo quiere ser una entidad que se adentra no solamente en el niño sino en la familia, en el hogar.

P: ¿Y los padres? ¿También participan?

R: Terminemos de hablar primero de las madres de familia de la mañana. Decía que unas estaban asignadas para trabajar en Durán, otras están como ayudantes de cátedra[11] en la escuela de la tarde. Ayudantes de las maestras. Otras se encargan de conseguir lonche[12] adicional que les damos a los chicos en la tarde. ¿Por qué dices adicional? Porque nosotros damos a los chicos de la mañana y tarde un *lunch,* pero notamos que nuestros niños en la tarde, en muchos casos su comida principal era el *lunch* que se les daba en la escuela. Entonces cuando llegaban estos niños, a lo que llegaban era a dormir porque estaban tan débiles que no podían concentrarse para captar todo lo que tenían que aprender en un día.

Algunas de estas madres en la mañana se pusieron en acción y consiguieron de diferentes entidades que regalaran leche, pan, y ellas mismas se fijaron una cuota mensual para ayudar a este lonche extra que sería dado apenas lleguen los chicos para ponerlos fuertes. El horario es de 7 a.m. a la 1:30 de la tarde. A la 1:30 mientras los unos salen, los otros entran para quedarse hasta las 6:00 de la tarde. Muchas horas y mucha necesidad de madres voluntarias como puedes imaginar. Hay otras madres que se dedican a conseguir fondos para la Fundación N.M.

Ahora, de parte de las madres de la tarde, no podemos pensar que por ser madres de escasos recursos se encuentren totalmente inutilizadas; por el contrario, son mujeres que a pesar de que tienen que trabajar dos trabajos (porque trabajan como domésticas, luego regresan a sus casas a hacer sus quehaceres), se dan tiempo para también ayudar en su propia asociación. Alguna ayuda como ayudante de cátedra, pero a los niños dentro de su mismo ambiente o en su mismo barrio. También ellas hacen comidas criollas para poder obtener fondos[13] para la escuela. Las madres de familia de la mañana han conseguido que muchas tiendas donen[14] ciertos artículos que son de fácil venta dentro de estos barrios pobres. Entonces las madres de nuestros niños de la tarde se encargan de estas ventas, de vender a precios muy razonables, y el producto de esta venta viene a ser parte de los fondos que utiliza la Fundación N.M. para subsistir. Son poquitos, son mínimos, pero digamos, en este caso el valor monetario no interesa tanto como el valor que tiene la integración de estas mujeres y su propia conciencia de su desarrollo como personas. Una de las obras que realizan las madres de la tarde es que ellas conocen que en ciertos sectores de la población donde hay niños de Nuevo Mundo, sus madres no saben leer ni escribir. Entonces muchas de ellas han donado su tiempo para poder ayudar a estos niños cuando regresan del colegio. Estamos también tratando de crear una especie de centro para aquellas madres analfabetas que quieran aprender lo rutinario de la lectura, escritura y las cuatro operaciones básicas.[15] El pro-

[11] clase
[12] *lunch*
[13] dinero
[14] den gratis
[15] cuatro. . . suma, resta, multiplicación y división

blema que se nos presenta es que el tiempo de estas madres de la tarde es tan limitado porque tienen tanto que hacer que no se encuentra muchas veces el suficiente espacio de tiempo para introducir estos conocimientos.

Ahora, volviendo a tu pregunta inicial, sobre la participación de los padres. En América Latina es un fenómeno muy común que el padre de familia, el varón, no participe tanto en la educación de sus hijos. En el Ecuador, por lo general, el padre viene al principio, conoce el colegio y luego dice, está bien, tú, mujer, haz todo lo que se necesite. Pero aquí, yo diría, hemos querido iniciar una nueva modalidad. En primer lugar, nosotros no aceptamos a ningún alumno cuyos padres, papá y mamá, no se acerquen formalmente a participar en las actividades que Nuevo Mundo programa. Además de esto, nosotros hemos tratado de integrar al padre de familia como participante activo en otras actividades de tipo social y deportivo. Por ejemplo, hemos llamado a algunos padres para que sean los entrenadores de los equipos de fútbol, básquet, vóley de nuestros niños, y en esto hemos obtenido una respuesta muy entusiasta por parte de ellos. Se reúnen los sábados y ellos son los que llevan a los chicos a jugar con los otros colegios.

P: ¿Puede hablarnos un poco acerca del curriculum de la escuela? ¿Qué hacen los niños en un día típico?

R: Bueno, en un día típico los niños siguen el programa que nos ha dictado el Ministerio. Este día típico tiene matemáticas, actividades de lenguaje, estudios sociales, ciencias y actividades prácticas que vienen a ser algo así como trabajo manual, canto, etcétera, etcétera. Cuando ingresan los niños todos se forman en fila. Tenemos una iniciación que es ponerlos en la presencia de Dios, de agradecer por el día, los niños hacen sus oraciones, sus peticiones, e inmediatamente pasamos al trabajo. Tenemos diez minutos de receso en la mitad de la mañana y veinte al mediodía. Esto para la escuela de la mañana. También, dentro de estas actividades incluimos el programa de inglés, que en todas las escuelas este programa *no* es común. Hay pocas escuelas que tienen este programa de enseñanza bilingüe, es decir, que hora y media se dedican los niños de la mañana solamente a aprender un idioma extranjero, en este caso inglés. Nosotros les hemos prometido a los padres de familia que al final de la secundaria los chicos saldrán con la capacidad suficiente como para tomar un test de TOEFL[16] que es requerido en los EEUU para ingresar a cualquier universidad. Deben poder salir bien sin tener que hacer un estudio adicional del inglés. Nos quedan seis años para preparar a estos chicos en el idioma inglés. Bueno, luego de esto, de que los chicos almuerzan, tienen su hora de *lunch,* las dos últimas horas generalmente están dedicadas a actividades prácticas porque debido al calor y no teniendo aire acondicionado, pues se hace pesada la mañana y la tarde. Las actividades prácticas generalmente están programadas para esas horas.

P: El programa de inglés, ¿es tanto para los chicos de la tarde como para los de la mañana?

[16] *Test of English as a Foreign Language*

Centro Educativo Nuevo Mundo, Guayaquil, Ecuador. (© *Jean O'Keefe and Marianne Littau*)

R: Para la tarde tenemos inglés, pero no tan concentrado. La razón de esto es por las horas, el número de horas. El número de horas en la que los chicos vienen al colegio en la tarde no nos permite incluir en el programa la misma cantidad de tiempo, porque éstas en realidad son actividades que están además del programa de español. Entonces los chicos de la tarde tienen inglés, un poquito. Tres veces a la semana. Pero ya cuando ellos terminen su primaria, los chicos de la tarde, los que están preparados para la secundaria, pues se les dará una oportunidad de poderse preparar en el idioma, y los que van al colegio técnico, allí empezaremos a darles el lenguaje técnico que muchos textos tienen.

P: ¿El curriculum de Nuevo Mundo muestra la influencia del curriculum estadounidense?

R: No, yo diría que más europeo. Digamos, un chico en la primaria e incluso en la secundaria tiene muchas materias. En la primaria estudia, en cuanto al idioma nacional, gramática como tal, ortografía, caligrafía, composición, dictado. Allí son cinco materias. Cada una por separado. Luego en estudios sociales tiene historia, geografía, cívica, urbanidad; dentro de ciencias naturales, las ciencias naturales como tal, educación para la salud, asociación de clases; en actividades prácticas, dibujo, trabajo manual, algo de electricidad; y además de todo esto, en matemáticas tiene aritmética, geometría y sistema métrico, son por lo menos tres materias. Entonces son cuatro áreas perfectamente divididas.

P: El aspecto bilingüe de Nuevo Mundo debe ser muy atractivo para los padres, ¿verdad?

R: Claro que sí, es uno de los aspectos más atractivos. Por lo general, los colegios no tienen programa bilingüe y los padres tienen que pagar una escuela adicional por la tarde para que puedan sus hijos tener este segundo idioma. En Nuevo Mundo lo tienen todo, pero más importante, somos el único colegio en Guayaquil que enseña el idioma extranjero por niveles. Generalmente, se trabaja el libro 1 para primer grado. El libro 2 para segundo grado. Nosotros no. Hemos ideado un sistema en que el niño toma un examen cuando ingresa y se puede cubrir hasta tres niveles dentro de un año. Entonces un niño de cuarto grado puede estar en el nivel 12, por ejemplo.

P: Sonya, yo sé que Nuevo Mundo es un lugar muy especial. Pero seguramente tiene que tener sus problemas. ¿Puede decirnos cuáles son sus dificultades más serias y si éstas son en cierta medida típicas de las que confrontan otros educadores en el Ecuador?

R: En mi opinión, uno de los problemas más grandes que confrontamos como directoras de Nuevo Mundo en cuanto a la primaria es la preparación del profesorado en sí mismo, la falta de preparación que nosotros tratamos obviamente de suplir[17] por medio de conferencias, seminarios. Y el hecho de que no hay la obligación de que el profesor de primaria tenga otra educación que su secundaria especializada, eso hace, pues, que esto sea realmente un grave problema. Nuestros profesores no están preparados tanto como nosotros quisiéramos que estén. Otro problema serio típico es que no mucha gente de la clase media desea ser profesor por condiciones económicas, que no paga bien, que no es una profesión muy apreciada. El profesorado viene de la clase media baja en general. Cuando se oyen comentarios de gente de clase media, o media alta, y oyes a una joven que quiere ser profesora, sus padres luchan a brazo partido[18] para que no suceda esto. «¿Cómo vas a desperdiciarte[19] siendo maestro?» En América Latina ahora hay mucha posibilidad; el campo para la mujer está recién comenzando a abrirse. Ahora la mujer asiste a la universidad, trabaja como psicóloga clínica tal vez, trabaja en un banco; muchos campos se abren para la mujer ahora, que por supuesto pagan absolutamente más.

P: ¿Qué ocurre con las escuelas públicas a nivel primario? ¿Puede hablarnos de los obstáculos que éstas confrontan?

R: Yo diría que una de las dificultades es que cuando un profesor es asignado a una escuela que está fuera del perímetro[20] urbano y en el que él no puede ser constantemente vigilado, muchas veces, si el profesor no tiene la verdadera vocación de maestro, falta cuando quiere y va cuando quiere. Sí, hablo en serio. Otro problema es que en muchas ocasiones el estado trata de dar el material, pero no llega a todas partes. Sea porque no haya la cantidad suficiente o porque cuando llega a las manos que deben distribuirlo no se hace esta distribución y se pierden las cosas misteriosamente, pero se dan casos en que las escuelas no tienen suficiente material. Se han visto casos en

[17] remediar
[18] a. . . con mucho vigor
[19] gastar o emplear mal tu vida
[20] contorno, área

que va el profesor pero no hay ni siquiera tiza. Es que los materiales didácticos ejercen una poderosa influencia en que el chico no puede estudiar como debería ni desarrollarse como debería si falta lo esencial. Francamente, las dificultades son muchas, sobre todo en las áreas rurales.

[21] de. . . de más, en demasía
[22] pesado, molesto

P: Pero a pesar de todo, me parece bastante optimista en cuanto a la educación en el Ecuador. ¿Es verdad?

R: Pues, diría que mi filosofía hacia la vida es optimista. Claro que hay problemas de sobra,[21] pero todo es cuestión de no perder la perspectiva. Por eso, lo que tratamos nosotros en Nuevo Mundo, es hacer *un poco,* concentrarnos en lo que podemos hacer en nuestra pequeña parte de la República. Encarado así, todo parece menos abrumador,[22] ¿no?

Para verificar su comprensión

Escoja la respuesta más apropiada.

1. La misión distintiva de Nuevo Mundo es
   a. social.
   b. académica.
   c. familiar.

2. Nuevo Mundo es diferente de la gran mayoría de escuelas católicas porque está dirigido por
   a. sacerdotes.
   b. cristianos comprometidos.
   c. el Estado.

3. Los padres de la escuela de la mañana se resistían a que vinieran por la tarde los niños de Durán porque éstos
   a. tenían enfermedades contagiosas.
   b. eran pobres.
   c. estaban atrasados en sus estudios.

4. El curriculum diario del estudiante
   a. contiene muchas asignaturas.
   b. es muy avanzado.
   c. es muy tradicional.

5. Generalmente, el nivel de participación familiar en la escuela es
   a. bajo.
   b. mediano.
   c. alto.

6. Para ayudar dentro de la comunidad de Durán,
   algunas madres de la tarde
   a. estudian en casa.
   b. venden cosas en el barrio.
   c. lavan y planchan ropa.

7. El programa de inglés de Nuevo Mundo
   a. le da poca flexibilidad al estudiante para seguir a
      su propio ritmo.
   b. es, para muchos padres, el atributo más positivo.
   c. es casi exclusivamente para los niños de la tarde.

8. Según Rendón, el problema más serio que enfrentan
   los educadores de la primaria en Ecuador es la falta
   de
   a. materiales didácticos.
   b. dedicación del profesorado.
   c. preparación de los maestros.

Interpretación de la lectura

1. ¿Qué piensa Ud. de la misión de Nuevo Mundo? ¿Le parece
   excepcional? Explique.
2. En su opinión, ¿por qué no se mezclan en los dos turnos de clases los
   niños de la mañana y los de la tarde?
3. ¿Cree Ud. que los padres acomodados en los EEUU se resistirían a
   una iniciativa semejante a la de las directoras de Nuevo Mundo? ¿Por
   qué?
4. ¿Qué le parece el programa curricular de Nuevo Mundo? ¿Y el día
   típico?
5. ¿Por qué la profesión de profesor es tan menospreciada en partes de
   América Latina? ¿Cree Ud. que en los EEUU se la subestima de la
   misma manera?

Comparaciones

1. Compare la educación por la cual luchó Domitila Barrios de
   Chungara (ver Capítulo cinco) con la que recibe el niño de la tarde
   en Nuevo Mundo. ¿Cómo sería la vida de Barrios de Chungara ahora
   si se hubiera educado en Nuevo Mundo?
2. ¿Se pueden comparar las asociaciones de madres de familia con las
   asociaciones PTA en los EEUU? ¿Cuáles son sus semejanzas y
   diferencias?

Temas escritos

1. Rendón insiste en que la asistencia a Nuevo Mundo sea una cuestión familiar. Usando lo que Ud. ya ha leído del Capítulo cinco, **La familia**, ¿por qué será tan fuerte este deseo?
2. Compare lo que dice Rendón sobre los problemas educacionales de Ecuador con lo que hemos leído de Ricardo Pozas (ver Capítulo tres), de Carolina María de Jesús (ver Capítulo tres) y de la introducción a este capítulo con respecto a Honduras y El Salvador. ¿Hay ciertos puntos en común en los problemas? ¿En las soluciones?

PAULO FREIRE (*1921–   )*

Paulo Freire, renombrado educador brasileño que ha enseñado en las Universidades de Chile y Harvard, en el Centro Internacional de Documentación (CIDOC) de Cuernavaca, México, y que ha trabajado para la UNESCO, ganó fama mundial al comienzo de los años sesenta por su programa de alfabetización en Brasil y por su filosofía educativa de concientización.[a] Fue un exiliado político por muchos años, desde antes del golpe militar de 1964 hasta 1979, porque las autoridades consideraron que su campaña en el noreste era subversiva, radical y hasta comunista. Irónicamente, el gobierno civil del presidente José Sarney, inaugurado en marzo de 1985, está recurriendo a Freire para su asesoramiento[b] sobre el actual plan gubernamental de alfabetización, MOBRAL (Movimiento de Alfabetización Brasileña).[c]

---

[a] El término «concientización» viene del portugués *concientização,* usado primero por Freire y después traducido al inglés como *consciousness-raising.* En inglés, la expresión ha llegado a ser un *cliché* por haberse aplicado a una gran variedad de situaciones sociales; por eso, si podemos encarar el término dentro de su contexto original, de un despertar activo responsable de la realidad individual y colectiva, cobrará más fuerza como concepto y proceso radicales.

[b] evaluación

[c] El analfabetismo es un grave problema nacional en Brasil como en la mayoría de los países de América Latina, donde la crisis educativa es solamente una manifestación de una crisis social más amplia, en el empleo, la vivienda, la salud pública, empeorada por la explosión y el desequilibrio demográficos. En Brasil, se estima que hay 19,2 millones de iletrados en un país de 135 millones de habitantes, y de este número, ocho millones de niños entre las edades de siete y catorce años no asisten a ninguna escuela. Se calcula que sólo el 12% de los niños completa los siete años requeridos de primaria. A causa de la explosión demográfica, aun cuando el porcentaje de analfabetismo está disminuyendo, el número absoluto de personas analfabetas está aumentando. Freire ya reconoció las dimensiones del problema desde hace más de un cuarto de siglo; en los últimos años, MOBRAL las ha reconocido también.

La visión del mundo de Freire es humanista e igualitaria. En ella, la educación cumple una función crítica. Es, para Freire, la llave para la liberación del pobre de su condición de oprimido y del poderoso de la suya de opresor.[ch] En la pedagogía de Freire, el instructor y el estudiante dialogan a base de palabras «generadoras»[1] como «hambre» o «trabajo», o sea, palabras centrales en la vida de éste. El propósito es que, mediante el diálogo, el «alfabetizando» descubra que es un ser humano consciente, que es el autor de su propia vida y que puede obrar para cambiarla. Es central en la pedagogía de Freire la necesidad de que el individuo se sienta responsable de su vida, que tome conciencia de lo que es y de lo que puede ser. Solamente así puede actuar para «ser más». En el proceso de concientización, el oprimido se encarga de «aprender a escribir su vida». Las palabras generadoras traen el diálogo, autoconocimiento y autoestima; éstos traen la concientización y por último, la politización.

Los dos fragmentos que siguen a continuación provienen de su libro seminal *Pedagogía del oprimido*. En ellos Freire habla de los componentes del proceso y de cómo el ser humano se libera a través de él. En el primer trozo, Freire delinea tres problemas que enfrenta el oprimido: 1) vencer la tendencia a convertirse en opresor también; 2) conquistar el miedo que siente a la libertad; 3) acudir a la llamada colectiva de la concientización. En el segundo segmento, Freire da un cáveat respecto a la acción política: para ser auténtica tiene que ser *con* los oprimidos y no *para* ellos.

[1] que producen energía o fuerza

Guía de prelectura

Infiriendo de lo que ya sabemos de Freire, identifique las frases que podrían ser suyas. Si se equivoca más de una vez, lea la introducción nuevamente.

1. A través de la educación, se consigue la libertad.
2. La revolución social es inevitable.
3. La igualdad es la base de todo.
4. Los oprimidos son irresponsables.
5. Los opresores tienen que ser castigados.
6. La pedagogía debe imponer una nueva realidad.
7. La concientización tiene un fin colectivo político, además del fin de autoconocimiento.

[ch] «Opresor» y «oprimido» son otros términos que requieren explicación contextual. Mientras que en los EEUU estas palabras llevan connotaciones ideológicas específicas y son algo dogmáticas, en América Latina comúnmente se emplean para describir una realidad histórica concreta.

Pedagogía del oprimido
(*fragmento*)

I.

Nuestra preocupación, en este trabajo, es sólo presentar algunos aspectos de lo que nos parece constituye lo que venimos llamando «La Pedagogía del Oprimido», aquella que debe ser elaborada *con* él y no *para* él, en tanto hombres o pueblos en la lucha permanente de recuperación de su humanidad. Pedagogía que haga de la opresión y sus causas el objeto de reflexión de los oprimidos, de lo que resultará el compromiso necesario para su lucha por la liberación, en la cual esta pedagogía se hará y rehará.

El gran problema radica[2] en cómo podrán los oprimidos, como seres duales, inauténticos, que «alojan»[3] al opresor en sí, participar de la elaboración, de la pedagogía para su liberación.[d] Sólo en la medida en que se descubran «alojando» al opresor podrán contribuir a la construcción de su pedagogía liberadora. Mientras vivan la dualidad en la cual ser es parecer y parecer es parecerse con el opresor, es imposible hacerlo. La pedagogía del oprimido, que no puede ser elaborada por los opresores, es un instrumento para este descubrimiento crítico; el de los oprimidos por sí mismos y el de los opresores por los oprimidos, como manifestación de la deshumanización.

Sin embargo, hay algo que es necesario considerar en este descubrimiento, que está directamente ligado[4] a la pedagogía liberadora. Es que, casi siempre, en un primer momento de este descubrimiento, los oprimidos, en vez de buscar la liberación, en la lucha y a través de ella, tienden a ser opresores también, o sub-opresores. La estructura de su pensamiento se encuentra condicionada por la contradicción vivida en la situación concreta, existencial en que se forman. Su ideal es, realmente, ser hombres, pero para ellos, ser hombres, en la contradicción en que siempre estuvieron y cuya superación no tienen clara, equivale a ser opresores. Estos son sus testimonios de humanidad.

Esto deriva, tal como analizaremos más adelante, con más amplitud, del hecho de que, en cierto momento de su experiencia existencial, los oprimi-

[2] se encuentra
[3] hospedan, contienen
[4] relacionado

---

[d] En otras palabras, el oprimido lleva al opresor dentro de sí mismo. Para el oprimido, ser hombre quiere decir ser opresor, porque ésta es la realidad que ha vivido y éste es el único modelo de comportamiento que tiene. En este esquema, ser libre significa simplemente ser su contrario, ser opresor. Esta identificación con su contrario es individualista además de contradictoria e imposibilita el desarrollo de la conciencia grupal, de clase. La pedagogía de Freire trata de superar esta identificación errónea.

dos asumen una postura que llamamos de «adherencia» al opresor. En estas circunstancias, no llegan a «admirarlo», lo que los llevará a objetivarlo, a descubrirlo fuera de sí.

Al hacer esta afirmación, no queremos decir que los oprimidos, en este caso, no se sepan oprimidos. Su conocimiento de sí mismos, como oprimidos, sin embargo, se encuentra perjudicado[5] por su inmersión en la realidad opresora. «Reconocerse», en antagonismo al opresor, en aquella forma, no significa aún luchar por la superación de la contradicción. De ahí esta casi aberración: uno de los polos de la contradicción pretendiendo, en vez de la liberación, la identificación con su contrario.

En este caso, el «hombre nuevo» para los oprimidos no es el hombre que debe nacer con la superación de la contradicción, con la transformación de la antigua situación, concretamente opresora, que cede[6] su lugar a una nueva, la de la liberación. Para ellos, el hombre nuevo son ellos mismos, transformándose en opresores de otros. Su visión del hombre nuevo es una visión individualista. Su adherencia al opresor no les posibilita la conciencia de sí como persona, ni su conciencia como clase oprimida.

En un caso específico, quieren la Reforma Agraria, no para liberarse, sino para poseer tierras y, con esta, transformarse en propietarios o, en forma más precisa, en patrones[7] de nuevos empleados.

Son raros los casos de campesinos que, al ser «promovidos» a capataces,[8] no se transformen en opresores, más rudos con sus antiguos compañeros que el mismo patrón. Podría decirse —y con razón— que esto se debe al hecho de que la situación concreta, vigente, de opresión, no fue transformada. Y que, en esta hipótesis, el capataz, a fin de asegurar su puesto, debe encarnar,[9] con más dureza aún, la dureza del patrón. Tal afirmación no niega la nuestra —la de que en estas circunstancias, los oprimidos tienen en el opresor su testimonio de «hombre».

Incluso las revoluciones, que transforman la situación concreta de opresión en una nueva en que la liberación se instaura[10] como proceso, enfrentan esta manifestación de la conciencia oprimida. Muchos de los oprimidos, que, directa o indirectamente, participaron de la revolución, marcados por los viejos mitos de la estructura anterior pretenden hacer de la revolución su revolución privada. Perdura en ellos, en cierta manera, la sombra testimonial del antiguo opresor. Este continúa siendo su testimonio de «humanidad».

El «miedo a la libertad»[e] del cual se hacen objeto los oprimidos, miedo a la libertad que tanto puede conducirlos a pretender ser opresores también,

[5] dañado
[6] da
[7] amos, jefes
[8] los que gobiernan a otros trabajadores
[9] personificar
[10] establece

---

[e] Este miedo a la libertad también se instaura en los opresores, pero como es obvio, de manera diferente. En los oprimidos, el miedo a la libertad es el miedo de asumirla. En los opresores, es el miedo de perder la «libertad» de oprimir.

cuanto puede mantenerlos atados al «status» del oprimido es otro aspecto que merece igualmente nuestra reflexión.

Uno de los elementos básicos en la mediación opresores-oprimidos es la *prescripción*. Toda prescripción es la imposición de la opción de una conciencia a otra. De ahí el sentido alienante de las prescripciones que transforman a la conciencia receptora en lo que hemos denominado como conciencia «que alberga»[11] la conciencia opresora. Por esto, el comportamiento de los oprimidos es un comportamiento prescrito. Se conforma en base a pautas[12] ajenas a ellos, las pautas de los opresores.

Los oprimidos, que introyectando[13] la «sombra» de los opresores siguen sus pautas, temen a la libertad, en la medida en que ésta, implicando la expulsión de la «sombra», exigiría de ellos que «llenaran» el «vacío» dejado por la expulsión, con «contenido» diferente: el de su autonomía. El de su responsabilidad sin la cual no serían libres. La libertad, que es una conquista y no una donación, exige una búsqueda permanente. Búsqueda que sólo existe en el acto responsable de quien la lleva a cabo. Nadie tiene libertad para ser libre, sino que, al no ser libre lucha por conseguir su libertad. Esta tampoco es un punto ideal fuera de los hombres, al cual inclusive, se alienan. No es idea que se haga mito sino condición indispensable al movimiento de búsqueda en que se insertan los hombres como seres inconclusos.

De ahí la necesidad que se impone de superar la situación opresora. Esto implica, el reconocimiento crítico de la *razón* de esta situación, a fin de lograr, a través de una acción transformadora que incida[14] sobre la realidad, la instauración de una situación diferente, que posibilite la búsqueda de ser más.

Sin embargo, en el momento en que se inicie la auténtica lucha para crear la situación que nacerá de la superación de la antigua, ya se está luchando por el ser más. Y, si la situación opresora que genera una totalidad deshumanizada y deshumanizante, que alcanza a quienes oprimen y a quienes son oprimidos, no será tarea de los primeros que se encuentran deshumanizados por el sólo hecho de oprimir, sino a los segundos aquellos oprimidos, generar de su *ser menos* la búsqueda del *ser más* de todos.

Los oprimidos, acomodados y adaptados, inmersos en el propio engranaje[15] de la estructura de dominación temen a la libertad, en cuanto no se sienten capaces de correr el riesgo de asumirla. La temen también en la medida en que luchar por ella significa una amenaza, no sólo para aquellos que la usan, para oprimir esgrimiéndose[16] como sus «propietarios» exclusivos, sino para los compañeros oprimidos, que se atemorizan con mayores represiones.

Cuando descubren en sí el anhelo[17] por liberarse perciben también que este anhelo sólo se concretiza en la concreción de otros anhelos.

En tanto marcados por su miedo a la libertad se niegan a acudir a otros, a escuchar el llamado que se les haga o se hayan hecho a sí mismos, pre-

[11] hospeda, aloja
[12] modelos
[13] internalizando
[14] actúe
[15] mecanismo
[16] usando de ciertos medios como arma
[17] deseo vehemente

firiendo la gregarización[18] a la convivencia auténtica. Prefiriendo la adaptación en la cual su falta de libertad los mantiene a la comunión creadora a que la libertad conduce.

Sufren una dualidad que se instala en la «interioridad» de su ser. Descubren que, al no ser libres, no llegan a ser auténticamente. Quieren ser, mas[19] temen ser. Son ellos y al mismo tiempo son el otro yo introyectado en ellos como conciencia opresora. Su lucha se da entre ser ellos mismos o ser duales. Entre expulsar o no al opresor desde «dentro» de sí. Entre desalienarse o mantenerse alienados. Entre seguir prescripciones o tener opciones. Entre ser espectadores o actores. Entre actuar o tener la ilusión de que actúan en la acción de los opresores. Entre decir la palabra o no tener voz, castrados en su poder de crear y recrear, en su poder de transformar el mundo.

Este es el trágico dilema de los oprimidos, dilema que su pedagogía debe enfrentar.

Por esto, la liberación es un parto.[20] Es un parto doloroso. El hombre que nace de él es un hombre nuevo, hombre que sólo es viable en la y por su superación de la contradicción opresores-oprimidos que, en última instancia, es la liberación de todos.

La superación de la contradicción es el parto que trae al mundo a este hombre nuevo —ni opresor ni oprimido— sino un hombre liberándose.

II.

La acción política, junto a los oprimidos, en el fondo, debe ser una acción cultural para la libertad, por ello mismo, una acción con ellos. Su dependencia emocional, fruto de la situación concreta de dominación en que se encuentran, y que a la vez, genera su visión inauténtica del mundo, no puede ser aprovechada[21] a menos que lo sea por el opresor. Es éste quien utiliza la dependencia para crear una dependencia cada vez mayor.

Por el contrario, la acción liberadora reconociendo esta dependencia de los oprimidos como punto vulnerable, debe intentar, a través de la reflexión y de la acción, transformarla en independencia. Sin embargo, ésta no es la donación que les haga el liderazgo por más bien intencionado que sea. No podemos olvidar que la liberación de los oprimidos es la liberación de hombres y no de «objetos». Por esto, si no es auto-liberación —nadie se libera solo— tampoco es liberación de unos hecha por otros. Dado que éste es un fenómeno humano no se puede realizar con los «hombres por la mitad», ya que cuando lo intentamos sólo logramos su deformación. Así, estando ya deformados, en tanto oprimidos, no se puede en la acción por su liberación utilizar el mismo procedimiento empleado para su deformación.

[18] sociabilidad superficial
[19] pero
[20] nacimiento
[21] empleada útilmente

Por esto mismo, el camino para la realización de un trabajo liberador ejecutado por el liderazgo revolucionario no es la «propaganda liberadora». Este no radica en el mero acto de depositar la creencia de la libertad en los oprimidos, pensando conquistar así su confianza, sino en el hecho de dialogar con ellos.

Es preciso convencerse de que el convencimiento de los oprimidos sobre el deber de luchar por su liberación no es una donación hecha por el liderazgo revolucionario sino resultado de su concientización.

Es necesario que el liderazgo revolucionario descubra esta obviedad[22] que su convencimiento sobre la necesidad de luchar, que constituye una dimensión indispensable del saber revolucionario, en caso de ser auténtico no le fue donado por nadie. Alcanza este conocimiento, que no es algo estático o susceptible de ser transformado en contenidos para depositar en los otros por un acto total, de reflexión y de acción.

Fue su inserción lúcida en la realidad, en la situación histórica, que lo condujo a la crítica de esta misma situación y al ímpetu por transformarla.

Así también, es necesario que los oprimidos, que no se comprometen en la lucha sin estar convencidos, y al no comprometerse eliminan las condiciones básicas a ella, lleguen a este convencimiento como sujetos y no como objetos. Es necesario también que se inserten críticamente en la situación en que se encuentran y por la cual están marcados. Y esto no lo hace la propaganda. Este convencimiento, sin el cual no es posible la lucha, es indispensable para el liderazgo revolucionario que se constituye a partir de él, y lo es también para los oprimidos. A menos que se pretenda realizar una transformación *para* ellos y no *con* ellos —única forma en que nos parece verdadera esta transformación.

Al hacer estas consideraciones no intentamos sino defender el carácter eminentemente pedagógico de la revolución.

Si los líderes revolucionarios de todos los tiempos afirman la necesidad del convencimiento de las masas oprimidas para que acepten la lucha por la liberación —lo que por otra parte es obvio— reconocen implícitamente el sentido pedagógico de esta lucha. Sin embargo, muchos, quizás por prejuicios naturales y explicables contra la pedagogía, acaban usando, en su acción, métodos que son empleados en la «educación» que sirve al opresor. Niegan la acción pedagógica en el proceso liberador, mas usan la propaganda para convencer.

Desde los comienzos de la lucha por la liberación, por la superación de la contradicción opresor-oprimidos, es necesario que éstos se vayan convenciendo que esta lucha exige de ellos, a partir del momento en que la aceptan, su total responsabilidad. Lucha que no se justifica sólo por el hecho de que pasen a tener libertad para comer, sino «libertad para crear y construir, para admirar y aventurarse. Tal libertad requiere que el individuo sea activo y responsable, no un esclavo ni una pieza bien alimentada de la máquina. No basta que los hombres sean esclavos, si las condiciones sociales fomentan[23]

[22] cosa obvia
[23] promueven

la existencia de autómatas, el resultado no es el amor a la vida sino el amor a la muerte».

Los oprimidos que se «forman» en el amor a la muerte, que caracteriza el clima de la opresión, deben encontrar en su lucha, el camino del amor a la vida que no radica sólo en el hecho de comer más, aunque también lo implique y de él no puede prescindir.[24]

Los oprimidos deben luchar como hombres que son y no como «objetos». Es precisamente porque han sido reducidos al estado de «objetos», en la relación de opresión, que se encuentran destruídos. Para reconstruirse es importante que sobrepasen el estado de «objetos». No pueden comparecer[25] a la lucha como «cosas» para transformarse después en hombres. Esta exigencia[26] es radical. El sobrepasar este estado, en el que se destruyen, al estado de hombres, en el que se reconstruyen, no se realiza «a posteriori». La lucha por esta reconstrucción se inicia con su autoreconocimiento como hombres destruídos.

La propaganda, el dirigismo,[27] la manipulación, como armas de la dominación, no pueden ser instrumentos para esta reconstrucción.

No existe otro camino si no el de la práctica de una pedagogía liberadora, en que el liderazgo revolucionario, en vez de sobreponerse a los oprimidos y continuar manteniéndolos en el estado de «cosas», establece con ellos una relación permanentemente dialógica.[28]

Práctica pedagógica en que el método deja de ser como señaláramos en nuestro trabajo anterior, instrumento del educador (en el caso, el liderazgo revolucionario) con el cual manipula a los educandos[29] (en el caso, los oprimidos) porque se transforman en la propia conciencia.

En verdad, señala el prof. Alvaro Vieira Pinto, el método es la forma exterior y materializada en actos, que asume la propiedad fundamental de la conciencia: la de su intencionalidad. Lo propio de la conciencia es estar con el mundo y este procedimiento es permanente e irrecusable.[30] Por lo tanto, la conciencia en su esencia es un «camino para», algo que no es ella, que está fuera de ella, que la circunda y que ella aprehende por su capacidad ideativa. Por definición, continúa el prof. brasilero, la conciencia es, pues, método entendido éste en su sentido de máxima generalidad. Tal es la raíz del método, así como tal es la esencia de la conciencia, que sólo existe en tanto facultad abstracta y metódica.

Dada su calidad de tal, la educación practicada por el liderazgo revolucionario se hace co-intencionalidad.

Educadores y educandos, liderazgo y masas, co-intencionados hacia la realidad, se encuentran en una tarea en que ambos son sujetos en el acto, no sólo de desvelarla[31] y así conocerla críticamente, sino también en el acto de recrear este conocimiento.

Al alcanzar este conocimiento de la realidad, a través de la acción y reflexión en común, se descubren siendo sus verdaderos creadores y re-creadores.

[24] abstenerse
[25] presentarse
[26] necesidad, requisito
[27] la manipulación, sobre todo política, del pobre
[28] que se basa en el diálogo
[29] los que reciben educación
[30] que no se puede rechazar
[31] descubrirla

De este modo, la presencia de los oprimidos en la búsqueda de su liberación, más que pseudo-participación, es lo que debe realmente ser compromiso.

Para verificar su comprensión

Escoja la respuesta que mejor complete la frase.

_____	1. El oprimido tiende a convertirse en opresor porque no tiene otro	a. control
_____	2. La «prescripción» es una forma de(l) (la)	b. diálogo
_____	3. El oprimido teme la liberación porque significa un(a)	c. propaganda
_____	4. El liderazgo revolucionario no debe dejarse seducir por el (la)	ch. modelo
_____	5. La liberación es como un parto porque crea un(a) nuevo(a)	d. sujeto
_____	6. Hay que encarar al oprimido como	e. riesgo
_____	7. El oprimido tiene que liberarse a sí mismo y a(l) (la)	f. opresor
_____	8. El fundamento del proceso pedagógico es el (la)	g. ser
		h. objeto

Interpretación de la lectura

1. A su parecer, ¿puede tener éxito una pedagogía basada en una igualdad completa? Explique.
2. ¿Qué piensa Ud. de la idea de Freire de la educación como compromiso con la liberación? ¿Le parece verdadera? ¿Romántica? ¿Aplicable en la mayoría de los casos o sólo en ciertas circunstancias?
3. ¿Por qué cree Ud. que se critica como «subversivo» o «comunista» a quien quiere trabajar con los analfabetos? ¿Le daría Ud. la misma denominación? ¿Por qué?

Comparaciones

1. Si Fabiano (ver Capítulo dos) se hubiera concientizado en el programa de Freire, ¿se habría podido defender ante el maltratamiento de su patrón?
2. A su parecer, ¿se ve la filosofía pedagógica de Freire en los programas sociales dirigidos por Miriam Lazo en Nicaragua (ver Capítulo dos)? Explique.

Para comentar

¿Debería el gobierno de los EEUU haber tratado de ayudar como pudiera en los programas nacionales de alfabetización como los de Brasil, Cuba y Nicaragua? ¿Por qué? ¿Habrían resultado diferentes nuestras relaciones con Cuba y Nicaragua si hubiéramos cooperado en sus empresas educativas?

Tema escrito

¿Por qué cree Ud. que hay tanto analfabetismo en América Latina? ¿Qué importancia tendrá en los ámbitos urbano y rural el desequilibrio en la distribución de la población? ¿Qué conexión existirá entre ésta y ciertos factores como la raza y la etnicidad? ¿Qué relación tendrá con la tradición aristocrática ibérica? ¿La religión católica? ¿La historia colonial?

Para investigar

Haga una investigación sobre los programas de educación en Brasil, Cuba y Nicaragua comparando sus logros y sus fracasos.

ALIPIO CASALI (*1947–   *)

Este joven educador es el vicerrector administrativo de la Pontifícia Universidade Católica de São Paulo, en la cual recibió su doctorado en educación, con especialización en filosofía y administración educacionales. En la entrevista que sigue, grabada en abril de 1985, el doctor Casali abarca muchos temas. Habla de la historia y la misión social muy particular de la Pontifícia, una de las universidades más respetadas de América Latina. Relata también las relaciones difíciles con el gobierno militar (1964– 1985), incluso la censura y la violación de la autonomía universitaria. Describe los programas especiales de la Pontifícia así como también el curriculum y el estudiante típicos. A través de la entrevista, se nota claramente un firme optimismo y una fe en el futuro, a pesar de los tremendos problemas actuales —sociales, políticos, económicos, demográficos— que dificultan la lenta marcha de la educación en Brasil y en América Latina.

Entrevista con Alipio Casali

La Pontifícia Universidade de São Paulo: educación y compromiso social

Pregunta: Alipio, ¿puede Ud. hablarnos un poco sobre la misión de la Pontifícia Universidade Católica de São Paulo?

Respuesta: Cómo no, con mucho gusto. Diría yo que toda universidad tiene una doble misión: debe al mismo tiempo tener algo que decir y hacer con respecto a los grandes problemas de la humanidad —misión universal— y algo que decir y hacer con respecto a los problemas más concretos de su tiempo y lugar más próximo —misión local. Lo específico de la universidad es sin duda la producción y reproducción del saber (a través de la enseñanza y de la investigación). Pero debe siempre preguntarse: ¿Para qué? ¿Para quién cumplirá esta misión? Por eso toda universidad tiene una misión político–social, aunque solamente implícita. Nosotros intentamos explicitar nuestra misión político-social.Queremos ser agentes de cambio científico, sí, pero también de cambio político-social.

P: ¿Podría identificar las raíces históricas de este proyecto de la universidad?

R: Nuestra orientación actual tiene sus raíces en la famosa conferencia en Buga, Colombia, en 1967, adonde fueron todos los líderes de las universidades católicas de América Latina.[a] La nueva orientación delineada en el do-

---

[a] Esta conferencia fue una toma colectiva de conciencia sobre el deber social de la universidad católica, influida por la teología de la liberación.

cumento que salió de la conferencia era muy progresista y éramos una de las primeras instituciones en ponerla en práctica. Una razón principal para nuestra adopción tan clara y abierta de la misión social es que nuestro canciller, Dom Paulo Evaristo Arns, es una persona muy progresista, y él quería que la Pontifícia fuera una universidad verdaderamente *latinoamericana* —involucrada[1] en los problemas de nuestro tiempo y de nuestro lugar, una orientación de praxis[2] y no de torre de marfil.[3] La decisión de articular nuestra universidad como entidad a los principales problemas sociales de nuestro país fue mucho más que una reforma; ¡fue una revolución dentro de la universidad! Desde entonces ha sido muy clara nuestra misión: queremos trabajar para una sociedad nueva; eso es lo que queremos.

P: ¿Qué pensaron las otras instituciones de su decisión de convertirse en una universidad comprometida?[4]

R: Diría que había una división aguda entre las que estaban en favor y las que estaban en contra. El ambiente era muy polarizado en términos de instituciones, pero en términos personales, tuvimos el apoyo de la gran mayoría de los profesores.

P: ¿Hubo represalias[5] por parte del gobierno militar?

R: Fueron duras las represalias; fueron tiempos muy difíciles. Comenzando en el 75 y el 76, las autoridades querían hacer un ejemplo de nosotros. Todas las otras universidades tuvieron una «censura interna», o sea que ellos mismos se censuraron. Pero nosotros tuvimos el «tratamiento especial» de la agencia de seguridad interna. Por ejemplo, varias veces la policía asistió a mis clases. De vez en cuando me preguntaban, «¿sabe Ud. quién soy yo? ¿Para quién trabajo? ¿Sabe que doy información a la policía sobre sus clases y actividades?» Fue una experiencia tremenda para mí, muy difícil; yo no entendía lo que estaba pasando.

A veces, también, arbitrariamente arrestaban a uno de nosotros, los ponían en la cárcel, investigaban su historia personal, y ¡sólo por causa de sus ideas, de lo que pensaba, nada más! Por muchos años yo tuve que esconder mis libros en diferentes lugares, no en mi casa. Tuve que ir a distintos sitios para estudiar. Estaba absolutamente prohibido cualquier libro que tuviera algo que ver con el marxismo. Yo usaba algunos textos prohibidos en mis clases. Por ejemplo, usé durante dos años un texto de Paulo Freire, claro está, anónimamente, sin escribir su nombre. Los estudiantes nunca podrían comprarlo. Otro texto de Freire que usé vino de su *Educación como práctica de la libertad,* pero solamente una parte porque era demasiado peligroso usarlo todo porque era claramente subversivo. Para mediados de los setenta, todas las universidades estaban muy controladas, pero la nuestra en particular.

P: ¿Qué hicieron los profesores en ese clima de represión?

R: Muchos se fueron. Muchos de los mejores intelectuales del Brasil, particularmente en ciencias sociales. A muchos otros se les prohibió enseñar o

[1] *involved*
[2] práctica
[3] torre. . . *ivory tower*
[4] obligada seriamente a una misión
[5] castigo
[6] terrible

dar conferencias. Se fueron para Chile hasta 1973 cuando el gobierno de Allende fue derrocado[7] y el de Pinochet vino al poder, y entonces tuvieron que salir de Chile. Fueron a Panamá, a Costa Rica, México, muchos fueron a México. Salieron muchos de mis amigos. Yo era políticamente independiente y por esto no estaba en ninguna de las listas infames.[8] Pero nuestras relaciones con el gobierno se empeoraron en el 76 y el 77 porque nosotros comenzamos a contratar a los profesores de otras universidades a los que se les prohibió la enseñanza. Por esto y por otros problemas entre nuestros estudiantes y las autoridades, en 1977 nuestra universidad fue invadida por la policía.

P: ¿Violaron abiertamente el principio de autonomía?

R: En absoluto. La policía vino a la universidad porque estaban «interesados», fue lo que dijeron, «interesados» en arrestar solamente a unos cuantos líderes. Pero, de hecho, formaron un círculo total alrededor de la universidad y arrestaron a unos 2.000 estudiantes y profesores. Estuve allí. Fui arrestado también. Nos golpearon. Fue una experiencia muy triste experimentar tanta violencia, y ¡sin haber hecho nada! Solamente porque tú piensas, tú quieres un mundo nuevo, tú quieres justicia. La violencia esa noche fue tremenda. Devastaron la universidad, las salas de clase, las puertas, los archivos, las ventanas. Muchos estudiantes resultaron heridos. Después, la policía puso en libertad a los que no estaban en la lista. Pero para decirte qué es tener tu nombre en aquella lista, si solamente uno de mis estudiantes, por cualquier motivo, me hubiera señalado como subversivo, yo también habría estado en ella.

P: Todo esto habrá tenido un efecto escalofriante[9] en las discusiones en la sala de clase, ¿no?

R: Claro que sí, y no solamente en la clase; afectó todo. Comencé yo a censurarme a mí, o sea, a internalizar la censura. Teníamos miedo todo el tiempo. Si tú estabas hablando con tus colegas, tomando un trago en un bar, y hacías cualquier crítica al gobierno, volvías la mirada para ver si había un informante que te podía denunciar. Fue un tiempo tremendamente difícil. Afortunadamente, después de 21 años de dictadura, recién hemos vuelto a un gobierno civil.

P: Alipio, cambiando un poco de tema, puede decirnos algo sobre el sistema de educación en el Brasil, tanto el privado como el público?

R: Bueno, en el Brasil es muy diferente de los EEUU. Las universidades públicas son absolutamente libres de gastos de matrícula. Sólo hay que pagar el cuarto y la comida, la cual es muy barata, si se compara con los precios en los EEUU. Las universidades privadas son diferentes. Allí, los estudiantes tienen que pagar. A simple vista, uno diría bueno, los estudiantes pobres están en la universidad pública y los ricos en la privada. Pero, la verdad es casi lo contrario. Y ¿por qué? Puesto que las universidades públicas son gratis, la demanda de cupos[10] es altísima. Hay mucha más gente que quiere

[7] derribado, arrojado
[8] censurables, despreciables
[9] que inspira miedo
[10] asientos

asistir de lo que hay vacantes.[11] Entonces, seleccionan solamente a los mejores. Y ¿quiénes son los mejores? Los que tienen una buena y calificada educación primaria y secundaria. Y esa clase de educación no se da en las escuelas públicas sino en las privadas. Así que los que terminan la secundaria y que son los más preparados son los que vienen del sistema privado.

P: Entonces, ¿van del sistema secundario privado a la universidad pública?

R: Sí, están tan bien preparados que son elegidos para ingresar a la universidad pública. Entonces están libres de no tener que pagar nada.

P: Ya veo que es muy diferente de lo que uno pensaría. Dígame, ¿también tienen muchos estudiantes excelentes las universidades privadas?

R: Oh, sí, pero permíteme trazar una distinción entre dos clases de instituciones privadas, algo que es también diferente de los EEUU. Primero, tenemos las universidades confesionales o religiosas, en su mayoría católicas, pero también hay algunas protestantes, como las de los metodistas que son muy progresistas y con quienes llevamos muy buenas relaciones. El otro bloque de institución privada es el comercial. Es como un negocio para la gente que usa la universidad como una inversión,[12] para ganar dinero. Cuando me refiero a las universidades privadas, me refiero a las de la primera categoría, y sí, tienen estudiantes buenos pero sin tantos recursos como los de la universidad pública, por lo general.

P: Volviendo a la meta social de la Pontifícia, ¿cómo pone en práctica su misión, su tarea de contribuir a la creación de una nueva sociedad?

R: Bueno, te voy a poner unos ejemplos concretos de lo que estamos haciendo. Primero, tenemos programas de extensión, como el del Amazonas o el del Vale da Ribeira. Allí nos dedicamos al estudio del medio ambiente, de los conflictos sociales, de la explotación económica de nuestros recursos naturales y de cómo rescatarlos[13] antes de que el «desarrollo» los destruya totalmente. La protección del Amazonas —se estima que ya el 30% de sus recursos ha sido destrozado— es un proyecto urgente.

Este es un ejemplo de nuestros programas de extensión. También tenemos varios institutos para estudios urbanos, afrobrasileños, estudios sobre la violencia doméstica y sobre la educación popular. Es que estamos comprometidos con los desaventajados. En el Instituto para la Educación Popular, estudiamos la situación de los niños que han dejado el sistema escolar. Es la gran mayoría; solamente en São Paulo, el 80% de los niños deja la escuela después del segundo año de la primaria. He trabajado en esta área. Es difícil para los padres pensar en la educación cuando están luchando diariamente para encontrar trabajo y qué comer. Dejan a los niños encerrados en la casa todo el día y muchas veces un niño de siete años será responsable de sus hermanitos. Sí, te recuerda a Domitila.[b] Sabes que ella ha

[11] asientos no ocupados
[12] *investment*
[13] recobrarlos, recuperarlos

---

[b] Ver en el Capítulo cinco, **La familia,** la historia de esta mujer extraordinaria.

estado aquí, nos ha visitado, y que Moema Viezzer, la educadora que le ayudó a contar su historia, es amiga y colega mía. De todas maneras, estos institutos son para los niños y adultos analfabetos. Por lo menos el 30% de nuestra población es totalmente analfabeta y muchos son semialfabetizados, pueden leer lo más básico. Nuestros estudiantes hacen su *field work* en esta área; reciben crédito académico y tienen que pagar. Les gusta el programa y se sienten muy bienvenidos. Muchos de nuestros estudiantes trabajan además en las comunidades de base que son muy abiertas y hacen un trabajo muy valioso con los pobres.

Nuestro Instituto PROTER es una organización cooperativa para los pequeños agricultores —productores y vendedores de verduras, por ejemplo. Estamos tratando de organizarlos para cooperar entre sí y salir mejor dentro del sistema económico. Que yo sepa, el gobierno no sabe de este programa.

Otro ejemplo de nuestra misión en la práctica es nuestro Instituto para el Estudio de las Relaciones entre los Géneros. El tema principal de este instituto es la violencia contra el niño y la mujer. Creo que es el primer instituto de este tipo en América Latina. Nuestros investigadores están estudiando los récords de la policía para ver las estadísticas sobre la violencia familiar. El primer estudio salió recientemente y los resultados son chocantes,[14] y estos casos son solamente los que llegaron a la policía. Nuestro problema administrativo ahora es cómo integrar este instituto, y los otros, a la rutina normal del área académica de la universidad.

Bueno, éstos son únicamente unos ejemplos específicos de cómo estamos practicando nuestra misión. Claro que sabemos que el sistema educacional no puede producir una sociedad justa mientras el sistema económico subyacente[15] se base en la desigualdad. Y no somos tan idealistas como para pensar que la universidad puede llevar a cabo la revolución económica. Pero podemos concientizar[16] y tratar de hacer lo mejor dentro de nuestro marco, hacer lo que podamos para minimizar las distinciones de clase y de raza. Estamos tratando de dar prueba de nuestra dedicación al cambio social mediante trabajos interdisciplinarios dentro de las comunidades y de hacer todo esto dentro de un proceso que es, en sí, democrático. Creemos que no solamente nuestros fines sino también nuestros procesos tienen que ser democráticos.

P: Alipio, ¿cómo son los estudiantes de la Pontifícia? ¿Comparten la visión que Ud. nos ha descrito?

R: Pues sí y no, pero la mayoría sí. Algunos de nuestros estudiantes vienen de familias ricas. A veces, pasan por tres o cuatro años sin darse cuenta de lo que nos rodea. No es tan fácil para ellos; no están acostumbrados a una realidad nueva. No le hacen caso y no se concentran en nada excepto en sacar su título. Son muy tradicionales en este respecto y no tienen interés alguno en nuestros fines sociales. Dicen: «Sabemos que la gente aquí es comunista y subversiva, pero si salimos con su título tendremos más oportunidades en el mercado». Ves que tenemos *standards* muy altos y también una conciencia social. La universidad tiene que retener su prestigio académico sin perder

[14]alarmantes
[15]que está debajo
[16]hacer tomar conciencia

contacto con sus raíces en el pueblo. Pero, volviendo a tu pregunta, la mayoría de nuestros estudiantes comparte nuestra visión. Estos típicamente estudian de noche y trabajan de día. Son jóvenes, pero casi todos trabajan. Algunos estudian tiempo parcial y trabajan tiempo parcial, lo cual es muy difícil porque hay muchos requisitos que completar y algunos programas se ofrecen solamente de tiempo completo. El curriculum es establecido por el gobierno y nosotros no lo podemos cambiar sin perder la aprobación oficial. Hemos discutido repetidas veces si la aprobación vale la pena o si debemos renunciar a ella y establecer nuestro propio curriculum. No creo que dañe a nuestros estudiantes en el mercado porque estamos entre las mejores universidades del país.

En cuanto a la vida estudiantil, no hay mucha porque no tenemos el espacio. Tenemos un lugarcito para el baloncesto y vóley, pero ni siquiera tenemos el espacio para una cancha[17] de fútbol. Tenemos aproximadamente 18.500 estudiantes, de los cuales solamente el 20% es de tiempo completo.

P: ¿Nos puede describir un poco el curriculum que sigue un universitario típico?

R: Sí, comienzan el primer año más o menos a los dieciocho años y siguen un año de lo que llamamos cursos básicos. Sea lo que sea su programa eventual, el primer año todos siguen filosofía, antropología, comunicaciones (verbales y no verbales), psicología y metodología científica. Estos cinco cursos básicos, más dos de su especialización. Por ejemplo, para el que quiere especializarse en psicología, tendrá cinco asignaturas más dos que vienen de la psicología. Son siete los cursos para el primer año. Después del primer año, tienen dos años más de lo que llamamos «formación profesional» y después van para sus programas específicos, su especialización. Sí, es muy especializado. Los últimos tres años el estudiante sigue exclusivamente cursos en su especialización.

P: En los EEUU, como Ud. sabe, las universidades están en una situación económica bastante apretada.[18] ¿Es así también para la Pontifícia?

R: Tenemos una situación dificilísima en términos de finanzas. Estamos tratando de reducir los gastos pero es casi imposible reducirlos más. El 85% de nuestro ingreso[19] viene de lo que pagan los estudiantes. Nuestros gastos de matrícula para un año son $600, muy barato, ¿verdad? Sí, para los EEUU, pero no para nosotros. Para nuestros estudiantes es mucho y tienen que comprar sus libros también, los cuales en el Brasil son muy caros. No hay ayuda financiera del estado, nada. La universidad misma en los últimos cinco años ha tratado de acumular un fondo con sus propios recursos, un sistema de préstamos para los estudiantes. Después que se gradúan, los estudiantes pagan sus préstamos ayudando así a los otros. Es una manera de tratar de retener a los estudiantes, de ayudarlos para que no tengan que dejar sus estudios.

[17] terreno
[18] estrecha, limitada
[19] dinero, fondos

P: Alipio, a la luz de los muchos obstáculos que enfrenta diariamente, incluso el problema crónico de fondos insuficientes, ¿cómo encuentra fuerzas para seguir en la lucha? ¿Qué cosa le anima para seguir adelante?

R: Creo que es la esperanza de una sociedad más justa. No sé cuánto tiempo tomará, pero sé que llegará un día —la justicia económica y social, la democracia. Ya tenemos más posibilidades con el retorno a un sistema civil. Creo también que nuestra universidad tiene un rol muy importante que jugar en alcanzar este fin. Y yo tengo un papel, mi contribución que hacer, dentro de la universidad. Esto es lo que me anima y lo que me da esperanza.

Para verificar su comprensión

¿Cierto o falso?

_____ 1. La misión específica de la Pontifícia es sobre todo académica.

_____ 2. La conferencia en Buga, Colombia, en 1967 dio una orientación progresista a la Pontifícia.

_____ 3. Durante las décadas de los años sesenta y setenta muchos intelectuales se fueron al extranjero porque allí consiguieron puestos más lucrativos.

_____ 4. El doctor Casali tuvo que ir a distintos lugares a estudiar para eludir a la policía.

_____ 5. La invasión de la Pontifícia en 1977 produjo un impacto tremendo en la comunidad universitaria.

_____ 6. No hay muchas diferencias entre las universidades privadas y las públicas en Brasil.

_____ 7. A diferencia de las de los EEUU, la universidad pública en Brasil no cobra gastos de matrícula.

_____ 8. El doctor Casali cree que el sistema educacional puede, por sí solo, producir una sociedad justa.

Interpretación de la lectura

1. ¿Qué piensa Ud. del activismo político del universitario latinoamericano?
2. ¿Cree Ud. que en algunos casos se justifica la censura? ¿Por qué? ¿Cómo reaccionaría Ud. si alguien le dijera lo que le es o no le es permitido leer? ¿Por qué?

3. ¿Qué le parece el estudiante típico de la Pontifícia? ¿Conoce Ud. a muchos estudiantes similares en los EEUU?
4. En su descripción de algunos de los programas e institutos que dan prueba de la conciencia social de la Pontifícia, el doctor Casali pone énfasis en la necesidad de vencer la injusticia y la desigualdad social. ¿Cómo funcionan los ejemplos que él nos da para que se logre algún día este fin?
5. ¿Cree Ud. que son compatibles los altos *standards* académicos y una fuerte conciencia social? ¿Por qué sí o por qué no?

Comparaciones

1. ¿Cree Ud. que se puede establecer una comparación entre la misión de la Pontifícia y la de Nuevo Mundo? Compare la misión de estas dos instituciones con la de las escuelas y universidades norteamericanas que Ud. conoce. ¿Encuentra Ud. más semejanzas o más diferencias entre ellas? ¿A qué se deben las diferencias, a su parecer?
2. La tradición latinoamericana es de compromiso político estudiantil. ¿Existe esta tradición en los EEUU? ¿Cómo explicaría Ud. las diferencias entre las dos tradiciones?
3. En su opinión, ¿por qué usó el doctor Casali en sus clases de educación los textos de Paulo Freire? ¿Puede Ud. comparar la pedagogía de Casali con los principios por los que aboga Freire en el fragmento de *Pedagogía del oprimido*?
4. Los estudiantes en la Pontifícia, y en otras universidades latinoamericanas, comúnmente cursan un programa muy especializado. ¿Piensa Ud. que es preferible la preparación especializada o la general? ¿Por qué?

Tema escrito

En los últimos veinte años, el principio de la autonomía universitaria ha sido violado por los gobiernos de México, Argentina, Uruguay, Brasil, Chile, Costa Rica, El Salvador y Guatemala, entre otros. Compare los puntos socioeconómicos y políticos que tienen en común estos países y trate de relacionarlos con el activismo político de los universitarios. ¿Cuál será la causa principal de la politización de la universidad? ¿De la represión oficial? ¿Conoce Ud. instancias en los EEUU en que la universidad haya sido ocupada por la fuerza?

Carlos Tünnermann, Embajador de Nicaragua en los Estados Unidos y uno de los principales creadores de la Campaña de Alfabetización Nacional. (*© Denis Lynn Daly Heyck*)

CARLOS TUNNERMANN (*1933–*   )

Carlos Tünnermann es el embajador actual de Nicaragua en los EEUU. Un educador muy respetado, Tünnermann ha dictado conferencias en muchos países y ha escrito prolíficamente sobre la universidad en América Latina. Entre sus obras más conocidas se incluyen *Sesenta años de la reforma universitaria* (1978), y *De la universidad y su problemática* (1980).

Se ofrecen dos lecturas en esta sección. La primera proviene de una conferencia ofrecida por Tünnermann en la Universidad Centroamericana en 1979. La segunda es una entrevista reciente. En su conferencia, el entonces Ministro de Educación relata el desastroso legado educativo somocista y describe esperanzadamente el nuevo plan educativo sandinista, del cual él mismo es el autor principal, y la ya famosa Cruzada Nacional de Alfabetización, que se efectuó entre el 23 de marzo y el 23 de agosto de 1980.[a] Tünner-

---

[a] En cuanto a las cifras sobre el programa, tenemos que reconocer que son casi todas muy discutibles. Por ejemplo, si se dice que la tasa de analfabetismo se redujo del 50,35% al 12,95% como resultado de la Cruzada y que fueron alfabetizadas aproximadamente 400.000 personas, entendamos que estas cifras sí nos dan una guía útil, una idea

mann proviene del famoso «grupo de los doce», que consistía en un grupo de nicaragüenses distinguidos quienes desde su exilio en San José, Costa Rica, fomentaron y dieron apoyo a la revolución sandinista. Por su experiencia, Tünnermann está singularmente capacitado para opinar tanto sobre la triste herencia educacional como sobre la reconstrucción nacional proyectada.[b] Al comenzar, Tünnermann repasa para su público la situación en que dejaron al país el gobierno de Somoza y la guerra.

Guía de prelectura

Lea los primeros tres párrafos de la conferencia y escoja la respuesta más apropiada.

_____	1. El primer gran reto para Nicaragua es	a.	apropiada para el campesino.
_____	2. Antes, la educación rural	b.	el analfabetismo.
_____	3. El antiguo sistema condenaba al niño campesino a	c.	ir a la ciudad si quería terminar su educación.
		ch.	el hambre.
		d.	seguía los programas urbanos.
		e.	trabajar mientras seguía sus estudios.

---

general sobre el tema, pero no podemos tomarlas al pie de la letra (págs. 138–139, *Hacia una nueva educación en Nicaragua*).

Relacionado con lo anterior, hay que apreciar que las interpretaciones del término «alfabetizado» son muchas y variadas. Para algunos, un individuo está alfabetizado después del primer grado, para otros, después del segundo y para otros más, después del sexto. En todos los casos, estamos hablando de un nivel de alfabetización apenas funcional en el cual el gran peligro es volver por desuso al analfabetismo total.

[b] Para apreciar mejor este trozo, hay que imaginar la euforia y el entusiasmo colectivos que irradiaban del ambiente nacional en esta época, sólo poco tiempo después de la entrada triunfante a Managua de los sandinistas, en julio de 1979. Hay que tener también presente el carácter internacional y el efecto vivificante de la Cruzada Nacional de Alfabetización. La UNESCO le dio su apoyo oficial formalmente y además de los miles de jóvenes nicaragüenses, vinieron para participar, entre otros, voluntarios de Cuba, España, Costa Rica, Uruguay y Chile (pág. 138, *Hacia una nueva educación en Nicaragua*).

I. Conferencia en la Universidad Centroamericana

La nueva política educativa (fragmento)

Ahora, pues, tenemos ahí el primer gran reto:[1] la existencia en Nicaragua de una mayoría que no sabe leer ni escribir. Este es un reto que no es solamente para el gobierno, sino para todos los nicaragüenses. Este es un reto para todos nosotros, para el hombre nuevo que no puede estar tranquilo mientras sepa que la mayor parte de sus hermanos están fuera de la cultura letrada, fuera del alfabeto.[c] Encontramos también, simultáneamente, junto a esos altos índices, el abandono completo por parte del gobierno de Somoza en los planes de la alfabetización y en la educación de adultos; los programas que existían no eran encaminados a combatir a fondo el problema, sino a simular[2] una preocupación que estaba lejos de cumplir.

En la educación rural nos encontramos con que la educación, en primer lugar, trataba de querer resolver los problemas educativos del campo con los esquemas[3] de la ciudad, y, por otra parte, no daba ninguna vinculación a esta educación con otras actividades de la productividad, salvo en algunos programas recientes y muy superficiales. No se vinculaba a esta escuela rural con los programas de desarrollo tal como debe ser realmente una educación rural. Así nos encontramos con que el 90% de las escuelas rurales sólo tenían un maestro y que el 81% de estas escuelas rurales no tenían más que un aula.[4] Y que cuando había un solo maestro, este mismo maestro tenía que impartir[5] los tres grados, con el sistema de multigrado.

Nos encontramos, además, con que las escuelas realmente completas en las zonas rurales no pasan de un 1%, o sea, el sistema ya condenaba al niño

[1] desafío
[2] representar fingiendo o imitando
[3] programas, líneas generales
[4] sala de clase
[5] dar clase a

---

[c] Como índice de su compromiso con la alfabetización en sus trece primeros meses en el poder, el gobierno sandinista triplicó el presupuesto (*budget*) dedicado a la educación. Recuerde que los ambiciosos planes de educación nacional no contaban con las serias dificultades subsiguientes con el gobierno de los EEUU, ni podrían haberse imaginado el gasto tremendo de vidas y de recursos que ocasionaría la guerra de los contrarrevolucionarios, o «contras», apoyados por la administración del presidente Reagan. Ahora, esta nación paupérrima dedica cada vez más fondos al presupuesto militar, en perjuicio de la educación. Sin embargo, a fines de 1985, el gobierno todavía estaba tratando de implementar programas especiales, como la costosa traducción de textos a la lengua materna de grupos étnicos en la costa del Caribe, como el caso de los indios miskitas, quienes después estudiarían español como segundo idioma (*Chicago Tribune*, 25/10/85).

campesino a no llegar siquiera a completar su escuela primaria, salvo que emigrara a los centros urbanos. En consecuencia, el sistema educativo ya establecía una diferencia para el niño, según que naciera en la ciudad o en el campo, y eso tenemos que cambiarlo completamente en la futura Nicaragua que ahora estamos construyendo.

El hecho de haber nacido en el campo no será ya una *capitis diminutio*[6] como lo era en el pasado, cuando por nacer en una choza el niño campesino tenía que hacer un gran esfuerzo para superar las condiciones adversas, porque los servicios educativos que le daba aquel Estado eran tan deficientes que ya lo estaba condenando de hecho al analfabetismo. Y ¿por qué?, porque para la explotación en el campo, era mejor, incluso, que el campesino fuera analfabeto, porque para llamarlo a cortar café o para cortar algodón no se necesitaba que supiera leer y escribir y el sistema no requería de él más que eso: la mano de obra iletrada y barata que sirviera únicamente para cortar el café y el algodón.

Ahora que tenemos una reforma agraria y que casi el 30% de la tierra cultivable está en poder del Estado, ésta va a pasar también a las manos de los campesinos. Ahora que vamos a tener formas asociativas de propiedad en el campo y cooperativas, nuestro campesino debe ser una persona que tenga aprobado por lo menos el 6to. grado y, si es posible, más. Ello es necesario para que se integre a estas propiedades asociativas y forme parte de las cooperativas. Para que aprenda cálculo,[7] para que sepa manejar una contabilidad[8] por lo menos elemental, para que conozca las mil maneras de negociar sus productos. Cómo va a conseguir los fertilizantes y hacer sus gestiones[9] ante las distintas dependencias[10] del Estado. Necesitamos incorporar al campesino al proceso productivo y hacerlo consciente del mismo. Vincular toda su educación rural con la reforma agraria.

El sistema educativo anterior era totalmente deficiente en cuanto a su productividad. De cada 100 niños que comenzaban la escuela primaria, sólo 21 la terminaban. Es decir, sólo 21 niños llegaban a 6to. grado. Y en el campo, de cada 100 sólo cinco terminaban el 6to. grado; 95 niños no llegaban siquiera al 6to. grado. Había sólo 21 en todo el país como promedio. En las zonas urbanas el índice de aprobados[11] era de 35 niños de cada 100.

Sabemos que en Nicaragua el 76% de nuestros niños sufren algún grado de desnutrición y un niño desnutrido en el aula no tiene capacidad para poner atención suficiente. Un niño que llega sin desayunarse y muchas veces sin alimentarse normalmente, con carencias[12] de proteínas y de todo tipo, por tendencia natural no pone atención, le fastidia[13] la clase y trata de escaparse de ella. Por eso tenemos que ligar[14] también esta reforma educativa con programas de nutrición, con programas de educación en salud, tenemos que ligarlos con el desayuno escolar, con el almuerzo escolar, y ya estamos en contacto con los organismos que nos van a permitir comenzar, en este mismo año, con proyectos pilotos para cubrir estas deficiencias, por lo menos en dos departamentos: Estelí y Masaya, dos ciudades que fueron

[6]capitis. . . desventaja seria
[7]aritmética
[8]*bookkeeping*
[9]negociaciones
[10]agencias
[11]índice. . . número de estudiantes que graduaron del 6to.
[12]falta o privación
[13]aburre
[14]vincular, relacionar

muy castigadas durante la guerra. Tenemos los convenios[15] con CARE para llevarlos a cabo, pues tenemos que plantearlo como un programa global, no solamente como un problema educativo, pues como decía, es antipedagógico exigirle al niño que llegue a la escuela en esas condiciones.

Nos encontramos también con las formas en que estaba distribuida la matrícula en educación. En nivel medio, por ejemplo, siendo éste un país de economía agropecuaria,[16] observamos que menos del 1% de los jóvenes se encontraban estudiando una carrera técnica de tipo agrícola y, solamente el 1%, en una carrera de tipo técnico industrial. En cambio, el 65% estaba en el ciclo básico y el 17% en el ciclo de secundaria. Entonces comprobamos que la orientación para el trabajo no correspondía a las necesidades reales del país, sino que seguía prevaleciendo el concepto de la secundaria o la enseñanza media como antesala[17] de la universidad, como único canal para ir a buscar un grado superior.

Podríamos seguir mencionando todas las otras deficiencias que encontramos, como por ejemplo, que el 35% de los locales escolares de primaria ni siquiera eran propiedad del Estado, sino que eran arrendados.[18] A esto agreguemos los daños sufridos por la guerra y nos encontramos con que suman 50 millones de córdobas,[19] causados por los bombardeos indiscriminados de la aviación genocida somocista que destruyó hospitales, iglesias, escuelas, sin distingos.

Tenemos que superar eso para luego entrar a lo que va a ser el plan educativo del gobierno que comprende, además de estas reformas de objetivos y de contenidos, el establecimiento de la educación primaria y secundaria gratuita y obligatoria. Porque además de otorgar[20] a los estudiantes una preparación científica que los va a capacitar para el trabajo, les otorgaremos también el conocimiento pleno de la realidad nicaragüense.

La educación va a ser un área prioritaria de nuestro gobierno, por ello estamos pidiendo que el año próximo sea declarado el Año de la Educación y que su rubro[21] sea duplicado. En estos momentos es, aproximadamente, de 350 millones de córdobas, pero esperamos que se duplique en el próximo presupuesto porque tenemos que crear escuelas en todas partes del país.

Tenemos que «sembrar» escuelas, porque ésa sería la palabra indicada, se trata de «sembrar» la educación en toda el área nacional, para que se produzca el hombre nuevo en todos los rincones y Nicaragua sea convertida en una gran escuela. Todos vamos a ser sujetos de educación, ya sea que enseñemos o que aprendamos, porque cuando se inicie la Cruzada Nacional de Alfabetización estamos dispuestos a movilizar a todos los nicaragüenses en esta tarea que va a ser un reto para todos.

Es obligación de que cada uno de los nicaragüenses enseñe al que no sabe leer ni escribir. Y queremos organizarla en forma de brigadas de voluntarios; llevar a los muchachos al campo y llamarles combatientes[22] para que se vayan a enseñar con gran mística[23] y una mejor disciplina. Vamos a

[15] acuerdos
[16] relacionada con la agricultura y la ganadería
[17] preparación previa
[18] alquilados
[19] unidad monetaria de Nicaragua
[20] conceder
[21] cantidad
[22] soldados de un ejército
[23] espíritu

pedirles a los maestros, profesores, amas de casa, profesionales, a todos, que den parte de su tiempo para la alfabetización nacional, porque el reto es nada menos que alfabetizar a 500.000 nicaragüenses en el curso del próximo año.

En los colegios privados, se dice claramente que en el plan de desarrollo habrá una reglamentación en el sentido del cumplimiento de los planes nacionales. Esto también es extensivo a los colegios bilingües donde deben cumplirse estrictamente los planes nacionales. Si por encima del plan nacional quieren ellos dar otras clases adicionales, idiomas o de otro tipo de culturas, podrán hacerlo, pero tienen que cumplir de previo, con el plan nacional. Y los niños nicaragüenses que asistan a estos colegios binacionales o bilingües, tienen que seguir el bachillerato[24] nicaragüense, porque no vamos a seguir permitiendo esos enclaves educativos donde se daba una educación y una cultura totalmente desarraigada[25] y hasta antinacionalista.

Porque al nicaragüense tenemos que formarlo con nuestra propia cultura, con nuestra propia educación cuyos lineamientos son distintos a los intereses de las grandes metrópolis. Estamos en conversación con los representantes de esos colegios para hacerles ver que los niños nicaragüenses tendrán que cumplir con el programa de estudios que establezca el Ministerio de Educación y no con planes y programas elaborados en otros países, porque eso no es consecuente[26] con nuestra nacionalidad ni con los propósitos nacionalistas del pensamiento sandinista.

[24] estudios de segunda enseñanza
[25] apartada
[26] no. . . no guarda correspondencia

II. Entrevista con Carlos Tünnermann

A siete años de la educación en la revolución

En julio de 1986, tuvimos la muy buena fortuna de poder hablar con el embajador Tünnermann para que nos diera su visión retrospectiva sobre la educación en la revolución, y para que nos pusiera al día sobre los logros y los inconvenientes de la educación en Nicaragua.

Pregunta: Pronto se celebra el 7o. aniversario de la revolución sandinista. Serán también siete años desde que dio una charla en la Universidad Centroamericana sobre el futuro de la educación en Nicaragua. En ella, habló de la necesidad de «sembrar» escuelas y de convertir Nicaragua en «una gran escuela». ¿Cómo juzgaría lo que ha pasado en los últimos siete años en cuanto a esta meta educativa? ¿Puede darnos su opinión desde la doble perspectiva de «antes» y «después»?

Respuesta: Claro que sí. La Campaña de Alfabetización fue un gran éxito; sobre todo porque fue una gran escuela para el país. Toda Nicaragua se puso en función de enseñar y casi más de 400.000 nicaragüenses aprendieron a leer y escribir en los cinco meses que duró la campaña, y cerca de unos 90.000 estudiantes, profesores y particulares se dedicaron a enseñar. Pero la campaña no solamente enseñó a leer y a escribir, sino que también permitió que el alfabetizador conociera mejor su país y conociera también la realidad del campo nicaragüense —la situación en la que el campesino había vivido por tantos años, por siglos. La campaña también nos dejó una experiencia: cómo hacer movilizaciones masivas en función de proyectos sociales. De allí que al año siguiente organizamos las Jornadas[27] Populares de Salud, que nos permitieron también una movilización masiva del pueblo; vacunar[28] a los niños contra una serie de enfermedades epidémicas que antes producían una gran mortalidad infantil, y hemos logrado erradicar el polio, y disminuir la incidencia del sarampión. Hemos hecho también campañas para la erradicación de la malaria, de la hepatitis. Con esto, la Cruzada Nacional de Alfabetización fue la primera gran experiencia para otros proyectos que después se hicieron; incluso hoy día, la organización de la defensa sobre la base de las Milicias Populares, la participación del pueblo en la defensa, pues tiene sus antecedentes en toda esta organización, en la Campaña de Alfabetización.

P: Carlos, ¿qué significa para Ud. la alfabetización «concientizadora»?

R: Nosotros siempre dijimos que nosotros compartíamos la afirmación de Pablo Freire: «La alfabetización no es un fenómeno pedagógico con implicaciones políticas, sino un fenómeno político con implicaciones pedagógicas». Es decir, toda alfabetización se da en un contexto político. La misma decisión que toma un país de alfabetizar a sus iletrados tiene que estar respaldada por una *voluntad política*. Por eso es que, por ejemplo, en las dictaduras no se llevan a cabo campañas de alfabetización, porque no les interesa. No quieren concientizar. La dictadura somocista, por ejemplo, tenía al pueblo nicaragüense reducido a la ignorancia, porque cuanto más ignorante fuera el pueblo, mejor para sus propósitos. Entonces, se requiere, en primer lugar, para iniciar una campaña, una clara decisión política. En segundo lugar, cuando se aprende a leer y escribir, se adquiere una conciencia mayor; entonces el campesino que aprende a leer y escribir es un ciudadano más consciente de los problemas, pues ya puede participar en la actividad política con mayor conocimiento de su realidad. No puede ser

[27] programas
[28] inmunizar

manipulado tan fácilmente. Entonces, la Campaña de Alfabetización fue también una preparación para las elecciones porque así el pueblo estuvo mejor preparado para participar en ellas. De allí que tuvimos un alto nivel de participación en las elecciones que tuvieron lugar en noviembre del 84. La tasa de participación fue una de las más altas que se ha dado en América Latina. Participó casi un 80% de la población habilitada para votar.

P: En el pasado, en cuanto a la educación secundaria, Ud. ha criticado la distribución de la matrícula y los altos aranceles de algunos colegios como antinacionalistas. ¿Qué quiere decir con esto y todavía piensa igual?

R: Bueno, primero hay que recordar que antes de la revolución, la educación secundaria era un fenómeno puramente urbano; no había educación secundaria accesible para el campesino. Al campesino lo que la dictadura le recetaba era el analfabetismo. Por eso, primero teníamos que ampliar la educación primaria y secundaria; para eso la hicimos absolutamente gratuita a nivel del Estado. Es decir, toda la educación impartida por el Estado, desde la pre-escolar hasta la superior, es ahora gratuita. Por otra parte, a los colegios privados les regulamos los aranceles, para que no fueran un simple negocio sino que ganaran justo para sobrevivir y tener la posibilidad de capitalizar un poco, pero no un negocio que fuese una explotación de los padres de familia. Por otra parte, varios colegios privados laicos cuando vieron que ya no era negocio, no quisieron seguir adelante; entonces nos cedieron[29] sus colegios y los transformamos en colegios públicos y los hicimos gratuitos. A algunos colegios religiosos que también querían proyectarse[30] más, congregaciones religiosas con sensibilidad social y que trabajaban en barrios pobres y cobraban aranceles muy modestos, les propusimos: «Bueno, ¿quieren ser ustedes una institución gratuita? Pues les vamos a pagar nosotros todos los gastos. El colegio va a seguir siendo de ustedes, bajo la misma orientación cristiana, con sus mismos profesores, pero nosotros les vamos a pagar a ustedes para que sea colegio gratuito». Fue así como más de treinta congregaciones religiosas firmaron convenios[31] con nosotros para transformarse en colegios gratuitos.

Es así como hoy día, digamos, la educación secundaria se ha ampliado, la revolución ha hecho cuarenta y un institutos nuevos en todo el país. Se ha ampliado sobre todo en ciudades pequeñas para que el niño campesino pueda tener acceso a la educación secundaria; es decir, hemos llevado la enseñanza secundaria a pequeñas ciudades de cuatro mil, cinco mil habitantes que están más accesibles al niño campesino. Entonces, hemos logrado ampliar la educación secundaria. En total la revolución ha logrado duplicar la matrícula en todos los niveles. En números gruesos hemos pasado de 500.000 a casi un millón de niños. En los dos últimos años, se ha tenido que limitar mucho el avance, por la guerra de agresión, porque estamos destinando la mitad del presupuesto nacional a la defensa. Hay zonas de guerra donde se ha tenido que detener la educación de adultos, porque por ejem-

[29] dieron
[30] extender su alcance
[31] acuerdos

plo, ha habido más de cien maestros de educación de adultos que han sido maltratados, secuestrados,[32] o asesinados; más de cincuenta escuelas destruidas, colectivos de educación de adultos disueltos.[33] No se ha podido construir escuelas nuevas. Nos vemos obligados a limitar los programas sociales.

[32] llevados por la fuerza
[33] perdidos, abolidos

P: ¿Cómo evaluaría la educación universitaria? ¿Cuál es su fuerza principal? ¿Su debilidad principal? ¿Difiere de lo que era hace siete años?

R: La educación universitaria, la debilidad que tiene, podríamos decir, es que hay muchos jóvenes que están en el Servicio Militar; entonces, eso nos ha afectado en cuanto que hay estudiantes que tienen que interrumpir sus estudios. La educación universitaria debe ordenarse mejor. Para eso hemos creado el Consejo Nacional de Educación Superior, a fin de eliminar duplicaciones costosas de programas. Todas las universidades forman parte del Consejo hoy día, de un solo sistema, y se fueron cerrando escuelas que eran duplicaciones innecesarias. Hemos fortalecido, en cambio, las áreas donde había más necesidad (medicina, ingeniería, agricultura, educación). Hemos establecido la educación superior gratuita, toda, incluso la que ofrece la Universidad Centroamericana, de los padres jesuitas. Para eso el Estado paga todos los gastos de la universidad de los jesuitas. ¿Por qué? Porque la universidad de los jesuitas, al ser parte integral del sistema universitario, ofrece algunas carreras que no ofrece la Universidad Nacional. Además, se ha creado la Universidad Nacional de Ingeniería solamente para las ramas de ingeniería; la Escuela de Agricultura se ha transformado en la Universidad de Ciencias Agropecuarias.

P: Carlos, para terminar, ¿puede decirnos cuáles han sido los obstáculos principales a la reforma educativa en Nicaragua? ¿Se pueden superar?

R: En este momento, el más grande y más grave es la situación de guerra de agresión que vivimos, porque nos distrae, nos interrumpe, nos hace mandar jóvenes al servicio militar, en fin, una serie de dificultades que resultan también en deficiencias básicas, como falta de tinta para mimeógrafos, esténciles para mimeógrafo; lo que tenemos ahora es una gran escasez. Nosotros veníamos trabajando con el concepto de «educación en pobreza», es decir que sabíamos que todo lo que íbamos a hacer, lo teníamos que hacer tomando en cuenta que somos un país pobre, y usando los recursos del medio y la imaginación. Pero ahora hemos tenido que pasar a algo más, ya no a una «educación en la *pobreza*», sino a una «educación de *sobrevivencia*». *Tenemos que sobrevivir*; el sistema educativo *tiene* que sobrevivir mientras terminamos con la guerra. Entonces, la dificultad mayor es la agresión, porque si no, ya estaríamos implementando los planes que teníamos para mejorar la calidad de la educación y luego transformar la estructura y el sistema educativo para dar al pueblo una nueva educación. Con esto soñamos mientras luchamos para sobrevivir.

Para verificar su comprensión

I. Conferencia en la Universidad Centroamericana

Responda con una o dos frases breves.
1. Según Tünnermann, ¿por qué no le importaba al gobierno anterior la educación del campesino?
2. Para Tünnermann, ¿por qué es necesario que el campesino se eduque?
3. ¿Qué rol juega la desnutrición en la deserción escolar? ¿Qué remedio proponen los sandinistas?
4. ¿Qué critica Tünnermann en cuanto a la distribución de la matrícula en la secundaria?
5. ¿Por qué sería un acto revolucionario el establecimiento de la educación primaria y secundaria gratuita y obligatoria?

II. Entrevista con Carlos Tünnermann

Elija la respuesta más adecuada.

1. Según Tünnermann, en los últimos siete años, en Nicaragua ha habido ＿＿＿＿＿＿＿＿＿

   ＿＿＿＿＿＿＿＿＿＿＿＿＿＿＿
   (muy pocos, muy grandes) cambios en cuanto a la educación.
2. De muchas maneras, la Campaña de Alfabetización fue＿＿＿＿＿＿＿＿＿＿＿＿＿＿＿
   (un obstáculo, una preparación) para las elecciones del 84.
3. En Nicaragua, la «educación en la pobreza» ha sido

   ＿＿＿＿＿＿＿＿＿＿＿＿＿＿＿
   (una realidad lamentable, una pedagogía fatalista).
4. «La educación de sobrevivencia» es
   ＿＿＿＿＿＿＿＿＿＿＿＿＿ (más, menos) difícil que la «educación en la pobreza».
5. Toda la educación estatal, en todos los niveles, es ahora ＿＿＿＿＿＿＿＿＿＿＿
   (más cara que nunca, completamente gratis).
6. El gobierno ha regulado los aranceles de los colegios privados para que sean ＿＿＿＿＿＿＿＿

   ＿＿＿＿＿＿＿＿＿＿＿＿＿＿＿
   (negocios más lucrativos, instituciones más democráticas).

7. El obstáculo más grande para la educación en
   Nicaragua es _____

   _____

   (la guerra de agresión, la ignorancia de los
   campesinos).

Interpretación de las lecturas

1. Si Ud. tuviera que proponer un plan para la reconstrucción del
   sistema educativo nacional, ¿cómo sería? ¿Qué haría Ud. primero y
   por qué? ¿Cuál sería su principio orientador? ¿Cómo conseguiría
   fondos, materiales, maestros, conocimientos? ¿En qué diferiría su
   plan del de los sandinistas?
2. En su opinión, ¿por qué será de suma importancia la educación para
   el gobierno revolucionario, considerando especialmente que nunca
   había tenido prioridad en los gobiernos anteriores?
3. Si Ud. fuera un joven brigadista urbano de clase media, ¿cómo se le
   acercaría al campesino para alfabetizarlo? ¿Qué tendrían Uds. en
   común? ¿Aprendería algo Ud.?
4. ¿Por qué dice Tünnermann que la Campaña de Alfabetización hizo
   posible otras «movilizaciones masivas en función de proyectos
   sociales»? ¿Cuáles son algunos ejemplos?
5. ¿Por qué fue tan importante para el éxito de la Campaña de
   Alfabetización la creación de una «mística»?
6. Para Tünnermann, ¿cuál es la mayor debilidad de la educación
   universitaria? ¿Y para Ud.?
7. Uno de los logros principales de la campaña ha sido en el área de la
   educación secundaria. Comente sobre esto pensando tanto en los
   fines revolucionarios igualitarios como en los educativos.

Comparaciones

1. Imagínese Ud. una reunión entre Tünnermann y Rendón. ¿Tendrían
   intereses y problemas en común? ¿Podrían ayudarse el uno al otro?
   ¿Qué dirían sobre la educación bilingüe?
2. Compare lo que aboga Freire con lo que dice Tünnermann sobre la
   «alfabetización concientizadora». ¿Se puede ver aquí la influencia de
   Freire? ¿Como?
3. Establezca una comparación entre la actitud de Tünnermann hacia el
   campesino y la de Miriam Lazo. ¿A qué se deben las semejanzas?

Soy el hombre nuevo [ch]

Somoto 30 Julio 1980

Soy el hombre ...
Cros:[34] Dirección del F.S.L.N.[35]

Cros: Junta de Gobierno de Reconstrucción Nacional.

Cra Ruht Castillo Responsable General de Alfabetización de la P.S.
Al Pueblo General:
Yo he sido uno de los sobrevivientes del gran combate que se ha llevado a cabo (Alfabetización) y que se luchó contra la ignorancia. Hoy gracias a nuestro Proceso revolucionario, y al compañero alfabetizador MARCELO ESCALANTE CARCAMO,[36] no soy un analfabeto, soy el hombre nuevo con quien soñó nuestro comandante CARLOS.[37]

Fraternalmente,

Santos Orlando Montalván Bueno
Policía de Tránsito

Somoto - Madriz

[34] Cros: compañeros
[35] F.S.L.N.: Frente Sandinista de Liberación Nacional
[36] Marcelo Escalante Carcamo: su maestro
[37] Carlos: Carlos Fonseca, fundador del F.S.L.N.

[ch] Carlos Tünnermann Bernheim, *Pensamiento pedagógico de Sandino, material para alfabetizadores,* (Managua: Ediciones Ministerio de Educación, 1983), s. p.

4. ¿Cree Ud. que hay cierta afinidad ideológica y pedagógica entre Casali y Tünnermann? ¿Tendrán algo que ver sus vivencias bajo una dictadura? ¿Sus experiencias como administradores académicos? ¿Cómo intelectuales en países pobres?

5. Varios estudios recientes han enfocado el grado alarmante de analfabetismo adulto en los EEUU, tanto en la ciudad como en el campo. ¿Podrían los educadores estadounidenses aprender de la experiencia nicaragüense de los últimos siete años? Explique su respuesta.

Para comentar

La siguiente carta expresa la gratitud de un ciudadano nicaragüense, el cual se considera ahora un «hombre nuevo» a causa de su reciente alfabetización. Lea la carta y luego piense en su lenguaje y en sus sentimientos. ¿Cómo expresan éstos tanto la mística como los fines prácticos de la Campaña de Alfabetización?

¿Está Ud. de acuerdo?

«La alfabetización no es un fenómeno pedagógico con implicaciones políticas, sino un fenómeno político con implicaciones pedagógicas».

Lecturas recomendadas

Albó, Xavier. *Idiomas, escuelas y radios en Bolivia.* Sucre, Bolivia: ACLO-UNITAS, 1981.

Albornoz, Orlando. «Oposición estudiantil en América Latina». En *Sociología de la educación.* 4a ed. Caracas: Ediciones de la Biblioteca, Univ. Central de Venezuela, 1981, págs. 206–214.

Blutstein, Howard I. *Area Handbook for Honduras.* Washington, D.C.: U.S. Government Printing Office, 1971.

Cafferty, Pastora San Juan, and Carmen Rivera-Martínez. *The Politics of Language: The Dilemma of Bilingual Education for Puerto Rico.* Boulder, Colo.: Westview Press, 1981.

Cummings, Richard L., and Donald A. Lemki. *Educational Innovations in Latin America.* Metuchen, N.J.: Scarecrow Press, 1973.

Education in Latin America. Washington, D.C.: Latin American Documentation, 1975.

Freire, Paulo. *Education for Critical Consciousness.* New York: Seabury Press, 1973.

_____. *Politics of Education: Culture, Power and Liberation.* Mount Hadley, Mass.: Bergin & Garvey, 1985.

Frondizi, Risieri. *La universidad en un mundo de tensiones, misión de las universidades en América Latina.* Buenos Aires: Paidós, 1971.

Gómez Tejera, y Carmen y David Cruz López. *La escuela puertorriqueña.* Sharon, Conn.: Troutman Press, 1970.

Haussman, Fay, and Jerry Haar. *Education in Brazil.* Hamden, Conn.: Archon Books, 1978.

Havinghurst, Robert J. *La sociedad y la educación en América Latina.* Buenos Aires: EUDEBA, 1970.

Kozol, Jonathan. *Children of the Revolution.* New York: Delacorte Press, 1978.

La Belle, Thomas J., ed. *Education and Development: Latin America and the Caribbean.* Los Angeles: Latin American Center—UCLA, 1972.

_____. *Nonformal Education and Social Change in Latin America.* Los Angeles: Latin American Center—UCLA, 1976.

Maier, Jos., and Richard Weatherhead, eds. *The Latin American University.* Albuquerque: Univ. of New Mexico Press, 1979.

Mazo, Gabriel del. *La reforma universitaria y la universidad latinoamericana.* Resistencia, Argentina: Univ. Nacional del Nordeste, 1957.

Ministerio de Relaciones Exteriores, Dirección de Información. *Cuba, una gran escuela.* La Habana, 1965.

Orgaz, Jorge. *Reforma universitaria y rebelión estudiantil.* Buenos Aires: Ediciones Libera, 1970.

Queiroz, Rachel de. *The Three Marias (As Três Marias).* Tr. Fred P. Ellison. Austin: Univ. of Texas Press, 1963.

Ribeiro, Darcy. *La universidad nueva.* Buenos Aires, 1973.

————. *El dilema de América Latina; estructuras del poder y fuerzas insurgentes.* 10a ed. México: Siglo XXI, 1982.

————. *Configuraciones histórico culturales americanas.* 2a ed. Buenos Aires: Calicanto, 1977.

Sánchez-Albornoz, Nicolás. *The Population of Latin America: A History.* Tr. W. A. R. Richardson. Berkeley: Univ. of California Press, 1974.

Sexton, James D. *Education and Innovation in a Guatemalan Community: San Juan de la Laguna.* Los Angeles: Latin American Center—UCLA, 1972.

Silvert, Kalman H., and Leonard Reissman. *Education, Class and Nation, the Experiences of Chile and Venezuela.* New York: ELSEVIER, 1976.

Solari, Aldo, ed. *Poder y desarrollo en América Latina.* México: Fondo de Cultura, 1977.

————. «Educación y desarrollo de las élites: sistema de enseñanza secundaria». En Seymour Martin Lipset y Aldo Solari, eds., *Elites y desarrollo en América Latina.* Buenos Aires: Paidós, 1967, págs. 365–383.

————, and Rolando Franco. "Equality of Opportunity and Elitism in the Uruguayan University." *Northsouth.* Vol. VI, no. 11 (1981), pp. 1–16.

1982 Statistical Yearbook, Annuaire Statistique. New York: United Nations, 1985.

Tünnermann, Carlos. *De la universidad y su problemática.* México: UNAM, 1980.

————. *Sesenta años de la reforma universitaria.* Ciudad Universitaria, Costa Rica: Educa, 1978.

————. *Pensamiento pedagógico de Sandino, material para alfabetizadores.* Managua: Ministerio de Educación, 1983.

Varios. *5 años de educación en la revolución, 1979–1984.* Managua: Ministerio de Educación, 1984.

Varios. *La universidad en la década del 80.* Santiago de
   Chile: CPU, 1975.

Vázquez, Josefina Zoraida. *Nacionalismo y educación en
   México.* 2a ed. México: El Colegio de México, 1975.

Waggoner, George R., and Barbara Ashton Waggoner.
   Education in Central America. Lawrence: Univ. of
   Kansas Press, 1971.

Wald, Karen. *Children of Che: Childcare and Education in
   Cuba.* Palo Alto, Calif.: Ramparts Press, 1978.

CAPITULO SIETE

La religión

El sincretismo religioso resalta en esta foto de la iglesia de San Pedro de la Laguna, cerca del Lago Atitlán, Guatemala. (© *Owen Franken/Sygma*)

*I*ntroducción

Las dimensiones del tema

De todos los temas presentados aquí, la religión es, sin duda, el más controvertible porque aumenta la gran tensión entre tradición y cambio en América Latina. El debate religioso no sería tan polémico si se restringiera únicamente a la teología o a la disciplina de la Iglesia, pero incluye también el papel social de la institución misma y el de cada uno de sus feligreses.[1] Lo que ocurre actualmente en América Latina es un cambio de raíz en la interpretación del mensaje cristiano, lo cual da como resultado acciones concretas conformes a esta nueva interpretación. Y esto afecta todo, lo individual y lo colectivo, lo privado y lo público.

[1]miembros

El contexto histórico

Para poder apreciar el significado dramático y profundo de este cambio, es preciso referirse al contexto histórico. Cualquier discusión de la religión en América Latina tiene que destacar el papel preponderante de la Iglesia que sostiene, nominalmente por lo menos, la adhesión del 90% de los habitantes de la región. Así los conquistadores españoles que llegaron con la cruz y la espada tenían una doble misión: ganar tierras y riquezas para la corona y almas para la Iglesia. Ambas misiones marcharon juntas y se efectuaron con fuerza sangrienta. La iglesia española estaba altamente estructurada y era militante en su misión de convertir al infiel e implantar la doctrina católica.

[2]terrateniente

La situación en Brasil era un poco diferente. Los portugueses no le daban tanta importancia a Brasil como los españoles le daban a la América española porque no creían que Brasil tuviera mucha riqueza que ofrecerles. Tampoco existía en Portugal el mismo ardor militante de conquista de almas que existía en España; es así que toda cuestión religiosa en Brasil se consideraba con menos rigidez. La jerarquía religiosa en Brasil era menos organizada que la de las posesiones españolas y el poder eclesiástico era siempre inferior al poder político, especialmente al del *fazendeiro,* o hacendado.[2] A pesar de todas estas diferencias, la Iglesia en ambos territorios era, en general, una institución poderosa, conservadora y privilegiada y estaba estrechamente ligada al estado, tanto en la época colonial como en la nacional.

Por ejemplo, en Ecuador durante el llamado «período teocrático» (1860–1895), el presidente Gabriel García Moreno unió el estado a la Santa Sede,[3] defendió el catolicismo, limitó la ciudadanía a los católicos practicantes, otorgó a la Iglesia el control absoluto de la educación y, en 1873, dedicó la República al Sagrado Corazón de Jesús.

[3]el Vaticano

La opción por los pobres

Esta posición histórica comenzó a deshacerse sólo recientemente, desde la década de los años sesenta de este siglo.[a] Muchos religiosos, los mismos beneficiarios del arreglo tradicional, se han lanzado a cambiarlo para defender a los desafortunados, a los humildes, quienes constituyen la gran mayoría de la población de América Latina y del globo. Esta es la discutida «**opción por los pobres**». Ahora la relación entre el Estado y la Iglesia es, a menudo, una de adversarios en vez de aliados, aunque muchos clérigos, tanto sacerdotes como obispos, todavía se oponen a esta «opción».[b] En muchos casos, las consecuencias para los que han desafiado el «sistema» han sido drásticas: desde la desaprobación del régimen político, hasta la censura, el castigo, la tortura e incluso la muerte. Hénos[c] aquí ante una confrontación entre dos visiones del mundo diametralmente opuestas: una quiere mantener a toda costa el orden establecido, y la otra quiere nada menos que revolucionarlo.

La Iglesia como contrafuerza

¿Por qué este cambio tan dramático y peligroso por parte de muchos clérigos y laicos de la Iglesia? Las razones son múltiples y varían de lugar a lugar, pero se puede aislar algunas corrientes que, en realidad, son corrientes entrecruzadas.

1) **La amenaza del comunismo:** Muchos religiosos que temían la influencia de los sindicatos[4] urbanos y rurales querían proveer una fuerza cristiana contra lo que percibían como un peligro comunista, especialmente en vista del triunfo del comunismo en Cuba. Es útil recordar aquí que el deseo de evitar «otras Cubas» fue una razón fundamental para la creación de la Alianza para el Progreso durante la presidencia de John F. Ken-

[4]organizaciones de obreros para defensa de sus intereses

---

[a]En México, el poder de la Iglesia fue drásticamente reducido por la revolución mexicana, 1910–1917; en Cuba, por la revolución de 1959 y el marxismo subsiguiente.

[b]En Nicaragua, la mayor parte de la oposición proviene de un sector de la jerarquía católica, encabezada por el arzobispo conservador de Managua, Miguel Obando y Bravo, quien fue nombrado cardenal por el Papa en abril de 1985.

[c]nos encontramos

nedy. Esto nos da una idea de lo generalizado que era (y es) el miedo al comunismo.

2) **La atracción creciente de las ceremonias indígenas y africanas:** Estas satisfacen una necesidad de expresión que no se encuentra ni se tolera dentro de la Iglesia oficial. El catolicismo latinoamericano es sincrético: combina creencias y ritos pre-colombinos y africanos con los cristianos. A pesar de la fuerza aniquiladora[5] de la conquista, todavía existen prácticas religiosas no solamente sincréticas, sino virtualmente inalteradas por las creencias cristianas. Ahora, en vez de censurar el «primitivismo», algunos religiosos están tratando de comprenderlo y apreciarlo.

3) **El protestantismo:** Prohibido en el pasado y visto con desconfianza en el presente por la Iglesia oficial con la cual está en competencia, el protestantismo está creciendo significativamente en América Latina. La Iglesia se ve rivalizando con las actividades religiosas, caritativas y educativas de los misioneros y evangelistas protestantes. Estos representan las denominaciones principales como los metodistas, presbiterianos, bautistas y episcopales; las sectas fundamentalistas de los «renacidos» que incluyen entre sus seguidores al reciente dictador de Guatemala, Efraín Ríos Montt; y los Testigos de Jehová, quienes ejercen una fuerte atracción, principalmente entre la gente de las clases más populares.

Para contrabalancear la pérdida de grupos menospreciados por la Iglesia hasta muy recientemente, había que prestarles atención y ofrecerles una alternativa al comunismo, al fetichismo o al protestantismo.

La Iglesia como abogada del pobre

Estas consideraciones sobre el porqué del cambio en la Iglesia son bastante negativas por ser de autodefensa e interés propio. Pero hay otras consideraciones más positivas.

1) **El ecumenismo religioso y el abrazo a los humildes del mundo:** Estos factores, encarnados en las personas y en los discursos de los papas Juan XXIII y Pablo VI, en el Concilio Vaticano II (1962–65), en las Conferencias Episcopales de Medellín (1968) y de Puebla (1979), dieron *enorme* ímpetu y sanción episcopal a la acción social, por su enfoque en la justicia social y la responsabilidad cristiana. Un ejemplo concreto es la Universidade Pontifícia de São Paulo (ver Capítulo seis) y su compromiso activista bajo el liderazgo del Arzobispo Arns.

2) **El ambiente general de la década de los años sesenta:** Este ambiente favorecía y casi demandaba una atención urgente a cuestiones de justicia social, ya fueran de racismo en los EEUU o de pobreza en América Latina.

3) **El poder del cambio de conciencia:** Este factor operaba y sigue operando en los que se han dedicado, con tanto riesgo personal, a servir y defender a los desheredados.[6] Es sorprendente que la Iglesia, tan íntegra-

[5]destructora

[6]pobres

mente asociada con el injusto orden social, se haya animado a autoex-
aminarse y reorientarse. Pero lo extraordinario es que este cambio haya
sido tan extenso y profundo, especialmente considerando las muchas represalias[7] que ha desencadenado.[8]

[7]castigos
[8]producido

Mártires y héroes

La reciente concientización de la Iglesia tiene sus mártires, como el cura revolucionario de Colombia, Camilo Torres y el arzobispo de El Salvador, Oscar Romero, asesinado en 1980 mientras celebraba
misa. También tiene sus héroes, como el campeón brasileño de la justicia social, Dom Helder Câmara, y sus participantes en gobiernos revolucionarios,
como el Ministro de Cultura Ernesto Cardenal, uno de los cuatro sacerdotes
que ocupan puestos en el gabinete del gobierno sandinista de Nicaragua, a
pesar de la censura del Vaticano. Además de estas figuras internacionalmente conocidas, la toma de conciencia ha tocado a números incontables de personas anónimas por medio de los millares de «comunidades de
base» que existen en América Latina.

Las comunidades de base

Estas «**comunidades de base**» consisten en grupos
de personas dedicadas al estudio e interpretación de la Biblia, desde los
profetas del *Antiguo Testamento* y los libros de *Exodo* y *Job,* a los libros del
Nuevo Testamento, de una manera que vincula el mensaje cristiano con la
vida del pobre y con la lucha colectiva por la justicia social. Tales comunidades, influenciadas por el ecumenismo y el estudio bíblico al estilo protestante, solicitan no solamente el liderazgo de los sacerdotes ordenados, sino
también el de las religiosas y la gente laica de ambos sexos. Su orientación
religiosa e igualitaria se expresa en su estructura democrática abierta, la
cual contrasta fuertemente con las estructuras eclesiásticas, políticas y sociales tradicionales, históricamente jerárquicas y cerradas.

La teología de la liberación: proponentes y oponentes

El nuevo movimiento también ha hecho contribu-
ciones teológicas como la discutida «teología de la liberación», formulada
de manera sistemática por el famoso sacerdote peruano Gustavo Gutiérrez
en su obra originaria *Teología de la liberación* (1972). La teología elaborada por Gutiérrez parte de una conciencia activa, comprometida ante la

injusticia, degradación y pobreza históricas, el triste legado de siglos de explotación y dependencia. Esta situación, según Gutiérrez, reclama que los cristianos actúen en este mundo concreto en que viven, y que obren en solidaridad con los pobres. Gutiérrez hace un llamado al cristianismo para subvertir el orden establecido, literalmente, cambiarlo desde abajo, para traer la justicia. Es un mensaje político y comunitario, a diferencia del mensaje tradicional, que es más bien espiritual e individualista.

La teología de la liberación utiliza el evangelio para defender y devolver su dignidad de seres humanos a los desafortunados y para criticar ambas jerarquías, la eclesiástica y la civil. Como puede imaginarse, tal postura tan subversiva ha ocasionado críticas severas. Sus detractores critican a los liberacionistas por ser románticos, deludidos, o aun peor, comunistas, por los puntos comunes que se encuentran entre el marxismo y la teología de la liberación. La displicencia[9] del Vaticano sobre este mismo punto se vio en el otoño de 1984, cuando el brasileño Leonardo Boff y el salvadoreño Jon Sobrino, ambos teólogos de la liberación, fueron llamados a Roma para dar explicaciones ante un tribunal investigador. Otros adversarios dicen que la teología de la liberación es poca teología y mucha liberación, o sea, que es un movimiento social y político que no tiene base ni meta religiosas. Aún más, otros críticos enfocan el socavamiento[10] de la autoridad eclesiástica establecida, de la doctrina de la Iglesia y de las enseñanzas en contra del control de la natalidad, el aborto y el divorcio. Para estas personas, la misma existencia de la institución más importante de la Tierra, la Santa Iglesia Católica, está amenazada por la erosión de la autoridad y disciplina lícitas. El Vaticano, buscando una manera de controlar lo que son a su parecer los excesos políticos de la nueva teología pero sin abandonar su conciencia y camino sociales, anunció recientemente su aprobación del «amor de preferencia por los pobres». Mediante esta nueva terminología se espera evitar la connotación política asociada con la frase «opción por los pobres». Observando la mayoría de las críticas se nota la creencia de que la Iglesia no debe inmiscuirse[11] en la política, y en particular, que los religiosos no deben ocupar ningún puesto político. Esta creencia mantiene que la religión y la política son y deben ser dos cosas distintas, y que es contra la voluntad de Dios mezclarlas.

Contrastes antípodas[12]

Los textos que se presentan a continuación tocan varios aspectos de la religión en América Latina, incluso la teología de la liberación y su crítica, el protestantismo y el vudú en Haití. Mientras se enfoca la tensión explosiva que existe en varios lugares entre una Iglesia reconstruida en muchos aspectos, y una política mayormente represiva, es importante recordar que en otras partes las prácticas primitivas y animistas de antaño siguen inmunes todavía a la revolución cristiana que ha estallado a su

[9]indiferencia, desagrado
[10]debilitación
[11]mezclarse, entremeterse

[12]diametralmente opuestos

alrededor. Así que en América Latina se puede identificar por lo menos cuatro categorías principales de religión: 1) **el animismo antiguo**, regularmente sincrético de los indígenas y los negros; 2) **el catolicismo tradicional**; 3) **la teología de la liberación** (tanto la católica como la protestante); y 4) **el fundamentalismo de las sectas evangélicas**. Dicho de otra forma, abarca toda la gama desde el sincretismo del indio humilde Juan Pérez Jolote (ver Capítulo tres), hasta el extremismo de Jimmy Swaggart y la «iglesia electrónica». Tal es el cuadro de tradición y cambio en su absorbente y controvertido aspecto religioso.

CAMILO TORRES RESTREPO
(*1929–1966*)

El colombiano Camilo Torres Restrepo fue sacerdote y profesor de sociología en la Universidad Nacional de Colombia. Sintió una angustia profunda por la situación de los marginados y se dedicó, como so-

Camilo Torres, sacerdote revolucionario. (© *AP/Wide World Photos*)

ciólogo y como religioso, a su liberación social y política. Su trabajo se caracteriza por una radicalización progresiva al ser repetidamente repudiadas sus críticas a la jerarquía eclesiástica y sus tentativas de reforma política dentro del «sistema». Forzado por su extremismo a renunciar a su puesto universitario y al sacerdocio, Torres se hizo guerrillero, creyendo que no había más remedio que la violencia armada. Siempre mantuvo que «el amor al prójimo»[1] era la base fundamental del cristianismo y de su programa político, y que tenía que seguir este mandato dondequiera que lo llevara. Las lecturas siguientes ilustran el radicalismo cristiano y político de Torres, que lo llevó a una muerte violenta en manos del ejército colombiano a la edad de 37 años.

En la primera lectura Torres responde a varias preguntas sobre el comunismo y el clero[2] hechas por un periodista de *La Hora* de Bogotá; en la segunda, Torres explica a los cristianos por qué se sintió compelido a seguir el camino de la revolución.

[1] los demás, los otros
[2] el conjunto de los clérigos, sacerdotes y religiosos

¿Comunismo en la Iglesia?
(*fragmento*)

Pregunta: ¿El clero colombiano peca[3] de comunista o de anticomunista?

Respuesta: El clero colombiano ciertamente no peca de comunista. El comunismo tiene un sistema filosófico incompatible con el cristianismo, aunque en sus aspiraciones socioeconómicas la mayoría de sus postulados no riñen[4] con la fe cristiana.

Para decir que peca de anticomunista, se necesitaría hacer una investigación sobre las pastorales,[5] los escritos, los sermones de nuestros obispos y sacerdotes. Sin embargo, mi impresión personal es que el comunismo ha sido considerado como el principal mal de la cristiandad en nuestra época. Este es un enfoque poco teológico y poco científico.

Poco teológico, porque el principal mal de la cristiandad es la falta de amor, tanto dentro de ella misma como respecto de los no cristianos, incluyendo a los comunistas. Por la falta de un amor eficaz traducido a las estructuras temporales[6] en una forma científica por parte de los cristianos ha surgido el comunismo como una solución con todos sus aciertos[7] y sus errores.

Desde el punto de vista científico, la posición del cristiano no debe ser anti sino en favor del bien de la humanidad. Si este bien no se puede realizar sino cambiando las estructuras temporales sería pecaminoso[8] que el cristiano se opusiera al cambio. Solamente la crítica discriminada y científica

[3] es culpable de ser
[4] están en desacuerdo
[5] comunicaciones oficiales de la Iglesia con instrucciones o exhortaciones
[6] las. . . los gobiernos nacionales
[7] éxitos
[8] relacionado con el pecado

del comunismo, en vista a la realización de este bien, puede justificar no una posición anticomunista, sino una posición científica que implique rechazo de todo lo que sea anticientífico.

P: ¿Según su juicio, la actitud del clero colombiano ante los problemas sociales requeriría una revisión?

R: En general, yo creo que la actitud del clero colombiano ante los problemas sociales sí requiere una revisión. Esta revisión se podría resumir así:

1. Preocupación por el bienestar de la humanidad más que por preservarla del comunismo.

2. Descartar la beneficiencia[9] ocasional y paternalista como forma habitual de acción.

3. Concentrar los esfuerzos en la formación de un laicado[10] capaz de transformar las estructuras temporales desde su base atacando así el origen de los problemas sociales.

P: ¿El clero colombiano tiene mentalidad capitalista?

R: Para poder juzgar de la mentalidad de un grupo social, se requeriría un análisis bastante profundo. Sin embargo, yo considero que el clero colombiano por lo menos en la impresión que deja ante la opinión pública aparece con una mentalidad más feudal que capitalista y, en el mejor de los casos, con una mentalidad netamente capitalista.

La mentalidad feudal se caracteriza fundamentalmente por el deseo de posesión, haciendo caso omiso[11] del lucro,[12] de la productividad y del servicio a la comunidad.

La mentalidad capitalista por el deseo del lucro, sin considerar el servicio de la comunidad.

Ante la opinión pública el clero colombiano aparece como un grupo con deseo de posesión. En las esferas jerárquicas más altas y principalmente en los sectores urbanos, creo yo que aparece como un grupo con deseo de lucro. La opinión pública colombiana me parece que no tiene conciencia de que la Iglesia gaste dinero en servicio de la comunidad.

P: ¿El comunismo debe ser puesto fuera de la ley?[13]

R: Desde el punto de vista teórico creo yo que la mejor arma para combatir las ideas son las ideas; la mejor arma para combatir los movimientos políticos es mostrar una mayor eficacia en el uso del poder. Por lo tanto, las disposiciones legales en contra de ideas o de movimientos políticos son, en mi concepto, una demostración de debilidad ante ellos.

Sin embargo, si en un país se consideran de hecho los comunistas excluidos de los cargos públicos, del derecho a ser elegidos, se excluyen de las cátedras universitarias y en muchas ocasiones, pierden el derecho de estudiar y de trabajar, sería una posición menos hipócrita declararlos oficialmente fuera de la ley que conservar una legalidad aparente, puramente táctica para disfrazar ese estado de cosas con un ropaje democrático a

[9] beneficencia, caridad
[10] *lay Catholics*
[11] haciendo. . . prescindiendo, omitiendo
[12] ganancia
[13] puesto. . . declarado ilegal

fin de evitar que los adversarios capitalicen[14] la mística[15] que les daría la ile-
galidad y el hecho de ser considerados como víctimas.

[14] se aprovechen de
[15] imagen popular

Mensaje a los cristianos

Las convulsiones producidas por los acontecimientos políticos, religiosos y sociales de los últimos tiempos posiblemente han llevado a los cristianos de Colombia a mucha confusión. Es necesario que en este momento decisivo para nuestra historia los cristianos estemos firmes alrededor de las bases esenciales de nuestra religión.

Lo principal en el Catolicismo es el amor al prójimo.

«El que ama a su prójimo cumple con la ley» (San Pablo, Romanos XIII, 8).

Este amor, para que sea verdadero, tiene que buscar la eficacia.[16] Si la beneficiencia, la limosna,[17] las pocas escuelas gratuitas, los pocos planes de vivienda, lo que se ha llamado «la caridad», no alcanza a dar de comer a la mayoría de los hambrientos, ni a vestir a la mayoría de los desnudos, ni a enseñar a la mayoría de los que no saben, tenemos que buscar medios eficaces para el bienestar de las mayorías.

Esos medios no los van a buscar las minorías privilegiadas que tienen el poder, porque generalmente esos medios eficaces obligan a las minorías a sacrificar sus privilegios. Por ejemplo, para lograr que haya más trabajo en Colombia, sería mejor que no se sacaran los capitales en forma de dólares y que más bien se invirtieran[18] en el país, en fuentes de trabajo. Pero como el peso colombiano se desvaloriza todos los días, los que tienen dinero y tienen el poder nunca van a prohibir la exportación del dinero, porque exportándolo se libran de la devaluación.

Es necesario, entonces, quitarles el poder a las minorías privilegiadas para dárselo a las mayorías pobres. Esto, si se hace rápidamente, es lo esencial de una revolución.

La Revolución puede ser pacífica si las minorías no hacen resistencia violenta.

La Revolución, por lo tanto, es la forma de lograr un gobierno que dé de comer al hambriento, que vista al desnudo, que enseñe al que no sabe, que cumpla con las obras de caridad, de amor al prójimo no solamente en forma ocasional y transitoria, no solamente para unos pocos, sino para la mayoría de nuestros prójimos.

Por eso la Revolución no solamente es permitida, sino obligatoria para los cristianos que vean en ella la única manera eficaz y amplia de realizar el amor para todos. Es cierto que «no hay autoridad sino de parte de Dios»

[16] mejor expresión o
    manifestación
[17] caridad
[18] usaran, gastaran

(San Pablo, Rom. XIII, 1). Pero Santo Tomás dice que la atribución concreta   [19]apoya
de la autoridad la hace el pueblo.

Cuando hay una autoridad en contra del pueblo, esa autoridad no es legítima y se llama tiranía. Los cristianos podemos y debemos luchar contra la tiranía. El gobierno actual es tiránico porque no lo respalda[19] sino el 20% de los electores y porque sus decisiones salen de las minorías privilegiadas.

Los defectos temporales de la Iglesia no nos deben escandalizar. La Iglesia es humana. Lo importante es creer que también es divina y que si nosotros, los cristianos, cumplimos con nuestra obligación de amar al prójimo, estamos fortaleciendo a la Iglesia.

Yo he dejado los deberes y privilegios del clero, pero no he dejado de ser sacerdote.

Creo que me he entregado a la Revolución por amor al prójimo. He dejado de decir misa para realizar ese amor al prójimo en el terreno temporal, económico y social. Cuando mi prójimo no tenga nada contra mí, cuando haya realizado la Revolución, volveré a ofrecer la Misa si Dios me lo permite. Creo que así sigo el mandato de Cristo:

> «Si traes tu ofrenda al altar y allí te acuerdas de que tu hermano tiene algo contra ti, deja tu ofrenda delante del altar, y anda, reconcíliate primero con tu hermano, y entonces ven y presenta tu ofrenda» (San Mateo, V, 23–24).

Después de la Revolución los cristianos tendremos la conciencia de que establecimos un sistema que está orientado sobre el amor al prójimo.

La lucha es larga, comencemos ya. . .

Para verificar su comprensión

¿Cierto o falso?

_____ 1. Torres encuentra ciertas metas en común entre el comunismo y el cristianismo.

_____ 2. Para Torres el problema principal de la Iglesia es su enfoque poco teológico y poco científico.

_____ 3. El «amor eficaz» no debe incluir a los pobres.

_____ 4. El clero colombiano sufre de una actitud paternalista hacia los pobres.

_____ 5. No es deseable formar un laicado dedicado al cambio social.

_____ 6. El clero colombiano aparece como un grupo poco interesado en el lucro.

_____ 7. Es preferible poner el comunismo fuera de la ley a fingir que éste existe libremente.

_____ 8. La base cristiana esencial es el amor para con los otros.

_____ 9. Precisamente por su fe cristiana, Torres se ve obligado a seguir el camino de la revolución.

_____ 10. Torres no encuentra autoridad doctrinaria o bíblica para su decisión.

Interpretación de la lectura

1. ¿Cómo debe cambiar la actitud del clero colombiano, según Torres?
2. ¿Por qué dice Torres que la mentalidad del clero es capitalista «en el mejor de los casos»?
3. Torres critica la jerarquía eclesiástica por estar totalmente desarticulada de la realidad que vive el pueblo y aboga por la creación de un laicado activo. ¿Cómo se relacionan estas dos cosas? ¿Cómo respondería el episcopado a esta sugerencia? ¿Por qué?
4. ¿Encuentra contradictorio que Torres critique la caridad? ¿Por qué?
5. En su *Mensaje a los cristianos,* ¿qué quiere decir Torres con «medios eficaces»? ¿Los considera Ud. de tanta importancia? ¿Por qué?
6. ¿Cree Ud. como Torres que pueden reconciliarse el amor al prójimo y la revolución violenta?

Comparaciones

Establezca una comparación entre el concepto que tiene Torres de la revolución posible, y el que expresa Miriam Lazo sobre la revolución nicaragüense actual (ver Capítulo dos). ¿Qué tienen en común? ¿En qué difieren?

Tema escrito

Haga una investigación sobre el argumento del libro *Common Sense* de Tom Paine, invocado muy a menudo como justificación de la guerra revolucionaria de los EEUU, y de las fuentes de autoridad a las cuales apela Torres para explicar su posición.

Para comentar

¿Cómo debería ser la relación entre la religión y la política? ¿Deben mezclarse las dos? ¿Pueden separarse?

¿Está Ud. de acuerdo con estas ideas de Torres?

1. «. . . la mejor arma para combatir las ideas son las ideas».
2. «. . . la Revolución no solamente es permitida, sino obligatoria para los cristianos que vean en ella la única manera eficaz y amplia de realizar el amor para todos».

ERNESTO CARDENAL (*1925–   *)

Ernesto Cardenal, sacerdote, poeta y revolucionario nicaragüense, ha dividido su vida fascinante entre el activismo político y el retiro religioso. Participó en 1954 en un complot malogrado para derrocar al dictador Anastasio Somoza; luego pasó los dos años siguientes escribiendo un largo poema de catarsis, *Hora 0*. A la edad de 31 años experimentó una crisis espiritual e ingresó en un monasterio trapense en Kentucky, donde estudió bajo el tutelaje de Thomas Merton y vivió retirado del mundo. Pero el aislamiento de la vida trapense no le convenía permanentemente, y se fue a Colombia a estudiar para el sacerdocio, siendo ordenado en 1965. Pasó los diez años siguientes en la comunidad contemplativa de Solentiname, en una isla en el lago de Nicaragua. Esta comunidad, fundada por Cardenal y abierta a todos, especialmente a los campesinos y pescadores de las cercanías, se dedicaba a la vida comunal pacífica y la lectura bíblica. Pero el deterioro de la situación política en Nicaragua y el recrudecimiento[1] de la represión ejercida por la dictadura lo sacaron de su retiro y lo lanzaron a la actividad política. Viajó a Cuba y en 1979 se unió a los guerrilleros sandinistas que estaban por poner fin a la dinastía corrupta. Actualmente, Cardenal forma parte del gobierno sandinista.

Las obras principales de Cardenal, escritas durante la dictadura, se caracterizan por la sátira, amargura y ambivalencia del cristiano que le pregunta a

[1] resurgimiento, incremento

El padre Ernesto Cardenal, Ministro de Cultura, en su oficina en Managua. (© *Diego Goldberg/Sygma*)

Dios, ¿hasta cuándo, Señor? Los poemas aquí presentados provienen de su libro *Salmos.* Son representativos de la vida y del pensamiento de Cardenal durante el largo período de represión somocista.

Oye Señor mi causa justa

Salmo 16

Oye Señor mi causa justa
                 atiende mi clamor
Escucha mi oración que no son slogans
Júzgame tú
            y no sus[a] Tribunales
Si me interrogas de noche con un reflector[2]
con tu detector de mentiras
no hallarás en mí ningún crimen
Yo no repito lo que dicen las radios de los hombres
ni su propaganda comercial
                ni su propaganda política

[2] aparato que concentra la luz de un foco luminoso

[a] Se refiere a los opresores (los somocistas).

Yo guardé tus palabras
                y no sus consignas[3]
Yo te invoco
          porque me has de escuchar
                          oh Dios
oye mi palabra
Tú que eres el defensor de los deportados
y de los condenados en Consejos de Guerra
y de los presos en los campos de concentración
         guárdame como a la niña de tus ojos[4]
         debajo de tus alas escóndeme
libértame del dictador
                y de la mafia de los gángsters
    Sus ametralladoras[5] están emplazadas[6] contra
      nosotros
    y los slogans de odio nos rodean
    Los espías rondan[7] mi casa
    los policías secretos me vigilan de noche
    estoy en medio de los gángsters
    Levántate Señor
             sal a su encuentro
                     derríbalos[8]
Arrebátame[9] de las garras de los Bancos
con tu mano Señor líbrame del hombre de negocios
y del socio de los clubs exclusivos
         de esos que ya han vivido demasiado!
los que tienen repletas sus refrigeradoras
y sus mesas llenas de sobras[10]
y dan el caviar a los perros

Nosotros no tenemos entradas a su Club
pero tú nos saciarás[11]
               cuando pase la noche. . .

[3] instrucciones
[4] la. . . lo que más quieras
[5] *machine guns*
[6] situadas
[7] andan alrededor de
[8] hazlos caer, derrócalos
[9] quítame
[10] lo que queda de la comida
[11] satisfarás el hambre

Sus acciones son como el heno[12] de los campos

Salmo 36

No te impacientes si los ves hacer muchos millones
Sus acciones comerciales
              son como el heno de los campos

[12] *hay*

No envidies a los millonarios ni a las estrellas de cine
a los que figuran a ocho columnas en los diarios
a los que viven en hoteles lujosos
y comen en lujosos restaurantes
porque pronto sus nombres no estarán en ningún
   diario
y ni los eruditos conocerán sus nombres
    Porque pronto serán segados[13] como el heno de
      los campos

No te impacienten sus inventos
                         y su progreso técnico
Al Líder que ves ahora pronto no lo verás
lo buscarás en su palacio
                  y no lo hallarás
Los hombres mansos[14] serán los nuevos líderes
                  (los «pacifistas»)

Están agrandando los campos de concentración
están inventando nuevas torturas
nuevos sistemas de «investigación»
En la noche no duermen haciendo planes
planeando cómo aplastarnos más
                  cómo explotarnos más
pero el Señor se ríe de ellos
porque ve que pronto caerán del poder
Las armas que ellos fabrican se volverán contra ellos
Sus sistemas políticos serán borrados de la tierra
y ya no existirán sus partidos políticos
De nada valdrán los planos de sus técnicos

Las grandes potencias
               son como la flor de los prados[15]
Los imperialismos
       son como el humo

Nos espían todo el día
Tienen ya preparadas las sentencias
Pero el Señor no nos entregará a su Policía
No permitirá que seamos condenados en el Juicio
Yo vi el retrato del dictador en todas partes
     —se extendía como un árbol vigoroso—
y volví a pasar
       y ya no estaba
Lo busqué y no le hallé

[13] cortados
[14] dóciles
[15] campos

Lo busqué y ya no había ningún retrato
y su nombre no se podía pronunciar

Para verificar su comprensión

Elija las respuestas más apropriadas.

1. En «Oye Señor mi causa justa», Cardenal le pide a
   Dios que libere a los pobres de
   - a. los slogans.
   - b. las mentiras.
   - c. los deportados.
   - ch. la dictadura.
   - d. los perros.

2. En «Sus acciones son como el heno de los campos»,
   Cardenal caracteriza a los opresores como
   - a. millonarios.
   - b. eruditos.
   - c. técnicos.
   - ch. pacifistas.
   - d. imperialistas.

Interpretación de la lectura

1. En «Oye Señor. . .» Cardenal habla de su
   fidelidad a Dios y de la justicia de su causa;
   también enumera los peligros y los atropellos[16]
   que sufren los inocentes, a quienes Dios
   protege. ¿Qué clase de persona se encuentra
   como víctima de la tiranía de Somoza? ¿Como
   beneficiario? ¿Cómo quiere Cardenal que Dios
   intervenga de parte de los justos? ¿Qué piensa
   usted de esto?

   [16]agravios, ultrajes

2. En «Sus acciones. . .» Cardenal también
   muestra su fe en Dios y en un futuro mejor.
   Habla de los corruptos y de «nosotros».
   ¿Quiénes son los corruptos? ¿Por qué cree
   Cardenal que Dios está de «nuestro» lado, o
   sea, del lado de los oprimidos? ¿Qué sucederá
   un día, según la última estrofa del poema?

DOM HELDER CAMARA (*1909–*   )

Dom Helder Câmara, el ex-arzobispo de Recife y
Olinda en el noreste de Brasil, es una de las figuras más destacadas de la
«nueva iglesia». Su pasión por el evangelio lo ha llevado a denunciar la injusticia social, política y económica, y a dedicarse a mejorar la vida del pobre, en cuyo rostro él ve la cara de Cristo, desfigurada por el hambre. Câmara, como Camilo Torres, predica el amor al prójimo y la urgencia de combatir la injusticia. A diferencia de Torres, Câmara rechaza la violencia armada y opta por la presión moral basada en el amor y en los ejemplos de
Jesucristo, Mahatma Ghandi y Martin Luther King. Repudiando tanto el capitalismo como el comunismo, Câmara cree que sólo el ecumenismo religioso puede efectuar el cambio social necesario para aliviar «las injusticias que
hoy oprimen a dos tercios de la humanidad». En la siguiente entrevista con
el argentino Juan José Rossi vemos los tremendos problemas sociales que
confrontan Câmara y sus semejantes.

Entrevista con Dom Helder Câmara (*fragmento*)

Iglesia y desarrollo

Pregunta: Dom Helder, desearía conocer algunos aspectos de su vida como arzobispo: ¿qué hizo cuando llegó a Recife?

Respuesta: Llegué a la capital del noreste «en desarrollo» en 1964. Mi ar-
quidiócesis tiene la responsabilidad de ser la capital de esta región, pero
como diócesis es pequeña; prácticamente se limita a la capital y alrededores. Al llegar me informaron que «era costumbre» que el arzobispo se
sacara una foto oficial para mandar a todas las parroquias, casas religiosas y
colegios. Yo contesté: «No, si quiero hacerme conocer iré personalmente»,
y eso es lo que hago. Voy todo lo que puedo a mi pueblo. Si bien es necesario
establecer una cierta jerarquía en los trabajos ésta no sacrifica ni la venida
del pueblo a nuestra casa ni mi ida a la casa del pueblo. En mi contacto con la
gente no olvido los modernos recursos de comunicación social. Cada
domingo tengo un programa de T.V. y puedo asegurarle que, a pesar de andar bastante por la parroquia, las palabras que más escucho de la gente son

las siguientes: «Dom Helder, yo lo conozco a usted por la T.V.». Siento y palpo[1] que aunque me presente en templos repletos[2] y multiplique mis visitas por los barrios, es evidente que el programa de T.V. me pone más en contacto con el noreste entero.

P: ¿A quiénes recibe en su casa?

R: Establecí el día de mi llegada que nuestra casa estaba abierta a todos sin excepción. Eso de vez en cuando trae sospecha, trae un poco de inquietud, pero gracias a Dios he podido mantener la disposición de declarar que las puertas y el corazón están permanentemente abiertos. Recibo tanto a católicos como a no católicos, a pobres y ricos, patrones y operarios[3] porque tengo mucho recelo[4] de que a veces de tanto trabajar con pobres uno termina por odiar a los ricos; de tanto trabajar con operarios, se termina por odiar al patrón. Creo que no cabe odio en el corazón de un cristiano, menos todavía en el corazón de un pastor.

P: ¿Vive pobremente?

R: Al respecto usted sabe mejor que yo que la verdadera pobreza es el desapego[5] interior. Yo puedo vivir en la miseria y no ser pobre de corazón, mientras que a pesar de ser difícil, pueda vivir en un aparente lujo, riqueza, confort, y al mismo tiempo ser desapegado. Le advierto que puede haber un triunfalismo[6] en la pobreza. Es necesario, pues, evitar el orgullo de ser pobre. No es porque yo vista una sotana[7] más simple sin las insignias de obispo, y no es porque vendí mi coche que soy más pobre que mis hermanos.

P: ¿No tiene automóvil?

R: Tuve, pero en realidad no lo necesito porque no puedo caminar diez metros sin que alguien se ofrezca a llevarme. Algunas personas piensan que esta actitud es demagógica, pero considero importante que un obispo tenga contacto con el pueblo. No hace mal a nadie, por ejemplo, esperar de vez en cuando en una fila de ómnibus. Allí uno se entera cuánto cuesta la carne, los porotos,[8] el azúcar. . ., y también que en esta tierra hay numerosas familias que no se pueden dar el lujo de dos comidas por día. Conozco familias que cenan café con pan. Todo esto lo sé por las visitas que realizo a las familias, pero también aprendo mucho aguardando[9] el ómnibus. También tomo taxi si es necesario; en ese sentido no tengo ningún complejo. Más aún, si llega un amigo y me lleva en su coche «último modelo» no me siento mal y no creo que voy a quedar contaminado, no tengo miedo de los ricos, no tengo miedo de nadie. Creo que el miedo es uno de los grandes males de nuestro tiempo.

P: ¿Qué entiende usted por condición infrahumana de vida?

R: Le respondo con hechos. Cuando se nace y se vive en Buenos Aires no es fácil entender exactamente lo que signifique condición infrahumana de vida. Esto tal vez parezca una expresión vacía o exageración demagógica;

[1] percibo
[2] muy llenos
[3] obreros
[4] miedo
[5] indiferencia
[6] sentido falso de superioridad
[7] vestidura que usan los eclesiásticos
[8] frijoles
[9] esperando

pero cuando se vive en Recife, a cinco minutos de cualquier lugar de donde nos encontramos, es posible ver con los propios ojos y tocar con las propias manos lo que es condición infrahumana de vida. Imagínese a una persona que viva en una casa que no merezca el nombre de casa, que se vista con ropas que no merecen el nombre de ropas, que no tenga alimentos y le falte un mínimo de condiciones de educación, de trabajo. . . Es evidente que esa creatura[10] no deja de ser creatura humana, pero está de tal modo en un nivel infrahumano que más parece un cactus que un hijo de Dios. Cuando se vive en un nivel así la inteligencia y la libertad son lujos: ¡Allí no se quiere nada! Lo normal es que en esa situación la inteligencia y la voluntad estén embotadas.[11] Usted no imagina hasta qué punto la herencia de la miseria deja marcas en la creatura humana. Marcas de servilismo y de fatalismo. Por ejemplo, ¿cómo puede ser que un hombre que depende absolutamente de un señor pueda tener actitudes diferentes a las del esclavo? ¿Cómo podrá pensar, discutir e inclusive hablar con libertad. . .? Duele ver cómo caminan a veces los pobres habitantes del medio rural: marcha de esclavos, mirar de esclavos, hablar de esclavos. Si no hay medio de cambiar las estructuras sociales aquella creatura termina pensando que todo es así, que no hay remedio, que «quem nasceu pra vintém não chega a tostão» (es decir, que quien nació para centavos no llegará a pesos). Es aquella convicción de que unos nacieron para ser pobres y otros para ser ricos. La frase «Dios lo quiere así» encierra toda una problemática religiosa que deberíamos analizar.

P: Frecuentemente se critica a la Iglesia el fomentar[12] una resignación cristiana que lleva al hombre a adoptar una actitud pasiva ante la miseria y la pobreza. De acuerdo a su criterio: ¿existe una resignación cristiana? ¿En qué consiste?

R: La Iglesia no es «el opio del pueblo». Debemos probar con hechos que la religión no es alienada ni alienante sino que ella pretende encarnarse como Cristo. Cuando se trata de enfrentar realidades precarias,[13] como por ejemplo el problema de la alfabetización, soy de los que piensan que no basta una mera solución técnica sino que es preciso ir más lejos, es preciso abrir los ojos, colocar a la creatura de pie y despertar la iniciativa suscitando[14] líderes y enseñando a trabajar en equipo. Enseñar a no esperar todo del gobierno. En una palabra, es necesario conciencializar,[15] es decir, despertar la conciencia. Esto muchas veces es interpretado como actitud de subversión y de marxismo. En muchos lugares, tanto en América como en Europa, se entiende que quien hace «asistencialismo», quien vive dando dólares y víveres[16] es una persona extraordinaria, ¡es un santo!, mientras que a quien considera que no se puede permanecer en un mero «asistencialismo» sino que se debe alentar[17] la promoción humana ayudando a los hijos de Dios a salir de la miseria y de la injusticia, es considerado filocomunista o subversivo. La pobreza es tolerable pero la miseria es una afrenta[18] a la creatura humana y una injuria[19] al Creador. La miseria es antihumana y anticristiana. Debemos luchar, pues, para que las creaturas se libren de la miseria lo más

[10] criatura, ser humano
[11] debilitadas
[12] promover
[13] inseguras
[14] promoviendo, entrenando
[15] concientizar
[16] alimentos
[17] dar ánimo a
[18] ofensa
[19] ofensa

rápido posible. ¿Esto significa dejar de lado la resignación cristiana y consecuentemente empujar la liberación sangrienta? ¡No! Yo uso mucho la palabra «revolución», pero para mí no significa lucha armada, no significa sangre ni odio. Revolución es cambio radical y rápido en el que juega un rol decisivo la fuerza de las ideas. Creo en la fuerza de las ideas, de lo contrario no habría o no existirían grandes publicaciones, no habría radio, no habría T.V., no habría grandes universidades. De hecho son las ideas las que conducen al mundo. Lo que uno solo no puede, lo podemos unidos. En lo que se refiere a la resignación insisto en que es necesario rever toda la problemática religiosa. Por ejemplo, esto de atribuir la culpa a Dios: «Dios lo ha hecho así. Unos nacen pobres, otros nacen ricos». Veo, por ejemplo, en el noreste brasileño —donde hay una irregularidad muy grande en las precipitaciones pluviales— que cuando hay sequía[20] el pueblo se aferra[21] a Dios, a los santos y a la Virgen para pedir lluvia. Si se prolonga la sequía, ellos resignadamente ven en ello un castigo de Dios y cuando llueve ven en ello una gracia de Dios. ¡Claro que yo sé que Dios existe y que en definitiva El tiene la última palabra!, pero Dios creó al hombre a su imagen y semejanza. Dios quiere que el hombre domine la naturaleza. ¡Dios ha hecho al hombre cual[22] creador! Tenemos que predicar la religión en el noreste brasileño en el sentido de hacer ver a los hombres lo que es culpa de nuestra desidia,[23] de nuestra incapacidad, lo que es pecado nuestro, lo que debemos superar.[24] Tenemos que vencer a la naturaleza cumpliendo una orden que el propio Dios nos diera.

P: ¿Qué piensa de la superstición en América Latina?

R: En cuanto a la superstición, en gran parte es necesario lograr entenderla. Por ejemplo, cuando llego a Río de Janeiro, una de las grandes ciudades de América Latina. . . ¡encuentro macumba,[25] tanto sincretismo[26] religioso. . .! Ahora bien, primero es necesario acercarse y ver cuántas veces en un patio está el «Padre Santo» cercado por las «Hijas de Santo»[a] y sentir el ritmo bárbaro, el tan-tan de vudú; y ver el alcohol, la borrachera. . ., y el auge[27] de la escena al «Padre de Santo» tomar un gallo vivo y con los dientes rasgarle[28] el pecho arrancándole el corazón. Todo aquello puede parecer muy bárbaro, pero es necesario entender a nuestro pueblo, primitivo en todo: primitivo en el amor, en el odio, en su fe. Tenemos que empezar por conocer a nuestro pueblo y amar a nuestro pueblo y poco a poco transformarlo.

P: ¿No cree usted que, en parte, la causa de la superstición y el fetichismo es la predicación y la catequesis[29] mal encaradas?[30]

[20] período prolongado sin lluvia
[21] se agarra con fuerza
[22] como
[23] negligencia
[24] vencer, dejar atrás
[25] religión afrobrasileña
[26] fusión de diferentes religiones
[27] punto culminante
[28] romperle, abrirle
[29] catequismo
[30] dirigidas

---

[a] Padre Santo es el hombre que entra en contacto con las semidivinidades, siendo el responsable de la iniciación de los misterios. Hijas de Santo son las mujeres iniciadas en el vudú y que toman parte activa en las ceremonias. Santo se refiere al conjunto de divinidades o semidivinidades que constituyen el mundo de los espíritus y que son invocados por los participantes de las macumbas.

R: Sí, tiene su parte de culpa según lo que entendamos por predicación. La predicación en cuanto evangelización no es solamente completar el anuncio hablado de Cristo, sino ayudar a los hombres a salir de su situación infrahumana para que lleguen a un nivel más digno de los hijos de Dios. Si esos hombres permanecen en la miseria es muy fácil comprender esa mezcla de cristianismo con ritmos bárbaros, de cristianismo con fatalismo. En consecuencia debemos trabajar para que la creatura humana supere la miseria. Por lo tanto hay una actitud a asumir y en consecuencia vienen las discusiones. Se constata[31] cómo algunos teóricos del pensamiento están lejos de la realidad. A veces nuestros mayores teólogos me dan la impresión de vivir en aquella parte de la luna que fue fotografiada hace poco tiempo. Es necesario que se encarnen en la realidad. Por ejemplo, ellos empiezan a discutir diciendo: «Tenemos que hacer primero la humanización y después la evangelización». ¡**No tenemos que hacer nada primero**!, sino que debemos hacer todo a la vez, sin preguntarnos lo que viene primero y lo que viene después. Todo junto. ¡No me vengan con estas distinciones, muy clásicas pero muy teóricas, teóricas por de más!

P: ¿La Iglesia puede intervenir en política? ¿En qué forma debe hacerlo?

R: En el sentido en que la política es un bien común la Iglesia no se puede desinteresar de ella. Evidentemente, otra sería mi respuesta si pensáramos en términos de política partidaria. En estos casos la Iglesia debería estar cada vez más independizada. Aclaremos que cuando me refiero a «Iglesia» me refiero no solamente a la Iglesia jerárquica sino también a los laicos. Es evidente que a través de nuestros laicos debería haber una presencia cristiana en los partidos políticos, al menos en todos los partidos democráticos donde la justicia y la dignidad humana sean respetadas. Me gusta pensar en la presencia cristiana a través de nuestros laicos. Ahora bien, la jerarquía como Iglesia no debe identificarse con ningún partido. Que los cristianos participen, está muy bien. Pero, la Iglesia como tal, no debe adherirse a ningún sistema económico, a ninguna escuela literaria y tampoco a ningún partido político. En ese sentido desearía que los partidos en cuya denominación figura la expresión «católica», «cristiana», se liberaran de la misma, porque podría parecer que están identificados con la Iglesia. No hay ninguna actividad humana capaz de agotar la realización cristiana y, gracias a Dios, es así, de manera que «en la casa de mi Padre hay muchas moradas»[32] y dentro de todos los partidos puede haber una presencia cristiana que me parece muy saludable.

P: ¿Debe la Iglesia incitar a los pobres a la revolución para librarse del hambre y de la injusticia?

R: La Iglesia, sin provocar odios, debe hablar y tener el coraje de hablar incluso delante del poder público y de las autoridades; no como quien se juzga exento de culpa, porque, por ejemplo, en todo el pasado hay graves

[31] afirma
[32] residencias, hogares

errores. En América Latina, nosotros como Iglesia no podemos quedarnos afuera, como si no fuéramos responsables de la formación de algunos errores. Pero nos cabe, sin aire de superioridad y sin pretender ser maestros, recordar los principios cristianos. Me agrada mucho aquel gesto de Juan XXIII de presentar los principios cristianos en su forma humana, de tal modo que todos los hombres de buena voluntad puedan entender lo que hay de común; porque el cristianismo es de tal modo la respuesta a las grandes inspiraciones humanas que termina por ser comprendido por todos los hombres de buena voluntad. En este sentido tenemos la obligación de hablar. Recuerdo con entusiasmo aquella simplicidad con que llegó Pablo VI a la ONU.[33] Entregó a alguien su capa no demostrando intención de quedarse en el lugar más alto. Aceptó incluso hablar de pie delante de los embajadores del mundo. El no tenía el monopolio de la verdad, no iba a «enseñar»; él iba como peregrino[34] de la paz. Este es el gran ejemplo para los obispos del mundo entero.

Yo no hablo en nombre de los obispos, hablo en mi nombre personal. Cada vez creo menos en la violencia; la violencia engendra la violencia, el odio engendra el odio. Para mí en Brasil sería muy fácil incitar a la violencia y pregonar[35] la rebelión porque conmigo no pasaría nada. Es muy difícil prender[36] a un obispo en el Brasil; pero, los más pequeños, sufrirían las consecuencias. Serían tenidos por comunistas y tratados en forma muy violenta. De hecho no creo en la violencia, no creo en el odio. Por eso el trabajo se hace mucho más difícil, porque se trata de abrir los ojos de la gente y al mismo tiempo contenerlos. Es urgente un trabajo simultáneo: abrir los ojos y realizar las reformas. Si los poderosos quieren de hecho liberarse del radicalismo del odio, que no tengan la menor ilusión: no hay fuerza que detenga la rebelión humana. Lo que nosotros podemos conseguir es ganar tiempo para que los oprimidos abran los ojos.

P: Sus palabras hacen pensar que Ud. se ocupa más bien de política y desarrollo que de religión.

R: Puede parecer extraño que un obispo esté abordando[37] problemas que parecen socio-económicos y políticos, pero la verdad es que no hay divisiones en la creatura humana. Estas dicotomías están superadas. En el hombre existe una unidad fundamental; hasta la vieja escolástica dice que existe una unidad sustancial en la creatura humana. Antes se hablaba en la diócesis de un millón de almas. Yo prefiero hablar de miles o millones de criaturas humanas. Además, me apresuro a decirle que ciertas personas de vez en cuando se escandalizan de la insistencia con que hablo del desarrollo, pareciéndoles que me preocupo más de lo social que de la «evangelización», pero lo que sucede es que yo incluyo dentro de la expresión «desarrollo» no sólo el desarrollo económico sino todo desarrollo humano. Digo más aún: para mí el hombre es «hombre redimido»,[38] e imagen de Dios, de modo que cuando me refiero al desarrollo del hombre incluyo la palabra de

[33] Organización de las Naciones Unidas
[34] *pilgrim*
[35] predicar, proclamar
[36] poner en la cárcel
[37] dirigiéndose a, ocupándose de
[38] salvado

Cristo que dice: «Vengo para que tengan vida y la tengan en abundancia», es decir, la vida divina.

Para verificar su comprensión

Escoja la respuesta que mejor complete la frase.

1. Cuando llegó a Recife como nuevo arzobispo, Dom Helder
   a. hizo circular una foto oficial.
   b. mandó a la gente a que asistiera a misa.
   c. se dio a conocer con la gente personalmente.

2. Las puertas de la casa de Dom Helder están abiertas
   a. a todos sin excepción.
   b. sólo a los operarios.
   c. sólo a los patrones.

3. Para Dom Helder, la miseria es
   a. una afrenta al Señor.
   b. un hecho permanente.
   c. una realidad tolerable.

4. En cuanto a la superstición, Dom Helder cree que
   a. es un primitivismo bárbaro.
   b. la Iglesia es parcialmente responsable.
   c. es necesario entenderla.

5. Dom Helder cree que la Iglesia
   a. debe adherirse estrictamente a asuntos sacramentales.
   b. tiene que interesarse en la política.
   c. tiene que aliarse con los demócratas cristianos.

6. La Iglesia no debe incitar a los pobres a la revolución, sino
   a. mandar emisarios a la ONU.
   b. reconocer su obligación de hablar abiertamente.
   c. enseñarles sus errores a los líderes políticos.

7. Dom Helder está
   a. totalmente opuesto a la violencia.
   b. dispuesto a admitirla bajo ciertas circunstancias.
   c. renunciando a la violencia por razones tácticas.

8. La palabra «desarrollo» incluye para Dom Helder
   a. lo económico.
   b. lo evangélico.
   c. lo humano.

Interpretación de la lectura

1. Dom Helder dice que debido a condiciones infrahumanas el ser humano parece más «un cactus que un hijo de Dios». ¿Qué querrá decir con esto? Y Ud., ¿piensa igual? ¿Por qué?
2. ¿Cree Ud. como Dom Helder que la frase «Dios lo quiere así» encierra toda una problemática religiosa social? ¿Por qué?
3. ¿Por qué dice Dom Helder que el rechazo de la violencia hace el trabajo mucho más arduo?
4. ¿Qué significa la palabra «revolución» para Dom Helder?
5. ¿Cree Ud. que Dom Helder se ocupa más de la política que de la religión? ¿Por qué?

Comparaciones

1. Establezca una comparación entre la pedagogía de Freire y la teología de Dom Helder. ¿Cree Ud. que las dos se fundamentan en el amor al prójimo que tanto le importaba a Torres?
2. ¿Se puede hacer una comparación entre las observaciones que hace Dom Helder ante la desigualdad y las contradicciones que hace resaltar Vallejo en su poema «Un hombre pasa» (ver Capítulo dos)? ¿Cómo?
3. ¿Cree Ud. que la siguiente cita de Dom Helder puede aplicarse a la vida y actitud de Fabiano, el campesino brasileño del segundo capítulo?

Duele ver cómo caminan a veces los pobres habitantes del medio rural: marcha de esclavos, mirar de esclavos, hablar de esclavos. Si no hay medio de cambiar las estructuras sociales aquella creatura termina pensando que todo es así, que no hay remedio. . .

4. Compare la actitud de Cardenal con la de Dom Helder respecto a la opresión y la futura victoria del bien. ¿Por qué creen que la victoria es inevitable?

¿Está Ud. de acuerdo con estas ideas de Dom Helder?

1. «La violencia engendra la violencia, el odio engendra el odio».
2. «. . .no hay fuerza que detenga la rebelión humana».

ELSA TAMEZ

Elsa Tamez es una de las pocas mujeres latino- americanas que se dedican a la teología. Tamez, protestante, ocupa el puesto de profesora de estudios bíblicos en el Seminario Bíblico Latinoamericano en San José, Costa Rica. Es también miembro del cuerpo de profesores del Departamento Ecuménico de Investigaciones en San José, donde ha residido por varios años, aunque mantiene su ciudadanía mexicana. Los trabajos escritos de Tamez nos dan la oportunidad de ver la teología de la liberación en la práctica. Influida por el libro de Gustavo Gutiérrez, *Teología de la liberación* (1972), y partiendo de la convicción de que el mensaje central del cristianismo es la vida y la resurrección, Tamez propone una vida nueva y llena de abundancia para los pobres. Compara la opresión con la muerte, sobre la cual Cristo triunfó por su resurrección. Tamez cree que, a través de la fe en Cristo, los miserables también pueden resucitarse, como Cristo y como el Lázaro bíblico, de la muerte viva que padecen.[1] Esta fe exige mucho, incluso el coraje de denunciar a los privilegiados y a los opresores, tanto nacionales como internacionales, como fuerzas que niegan la vida nueva prometida en Cristo. La lectura que se incluye aquí, un fragmento de *La hora de la vida* (1978), enfoca la problemática de los pobres expresada en las Bienaventuranzas[2] de Cristo, y sometida a la interpretación incisiva y controversial de esta penetrante proponente de la teología de la liberación.

[1] sufren, soportan
[2] las Beatitudes de la Biblia

Los pobres (*fragmento*)

Partiendo de que la Buena Noticia es en especial para los pobres, reflexionemos un poco sobre quiénes son los pobres y por qué son pobres.

Por muchos siglos la lectura bíblica sobre los pobres ha sido falsamente espiritualizada. La pobreza es considerada como una virtud, como un adjetivo abstracto que puede atribuirse a ricos y pobres. Así pues, se entiende que el rico puede ser pobre «en espíritu» y el pobre rico «en espíritu».

Las bienaventuranzas de Jesús a los pobres son leídas en forma espiritual. De este modo, según esta distorsión, los pobres «en espíritu» pueden ser:

1) los que han aceptado voluntariamente y sin protesta el ser pobre (materialmente);

2) los que aún siendo ricos no son orgullosos, más bien se muestran humildes ante Dios y los demás (ni las riquezas, ni la forma como han sido acumuladas son *estorbo*[3] para mostrarse humildes);

[3] obstáculo

3) los que tienen un espíritu insatisfecho y les hace falta un toque místico de religiosidad.

Sin embargo, cuando Jesús lee la promesa cumplida en él, «Me envió a traer las Buenas Nuevas a los pobres», se refiere a todos aquellos que no tienen los medios básicos de subsistencia. Cuando él dice «bienaventurados los pobres» (Lucas 6), se refiere a su pobreza material. Los pobres en espíritu son los «pobres de Yahvé».[4] Son los pobres y oprimidos que reconocen su pobreza, y su actitud ante Dios es de pobre. En otras palabras, no son pobres que piensan y tratan de vivir como burgueses.

En síntesis, los pobres en la Biblia son los desvalidos,[5] los indigentes, los hambrientos, los oprimidos, los necesitados, los humillados, etcétera. Y no están en esa situación por naturaleza, sino porque han sido injustamente empobrecidos y desposeídos por los pudientes.[6]

[4]Jehová, Dios
[5]abandonados
[6]ricos, poderosos

Bienaventurados los pobres
(*fragmento*)

Dios, por supuesto, no es imparcial ante la situación de injusticia. Toma partido[7] y entra en favor del bando de los pobres, las mayorías populares. En la Biblia es evidente la predilección y opción por los pobres.

[7]Toma. . . se decide
[8]*taxes*

Los pobres son los únicos dignos de participar en el Reino de Dios. Los ricos, en tanto no rompan con su manera de vida, no podrán entrar. Zaqueo, jefe de los cobradores de impuestos[8] y muy rico, tuvo que dar la mitad de sus bienes a los pobres y devolver cuatro veces más a los que explotó. Caso contrario fue el del llamado joven rico, que tuvo la oportunidad de participar en el Reino de Dios, pero como le fue imposible deshacerse de sus bienes y dárselos a los pobres, no hubo lugar para él. Con razón dijo Cristo «Yo les aseguro que es difícil que un rico entre al Reino de Dios. Sí, lo repito, es más fácil que un camello pase por el ojo de una aguja que un rico entre en el Reino de Dios» (Mateo 19.23,24).

En el evangelio de Lucas (capítulo 6) encontramos dos cosas paralelas que Jesús dijo cuando les enseñaba a sus seguidores:

Felices los pobres, porque
de ustedes es el Reino de
Dios.(v.20)

Pero ay de ustedes, los ricos
porque ustedes tienen ya su
consuelo.(v.24)

Felices ustedes, los que ahora
tienen hambre, porque serán
satisfechos.(v.21)

    Ay de ustedes, los que ahora
    están satisfechos, porque
    después tendrán hambre.(v.25)

Felices ustedes, los que lloran
porque reirán.(v.21)

    Ay de ustedes los que ahora ríen,
    porque van a llorar de pena.(v.25)

[9] otra persona
[10] satisfechos
[11] infelices
[12] sin castigo
[13] apoyo

El hecho de que la Biblia esté en contra de los ricos no es en sí porque son ricos, sino porque su riqueza la acumulan a costa del prójimo[9] (Santiago 5.1–6).

En el evangelio de Mateo (capítulo 5) aparecen más bienaventuranzas para los pobres:

    Felices los pacientes porque recibirán
    la tierra en herencia.

    Felices los que tienen hambre y sed de
    justicia, porque serán saciados.[10]

    Felices los compasivos, porque obtendrán
    misericordia.

    Felices los de limpio corazón, porque
    ellos verán a Dios.

    Felices los que trabajan por la paz
    porque serán reconocidos como hijos de Dios.

    Felices los que son perseguidos por causa
    del bien, porque de ellos es el Reino de Dios.

Dios se identifica con el pobre al grado de que sus derechos vienen a ser los derechos de Dios:

    Oprimir a los débiles es ofender a su Creador;
    pero ser bueno con los desdichados[11] lo honra.
                        (Proverbios 14.31)

    El que hace burla del pobre ofende a su Creador;
    el que ríe de un desdichado no quedará impune.[12]
                        (Proverbios 17.5)

Es claro que ante toda esa abundancia de pasajes bíblicos de respaldo[13] al pobre, se corre el grave peligro de caer en otra clase de espiritualización: la de provocar que los pobres se sientan satisfechos en su estado no ya de pobreza, sino de privilegio ante Dios. Y esto sería catastrófico porque hasta los ricos se sentirían tentados a sentir necesidades, para ser también favoritos de Dios. La situación de opresión condenada por Dios, estaría diluída ante los ojos del mundo.

Debemos, pues, tener presente[14] que la pobreza es un estado indigno[15] que hay que superar a toda costa. Repetimos, la pobreza no es ninguna virtud, más bien es un mal que refleja las condiciones socioeconómicas de desigualdad en que se vive. La pobreza es un reto a Dios, Creador, y por las condiciones de muerte que sufren los pobres, se ve obligado a luchar junto con ellos.

En América Latina los pobres son bienaventurados, pero no porque hayan aceptado con resignación la pobreza, al contrario, claman y luchan, y se les tapa la boca porque «son rebeldes y violentos». Son bienaventurados, pero no porque voluntariamente quieran ser pobres; el modo de producción impuesto en Latinoamérica los conduce a la miseria. Son bienaventurados, pero no porque hayan despreciado las riquezas; al contrario, ellos han sido despreciados por los que acaparan[16] las riquezas del mundo.

Los pobres en América Latina son bienaventurados porque el Reino de Dios ha llegado, y la promesa escatológica[17] de la justicia se hace cada vez más presente para poner fin a la pobreza.

¿Qué hacer?

Hemos visto que las buenas nuevas son motivo de alegría y esperanza para los pobres. Pero, ¿quién va a ser el sujeto de esa liberación? ¿Quién va a traer la alegría al pueblo? ¿Acaso vendrá de sorpresa por medio de fuerzas sobrenaturales? NO.

Dios rechaza el conformismo y la aceptación de la pobreza.

Cuando Job le reclama a Dios por qué no oye los gritos de los oprimidos cuando «se le roba al huérfano. . . se llevan en prenda[18] la túnica del pobre. . . el asesino se levanta con el alba para matar al pobre. . .» (Job 24), los amigos de Job le sugieren sumisión, paciencia; piensan que esa situación se debe quizá a algún pecado del hombre. Pero Job considera a Dios como el testigo de las injusticias, como defensor de los inocentes que sufren violencia.

Dios repudia los consejos de Elifaz[a] y sus amigos, que se creían más devotos y le hablaban de resignación. Porque eso no era hablar del Dios verdadero, El le reclamó a Elifaz de Temán:

14 tener. . . recordar
15 humillante, vergonzoso
16 acumulan más de lo necesario
17 del fin del mundo

18 llevan. . . roban

---

[a] Elifaz es el amigo de Job que le aconseja resignación.

«Me siento muy enojado contra ti y contra tus dos amigos, porque no hablaron bien de mí, como lo hizo mi servidor Job.» (Job.42.7)

[19] a través de los seres humanos
[20] prácticos

Desde el momento que Dios rechaza toda pasividad de parte de los pobres, se supone que exige la lucha por la liberación.

Esto implica que no es tarea suya liberar a los pobres. El está presente en la lucha, y da la victoria pero en forma mediatizada,[19] es decir, a través de aquellos oprimidos que están dispuestos a cambiar el estado de miseria en que viven. Moisés, Débora, Matatías y otros, son hombres y mujeres que, conmovidos por el sufrimiento de su pueblo y por su propia situación, se organizan de manera eficaz para crear mecanismos factibles[20] de liberación y llevar al pueblo a la victoria.

Ser fiel a Dios es luchar para acabar con las contradicciones de nuestra sociedad que generan la pobreza.

En este sentido las mayorías populares evangelizan, es decir, la palabra nos llega a través de ellos, porque Dios se hace presente como promesa de liberación, y porque la historia de los pobres es «la palabra de Cristo-pueblo».[b] «Evangelizar es fundamentalmente describir a Cristo presente en la aspiración de los pueblos por la justicia y la solidaridad».[c]

La Buena Nueva nos impulsa a participar en los procesos de liberación. Los mecanismos y estrategias que se deben emplear han de ser bien razonados y elegidos. Sobre todo hay que tomar distancia de todo anarquismo, pues no conduce más que a frustraciones.

La fe en la Buena Noticia ha de hacerse manifiesta en la búsqueda constante de la lucha eficaz por la vida.

Para verificar su comprensión

Complete la frase con la respuesta apropiada.

1. La Buena Noticia es especialmente alegre para
   a. los pobres.
   b. los ricos.
   c. los pecadores.

2. Tamez no cree que se deba interpretar la pobreza de una manera
   a. académica.
   b. filosófica.
   c. espiritualizada.

---

[b] Diego de Irarrázabal, «Las clases populares evangelizan ¿cómo?», *Páginas* III (febrero 1978).

[c] «Trabajo evangelizador, cultura popular y opción de clases», *Páginas* III (diciembre 1977).

3. Cuando Jesús dice «bienaventurados los pobres», se refiere a la pobreza
    a. espiritual.
    b. burguesa.
    c. material.

4. En la Biblia es evidente que Dios favorece a
    a. los poderosos.
    b. los pobres.
    c. todos.

5. El Reino de Dios
    a. ha llegado.
    b. llegará.
    c. tal vez llegue.

6. El pasaje de Job ilustra que Dios rechaza
    a. la violencia.
    b. la resignación.
    c. el inconformismo.

Comparaciones

1. Compare la pedagogía de Freire (ver Capítulo seis) con el trasfondo filosófico de las lecturas bíblicas de Tamez. Comente no sólo las semejanzas sino las divergencias también, si es que las hay.
2. Trace una comparación entre la concientización que se lleva a cabo a través de las interpretaciones bíblicas liberacionistas como las de Tamez, y la que se efectúa mediante los varios institutos de la Pontifícia (ver Capítulo seis).
3. Compare lo que dicen Tamez y Dom Helder respecto a la pobreza, resignación e injusticia, y sobre cómo pueden ser superadas.

Para comentar

¿Cree Ud. que, fundamentalmente, en la teología liberacionista todo se reduce a la cuestión de la lucha de clases sociales? ¿Por qué?

¿Está Ud. de acuerdo con estas ideas de Tamez?

1. «Los pobres son los únicos dignos de participar en el Reino de Dios».

2. «Ser fiel a Dios es luchar para acabar con las contradicciones de nuestra sociedad que generan la pobreza».

EL PONTIFICE JUAN PABLO II

El Papa Juan Pablo II es conocido por su personalidad acogedora y expansiva, sus intereses amplios y sus hazañas prodigiosas tanto en la vida religiosa como en la seglar, y por su amor a la iglesia católica en todo el mundo. También es conocido por su devoción a la doctrina y la disciplina establecidas, y su defensa de las mismas. Por eso, cuando el Papa hizo un viaje a Centroamérica en marzo de 1983, tuvo palabras duras para los que, a sus ojos, promovían la desintegración de la doctrina y disciplina eclesiásticas, y la participación directa de la Iglesia en la política sectaria. La fuerte censura del Papa se ve mejor en su visita a Nicaragua, donde rehusó bendecir al cura Ernesto Cardenal por sus actividades políticas, y donde el gobierno sandinista le dio al Papa una recepción bastante fría. El siguiente fragmento del artículo periodístico de aquella gira se ofrece aquí como un rechazo definitivo y oficial a la teología de la liberación, un rechazo que el Papa inequívocamente reiteró en enero de 1985 cuando volvió a visitar América Latina, esta vez Venezuela, Ecuador y Perú.

Tensa jornada de Juan Pablo II en Nicaragua

El Papa condena en Managua la «iglesia popular» y Ortega arremete[1] frontalmente contra Washington

Juan Arias, Managua. Enviado especial.

El Papa condenó ayer durísimamente, a su llegada a Nicaragua, la experiencia eclesial progresista de la llamada *iglesia popular*. «Tenemos justicia, libertad y pan y luchamos por la paz». Esta pancarta[2] en medio de las banderas sandinistas, las del Vaticano y de Nicaragua juntas,

[1] ataca
[2] cartel con frases

pudo leerla el Papa desde la ventanilla de su avión a la llegada al aeropuerto de Managua ayer por la tarde.

En el aeropuerto se observaba un orden perfecto y una visible preocupación muy explicable por todo lo que se refería a la seguridad del Papa.

Esperaban a Juan Pablo II, junto con un grupo de gente joven, los tres comandantes miembros de la Junta, los nueve miembros de la dirección Nacional del Frente Sandinista, el Gobierno y el Consejo de Estado. En la misma fila estaban presentes algunas madres de los últimos jóvenes sandinistas asesinados por las fuerzas contrarrevolucionarias el martes pasado.

Cuando el Papa bajó solo de la escalerilla del avión y se arrodilló para besar el suelo, por las ondas de la radio se escuchaba: «En este momento Juan Pablo II está besando una tierra empapada[3] por la sangre de tantos de nuestros caídos en la lucha por la revolución».

Enseguida el discurso del comandante Daniel Ortega, vestido de verde militar. El coordinador de la Junta habló durante casi media hora. Sus palabras fueron una mezcla de arenga[4] a las masas y proclama revolucionaria: «Eminentísimo hermano, dijo al Papa, vosotros sóis el bienvenido hoy aquí, donde encontráis un pueblo heroico, martirizado pero orgulloso, que ha perdido 50.000 hombres para preparar una revolución de profundos cambios sociales y morales». Ortega hizo ante el Papa una condena despiadada del imperialismo norteamericano; denunció las 154 infiltraciones extranjeras habidas en Nicaragua para intentar abortar la revolución y dijo que estaba de acuerdo con muchas de las afirmaciones hechas por Juan Pablo II a su llegada a Centroamérica.

«No existe una contradicción entre la revolución y el cristianismo», ya que entre los asesinados, explicó, ha habido también obispos, sacerdotes, religiosos y seglares creyentes.

De vez en cuando, en las filas del Gobierno se oían aplausos. Aplaudió también el único ministro sacerdote presente en el aeropuerto, el poeta y monje[a] trapense, Ernesto Cardenal, Ministro de Cultura. Sobre él estaban enfocadas las cámaras de televisión y los objetivos fotográficos de medio mundo en aquel momento, porque se había corrido la voz[5] de que el Papa no le saludaría si estaba presente en el aeropuerto.

Mientras el comandante Ortega pronunciaba su discurso, el Papa sudaba, incluso bajo el paraguas blanco que le protegía. Se quitó el solideo,[6] cruzaba los brazos, se llevaba la mano a la cara, esperando que acabara el discurso revolucionario.

Cuando le llegó su turno, Juan Pablo II empezó recalcando[7] «al pisar el suelo de Nicaragua, mi primer pensamiento agradecido va a Dios». Fue aplaudido cuando afirmó que había venido aquí «para lanzar una llamada de paz hacia quienes, dentro o fuera de esta área geográfica, dondequiera que se hallen, favorecen de un modo u otro tensiones ideológicas, económicas o

[3] mojada, impregnada
[4] larga exhortación política
[5] rumoreado
[6] gorro que es parte de la vestimenta del Papa
[7] acentuando

---

[a] Cardenal fue novicio; nunca tomó sus votos finales.

militares que impiden el libre desarrollo de estos pueblos amantes de la paz, de la fraternidad y del verdadero progreso humano, espiritual, social, civil y democrático».

Momentos de tensión

Esta vez aplaudió también Ernesto Cardenal. Enseguida el momento más engorroso.[8] El Papa empezó a saludar a los miembros de la Junta revolucionaria y del Gobierno. Una pequeña inclinación ante la bandera sandinista, que ondeaba[9] junto a la vaticana. Un momento de duda, parece que no quiere saludar a la larga fila de autoridades. El comandante Ortega le habla al oído y le empuja.

El Papa se acerca a la fila, pero empieza a desfilar delante de las autoridades sin darles la mano; enseguida algunos rompen el fuego[10] y le toman la mano, algunos se la besan, otros se la estrechan. Se acerca ahora donde está el clérigo *incómodo,* el monje Cardenal, vestido con camisa blanca por fuera de los pantalones y boina[11] negra. Estaba al lado de una compañera con camisa verde sin mangas.

Cuando Juan Pablo II se halla ante Cardenal, frente a frente, éste, con un gesto que nadie se espera, se postra de rodillas y le besa las manos al Papa. Este libra sus manos y con el dedo índice de la mano derecha le hace gestos, como amonestándolo.[12] Empieza a hablarle. Cardenal se pone de pie con su boina negra en la mano, y la cabeza inclinada. Después, vuelve a arrodillarse. Y se queda allí, así, hasta que el Papa continúa su desfile de saludos.

Desde los altavoces se escuchaba la Misa Campesina, de tonos revolucionarios. Es la misa de las famosas comunidades cristianas de base de la iglesia popular, manzana de discordia[13] para Roma en Centroamérica.

Ideologías y educación

Posteriormente, en la ciudad de León, donde Juan Pablo II habló a cien mil campesinos, el Papa fue muy explícito: «Vosotros, dijo, no tenéis necesidad de ideologías ajenas a vuestra condición cristiana para amar y defender al prójimo». Reivindicó[14] el derecho a «educar a los hijos en las escuelas que corresponden a su visión del mundo» y también «a no ver a vuestros hijos sometidos en las escuelas a programas inspirados en el ateísmo».

En la misa, ante el pleno[15] de los obispos y de las autoridades, Juan Pablo II pronunció un discurso que no dejará de tener una gran resonancia no sólo en Nicaragua, sino también en toda América Latina. Los observadores extranjeros fueron unánimes en subrayar que no se esperaba una condena tan fuerte de la experiencia eclesial de la parte más progresista de la iglesia de Nicaragua.

[8]difícil, molesto
[9]ondulaba
[10]tensión
[11]sombrero de origen vasco
[12]reprendiéndolo
[13]manzana. . . punto de desacuerdo

[14]reclamó, declaró
[15]reunión

El Papa empezó ya su discurso con un tono de cierta polémica, saludando, como no había hecho en ningún otro viaje, «a ricos y pobres». ¿Qué quiso decir el Papa con esta expresión?, se preguntaban ayer los observadores internacionales.

«No» a la iglesia popular

El mensaje fue una llamada muy fuerte a la unidad de la Iglesia y a la obediencia a los obispos, al Papa y a la Iglesia, cueste lo que cueste. Incluso, dijo el Papa, «renunciando a ideas, planes y compromisos propios, incluso buenos».

Confirmó plenamente su anterior carta a los obispos de Nicaragua y calificó de «absurdo y peligroso» todo lo que signifique una Iglesia «nueva, no tradicional, no institucional, alternativa, carismática y popular». «Quiero hoy», dijo el Papa con tono solemne, «reafirmar aquí delante de vosotros estas palabras».

Insistió en que la unidad de la Iglesia se compromete si a la obediencia a los obispos y al Papa se anteponen consideraciones terrenas y compromisos ideológicos inaceptables, opciones temporales, incluso concepciones de la Iglesia que suplantan a la verdadera».

Clara la condena de la experiencia de los curas ministros, a los cuales el Papa ha acusado implícitamente de ser autores de la ruptura de la unidad eclesial. «Ningún cristiano», dijo, «y menos aún cualquier persona con título de especial consagración en la Iglesia, puede hacerse responsable de romper esa unidad, actuando al margen o contra la voluntad de los obispos, a quienes el Espíritu Santo ha puesto para guiar la Iglesia de Dios».

Para verificar su comprensión

¿Quién haber dicho lo siguiente? Use cada respuesta dos veces.

_____ 1. El imperialismo norteamericano es el peor enemigo del heroico pueblo nicaragüense.

      a. El Papa

_____ 2. La «iglesia popular» es la expresión auténtica de la fe cristiana.

      b. El comandante Ortega

_____ 3. La iglesia progresista de Nicaragua hace uso de ideologías ajenas peligrosas.

      c. Ernesto Cardenal

———— 4. Las comunidades de base son
una afrenta a la autoridad
de la Iglesia.

———— 5. La revolución está triunfando
por el sacrificio de todos,
incluso el de los cristianos
martirizados.

———— 6. Hay que actuar dentro de la
realidad que se vive, conforme
a los dictámenes de la fe y
conciencia propias.

Interpretación de la lectura

1. Describa Ud. la recepción del Papa por parte del comandante Ortega. ¿Por qué son tan hostiles el uno con el otro?
2. ¿Por qué es Cardenal el foco de tanta atención aquí?
3. En su opinión, ¿a qué se refiere el Papa cuando habla de «programas inspirados en el ateísmo»?
4. En su discurso, ¿por qué saluda el Papa «a ricos y pobres»? ¿Por qué dice que todo lo de la iglesia popular es «absurdo y peligroso»? ¿Peligroso para quiénes?
5. ¿Por qué insiste el Papa en la unidad y la obediencia, cuesten lo que cuesten? ¿Qué piensa Ud. de esto?

Comparaciones

1. ¿Qué opinaría el Papa sobre las lecturas bíblicas de Tamez?
2. En Nicaragua, el Pontífice reafirmó vigorosamente el imperativo de los sacerdotes de obedecer incondicionalmente a los obispos y al Papa y critica severamente a los «curas ministros» como Ernesto Cardenal. ¿Cómo respondería Cardenal a esta censura? ¿Cómo se reconcilian su desobediencia y su postración ante el Pontífice?

¿Está Ud. de acuerdo?

El Papa asevera que la unidad de la Iglesia tiene que mantenerse aun a costa de «planes y compromisos propios, incluso buenos». ¿Qué piensa Ud.?

Tema escrito

Busque información sobre la comunidad de Solentiname, enfocando su aspecto comunitario cristiano y ofreciendo sus propios comentarios al respecto.

VICTORIO ARAYA (*1945–   *)

El costarricense Victorio Araya es pastor laico metodista, decano académico y profesor de pensamiento cristiano en el Seminario Bíblico Latinoamericano y también profesor en la Escuela Ecuménica de Ciencias de la Religión en la Universidad Nacional de Costa Rica. Araya obtuvo su doctorado en teología en la Universidad Pontificia de Salamanca, y es el autor de varios libros y artículos, entre ellos *Fe cristiana y marxismo* y *El Dios de los pobres.*

Como protestante y liberacionista, Araya nos ofrece un ángulo de visión muy valioso y particular. Tuvimos la buena fortuna de conocerlo durante su

Victorio Araya, teólogo metodista costarricense.
(© *Denis Lynn Daly Heyck*)

estadía como profesor visitante en el Northern Baptist Theological Seminary en Lombard, Illinois, en el invierno de 1985.

En la siguiente entrevista informal y extensa, Victorio Araya habla:

1. del protestantismo en América Latina, tanto del clásico o establecido como del fundamentalista;

2. de la dependencia ideológica del protestantismo en América Latina, o sea, de la influencia preponderante de cierto tipo de protestantismo conservador de origen estadounidense;

3. del papel revolucionario de la «iglesia de base» o popular en Nicaragua, lo cual él contrasta con la situación histórica de Cuba.

Entrevista con Victorio Araya

El protestantismo en América Latina

Pregunta: ¿Cuál, en su opinión, es el papel actual de la religión en la cultura latinoamericana?

[1] relacionado
[2] direcciones

Respuesta: Bien, a mí me parece que al hacer un análisis de la realidad latinoamericana, tenemos que tomar en cuenta varios factores; entre ellos el elemento religioso es muy, muy importante. Podemos decir que el pueblo latinoamericano participa de una doble condición —el de ser creyente y oprimido. Hoy día estamos asistiendo a un hecho muy importante y es que la experiencia de fe ya no se está viviendo como resignación o como simple consuelo, sino como elemento de protesta. Es a partir del evangelio que estamos tomando conciencia de que la situación que se vive en América Latina es contraria al evangelio; la fe se está convirtiendo en un elemento liberador, o sea de movilización de la conciencia hacia formas por las cuales se afirme la vida. Por eso es necesario para nosotros decir que quienes hagan un análisis de la realidad latinoamericana y omitan el elemento religioso están perdiendo un punto, no solamente importante, sino determinante de nuestra cultura como cultura latinoamericana.

P: Victorio, en otras ocasiones ha hablado de la llegada del cristianismo a América Latina ligado[1] a un proyecto colonial. ¿Qué quiere decir con esto?

R: Bien, hay que hacer una distinción muy importante; hay dos vertientes[2] del cristianismo que existen en América Latina —el catolicismo, y en menor escala, un 10% o 12%, el protestantismo. Hay algo muy significativo y es lo siguiente: en América Latina nos encontramos con una paradoja. Y es que tanto el cristianismo católico como el cristianismo protestante llegaron a

América Latina respaldados[3] por dos proyectos coloniales distintos. Uno fue el proyecto ibérico, España-Portugal, siglo XVI, y el otro fue el proyecto anglosajón, en la mitad del siglo XVIII y todo lo que es el siglo XX. Esto ha configurado dos tipos distintos de mentalidad. Hay una cosa muy paradójica; es la siguiente: el catolicismo durante muchos años en América Latina estuvo ligado al poder, a la tradición, al viejo orden medieval que los conquistadores españoles quisieron recrear en América Latina, sobre todo cuando ya el feudalismo desaparecía en Europa. Y siempre se le criticó por eso. Pero en las últimas décadas ha venido resurgiendo una veta[4] muy evangélica y profética dentro del catolicismo como que ha hecho una opción por la gran mayoría del pueblo latinoamericano pobre. Por eso ha habido tantos mártires sacerdotes dentro de la iglesia católica en los últimos veinte años. En tanto que en el protestantismo en general se ha dado el fenómeno al revés.[5] El protestantismo irrumpe[6] en América Latina en el siglo pasado muy ligado a los ideales de la democracia, la libertad, en lucha contra el autoritarismo, buscando formas más avanzadas de vida. Pero, ¿qué pasó? Hoy en día nos encontramos con una encrucijada[7] muy difícil y es que el protestantismo cada vez más en América Latina está llegando a jugar un rol bastante ideológico. ¿Por qué? Porque ser protestante se ha entendido como ser defensor de EEUU, o se ha identificado el evangelio con el «American way of life». En el protestantismo existe un sector popular hoy día, pero tiene todo un marco religioso e ideológico, que en vez de ser un factor de liberación de su situación real, más bien es como un factor de legitimación o resignación.

P: Me parece que la palabra «ideológico» quiere decir muchas cosas. ¿Puede Ud. elaborarla un poco más?

R: Sí, pongamos, por ejemplo la experiencia del pentecostalismo, que tiene una visión muy transmundana[8] en la cual se dice: sí, yo en esta tierra soy pobre, no tengo educación, no tengo trabajo, pero Dios está con nosotros y El ha prometido un día que nosotros tendremos la vida eterna, una mansión gloriosa allá en el cielo con la presencia definitiva de Dios. Junto a esta actitud fatalista surge otra, la visión anticomunista de muchos protestantes. Te pongo un caso muy concreto. Por ejemplo, en Costa Rica, mi país, hoy día hay más de 90 grupos de protestantes. Es mucho para un país con dos millones y medio de habitantes, que tiene el mismo tamaño del estado de Illinois. El crecimiento del protestantismo es fenomenal. Pero el problema es que lleva consigo una gran dependencia de EEUU, no meramente económica sino ideológica también. Hay un gran tono antisocial que en un lenguaje más sutil dice que la tarea de la Iglesia no es ayudar a los pobres, sino anunciar que el hombre es pecador, que Cristo murió por nosotros y que si tú no te arrepientes, te vas a condenar. Existe un problema muy serio en el protestantismo latinoamericano. Ciertamente vive un gran crecimiento numérico y de recursos —escuelas, templos, hospitales, emisoras,[9] programas de televisión y los servicios más diversos con niños, con mujeres,

---

[3] apoyados
[4] capa, estrato
[5] al contrario
[6] surge
[7] *crossroads*
[8] que está fuera del mundo
[9] estaciones transmisoras de radio

con ancianos —pero el mensaje que ofrece es el mensaje de un evangelio muy, muy reducido a unas partes de la Biblia.

[10]impone

[11]causa un efecto

P: ¿Y qué de los otros grupos protestantes que están elaborando un evangelio más amplio, más comprometido con el pueblo y sus luchas?

R: Pues, hay otros sectores de la Iglesia que están abriendo perspectivas aunque son muy cuestionados. Yo diría que hasta en cierta medida, perseguidos internamente por las autoridades eclesiásticas. Nosotros mismos como Seminario Bíblico hemos sido prácticamente expulsados del seno de la Federación de Iglesias Evangélicas de Costa Rica, y el argumento que ellos utilizan es que en el fondo, el Seminario Bíblico como escuela de teología o de formación de pastores en alguna medida está comprometido con la teología latinoamericana de la liberación. Y esto se vincula con el evangelio social, y quiere vincularse con un tipo de ética muy amplia, con el divorcio, etcétera. Claro, en el seno de la Alianza hay mucho temor y mucha ignorancia y su reacción es muy fuerte. Han condenado públicamente la teología de la liberación.

P: Y en cuanto a la mujer, ¿es que la mujer suele encontrarse más en casa, digamos, en la iglesia protestante que en la católica?

R: Bueno, en América Latina con respecto a la mujer, hablamos de doblemente oprimida, en el sentido que a un tipo de dominación o explotación económica se le sobreañade[10] otra: en razón de su sexo llega a ser discriminada y dominada. En las iglesias es una cosa muy curiosa. Hay una gran base humana femenina; en la iglesia protestante donde yo estoy colaborando, la mayoría son mujeres. Lo triste es que muchas iglesias protestantes no están preparadas para aceptar un papel activo y creativo de la mujer en la iglesia. Se parece en mucho a la iglesia católica. Y es interesante que quienes dan esa pelea contra la participación de la mujer son pastores y misioneros.

P: Un momento, Victorio. Creo que esto merece más explicación. ¿Está diciendo que el papel reducido de la mujer en la iglesia protestante en América Latina se debe al misionero de EEUU?

R: Pues, en gran medida, sí. El problema es que el misionero en general que va de EEUU a Costa Rica o a América Latina, lleva un tipo de mentalidad que es muy conservadora. No ha ido a un «college» o a una universidad (más bien eso lo ven como parte del liberalismo, el modernismo, el humanismo), sino que llega con lo que llamamos nosotros una mentalidad de «Bible College», tipo «Moody».[a] Allí estudian miles de personas que van luego al campo, con una mentalidad muy tradicional. Todo eso repercute[11] en la vida

---

[a]Se refiere al Moody Bible College, Chicago, que es muy conservador.

de la Iglesia y un ejemplo de esos es el caso de la mujer. Por ejemplo, se toman pasajes bíblicos literalmente, unilateralmente; se dice que la mujer no puede estar en eminencia, que la tarea primaria es del varón.[12] Incluso se ataca la idea de más libertad para la mujer señalándose que hoy día se quebranta[13] el principio bíblico de que la mujer esté sujeta a la autoridad del esposo. Todo eso se utiliza muchísimo. Nosotros tenemos una profesora en el seminario que estuvo luchando en una iglesia «bíblica» por la ordenación y no se la concedieron. La iglesia metodista tiene una postura más abierta. Sin embargo, en Costa Rica la iglesia metodista fue establecida en 1917 y recién este enero de 1985 ha ordenado la primera pastora. Esperamos que para la segunda no pasen otros cincuenta, sesenta años.

P: Victorio, ¿nos puede hablar un poco del desarrollo histórico del protestantismo en América Latina?

R: Sí, claro. En América Latina digamos que se suelen distinguir tres momentos del protestantismo. Uno es el protestantismo de misión histórica, cuando llegaron los metodistas, los presbiterianos, luteranos, ese tipo de misión. Luego hubo un segundo momento que es el momento de lo que se llaman las «misiones de fe», así literalmente. Estas misiones están ligadas al fundamentalismo con una postura antiintelectual, anticiencia, que da peleas por tesis como la inerrancia[14] de la Biblia, por una confesión de evangelio muy ligada a ser redimido de la culpa del pecado. En un tercer momento llega el movimiento pentecostal que en pocos años se convierte mayoritariamente en la base del protestantismo latinoamericano, tanto que se dice que de cada cinco protestantes tres son pentecostales. Ultimamente, hay un cuarto momento que puede ser llamado la ofensiva neoconservadora. Está vinculada con todo el fenómeno protestante de EEUU: las grandes «transnacionales religiosas» y «la iglesia electrónica».

P: Otra vez, la dependencia ideológica, ¿verdad?

R: Pues, bien, en muchos grupos que hoy día han cobrado mucha fuerza en EEUU, como el «Moral Majority», gentes de tales grupos se lanzan en una santa cruzada a salvar a América Latina del comunismo y del liberacionismo. Allí hay de todo: pentecostalismo, fundamentalismo, e incluso misioneros en el interior de iglesias históricas[15] como la metodista, presbiteriana, bautista, menonita. Se llevan a cabo campañas de «sanidad divina», así como suena; son campañas en los pueblos, anunciando grandes milagros y que Dios está sanando a la gente del cáncer, etcétera. Este nuevo tipo de mentalidad está ligado a mucho poder económico que hace campañas masivas con todo ese tipo de apelación[16] que lo llamo de la «sanidad divina», y claro que tienen un enorme trasfondo ideológico muy conservador, en lo moral y en lo sociopolítico. Hay un rechazo de las universidades, de las ciencias, de la filosofía. Estos predicadores dicen que «nuestra ciencia es Cristo, nuestro médico es Dios». Claro, en un pueblo oprimido, con una enorme crisis

[12] hombre
[13] pierde la fuerza
[14] infalibilidad
[15] tradicionales, no fundamentalistas
[16] invocación, llamada

económica, con enormes problemas de vivienda, de salud, de falta de trabajo, de pan, ofensivas como éstas apelan,[17] pues ofrecen seguridad y consuelo.

[17] son atractivas
[18] gracia

P: ¿Nos puede hablar un poco de los Testigos de Jehová, y su popularidad
creciente en América Latina?

R: Sí, sí, por supuesto porque es realmente un fenómeno importante. Si
analizamos su esquema teológico, uno de los elementos que más afirman es
que este mundo es del diablo y, por lo tanto, la política y todas las estructuras económicas son del diablo. Por lo tanto un buen Testigo de Jehová
tiene que rechazar y no participar. En la experiencia histórica de un pueblo,
este tipo de mentalidad provoca una enorme desmovilización en las personas porque en vez de ayudarlos a tomar conciencia de su realidad, los saca
para hacerles pensar en el reino abstracto que viene. . . O cuando un Testigo te dice: Dios está interesado en tu vida, Dios va a construir en el futuro la
felicidad perfecta, un mundo donde no habrá guerra, donde habrá paz,
donde el león comerá con el cordero, donde seremos eternamente jóvenes,
donde triunfará el amor, la fraternidad. Ese tipo de religión lo que hace es
que consuela pero no transforma. Una cosa impresionante, que es lo más
triste, es la extracción social humilde de los Testigos de Jehová. Vienen de
los sectores más populares. Yo veo como la Biblia puede ser utilizada para
crear un sistema de interpretación que va paradójicamente en contra de lo
que la misma Biblia dice, porque ellos predican una interpretación literal
del texto bíblico.

P: Hasta ahora, usted se ha dedicado a describir la postura cerrada, defensiva y «anti» por parte de muchos grupos protestantes. ¿Puede usted
hablarnos ahora de la postura abierta, participativa y «pro» de la que hablan
los liberacionistas católicos? ¿Esta se ve también entre los protestantes?

R: Claro que sí. En ambos vemos el movimiento de las comunidades ecle-
siales de base, que son comunidades de oración, de una lectura profética de
la palabra de Dios, de una vivencia de la fe como experiencia liberadora, de
un descubrir en medio de estas circunstancias el don[18] de la vida de Dios, de
esto que llamamos nosotros el Dios de los pobres, como aquel que está con
los que sufren, con los humillados, con los aplastados. Ese tipo de reflección
se ha convertido en una fuerza realmente subversiva en el buen sentido de
la palabra, o sea, que *desde abajo* está levantando, generando una fuerza
con un potencial tremendamente liberador por la fuerza del Espíritu.

P: Puesto que es casi difícil tocar algún tema sin hablar de Nicaragua, que
tan importante se ha hecho actualmente, ¿puede darnos sus observaciones
sobre la revolución nicaragüense, con referencia al papel del cristianismo
allá? ¿Y también hacer algunos contrastes, supongo que serán contrastes,
con la revolución cubana de 1959?

R: Bien, uno de los aspectos más importantes y más lindos de Nicaragua es el fermento cristiano en esa lucha por la vida, porque yo creo que en Nicaragua definitivamente se lucha por la vida de las mayorías. La dictadura de Somoza de casi 50 años significa que casi no había educación, vivienda, trabajo, salud para los pobres y ahora se está luchando por tener un poquito más. Entonces hay un asunto que es importante. Me refiero al papel de los cristianos, que es un papel no después del triunfo de la revolución sino *antes,* y que juega un rol muy importante en el triunfo de la misma. Uno va a Nicaragua y se da cuenta de la fuerza, de la vida, del testimonio, la dinámica religiosa, por ejemplo esa frase que ellos tienen «entre cristianismo y revolución no hay contradicción», y piensa en los muchos mártires que ellos tienen. Miles de cristianos dieron su sangre y murieron conscientes de que estaban luchando como cristianos, simplemente por una situación que les facilitara vivir mejor. En ese sentido, en Nicaragua está ocurriendo un fenómeno muy lindo. El pueblo ha creado la revolución. La jerarquía católica está alejada del pueblo viviendo en otro mundo y teniendo como interlocutor privilegiado un sector válido de la población, pero que es una minoría que se siente muy amenazada con todo este proceso, no tanto porque su vida está en peligro, sino porque, claro, ciertos intereses y privilegios que ha tenido los está perdiendo.

Ahora, en cuanto a Cuba, allí no hubo nunca una iglesia popular. Por otro lado, la religión estaba muy ligada a la dominación exterior. La mayoría de los sacerdotes que había en Cuba eran españoles y el protestantismo fue muy de mentalidad misionera norteamericana. Cuando viene la revolución, estos sectores salen, se van. No ocurrió un fenómeno eclesial popular. Allí hay una mezcla de religiosidad ligada a la religiosidad africana. Cuando triunfa la revolución cubana en 1959 no ha ocurrido Vaticano II, (recién ocurre en 1962), no ha ocurrido Medellín,[b] no existe una teología de la liberación. La situación cubana era muy diferente a la nicaragüense.

Para verificar su comprensión

¿Cierto o falso?

_____ 1. El protestantismo en América Latina se identifica con el «American way of life».

_____ 2. El protestantismo en América Latina es mayormente progresista en cuanto a las cuestiones sociales.

---

[b] Conferencia episcopal latinoamericana en la cual predominó la orientación liberacionista.

_____ 3. La Federación de Iglesias Evangélicas de Costa Rica señala con orgullo la afiliación del Seminario Bíblico.

_____ 4. Los misioneros norteamericanos han sido generalmente de una mentalidad abierta.

_____ 5. Dentro de poco tiempo el movimiento pentecostal será el grupo protestante más numeroso.

_____ 6. La «iglesia electrónica» difundida via satélite, representa un «bombardeo ideológico».

_____ 7. El papel de los cristianos en la revolución cubana difiere del de los de la revolución nicaragüense porque en Cuba no hubo una iglesia nativa sino una dominación religiosa extranjera.

Interpretación de la lectura

1. Explique la «doble condición» del pueblo latinoamericano que señala Araya.
2. ¿Cuáles son los dos proyectos coloniales y religiosos? ¿Qué paradoja menciona Araya al respecto?
3. ¿Qué significa la palabra «ideológico» para Araya? ¿Y para usted? ¿Cuáles son algunos ejemplos del marco ideológico a que se refiere Araya?
4. Según Araya, ¿qué les pasa a los grupos protestantes que muestran un compromiso social?
5. ¿Hay más igualdad para la mujer en la iglesia protestante que en la católica, según Araya?
6. ¿Cuáles son los reparos[19] que hace Araya con respecto a muchos de los misioneros estadounidenses que van a América Latina? ¿Está usted de acuerdo?
7. ¿Cómo se ve, según Araya, la dependencia ideológica en la historia y en la actualidad del protestantismo en América Latina?
8. ¿Qué opina Araya de la «ofensiva neoconservadora» en general? ¿De los Testigos de Jehová? ¿Qué piensa Ud. de esto?

[19] objeciones

Comparaciones

1. Haga una comparación entre la actitud de Araya y la de Miriam Lazo (ver Capítulo dos) con respecto al rol del cristianismo en la revolución nicaragüense.   [20] ponga
2. Sintonice[20] el programa del evangelista Jimmy Swaggart en la televisión. Luego imagine una conversación entre Araya y este representante de la «iglesia electrónica» sobre la misión social de la cristiandad. ¿Se entenderían en algo?

¿Está Ud. de acuerdo?

Tanto los sandinistas como Torres y Araya dicen que «entre cristianismo y revolución no hay contradicción». ¿Qué dice Ud.?

Tema escrito

Haga una investigación sobre los Testigos de Jehová comentando la relación entre sus creencias y su «quietismo», o fatalismo, ante el cuadro social.

JEAN PRICE-MARS (*1876–1969*)

El intelectual haitiano Jean Price-Mars fue muy conocido por sus trabajos pioneros sobre la etnología haitiana. En sus obras tocó lo histórico, folklórico, racial y psicológico para estudiar y valorar la «negritud» de su cultura. Hombre refinado y de un conocimiento amplio, Price-Mars estudió medicina en París y fue diplomático en Berlín, Washington, París y Santo Domingo. Fue elegido senador de la República, Secretario de Estado de Relaciones Exteriores y director de la Oficina de Etnología de su país.

Su obra más famosa es *Ainsi Parla l'Oncle* (1928), que todavía queda   [1]vudú
como un clásico inigualado por su estudio profundo del vaudou[1] —una religión sincrética que tiene muchas variantes, como la santería en Puerto Rico
y Cuba, y el candomblé y la macumba en Brasil. Todas estas religiones
vienen de Africa y datan de la época colonial. Sus creencias y ritos atraen a
mucha gente, especialmente a la de antecedencia africana, y quedan casi in-
alterados por el fermento sobre la teología de la liberación que gira en
torno suyo.

Al leer sobre el vaudou, hay que tener presente unos puntos orienta-
dores: 1) que durante la época de la esclavitud, el vaudou se identificaba con
la sobrevivencia cultural y con cierto desafío al imperialismo del amo
europeo y católico; 2) que para poder apreciar el vaudou, no sólo en sus
aspectos históricos y culturales, sino también en lo que tiene de visión religiosa del mundo, es útil reconocer que para sus practicantes la vida es
mística y no racional; o sea, que lo subjetivo y lo objetivo, la causa y el efecto,
se mezclan y todos los aspectos de la vida reflejan un aura de misterio. Esta
conciencia, según Price-Mars, es «la llave de los *misterios* del Vaudou; 3)* que
el vaudou es, en el fondo, una religión africana y fetichista, a la cual se le han
superimpuesto el dogma y el simbolismo cristianos, resultando en un sincretismo sorprendente por su extensión. Este es el tema que más trata Price-
Mars en la lectura que sigue.

Guía de prelectura

Para orientarse en la lectura, lea los primeros dos párrafos   [2]*hiccups*
y escoja el mejor resumen.

1. El pueblo de Ville-Bonheur es célebre porque es un
   lugar sagrado para ambos los católicos y los
   practicantes del vaudou. Para los peregrinos
   católicos es el sitio de la aparición de Nuestra Señora
   del Monte Carmelo, marcado por una simple capilla.
   Para los fieles del vaudou, la atracción es el hermoso
   salto de agua donde viven sus dioses, los cuales
   hacen muchos milagros.
       Tanto los cristianos como los seguidores del
   vaudou van con la esperanza de experimentar un
   milagro o ver otra aparición. Las velas que
   encienden ambos grupos muestran tanto el
   sincretismo como la mezcla de liturgia e hipos,[2] y el
   grito «Milagro» que emana de la multitud.

2. El pueblo de Ville-Bonheur es célebre porque es un
   lugar sagrado para ambos los dominicanos y los
   haitianos. Para los dominicanos es el lugar de su

adorada gruta,[3] mientras que para los haitianos es el sitio de la Virgen que apareció en el bello salto de agua para espantar a los espíritus del vaudou. Los peregrinos vienen cada año para conmemorar este hecho.

A pesar de esto, todavía queda mucha de la influencia dañina del vaudou, como se puede ver en los ritos de posesión y el misticismo. Es preciso que el catolicismo produzca muchos milagros más para ganar la fidelidad de los seguidores del vaudou.

[3]caverna

Así habló el tío (*fragmento*)

Ville-Bonheur atrae una multitud inverosímil[4] de peregrinos.[5] Se hizo célebre desde el día en que la República Dominicana habiendo cerrado sus fronteras al pueblo de creyentes que acudía todos los años a adorar a la Altagracia[6] en la famosa gruta de Higuey, la devoción haitiana se vertió[7] hacia el humilde caserío donde tuvo lugar la aparición de la bienaventurada[8] del Monte Carmelo. Lo pintoresco del lugar, la impresionante extrañeza del decorado, la magnificencia del salto de agua[9] —todo contribuyó a hacer la peregrinación más y más densa cada año. Pero entonces, su carácter católico se encontró profundamente alterado gracias a la vecindad del salto de agua porque los dioses del Vaudou habitan lo mismo el espacio inmarcesible[10] que la insondable[11] profundidad de las aguas, porque el espíritu, Señor del agua, elige su residencia en cualquier lugar donde brote una fuente y donde se glorifique algún fenómeno hidráulico. Saut-d'Eau[12] no podía ser sino el palacio deslumbrante[13] de alguna entidad divina. Desde entonces una doble corriente mística conduce la multitud hacia Ville-Bonheur en donde los milagros se multiplican en todos los órdenes. Son particularmente frecuentes en ciertos lugares designados por la piedad de los fieles. Es así que no lejos de la humilde capilla, en un palmar[14] que con su sombra calada[15] resguarda[16] unos pequeños manantiales[17] frescos, y durante largo años, hacia el dieciséis de julio, la producción de milagros reviste este sitio de una aureola sagrada.

Fue allí, en efecto, entre las altas pencas,[18] en la cima empenachada[19] de la palma real, que apareció Nuestra Señora del Monte Carmelo, o sea, Nuestra Señora del Carmen, y en lo adelante[20] Virgen de Saut-d'Eau. Ese milagro fue la condición de otros milagros menores. Los sordos oyeron, los ciegos vieron, los paralíticos anduvieron. Pero he ahí que al pie de los árboles, entre las velas de la penitencia cristiana, se prendieron otras velas en iluminación de otros requerimientos, y entre el rocío centellante[21] de la hierba

[4]increíble
[5]*pilgrims*
[6]la Virgen
[7]derramó
[8]bendita
[9]salto. . . cascada, caída de agua
[10]inmarchitable, eterno
[11]que no se puede alcanzar su fondo
[12]salto de agua
[13]radiante, brillante
[14]bosque de palmas
[15]con agujeros de adorno
[16]defiende
[17]fuentes
[18]hojas de palmas
[19]adornada con plumas
[20]y. . . después llamada
[21]*sparkling*

gruesa se multiplicaron las ofrendas alimenticias a los dioses del Vaudou. Y, sin duda, la voz de los peregrinos católicos, en cascadas sonoras, invocaba las gracias de la Virgen, pero también entre los cantos litúrgicos se exhalaron hipos, gemidos, gangosidades[22] volubles de ecolalia[23] que señalaron igualmente las crisis de posesión teomaníaca,[24] los éxtasis del misticismo vaudesco. Y toda esa densa multitud, con los ojos alzados hacia el cielo, estaba cada vez más, en una angustia tan opresiva que bastaba que un pecho más oprimido dejara escapar el grito de «Milagro» ansiosamente esperado por todos para que todos los ojos, en el mismo instante, viesen, en lo alto, la imagen de la Virgen, entre las pencas caladas de las palmas sagradas, en la claridad luminosa del cielo azul. Y el milagro repercutía en olas rompiendo sobre la multitud que se marchaba vociferando, balando[25] el milagro. Y los sordos oían y los ciegos veían y los paralíticos caminaban.

Y cada vez, el lento desaguar de la multitud se canalizaba hacia la capilla —primera estación—,[26] confundiéndose con el flujo humano que subía por el mismo camino hacia el salto de agua en busca de la otra fase de la devoción. También allí cientos de fieles, desnudos en el enflaquecimiento de sus anatomías flácidas, gastados por la ruina implacable de los años o en el modelado[27] de las carnes jóvenes cuya rica carnación[28] revela la belleza de líneas; allí bajo el látigo eléctrico del salto de agua, tratando de resistir a la tromba[29] masiva precipitada de las alturas, centenares de peregrinos son aprehendidos,[30] todos los años, el dieciséis de julio por los dioses del Vaudou que temporalmente hacen de ellos su presa. De cascadas en cascadas, los poseídos vacilan, caen, ruedan y sus clamores se confunden con el clamor de las aguas y su voz ya nada tiene de humana mientras que en sus carnes transidas[31] tiembla la potencia del dios:

Nec mortale sonans. . .
. . .Jam propiore dei.[a]

Otros prenden velas al pie de los árboles, cuelgan cordelitos[32] y pañuelos de las ramas flexibles. Aunque las ofrendas alimenticias estén puestas en innumerables cacharros[33] a la sombra húmeda de los grandes árboles, Saut-d'Eau y Ville-Bonheur asocian en la misma devoción a millares de peregrinos de los cuales unos son puros católicos, otros almas inquietas en que un catolicismo de aparato se extiende sobre la fe del Vaudou, y, en fin, otros que son puros adeptos del Vaudou. La asociación de las dos creencias a veces resulta tan chocante a los ojos de los puros católicos que éstos en ocasiones, manifiestan su cólera con violencia contra todos los paganos que profanan impúdicamente el nuevo santuario de la fe cristiana.

Y de otra parte, la autoridad religiosa ante todo prudente en lo que concierne a la autenticidad de las apariciones milagrosas en los palmares sagra-

[22] sonidos con resonancia nasal
[23] repetición
[24] las crisis. . . cuando una persona está poseída por el espíritu de un dios
[25] emitiendo voces como las de las ovejas
[26] primera etapa del perejrinaje
[27] manera en que están formadas
[28] forma y color
[29] columna de agua
[30] poseídos
[31] afectadas por un dolor intensísimo
[32] cuerdas delgadas, lazos
[33] vasijas

---

[a] O sea que ya no son mortales, sino que son parte del dios.

Baile ritual del vudú en Trinidad que se asemeja a las ceremonias haitianas descritas en la lectura de Jean Price-Mars. (© *Fritz Henle/Photos Researchers*)

dos, tomó en fin el partido de negarlas formalmente y en vista de que la gente se obstinaba, a pesar de todo, a forjar milagros año tras año, en el mismo lugar, resolvió cortar por lo sano[34] todo equívoco dando candela[35] al tronco de varias palmas. El abate[36] L. tomó la iniciativa de esta operación y así se atrajo las maldiciones de los creyentes. Extraña coincidencia: se dice que perdió la razón después de la aventura.

Y los peregrinos atribuyeron su locura a una venganza de los dioses. . . o de la Virgen. Pero otros palmares tan majestuosos, tan altivos como los primeros mantuvieron la apuesta.[37] Evidentemente la gente persistió en comprobar nuevas apariciones, acaso más evidentes, acaso más bellas que las anteriores debido a la hostilidad de la Iglesia. El abate C., sucesor del padre L., inflamó la lealtad de sus fieles, requirió la ayuda del brazo secular e hizo abatir[38] todas las palmas impostoras. ¡Señor, qué imprudencia! ¡Qué provocación contra todas las fuerzas desconocidas que el común de los hombres teme y en las cuales sitúa la inmanencia[39] de las desdichas que lo afligen!

[34] cortar. . . eliminar drásticamente
[35] dando. . . quemando
[36] eclesiástico de orden menor
[37] mantuvieron. . . se quedaron
[38] mandó destruir, cortar
[39] origen

¿Contra quién va a resolverse la cólera divina?, se preguntaban medrosos.

Y es por lo que la gente, enloquecida por el sacrilegio de abate C., imploró el perdón de las divinidades ofendidas en sordos gemidos[40] y fue al ritmo de las oraciones litúrgicas que se dirigió procesionalmente a la capilla. Con unción[41] solicitó la misericordia de la Virgen. ¿Por qué? Ya no lo sabía. ¿Acaso era para borrar el ultraje[42] del buen pastor que, sin embargo, había actuado en la plenitud de su autoridad sacerdotal? ¿Acaso tenía la oscura intuición de que el abate C., había, con todo, sobrepasado el límite de sus derechos? De cualquier modo, la acción inmediata ordenaba una confesión pública y colectiva de culpabilidad. Y era todo eso lo que la gente exhalaba en sordos gemidos, arrodillada sobre la tierra apisonada[43] del humilde santuario. . .

Nueva coincidencia. El abate C. se vio afligido, poco tiempo después, de ʾına anquilosis[44] de las extremidades inferiores. ¿No era un milagro más?

[40] sonidos que expresan dolor
[41] devoción
[42] ofensa
[43] compacta
[44] parálisis

Para verificar su comprensión

Escoja la respuesta más apropiada.

1. Nuestra Señora del Carmen también se conoce como
   a. la Virgen de Saut-d'Eau.
   b. Nuestra Señora de la Gruta.
   c. Nuestra Señora del Fenómeno Hidráulico.

2. El éxtasis del vaudou viene con
   a. la droga sagrada libertadora.
   b. las ofrendas alimenticias a los espíritus.
   c. la posesión por los dioses.

3. Muchos fieles son aprehendidos
   a. bajo las cascadas de agua.
   b. de noche cuando no pueden defenderse.
   c. en la capilla.

4. Durante la posesión, los fieles
   a. son librados de la culpa.
   b. emiten sonidos extrañísimos.
   c. reflexionan sobre el significado del acto.

5. A veces los católicos puros
   a. quieren convertir a los paganos.
   b. atacan hasta con violencia a los adeptos del vaudou.
   c. menosprecian las creencias vaudescas.

6. En vez de reconocer los milagros del salto de agua,
   las autoridades católicas mandaron a
   a. investigarlos más a fondo.
   b. solicitar la opinión del Papa.
   c. quemar las palmas.

7. Ante la repetida persecución por la Iglesia, la gente
   a. imploró el perdón de los dioses insultados.
   b. se convirtió al catolicismo puro.
   c. plantó más árboles.

8. Para la gente, el triste destino de los dos abates fue
   a. una gran lástima.
   b. un milagro más.
   c. una coincidencia.

Interpretación de la lectura

1. ¿Cómo fue alterado el carácter católico de Ville-Bonheur por la presencia del magnífico salto, Saut-d'Eau? ¿Cuáles son algunos de los milagros que han ocurrido en el lugar?
2. ¿Cómo reaccionan algunos católicos ante la «profanación» del santuario? ¿Qué piensa Ud. de esto?
3. ¿Qué les pasó a los dos abates? ¿Cómo interpretaron el incidente los practicantes del vaudou? ¿Y Ud.?
4. ¿Por qué cree Ud. que las autoridades católicas reaccionan tan fuertemente en contra del vaudou? ¿Qué piensa Ud. del vaudou?
5. ¿Cómo explica Ud. la reacción de las autoridades católicas contra el sincretismo? ¿Tendrá el sincretismo una explicación histórico-social? ¿Económica? ¿Psicológica? ¿Qué piensa Ud. del sincretismo dentro del catolicismo?

Comparaciones

1. Haga una comparación entre el sincretismo religioso expresado en las lecturas de Pozas y de Castellanos (ver Capítulo tres) y el descrito aquí. ¿Qué tienen del cristianismo? ¿De la superstición? ¿Del fetichismo?

2. ¿Qué opinaría Dom Helder de la superstición y el primitivismo del vaudou?

Temas escritos

1. Utilizando la bibliografía del capítulo, haga una investigación sobre el vaudou en Haití, incorporando tanto sus raíces y funciones culturales como sus ritos y prácticas ceremoniales.
2. Ultimamente ha recrudecido la persecución agresiva del vaudou en Haití por parte de algunos cristianos, católicos y protestantes, de tipo fundamentalista (ver *New York Times,* 15/5/86 y 25/5/86). A su parecer, ¿ilustrarán estos ataques la mentalidad misionera cerrada que recalca Araya en su crítica? ¿Cómo? ¿Por qué inspira el vaudou la persecución violenta?

Lecturas recomendadas

Arce Martínez, Sergio, et al. *Cristo vivo en Cuba, reflexiones teológicas cubanas.* San José: Departamento Ecuménico de Investigaciones, 1978.

Araya, Victorio. *El Dios de los pobres.* San José: Departamento Ecuménico de Investigaciones, 1983.

Boff, Leonardo. «Es necesario esta teología». *El País* (29 de abril de 1985).

_____. *Jesus Christ Liberator: A Critical Christology for Our Time.* Tr. Patrick Hughes. New York: Orbis Books, 1978.

_____ y Virgil Elizondo. *La iglesia popular: Between Fear and Hope.* Edinburgh: T. & T. Clark, Ltd., 1984.

Borge, Tomas, et al. *Sandinistas Speak: Speeches and Writings of Nicaragua's Leaders.* New York: Pathfinders, 1982.

Brown, Robert McAfee. *Gustavo Gutiérrez*. Atlanta: John Knox Press, 1980.

Cabrera, Lydia. *El monte*. Miami: Ediciones Universal, 1975.

_____. *Yemayá y Ochún*. New York: Colección del Chicherukú en el exilio, 1980.

Câmara, Dom Helder. *Espiral de violencia*. Salamanca: Ediciones Sígueme, 1970.

_____. *Cristianismo, socialismo, capitalismo*. Salamanca: Ediciones Sígueme, 1975.

Cardenal, Ernesto. *Flights of Victory, Vuelos de victoria*. Edited and translated by Marc Zimmerman. New York: Orbis Books, 1985.

_____. *Zero Hour and Other Documentary Poems*. Robert Pring-Mill, ed. New York: New Directions, 1980.

_____. *El evangelio de Solentiname*. Salamanca: Ediciones Sígueme, 1975.

Carneiro, Edison. *Candomblés da Babia*. 2da ed. Río de Janeiro: Editorial Andes, 1954.

Colonnese, Louis, ed. *The Church in the Present-day Transformation of Latin America in the Light of the Council*. Vol. II. Bogota: CELAM, 1970.

Devillers, Carol. "Haiti's Voodoo Pilgrimages." *National Geographic*. Vol. 167 (Mar. 1985), pp. 395–408.

Eagleson, John, and Philip Scharper, eds. *Puebla and Beyond*. New York: Orbis Press, 1979.

González-Wippler, Migene. *Santería*. Garden City, N.Y.: Anchor Books, 1975.

Gutiérrez, Gustavo. *Teología de la liberación*. Salamanca: Ediciones Sígueme, 1972.

_____. *La fuerza histórica de los pobres*. Lima: Centro de Estudios y Publicaciones, 1979.

Herskovits, Melville J. *Life in a Haitian Valley*. New York: Alfred A. Knopf, 1937.

Latin American Documentation Series. *Helder Câmara*. Washington, D.C., 1975.

López Trujillo, Alfonso. *Teología liberadora en América Latina*. Bogotá: Ediciones Paulinas, 1974.

Moreno Fraginals, Manuel, ed. *Africa en América Latina*. México y París: Siglo XXI y UNESCO, 1977.

Price-Mars, Jean. *Ainsi Parla l'Oncle*. Paris: Imprimerie de Compiègne, 1928.

_____. *So Spoke the Uncle*. Tr. from French by Magdaline W. Shannon. Washington, D.C.: Three Continents Press, 1983.

O'Brian, Conor Cruise. "God and Man in Nicaragua." *The Atlantic Monthly*. Vol. 258 (August, 1986), pp. 50–72.

Smith, Brian H. *Church and Politics in Chile: Challenges to Modern Catholicism*. Princeton, N.J.: Princeton Univ. Press, 1982.

Sobrino, Jon. *Christology at the Crossroads*. Tr. John Drury. New York: Orbis Books, 1978.

Tamez, Elsa. *Bible of the Oppressed*. Tr. Matthew J. O'Connell. New York: Orbis Books, 1982.

CAPITULO **OCHO**

La crítica cultural

El reverendo John Steinbruck, en Washington, D.C., con participantes salvadoreños del programa «Santuario». (© *Budd Gray/Stock, Boston*)

*I*ntroducción

El intelectual y el estado

El término «crítica cultural» tiene una connotación muy amplia en América Latina, donde ha constituido una parte integral de la vida intelectual desde hace siglos. Incluye el análisis de los valores, la sociedad, las instituciones y de todo un estilo de vida. Para muchos latinoamericanos, la actitud crítica ha dado como resultado la encarcelación o el destierro porque lo cultural frecuentemente roza[1] lo político y causa conflictos con las autoridades. En otras circunstancias, los intelectuales sirven como consejeros políticos, embajadores o emisarios culturales, o sea, como representantes oficiales de su gobierno. No es raro que los mismos intelectuales censurados por un régimem político sean después honrados por otro. Es así como la relación entre el intelectual y el Estado es compleja y llena de altibajos. No obstante esto, los intelectuales se han empeñado en presentar sus influyentes observaciones sobre la realidad histórica, política, económica y social de sus culturas nacionales, e inclusive de su continente.

[1] toca

Preocupaciones centrales

En este siglo, la crítica cultural ha tocado todos los aspectos de la vida actual, pero se pueden identificar cuatro categorías centrales de preocupación: 1) **la búsqueda de la identidad nacional;** 2) **la fuerte presencia del machismo**; 3) **el papel del militar en la vida pública**; y 4) **el debate sobre el desarrollo económico**.

La identidad nacional

La búsqueda de la identidad nacional es sobre todo una tentativa hacia el autoconocimiento y la autodefinición colectivos. Se caracteriza por estudios de índole psicológica, sociológica e histórica sobre la esencia y los rasgos del carácter nacional. Se supone que existe un carácter nacional y que se lo puede definir —una suposición muy discutible. Se supone también que, una vez descrito con todas sus fallas y virtudes, se pueden efectuar cambios en sus aspectos negativos, siendo éste el foco de atención de muchos ensayistas.

Los estudios sobre el carácter nacional han surgido en toda América Latina y tuvieron su apogeo[2] entre la década de los años treinta y la de los cincuenta como resultado de muchos factores interrelacionados. Los principales son: 1) la introspección nacional después de la Primera Guerra Mundial, cuando los intelectuales latinoamericanos comenzaron a mirar hacia el interior (a sus propias culturas) en vez de hacia el exterior (a Europa o los EEUU) para su inspiración; 2) las nuevas teorías de la psicología, el psicoanálisis y la investigación sociológica; y 3) un nacionalismo creciente que se caracterizaba por el deseo de valorar lo nacional en lugar de considerarlo racial y culturalmente inferior, como habían mantenido o implicado muchas teorías prevalecientes hasta la década de los años treinta. Se nota en particular una preocupación por definirse en sus propios términos, y no con una medida importada de Europa o de los EEUU.

[2]punto culminante

La búsqueda ha sido complicada por la tensión entre el deseo latinoamericano de modernidad versus el de autenticidad. Esto se ve en la actitud ambivalente hacia los grupos típicamente representativos de la nacionalidad: por una parte son estimados por ser «genuinos»; por otra, son menospreciados por ser «atrasados» (ver Capítulo tres). La tarea de la consolidación nacional ha sido complicada también por el exilio en que viven tantos latinoamericanos (ver Capítulo seis). Sean campesinos salvadoreños o indios guatemaltecos que huyen de la violencia, o universitarios, profesores, políticos y artistas desterrados por su inconformidad con el régimen político, su situación de exiliados dificulta y retarda la construcción de una dirección e identidad nacionales coherentes.

El machismo

La crítica del machismo se puede considerar como un aspecto de la búsqueda de la identidad, pero es un tema tan amplio que ha merecido consideración aparte. El machismo consiste sobre todo en una postura agresiva, negativa y desconfiada ante el mundo, y en un deseo de hacer prevalecer la voluntad del macho a través de la humillación, verbal o física, del otro. Muchos estudios han comentado sobre la inseguridad radical del macho, quien afirma agresivamente su «yo» para enmascarar su verdadero sentimiento de vulnerabilidad. Este comportamiento netamente antisocial se ve en todas las clases sociales, sólo que su expresión suele ser más sutil en las más altas.

[3]encerramiento

Para seguir existiendo como institución cultural, el machismo depende del mantenimiento de un sistema rígido de papeles sexuales tradicionales. Entre éstos figura el hembrismo, la otra cara de la moneda machista. Consiste en el comportamiento y la autoimagen de la mujer como un ser sumiso, pasivo, dependiente y necesitado en todo de la protección y dirección del hombre. Tanto el hembrismo como el machismo han sido criticados por muchos escritores por causar el enclaustramiento[3] de hombres y mujeres en una camisa de fuerza[4] de papeles sexuales que limitan severamente el desarrollo individual y cultural (ver Capítulo cinco).

[4]camisa. . . camisa especial para inmovilizar a los dementes

El militar

La crítica del papel del militar en la vida pública también está relacionada con la búsqueda de la identidad nacional y la crítica del machismo. Las tres parten de la premisa del análisis racional de la cultura y de la necesidad de la libre expresión de la voluntad individual y colectiva, en este caso, en lo concerniente a la expresión política. La presencia militar en el gobierno es un hecho histórico en Latinoamérica, cuya herencia cultural es mucho más autoritaria que igualitaria (ver Capítulos uno, dos).

Históricamente, el militar ha intervenido a causa de la debilidad del proceso político e institucional, o sea, por la incapacidad de los civiles de gobernar el país, y por miedo a una dirección demasiado comprometida con la reforma social. Las fuerzas armadas, especialmente el ejército, se consideran los guardianes del orden constitucional y de la moralidad pública, de modo que cuando, a su parecer, éstos se encuentran en peligro, recurren a un golpe de estado militar. Las juntas militares no son monolíticas en América Latina; pueden ser represivas o progresistas según la circunstancia nacional y la ideología dominante de sus miembros, aunque últimamente han sido mucho más reaccionarias que progresistas. El militar se interpone en la política para ordenarla, darle forma, desde *su* perspectiva militar. De ahí proviene gran parte del conflicto, porque su visión rígida muchas veces no coincide con la de los civiles, tanto de los intelectuales como del clero (ver Capítulo siete). Algunos argumentan que la disciplina, la eficiencia y el anhelo de modernidad de la élite militar la capacitan para gobernar. Otros niegan que éstos sean atributos positivos, y mientras admiten la debilidad del proceso político legalmente constituido, señalan que esto se debe en parte a que los militares suelen tomar el poder sin dar suficiente oportunidad al sistema civil para constituirse como una fuerza positiva y democrática.

El desarrollo económico

Claro está que en América Latina, como en otros lugares, el desarrollo económico ha sido considerado generalmente como la llave mágica a la panacea de la modernidad. Se ha creído que el desarrollo económico produciría un país moderno con una fuerte base industrial, un extenso mercado interno y externo, una economía planeada con la participación de los sectores público y privado, y que traería los conocimientos técnicos esenciales para una competencia exitosa en la economía mundial. Otro resultado sería el progreso social: mejoras en la educación, los servicios públicos, los ingresos nacionales e individuales, y en suma, una mejora en el nivel de vida del pueblo. Pero, como la urbanización no trae infalible-mente[5] consigo empleo o una vida mejor para los pobres, tampoco el desarrollo económico trae automáticamente el progreso social (ver Capítulo cuatro). Al contrario, muchos estudios mantienen que el desarrollo económico solamente ha agrandado la brecha[6] entre el rico y el pobre. La cuestión es complicada, y como cualquier otra generalización sobre Latino-américa, varía de país en país, y hasta de región en región dentro del mismo país. Poco a poco, principalmente entre los intelectuales, se va adquiriendo la conciencia de que los beneficios del desarrollo traen consigo costos elevados y que la mejoras sociales tienen que ser dirigidas y planeadas.

Entre los aspectos más importantes del debate sobre el desarrollo económico se encuentran: 1) el nacionalismo económico versus la dependencia económica; 2) la explotación de los recursos naturales versus el mantenimiento del precario equilibrio ecológico; y 3) la producción de bienes económicos versus su distribución más equitativa. Fundamentando todos estos aspectos tenemos una desconfianza profundísima hacia la influencia preponderante que ejercen las superpotencias nucleares, especialmente los EEUU, en el destino económico, político y cultural de América Latina. Esta preocupación pesa como una sombra negra y enorme sobre todo proyecto nacional y latinoamericano. Algunos dicen que la época nuclear ya ha anulado toda posibilidad de autonomía, y que es utópico pensar de otra forma; otros todavía siguen pidiendo a las superpotencias que acepten a América Latina en sus propios términos con todas sus contradicciones, defectos y posibilidades, y que no sofoquen lo que tiene derecho de nacer y crecer sin interferencias ajenas.

[5] seguramente
[6] distancia

La identidad nacional

SAMUEL RAMOS (*1897–1959*)

Este ensayista mexicano fue un pionero en el estudio psicoanalítico de su cultura nacional. Para la década de los años treinta, Ramos ya estaba elaborando su tesis sobre el carácter del mexicano, basán-

dose en su amplia preparación humanista y en las últimas teorías psicológi-   [1] consigo
cas de Freud y de Adler. Inspirado por el gran experimento que fue la
revolución mexicana, y la esperanza que traía aparejada[1] para la creación de
una sociedad nueva autónoma, Ramos quería usar la ciencia del momento
para capacitar al mexicano para enfrentarse con el proyecto colectivo de
construcción nacional. Para poder hacerlo, había que analizar objetiva y
científicamente el sentimiento de inferioridad del que, según Ramos, padece el mexicano. Una vez expuesto a la luz del escrutinio racional, se podría exorcizar como a un espíritu maligno. El influyente ensayo de Ramos, *El
perfil del hombre y la cultura en México* (1934), ocasionó una fuerte reacción negativa y defensiva por parte de muchos lectores. Pero otros han aprobado las percepciones fundamentales de Ramos y las han ampliado en estudios subsiguientes; sus ideas del sentimiento de inferioridad y de la máscara
que el mexicano se pone para proteger su «yo» vulnerable son tomadas después por otras personas de letras como René Marqués y Octavio Paz en este
capítulo.

Guía de prelectura

En la lectura a continuación, Ramos presenta un tipo
nacional, «el pelado», que según él, sirve como exponente
del carácter y del comportamiento del mexicano. Antes de
leer, piense por un momento en la imagen que Ud. tiene
del carácter del mexicano típico y haga una lista de todas
las características que Ud. haya observado.

Ahora, lea el primer párrafo de la lectura e indique cuál
de las dos listas de adjetivos que siguen caracteriza mejor
al «pelado» de Ramos. ¿Coinciden sus adjetivos con los de
Ramos?

1. El pelado es realista, pobre, abierto, orgulloso,
   fuerte y agradable.
2. El pelado es cínico, pobre, resentido, explosivo,
   grosero y machista.

El «pelado» (*fragmento*)

Para comprender el mecanismo de la mente mexi-   [2] exagerados
cana, la examinaremos en un tipo social en donde todos sus movimientos
se encuentran exacerbados,[2] de tal suerte que se percibe muy bien el sentido de su trayectoria. El mejor ejemplar para estudio es el «pelado» mexi-

cano, pues él constituye la expresión más elemental y bien dibujada del carácter nacional. No hablaremos de su aspecto pintoresco, que se ha reproducido hasta el cansancio en el teatro popular, en la novela y en la pintura. Aquí sólo nos interesa verlo por dentro, para saber qué fuerzas elementales determinan su carácter. Su nombre lo define con mucha exactitud. Es un individuo que lleva su alma al descubierto sin que nada esconda en sus más íntimos resortes.[3] Ostenta[4] cínicamente ciertos impulsos elementales que otros hombres procuran disimular.[5] El «pelado» pertenece a una fauna social de categoría ínfima[6] y representa el deshecho[7] humano de la gran ciudad. En la jerarquía económica es menos que un proletario y en la intelectual un primitivo. La vida le ha sido hostil por todos lados, y su actitud ante ella es de un negro resentimiento. Es un ser de naturaleza explosiva cuyo trato es peligroso, porque estalla al roce más leve.[8] Sus explosiones son verbales, y tienen como tema la afirmación de sí mismo en un lenguaje grosero y agresivo. Ha creado un dialecto propio cuyo léxico abunda en palabras de uso corriente a las que da un sentido nuevo. Es un animal que se entrega a pantomimas de ferocidad para asustar a los demás, haciéndole creer que es más fuerte y decidido. Tales reacciones son un desquite[9] ilusorio de su situación real en la vida, que es la de un cero a la izquierda.[10] Esta verdad desagradable trata de asomar a la superficie de la conciencia, pero se lo impide otra fuerza que mantiene dentro de lo inconsciente cuanto puede rebajar el sentimiento de la valía[11] personal. Toda circunstancia exterior que pueda hacer resaltar el sentimiento de menor valía, provocará una reacción violenta del individuo con la mira de sobreponerse[12] a la depresión. De aquí una constante irritabilidad que lo hace reñir con los demás por el motivo más insignificante. El espíritu belicoso[13] no se explica, en este caso, por un sentimiento de hostilidad al género humano. El «pelado» busca la riña como un excitante para elevar el tono de su «yo» deprimido. Necesita un punto de apoyo para recobrar la fe en sí mismo, pero como está desprovisto de todo valor real, tiene que suplirlo con uno ficticio. Es como un náufrago que se agita en la nada y descubre de improviso una tabla de salvación: la virilidad. La terminología del «pelado» abunda en alusiones sexuales que revelan una obsesión fálica, nacida para considerar el órgano sexual como símbolo de la fuerza masculina. En sus combates verbales atribuye al adversario una femineidad imaginaria, reservando para sí el papel masculino. Con este ardid[14] pretende[15] afirmar su superioridad sobre el contrincante.[16]

Quisiéramos demostrar estas ideas con ejemplos. Desgraciadamente, el lenguaje del «pelado» es de un realismo tan crudo, que es imposible transcribir muchas de sus frases más características. No podemos omitir, sin embargo, ciertas expresiones típicas. El lector no debe tomar a mal que citemos aquí palabras que en México no se pronuncian más que en conversaciones íntimas, pues el psicólogo ve, a través de su vulgaridad y grosería, otro sentido más noble. Y sería imperdonable que prescindiera[17] de un valioso material de estudio por ceder a una mal entendida decencia de len-

---

[3] rincones
[4] muestra
[5] procuran. . . tratan de ocultar
[6] inferior
[7] basura
[8] estalla. . . explota con poca provocación
[9] compensación
[10] un. . . sin valor
[11] valor
[12] vencer
[13] agresivo
[14] recurso ingenioso
[15] intenta
[16] adversario
[17] omitiera

guaje. Sería como si un químico rehusara analizar las substancias que huelen mal.

Aun cuando el «pelado» mexicano sea completamente desgraciado, se consuela con gritar a todo el mundo que tiene «muchos huevos» (así llama a los testículos). Lo importante es advertir que en este órgano no hace residir solamente una especie de potencia, la sexual, sino toda clase de potencia humana. Para el «pelado», un hombre que triunfa en cualquier actividad y en cualquier parte, es porque tiene «muchos huevos». Citaremos otra de sus expresiones favoritas: «Yo soy tu padre», cuya intención es claramente afirmar el predominio. Es seguro que en nuestras sociedades patriarcales el padre es para todo hombre el símbolo del poder. Es preciso advertir también que la obsesión fálica del «pelado» no es comparable a los cultos fálicos, en cuyo fondo yace[18] la idea de la fecundidad y la vida eterna. El falo sugiere al «pelado» la idea del poder. De aquí ha derivado un concepto muy empobrecido del hombre. Como él es, en efecto, un ser sin contenido substancial, trata de llenar su vacío con el único valor que está a su alcance: el del macho. Este concepto popular del hombre se ha convertido en un prejuicio funesto[19] para todo mexicano. Cuando éste se compara con el hombre civilizado extranjero y resalta su nulidad, se consuela del siguiente modo: «Un europeo —dice— tiene la ciencia, el arte, la técnica, etcétera, etcétera; aquí no tenemos nada de esto, pero . . . somos muy hombres». Hombres en la acepción zoológica de la palabra, es decir, un macho que disfruta de toda la potencia animal. El mexicano, amante de ser fanfarrón,[20] cree que esa potencia se demuestra con la valentía. ¡Si supiera que esa valentía es una cortina de humo!

No debemos, pues, dejarnos engañar por las apariencias. El «pelado» no es ni un hombre fuerte ni un hombre valiente. La fisonomía que nos muestra es falsa. Se trata de un «camouflage» para despistar[21] a él y a todos los que lo tratan. Puede establecerse que, mientras que las manifestaciones de valentía y de fuerza son mayores, mayor es la debilidad que se quiere cubrir. Por más que con esta ilusión el «pelado» se engañe a sí mismo, mientras su debilidad esté presente, amenazando traicionarlo, no puede estar seguro de su fuerza. Vive en un continuo temor de ser descubierto, desconfiando de sí mismo, y por ello su percepción se hace anormal; imagina que el primer recién llegado es su enemigo, y desconfía de todo hombre que se le acerca.

Hecha esta breve descripción del «pelado» mexicano, es conveniente esquematizar su estructura y funcionamiento mental, para entender después la psicología del mexicano.

1. El «pelado» tiene dos personalidades: una real, otra ficticia.
2. La personalidad real queda oculta por esta última, que es la que aparece ante el sujeto mismo y ante los demás.
3. La personalidad ficticia es diametralmente opuesta a la real, porque el objeto de la primera es elevar el tono psíquico deprimido por la segunda.

[18] reside
[19] negativo
[20] persona arrogante, que cree mucho de sí misma
[21] engañar

4. Como el sujeto carece de todo valor humano y es impotente para adquirirlo de hecho, se sirve de un ardid para ocultar sus sentimientos de menor valía.
5. La falta de apoyo real que tiene la personalidad ficticia crea un sentimiento de desconfianza de sí mismo.
6. La desconfianza de sí mismo produce una anormalidad de funcionamiento psíquico, sobre todo en la percepción de la realidad.
7. Esta percepción anormal consiste en una desconfianza injustificada de los demás, así como una hiperestesia de la susceptibilidad[22] al contacto con los otros hombres.
8. Como nuestro tipo vive en falso, su posición es siempre inestable y lo obliga a vigilar constantemente su «yo», desatendiendo la realidad.

[22] hiperestesia. . exageración de la sensibilidad
[23] autoabsorción

La falta de atención por la realidad y el ensimismamiento[23] correlativo, autorizan a clasificar al «pelado» en el grupo de los «introvertidos».

Pudiera pensarse que la presencia de un sentimiento de menor valía en el «pelado» no se debe al hecho de ser mexicano, sino a su condición de proletario. En efecto, esta última circunstancia es capaz de crear por sí sola aquel sentimiento, pero hay motivos para considerar que no es el único factor que lo determina en el «pelado». Hacemos notar aquí que éste asocia su concepto de hombría con el de nacionalidad, creando el error de que la valentía es la nota peculiar del mexicano. Para corroborar que la nacionalidad crea también por sí un sentimiento de menor valía, se puede anotar la susceptibilidad de sus sentimientos patrióticos y su expresión inflada de palabras y gritos. La frecuencia de las manifestaciones patrióticas individuales y colectivas es un símbolo de que el mexicano está inseguro del valor de su nacionalidad. La prueba decisiva de nuestra afirmación se encuentra en el hecho de que aquel sentimiento existe en los mexicanos cultivados e inteligentes que pertenecen a la burguesía.

Para verificar su comprensión

¿Cierto o falso?

_____ 1. El «pelado» representa lo más noble del carácter mexicano.
_____ 2. Por lo general el «pelado» acepta naturalmente su condición.
_____ 3. El «pelado» sufre de un notable sentido de superioridad.
_____ 4. Para el «pelado», la potencia sexual equivale a la potencia humana.
_____ 5. La intención de la frase «yo soy tu padre» es afirmar el afecto mutuo.

_____ 6. El «pelado» es fuerte y valiente.

_____ 7. El «pelado» se engaña a sí mismo.

_____ 8. El «pelado» confía en todos.

_____ 9. Por su atención a la realidad y su actitud expansiva, el «pelado» es un extrovertido.

_____ 10. El «pelado» asocia la masculinidad con la nacionalidad.

Interpretación de la lectura

1. ¿De qué es resultado la psicología del mexicano?
2. ¿Por qué escoge Ramos al «pelado» para hacer su estudio? ¿Qué ocurre con los otros sectores de la población no representados por el «pelado»?
3. Según Ramos, ¿qué función sirve la importancia exagerada que el «pelado» le da a su masculinidad?
4. De acuerdo con Ramos, ¿a qué se debe la percepción anormal de la realidad que caracteriza al «pelado»?
5. ¿Cuáles son las dos personalidades del «pelado»? ¿Son diferentes de las de otros seres humanos? ¿De otras nacionalidades?
6. Ramos cita el complejo de inferioridad del «pelado» como la causa de su conducta antisocial y lo considera representativo de la psicología mexicana en general. ¿Cree Ud. que ésta es una generalización razonable?

Para comentar

¿Existe lo que se llama «carácter nacional»? ¿Consiste en generalizaciones superficiales y hasta estereotipadas, o se puede hablar con más sutileza de ciertos rasgos culturales nacionales?

Tema escrito

Investigue sobre los componentes de la psicología del complejo de inferioridad. ¿Son aplicables al «pelado»? ¿Por qué?

RENE MARQUES (*1919–1979*)

En ningún otro lugar de América Latina ha sido más difícil y frustrante el proyecto de consolidación nacional que en Puerto Rico, cuyo *status* como Estado Libre Asociado trae consigo ambigüedad y confusión en cuanto a la identidad. Los puertorriqueños son ciudadanos de los EEUU pero su patrimonio cultural es español. Esta contradicción sitúa al puertorriqueño en una incómoda tierra de nadie cultural. Los independentistas, estadistas y estadolibristas puertorriqueños compiten por tener la oportunidad de dirigir el camino nacional conforme a su visión de lo que debe ser la identidad de la isla. Uno de los independentistas más elocuentes es el conocido literato René Marqués, autor de cuentos, poesías y novelas, pero más renombrado por sus obras teatrales, como la exitosa *La carreta* (1953), que trata la problemática de la familia que emigra de la isla al continente. A través de la producción de Marqués fluye el fuerte mensaje social de protesta contra el statu quo y de crítica al colonialismo, del cual Puerto Rico nunca se ha podido librar.

El fragmento que sigue a continuación se extrajo del ensayo clásico de Marqués sobre la identidad nacional, «El puertorriqueño dócil», en el cual toca, entre otros temas, el del idioma, una cuestión extremadamente delicada. Habla de la imposición del inglés en las organizaciones cívicas, en la religión y en las escuelas. Luego examina las implicaciones psicológicas de esta imposición y su aceptación por el puertorriqueño.

Guía de prelectura

Lea los primeros seis párrafos y escoja la respuesta que mejor resuma cada párrafo.

_____ 1. Religión y pedagogía. . .

_____ 2. No obstante, cuando una sociedad colonial . . .

_____ 3. Al observador objetivo. . .

a. El inglés es el idioma comercial universal.

b. Cuando no hablan del comercio, el puertorriqueño y el norteamericano exhiben sus respectivos sentidos de culpa nacional.

c. Ciertos grupos no oficiales en Puerto Rico son los que promueven el uso del inglés.

———— 4. Las motivaciones psicológicas. . .

———— 5. Es siempre interesante observar. . .

———— 6. El norteamericano en Puerto Rico. . .

ch. Los EEUU imponen oficial- mente el uso del inglés en Puerto Rico.

d. El norteamericano en Puerto Rico expresa su sentido de culpa con una arrogancia agresiva o con una benevo- lencia paternalista.

e. El porqué de la auto- imposición del inglés por los puertorriqueños merece una explicación psicológica.

f. El norteamericano tiene una actitud estereotipada del puertorriqueño.

g. La razones psicológicas del uso del inglés deben ser profundas puesto que usar el inglés pone al puertorriqueño en una posición desventajosa.

El puertorriqueño dócil
(*fragmento*)

Religión y pedagogía a un lado, nadie en el mundo ac- tual puede cegarse a la realidad de que el inglés es en nuestros días —como lo fueron el griego, el latín, el portugués, el francés y el español en diversas épocas históricas, y como quizás fatalmente lo sea el ruso en el futuro— el idioma mercantil por excelencia. Siendo aún los Estados Unidos el poder económico que domina en Occidente, el mundillo del comercio y la banca descarga[1] comunicaciones y operaciones en el idioma imperial. Esto es un fenómeno general que no debe causar especial alarma en una sociedad nor- malmente constituida y de bien definida personalidad.

No obstante, cuando una sociedad colonial, de distinto idioma y cultura, se autoimpone el inglés, no ya como estricta necesidad del sector de los ne- gocios, sino como instrumento político-cultural disfrazado de «moda so- cial», para desbancar[2] el idioma vernáculo[3] y con él los valores aún prevale- cientes de la cultura autóctona,[4] vale la pena explorar el fenómeno en sus raíces psicológicas, que son las que aquí interesan.

[1] lanza
[2] substituir
[3] nativo
[4] nativa

Al observador objetivo no ha de escapar el hecho de que hoy en Puerto Rico no es el Estado quien impone *oficialmente* el idioma extranjero, aunque no deje de estimularlo bajo cuerda.[5] La imposición del inglés está mayormente en manos de una serie de agrupaciones puertorriqueñas extraoficiales, de carácter profesional, cívico y religioso. Examinemos someramente[6] las implicaciones psicológicas de esta disciplina social respecto a un segundo idioma entre capas[7] directrices de la sociedad puertorriqueña.

Las motivaciones psicológicas detrás de semejante «moda» deben ser harto[8] poderosas, ya que la imposición en sí no deja de constituir sacrificio para el puertorriqueño. El uso de un idioma extranjero siempre implica un esfuerzo intelectual y una tensión adicionales que no son las normales en una conversación en el vernáculo. Esto coloca al sujeto, intelectual y psicológicamente, en cierta desventaja en relación al interlocutor cuya lengua se habla. Si a ello se añade que en este caso el idioma extranjero es uno que contiene para el puertorriqueño cargas, ambivalencias y conflictos psicológicos (colonia-metrópolis, puertorriqueño-americano, inferior-superior, débil-poderoso, dócil-agresivo) se comprenderá que aun sin percibirlo él, la experiencia le producirá mayor fatiga mental y emocional de las normalmente necesarias.

Es siempre interesante observar en Puerto Rico a un puertorriqueño y un norteamericano comunicarse entre sí cuando no está envuelta una transacción mercantil. En este último caso el sentido comercial del norteamericano puede forzarle a utilizar una técnica estereotipada de concesiones psicológicas y halagos[9] para con su cliente que, necesariamente, disfraza u oculta la posición de inferioridad del último a los ojos de un observador superficial. En otras circunstancias, sin embargo, no estando la conversación relacionada directamente con las ventajas económicas que el norteamericano espera obtener, los respectivos complejos nacionales de culpa salen de un modo u otro a la superficie.

El norteamericano en Puerto Rico se siente —aunque ello nunca le aflore[10] a la conciencia— culpable de su imperialismo, lo cual se traduce en una de dos actitudes extremas: arrogancia agresiva de hombre «superior» que debe probarse *a sí mismo* la validez y moralidad de su pecado imperial «yo soy imperialista porque, después de todo, *soy* superior») o la condescendencia benévola del ciudadano del imperio que desea probar *a los demás* la legitimidad y conveniencia de la política imperial, aceptando humanitariamente ayudar al débil e «inferior» a serlo un poco menos (no mucho, desde luego, pues ello pondría en peligro la insegura condición de «superioridad» del ente[11] imperial). A esta última gesticulación espiritual, el propio estadounidense la ha llamado *patronizing attitude* (que en español calificaríamos, con mayor verdad psicológica de lo que a primera vista podría revelar el término, como *actitud de benevolencia patronal*).

Es oportuno señalar a este respecto que el llamado humanitarismo norteamericano opera casi siempre en el plano material o económico; muy raras

[5] bajo. . . encubiertamente
[6] superficialmente
[7] sectores
[8] muy
[9] adulaciones
[10] aparezca
[11] el ser

veces en el ético o espiritual. Si se estudia el proceso del cesarismo norteamericano contemporáneo[a] se llega a la conclusión de que el norteamericano ha restringido el término *libertad* para ceñirlo[12] exclusivamente a una estrecha acepción[13] económica: la libertad del hambre. En la práctica, dicha libertad puede condensarse en un axioma: pueblo que compra lo que ingiere[14] en el mercado de los Estados Unidos, es pueblo «libre» y «democrático». Si a alguno de los pueblos afectados por la tutela[15] patronal del imperio —y no tiene que ser una colonia literal como Puerto Rico para ello— se le ocurre llevar el término «libertad» al plano espiritual y ético alegando,[16] bien que no sólo de pan vive el hombre o bien que el pan más sabroso o más digno es el propio aunque sea menos blando y menos blanco, el «humanitarismo» norteamericano se siente herido en sus raíces más hondas. El poderío del imperio se mueve diligente para aplastar a ese pueblo que osó[17] violar el dogma norteamericano de la «libertad». (Cuba y Puerto Rico no serán «de un pájaro las dos alas», pero en relación a lo anterior han sido indudablemente dos plumas harto similares en el ostentoso plumaje del mismo pájaro imperial). Hemos de aceptar entonces que el «humanitarismo» de los Estados Unidos no es en buena medida otra cosa que una racionalización de las perentorias[18] necesidades y exigencias de su imperio económico. Cada pueblo «liberado» del hambre por los Estados Unidos se convierte en mercado cautivo dentro de la compleja red económica norteamericana. Cualquier intento de ese pueblo por ir más allá en su consecución[19] de la libertad (muy especialmente de la libertad económica en sentido nacional) constituye grave ofensa contra la «democracia» o economía imperial estadounidense, ofensa que tendrá que pagar —si está en manos de los Estados Unidos realizarlo— sometiéndose al castigo de la agresión económica, es decir, al sitio[20] por hambre, del cual una vez más será «liberado» si acepta ahora las condiciones del «humanitarismo» norteamericano que tuvo antes la incalificable audacia de rehusar.

Todo esto, que es muy trágico, pero muy real para las partes envueltas, yace como sedimento psicológico —no examinado ni razonado— en el almario[21] del norteamericano en Puerto Rico. (Obviamente, en cualquier otro país también, pero insistimos en referir los fenómenos en discusión al tema que nos ocupa). Semejantes conflictos y ambivalencias sólo se convierten en material consciente para aquellos norteamericanos que, además de ilustración,[22] poseen honda sensibilidad. De éstos, naturalmente, existen muy pocos en Puerto Rico. Es en ellos, sin embargo, donde pueden observarse mejor todas las complejidades de la psicología norteamericana actual. Hay una soterrada[23] angustia en su trato con los puertorriqueños. La urgencia de pertenecer *(to belong)* les lleva a un sincero y honrado esfuerzo por comprender al puertorriqueño y simpatizar con su idiosincrasia y sus patrones

[12] reducirlo
[13] significado
[14] come
[15] protección
[16] sugiriendo
[17] se atrevió
[18] urgentes
[19] acción de conseguir
[20] *siege*
[21] interior
[22] educación
[23] escondida

---

[a]Véase *The Coming Caesars,* de Amaury De Riencourt, (New York: Coward-McCann, Inc., 1957).

culturales. Pero no lo logran nunca del todo quizás porque les estorban[24] demasiado los remordimientos[25] de su «traición» a lo norteamericano. Ovejas negras entre los norteamericanos residentes, no dejan de saberse «patitos feos» en el conglomerado social puertorriqueño. Algunos, incapaces de soportar las tensiones externas, llegan al «compromiso» ilusorio de pretender[26] ser, simultáneamente, norteamericanos entre los norteamericanos residentes y puertorriqueños entre los puertorriqueños. Semejante acrobacia psicológica, a la larga[27] los deteriora moral, espiritual e intelectualmente. (Sus sociólogos y psicólogos luego aducen[28] que es el enervante[29] clima tropical la causa de este deterioro).

Al enfrentarse al norteamericano, el puertorriqueño, por su parte, pone en marcha su complejo de culpa colonial.[b] Para tolerar, excusándola, su humillante condición, ha de admitir que es *inferior* al norteamericano. De ahí su obsequiosidad[30] («cortesía», «hospitalidad», «generosidad» tradicionales) en expresiones que se acercan mucho al servilismo. Esta admisión inconsciente de inferioridad no deja de herir su ego provocando a menudo reacciones compensadoras extremas como lo son la del antagonismo violento o la del entreguismo[31] total. La más interesante, desde el punto de vista psicológico, es sin duda la última, pues mediante ella se cree poder prescindir de todo mecanismo de defensa, abriéndose el ser, sin resistencia, a lo norteamericano para adquirir o incorporar así la «superioridad» del ente temido y envidiado, cosa que, desde luego, jamás se logrará. En muchos puertorriqueños que, además de instrucción e ilustración poseen adecuada sensibilidad, estas manifestaciones extremas nunca aparecen en

[24]molestan
[25]inquietudes
[26]intentar
[27]a. . . con el tiempo
[28]dan como razón
[29]debilitante, fatigante
[30]actitud servil
[31]pasividad

---

[b]El complejo opera también, aunque en menor grado, ante otros extranjeros occidentales, especialmente españoles (precisamente los que ocuparon en una ocasión el lugar que hoy ocupa el norteamericano). En la vida artística y cultural los peninsulares[32] siguen alimentando en Puerto Rico ciertos resabios[33] caros al complejo colonial isleño. Obsérvese la cantidad de mediocridades españolas ocupando puestos claves en las élites artística y cultural y en los círculos universitarios. Aun frente a aquellas pocas figuras de españoles residentes, cuyo valor intelectual es auténtico e innegable, la actitud general del puertorriqueño no es de reconocimiento digno, sino de cierto servilismo tropical, como si reviviese en él su ancestral servidumbre ante el Conquistador. Las escenas de denigrante farsa montadas[34] por algunos círculos puertorriqueños alrededor de prestigiosas figuras como las de Juan Ramón Jiménez y Pablo Casals, podrían quizás dar la medida de lo que apuntamos. Por otro lado, en la llamada «vida social», la Casa de España[35] sigue fascinando, como meta suprema, a gran número de sanjuaneros de la clase media. En las nuevas generaciones, mejor indoctrinadas dentro de los prejuicios nacionales norteamericanos, el complejo colonial se disfraza de airecillo[36] de superioridad frente a ciudadanos de los países llamados «subdesarrollados». Esta arbitraria designación incluye a antillanos[37] (los puertorriqueños están aparentemente exentos de antillanismo), latinoamericanos, africanos y asiáticos. Ante estos seres humanos clasificados por los norteamericanos como «inferiores», el nuevo puertorriqueño se pavonea[38] haciendo ostentoso despliegue[39] de su remendado plumaje colonial. Gesticulación inocente y superficial las más de las veces, pero auténticamente viciosa en casos de extrema americanización.

[32]españoles
[33]vicios
[34]presentadas
[35]centro de cultura española
[36]actitud
[37]habitantes de las islas del mar Caribe
[38]se da importancia
[39]exhibición

toda su brutal pureza. En ellos se desarrolla una extraña ambivalencia en su trato social con el norteamericano, similar, en su soterrada angustia, a la del norteamericano sensible cuando trata de confraternizar con el puertorriqueño.

Sólo en individuos auténticamente bilingües y que creen haber resuelto toda ambivalencia psicológica respecto al problema político-cultural dentro del cual nacieron —y en Puerto Rico apenas si habrá un puñado de estos *icebergs* tropicales— puede el angustiado mecanismo de defensa reducirse a un mínimo apareciendo como inexistente cuando se realiza la comunicación con un norteamericano. En cuanto a los pocos puertorriqueños que por alguna razón —bien por haberse criado o por haber estudiado en los Estados Unidos— dominan el inglés sin tener dominio del español (lo cual los descualifica como bilingües) el mecanismo funciona a la inversa: la desazón[40] para ellos la causa el español. Con el agravante de que, forzados a utilizar este idioma —vernáculo de sus compatriotas— en su comunicación con los otros puertorriqueños, desarrollan un complejo de culpa adicional precisamente por no poder dominarlo, lo que les lleva a escaparse de él usándolo lo menos posible; propugnan[41] entonces el inglés como idioma «oficial» en los círculos en que se mueven o se retiran a los estrechos islotes[42] sociales —tierra de nadie— donde otros parias culturales como ellos, han impuesto ya el uso del idioma foráneo.

Se va viendo que el inglés en Puerto Rico no es mero idioma extranjero como podría serlo el francés o el italiano, sino el asiento doloroso de una serie de vivencias conflictivas —políticas, culturales, espirituales, psicológicas— que exacerban la angustia colonial del puertorriqueño.

Es así posible concebir la imposición y aceptación social del inglés en Puerto Rico sin riesgo de error, como una manifestación psicológica más de la docilidad puertorriqueña.

[40] ansiedad, intranquilidad
[41] defienden
[42] islas pequeñas

Para verificar su comprensión

Escoja la respuesta más apropiada.

1. El «humanitarismo» norteamericano es
   a. espiritual.
   b. económico.
   c. ético.

2. El dogma norteamericano de la «libertad» es
   a. la protección de Puerto Rico contra el comunismo de Cuba.

   b. algo por lo cual el pueblo puertorriqueño debe estar agradecido.
   c. una racionalización de los intereses económicos de los EEUU.

3. El norteamericano en Puerto Rico
   a. no es muy sensible o ilustrado.
   b. sólo quiere ganar dinero.
   c. se siente en casa.

4. El norteamericano en Puerto Rico.
   a. se encuentra enervado por el trópico.
   b. quiere entender a los puertorriqueños, pero no quiere «traicionar» a los norteamericanos.
   c. simpatiza con los nativos.

5. El puertorriqueño, frente al norteamericano, demuestra
   a. un fuerte resentimiento.
   b. un sentido fraternal.
   c. un complejo de culpa colonial.

6. En el trato mutuo entre el norteamericano y el puertorriqueño sensibles se ve
   a. una angustia y una ambivalencia marcadas.
   b. una obsequiosidad notable.
   c. una confraternización agradable.

7. Los *icebergs* tropicales son
   a. los norteamericanos sensibles.
   b. los puertorriqueños genuinamente bilingües.
   c. los norteamericanos que hablan español.

8. Un complejo de culpa adicional se ve en el
   a. puertorriqueño que no se siente cómodo con el español.
   b. norteamericano que abandona su cultura.
   c. puertorriqueño que prefiere quedarse en los EEUU.

9. La aceptación social del inglés en Puerto Rico es una manifestación
   a. del respeto que tienen los puertorriqueños por los EEUU.
   b. del deseo del puertorriqueño de superarse.
   c. de la docilidad puertorriqueña.

10. El puertorriqueño no se siente superior a los
   a. españoles.
   b. africanos.
   c. antillanos.

Interpretación de la lectura

1. Marqués califica el idioma inglés aquí como un «instrumento político-cultural disfrazado de *moda social*». ¿Cómo puede ser el inglés un arma tan fuerte como para minar los valores históricos del pueblo puertorriqueño? ¿Cómo puede ser el uso del inglés una «moda» tan atractiva para el puertorriqueño que lo impulse a expresarse en él a pesar de su dificultad?

2. ¿Cómo se comunica un norteamericano con un puertorriqueño cuando se trata de transacciones comerciales? ¿Cómo se siente el norteamericano cuando la comunicación no se trata de comercio?

3. ¿En qué consiste el complejo de culpa nacional del puertorriqueño?

4. ¿Le parece plausible la relación que traza Marqués entre el complejo de inferioridad y el colonialismo?

5. ¿Por qué dice Marqués que los individuos bilingües son unos *«icebergs* tropicales»?

6. Describa el «complejo de culpa adicional» del puertorriqueño que domina el inglés pero no el español. ¿Por qué Marqués los llama «parias culturales»?

Comparaciones

1. Compare el mecanismo de defensa del puertorriqueño con el del «pelado» descrito por Ramos. ¿En qué aspectos son similares? ¿Diferentes? ¿Cree Ud. que los dos surgen de la misma fuente?

2. Haga una comparación entre Victoria Ocampo (ver Capítulo dos) y Marqués sobre la importancia del idioma en la formación de la identidad nacional.

Temas escritos

1. Haga un estudio sobre el colonialismo en Puerto Rico, centrándose en la relación, única en América Latina, entre Puerto Rico y los EEUU.

2. Haga un estudio sobre la relación entre el idioma y la identificación nacional de los puertorriqueños que viven en los EEUU. ¿Qué hablan más: inglés o español? ¿Se sienten más americanos o puertorriqueños? ¿Pertenecen a las dos culturas o a ninguna de las dos?

¿Está Ud. de acuerdo?

«Hemos de aceptar entonces que el *humanitarismo* de los Estados Unidos no es en buena medida otra cosa que una racionalización de las perentorias necesidades y exigencias de su imperio económico».

GIOCONDA BELLI (*1948–*   )

La poetisa nicaragüense Gioconda Belli creció en la época de la dictadura somocista. Su militancia política, primero como universitaria y después como escritora, data de sus experiencias durante sus años de formación. Trabajó con el movimiento sandinista durante la década de los años setenta, exiliándose en Costa Rica en 1975 pero continuando desde el exilio su apoyo a la causa revolucionaria.

Se trata aquí el tema del exilio porque representa la vida, el anhelo y la triste nostalgia de tantos latinoamericanos que, sin quererlo, se encuentran en el extranjero. Su número es elevado y su exilio afecta la consolidación de la identidad y de los proyectos nacionales que tanto preocupan a los críticos de la cultura. También tratamos el tema del exilio en estos poemas de Belli porque nos enseñan el sacrificio que ha hecho la mujer y la madre nicaragüense con la esperanza de que su patria logre la creación de una identidad libre. Los poemas siguientes provienen de la colección *Línea de fuego* (1978) que, con *Sobrevivo* (1978) de su compatriota Claribel Alegría, ganó el prestigioso Premio Casa de las Américas en 1978.

Línea de fuego

quien no sabe que a esta altura
el dolor es también un ilustre apellido. . .

Mario Benedetti

El tiempo que no he tenido el cielo azul
y sus nubes gordas de algodón en rama,
sabe que el dolor del exilio

ha hecho florecer cipreses[1] en mi carne.
Es dolor el recuerdo de la tierra mojada
la lectura diaria del periódico
que dice que suceden
cada vez más atrocidades,
que mueren y caen presos los amigos
que desaparecen los campesinos
como tragados por la montaña.

Es dolor este moverme en calles
con nombres de otros días, otras batallas,
de otros personajes que no son de mi historia.
Es dolor caminar entre caras desconocidas
con quienes no puedo compartir un poema,
hablar de cosas de la familia
o simplemente despotricar[2] contra el gobierno.

Es dolor llegar hasta el borde,[3]
ver de lejos el lago,
los rótulos[4] en la carretera: Frontera de Nicaragua
y saber que aún no se puede llegar más allá,
que lo más que se puede es empinarse[5]
y tratar de sentir el olor de las flores y campos
    y quemas.[6]

Es dolor,
pero se crece en canto
porque el dolor es fértil como la alegría
riega, se riega por dentro,
enseña cosas insospechadas,
enseña rabia
y viene floreciendo en tantas caras
que a punta de[7] dolor
es seguro que pariremos
un amanecer
para esta noche larga.

[1] árbol símbolico de la tristeza
[2] hablar mal
[3] límite
[4] letreros
[5] ponerse sobre la punta de los pies
[6] cuando se prende fuego a los restos de una cosecha
[7] a. . . a fuerza de

Yo fui una vez una muchacha risueña

que andaba con su risa
por toda una ciudad que le pertenecía.

Yo fui una vez una mujer poeta
que salía con un poema nuevo,
como quien sale con un hijo,
a enseñarlo, a gozarlo.
Yo fui una vez la madre de dos niñas preciosas
y andaba segura de mi felicidad,
desafiando al viento y a las cosas.

Ahora,
yo soy una mujer que no conoce la tierra donde vive,
sin amor, sin risa, sin Nicaragua,
soy una poeta
que escribe a escondidas
en oficinas serias y casas de huéspedes,
soy una muchacha que llora
debajo de un paraguas
cuando la muerde el recuerdo,
soy una madre que añora[8] la alegría de sus hijas:
Ahora,
soy un canto de lluvia y de nostalgia,
soy de ausencia.

[8] siente nostalgia de

Para verificar su comprensión

Haga una lista de los efectos del exilio descritos en los dos poemas. ¿Cuáles le parecen ser los más notables?

Interpretación de la lectura

1. En el primer poema, Belli habla del dolor del exilio. Describa Ud. el dolor de «recuerdo», «lectura», «moverse», «caminar» y «llegar hasta el borde», y comente sobre cómo Belli intensifica el dolor en cada estrofa. La última estrofa todavía enfoca el dolor del destierro, pero ahora tiene connotaciones diferentes. Describa este cambio y su significado.
2. En «Yo fui una vez una muchacha risueña», Belli traza un contraste muy llamativo entre la primera y la segunda estrofa. Describa Ud. la naturaleza de este contraste. ¿Cree Ud. que Belli comunica vívidamente la experiencia del exilio? ¿Por qué?

Comparaciones

Haga una comparación entre la situación descrita por Belli y las circunstancias de los emigrantes antillanos de «Encancaranublado» (ver Capítulo tres).

Tema escrito

Haga un estudio sobre los exiliados políticos de América Latina y el tema de la identidad nacional.

El machismo

OCTAVIO PAZ (*1914–   *)

El gran poeta y ensayista mexicano Octavio Paz ha sido uno de los principales exponentes latinoamericanos de la crítica cultural. Como diplomático, intelectual y artista ha sido universalmente aclamado tanto por su conciencia social como por su arte. Paz ganó fama internacional por su libro seminal de ensayos, *El laberinto de la soledad* (1950), un sondeo[1] profundo y provocador de la identidad y el carácter del mexicano. En él, Paz analiza y condena rotundamente el machismo, al cual él culpa de muchos de los males nacionales. Paz medita sobre las razones históricas, psicológicas y filosóficas del firme arraigo del machismo, y estudia sus varias manifestaciones sociales.

En este fragmento de *El laberinto de la soledad,* Paz reflexiona sobre el significado cultural del machismo, relacionándolo con el lenguaje, y, en particular, con los muchos sentidos de ciertas «palabras prohibidas».

[1] investigación

Guía de prelectura

¿Ha pensado Ud. alguna vez en la relación que existe entre el lenguaje tabú y el sexo? ¿Entre esta relación y las reglas sociales que la rigen? ¿En la relación entre el lenguaje y el carácter nacional? Paz ha meditado detenidamente sobre estos temas, como se puede ver en el siguiente análisis de los múltiples significados y usos de ciertas palabrotas[2] mexicanas. Antes de leer, piense en estas preguntas en lo pertinente al idioma inglés y a la cultura norteamericana.

[2]palabras groseras u obscenas

Los hijos de la Malinche[a]
(*fragmento*)

[3]áspera, bronca
[4]rasgadas, rotas
[5]*sparkling*
[6]rabias, cóleras
[7]deseos
[8]santo. . .*password*
[9]recurrimos
[10]aparece
[11]lanzándola
[12]*sharp*

En nuestro lenguaje diario hay un grupo de palabras prohibidas, secretas, sin contenido claro, y a cuya mágica ambigüedad confiamos la expresión de las más brutales o sutiles de nuestas emociones y reacciones. Palabras malditas, que sólo pronunciamos en voz alta cuando no somos dueños de nosotros mismos. Confusamente reflejan nuestra intimidad: las explosiones de nuestra vitalidad las iluminan y las depresiones de nuestro ánimo las oscurecen. Lenguaje sagrado, como el de los niños, la poesía y las sectas. Cada letra y cada sílaba están animadas de una vida doble, al mismo tiempo luminosa y oscura, que nos revela y oculta. Palabras que no dicen nada y dicen todo. Los adolescentes, cuando quieren presumir de hombres, las pronuncian con voz ronca.[3] Las repiten las señoras, ya para significar su libertad de espíritu, ya para mostrar la verdad de sus sentimientos. Pues estas palabras son definitivas, categóricas, a pesar de su ambigüedad y de la facilidad con que varía su significado. Son las malas palabras, único lenguaje vivo en un mundo de vocablos anémicos. La poesía al alcance de todos.

Cada país tiene la suya. En la nuestra, en sus breves y desgarradas,[4] agresivas, chispeantes[5] sílabas, parecidas a la momentánea luz que arroja el cuchillo cuando se le descarga contra un cuerpo opaco y duro, se condensan todos nuestros apetitos, nuestras iras,[6] nuestros entusiasmos y los anhelos[7] que pelean en nuestro fondo, inexpresados. Esa palabra es nuestro santo y seña.[8] Por ella y en ella nos reconocemos entre extraños y a ella acudimos[9] cada vez que aflora[10] a nuestros labios la condición de nuestro ser. Conocerla, usarla, arrojándola[11] al aire como un juguete vistoso o haciéndola vibrar como un arma afilada,[12] es una manera de afirmar nuestra mexicanidad.

Toda la angustiosa tensión que nos habita se expresa en una frase que nos viene a la boca cuando la cólera, la alegría o el entusiasmo nos llevan a exal-

---

[a]La Malinche fue intérprete, guía y amante del conquistador español Hernán Cortés. Aunque nuevas investigaciones están reivindicando el papel histórico de la Malinche, todavía hoy día su nombre se identifica en México con la traición al patrimonio nacional.

tar nuestra condición de mexicanos: ¡Viva México, hijos de la Chingada! Verdadero grito de guerra, cargado de una electricidad particular, esta frase es un reto[13] y una afirmación, un disparo,[14] dirigido contra un enemigo imaginario, y una explosión en el aire. Nuevamente, con cierta patética y plástica fatalidad, se presenta la imagen del cohete[15] que sube al cielo, se dispersa en chispas[16] y cae oscuramente. O la del aullido[17] en que terminan nuestras canciones, y que posee la misma ambigua resonancia: alegría rencorosa,[18] desgarrada afirmación que se abre el pecho y se consume a sí misma.

Con ese grito, que es de rigor gritar cada 15 de septiembre, aniversario de la Independencia, nos afirmamos y afirmamos a nuestra patria, frente, contra y a pesar de los demás. ¿Y quiénes son los demás? Los demás son los «hijos de la Chingada»: los extranjeros, los malos mexicanos, nuestros enemigos, nuestros rivales. En todo caso, los «otros». Esto es, todos aquellos que no son lo que nosotros somos. Y esos otros no se definen sino en cuanto hijos de una madre tan indeterminada y vaga como ellos mismos.

¿Quién es la Chingada? Ante todo, es la Madre. No una Madre de carne y hueso, sino una figura mítica. La Chingada es una de las representaciones mexicanas de la Maternidad, como la Llorona o la «sufrida madre mexicana» que festejamos el 10 de mayo. La Chingada es la madre que ha sufrido, metafórica o realmente, la acción corrosiva e infamante implícita en el verbo que le da nombre. Vale la pena detenerse en el significado de esta voz. . .[19]

En México los significados de la palabra son innumerables. Es una voz mágica. Basta un cambio de tono, una inflexión apenas, para que el sentido varíe. Hay tantos matices[20] como entonaciones: tantos significados como sentimientos. Se puede ser un chingón, un Gran Chingón (en los negocios, en la política, en el crimen, con las mujeres), un chingaquedito (silencioso, disimulado, urdiendo tramas[21] en la sombra, avanzando cauto para dar el mazazo[22]), un chingoncito. Pero la pluralidad de significaciones no impide que la idea de agresión —en todos sus grados, desde el simple de incomodar, picar, zaherir,[23] hasta el de violar, desgarrar[24] y matar— se presente siempre como significado último. El verbo denota violencia, salir de sí mismo y penetrar por la fuerza en otro. Y también, herir, rasgar, violar —cuerpos, almas, objetos—, destruir. Cuando algo se rompe, decimos: «se chingó». Cuando alguien ejecuta un acto desmesurado y contra las reglas, comentamos: «hizo una chingadera».

La idea de romper y de abrir reaparece en casi todas las expresiones. La voz está teñida de sexualidad, pero no es sinónimo del acto sexual; se puede chingar a una mujer sin poseerla. Y cuando se alude al acto sexual, la violación o el engaño le prestan un matiz particular. El que chinga jamás lo hace con el consentimiento de la chingada. En suma, chingar es hacer violencia sobre otro. Es un verbo masculino, activo, cruel: pica, hiere, desgarra, mancha. Y provoca una amarga, resentida satisfacción en el que lo ejecuta.

Lo chingado es lo pasivo, lo inerte y abierto, por oposición a lo que chinga, que es activo, agresivo y cerrado. El chingón es el macho, el que

[13] desafío
[14] descarga de pistola
[15] *rocket*
[16] partículas pequeñas encendidas
[17] *bowl*
[18] hostil
[19] palabra
[20] tonos
[21] urdiendo. . . creando intrigas
[22] golpe
[23] mortificar
[24] rasgar, romper, destrozar

abre. La chingada, la hembra, la pasividad pura, inerme[25] ante el exterior. La relación entre ambos es violenta, determinada por el poder cínico del primero y la impotencia de la otra. La idea de violación rige oscuramente todos los significados. La dialéctica de «lo cerrado» y «lo abierto» se cumple así con precisión casi feroz.

El poder mágico de la palabra se intensifica por su carácter prohibido. Nadie la dice en público. Solamente un exceso de cólera, una emoción o el entusiasmo delirante, justifican su expresión franca.[26] Es una voz que sólo se oye entre hombres, o en las grandes fiestas. Al gritarla, rompemos un velo de pudor,[27] de silencio o de hipocresía. Nos manifestamos tales como somos de verdad. Las malas palabras hierven en nuestro interior, como hierven nuestros sentimientos. Cuando salen, lo hacen brusca, brutalmente, en forma de alarido,[28] de reto, de ofensa. Son proyectiles o cuchillos. Desgarran. . .

La palabra chingar, con todas estas múltiples significaciones, define gran parte de nuestra vida y califica nuestras relaciones con el resto de nuestros amigos y compatriotas. Para el mexicano la vida es una posibilidad de chingar o de ser chingado. Es decir, de humillar, castigar y ofender. O a la inversa. Esta concepción de la vida social como combate engendra fatalmente la división de la sociedad en fuertes y débiles. Los fuertes —los chingones sin escrúpulos, duros e inexorables— se rodean de fidelidades ardientes e interesadas. El servilismo ante los poderosos —especialmente entre la casta de los «políticos», esto es, de los profesionales de los negocios públicos— es una de las deplorables consecuencias de esta situación. Otra, no menos degradante, es la adhesión a las personas y no a los principios. Con frecuencia nuestros políticos confunden los negocios públicos con los privados. No importa. Su riqueza o su influencia en la administración les permite sostener una mesnada[29] que el pueblo llama, muy atinadamente,[30] de «lambiscones» (de lamer).[31]

El verbo chingar —maligno, ágil y juguetón como un animal de presa—[32] engendra muchas expresiones que hacen de nuestro mundo una selva: hay tigres en los negocios, águilas en las escuelas o en los presidios,[33] leones con los amigos. El soborno[34] se llama «morder». Los burócratas roen[35] sus huesos (los empleos públicos). Y en un mundo de chingones, de relaciones duras, presididas por la violencia y el recelo,[36] en el que nadie se abre ni se raja[37] y todos quieren chingar, las ideas y el trabajo cuentan poco. Lo único que vale es la hombría, el valor personal, capaz de imponerse. . .

En todas las civilizaciones la imagen del Dios Padre —apenas destrona a las divinidades femeninas— se presenta como una figura ambivalente. Por una parte, ya sea Jehová, Dios Creador, o Zeus, rey de la creación, regulador cósmico, el Padre encarna[38] el poder genérico, origen de la vida; por la otra es el principio anterior, el Uno, de donde todo nace y adonde todo desemboca.[39] Pero, además, es el dueño del rayo y del látigo, el tirano y el ogro[40] devorador de la vida. Este aspecto —Jehová colérico, Dios de ira, Saturno, Zeus violador de mujeres— es el que aparece casi exclusivamente en las re-

[25] indefensa
[26] libre
[27] modestia
[28] grito
[29] grupo de personas
[30] apropiadamente
[31] *to lick*
[32] de. . . *predatory*
[33] prisiones
[34] *bribery*
[35] *gnaw*
[36] sospecha
[37] se rinde, se da por vencido
[38] representa
[39] termina
[40] monstruo

presentaciones populares que se hace el mexicano del poder viril. El «macho» representa el polo masculino de la vida. La frase «yo soy tu padre» no tiene ningún sabor paternal, ni se dice para proteger, resguardar o conducir, sino para imponer una superioridad, esto es, para triunfar. Su significado real no es distinto al del verbo chingar y algunos de sus derivados. El «Macho» es el Gran Chingón.

Una palabra resume la agresividad, impasibilidad, invulnerabilidad, uso descarnado[41] de la violencia, y demás atributos del «macho»: poder. La fuerza, pero desligada de toda noción de orden: el poder arbitrario, la voluntad sin freno y sin cauce.[42]

[41] crudo
[42] dirección

Para verificar su comprensión

¿Cierto o falso?

_____   1. La «Chingada» es una figura mítica.

_____   2. Hay un solo significado del término «chingar».

_____   3. La idea de agresión está siempre presente en la palabra.

_____   4. El que chinga siempre lo hace con el consentimiento de la chingada.

_____   5. El chingón es «lo abierto», mientras que la chingada es «lo cerrado».

_____   6. La palabra tiene poder mágico porque es tan pública.

_____   7. La palabra concibe la vida social como una empresa cooperativa.

_____   8. La vida política sufre mucho por la dialéctica entre chingar o ser chingado.

_____   9. Para el mexicano, la imagen del padre sugiere la imposición más que la protección.

_____ 10. La palabra «poder» resume todos los atributos del macho.

Interpretación de la lectura

1. ¿Es contradictorio que ambos los mexicanos y los demás sean considerados como «hijos de la Chingada»? ¿Por qué?
2. ¿Quién es la «Chingada»? ¿Por qué connota necesariamente el sufrir?
3. En sus meditaciones sobre la «Chingada» y los muchos matices y significados de la palabra «chingar», Paz sostiene que el verbo

denota, sobre todo, agresión y violencia. Si eso es verdad, ¿qué importancia tiene para la identidad nacional el hecho de que los mexicanos se consideren «hijos de la Chingada»?

4. La tensión entre «lo cerrado» y «lo abierto» es uno de los temas principales de *El laberinto de la soledad.* ¿Cómo relaciona Paz esta tensión con el verbo «chingar»?

5. ¿Por qué dice Paz que la palabra «chingar» define gran parte de la vida del mexicano?

6. Según Paz, ¿cuál es la relación entre el machismo y el verbo «chingar»?

Comparaciones

1. Haga una comparación entre lo que dice Ramos del machismo del «pelado» y lo que dice Paz aquí sobre la agresividad exagerada del mexicano. Ponga atención especial en el empleo que hacen ambos de la frase «yo soy tu padre».

2. ¿Cree Ud. que para Marqués las denominaciones «chingón» y «chingado» serían aptas para caracterizar la relación entre los EEUU y Puerto Rico? ¿Piensa Ud. que las características de la chingada se pueden aplicar al puertorriqueño dócil que describe Marqués? ¿Por qué?

Tema escrito

Haga una investigación sobre el machismo en América Latina enfocando en sus efectos en la vida pública. ¿Se puede establecer una vinculación adicional entre el machismo y el militarismo? ¿Cómo?

MARUJA BARRIG

La feminista peruana Maruja Barrig, en su trabajo *Cinturón de castidad* (1979), critica al sistema que apoya el machismo. Comienza por describir los varios cambios significativos de la década de los años sesenta en el Perú —la corriente progresista de la Iglesia, los programas sociales de la junta militar, las reformas democráticas en la educación, la expansión del sector urbano y de las oportunidades para la mujer, y la difusión de la píldora anticonceptiva. Después, Barrig habla de cómo será la vida de la mujer urbana, de clase media, a fines de la década de los años sesenta. ¿Produjeron frutos diez años después los cambios iniciados en ese momento? ¿Y qué clase de frutos? Combinando testimonios anónimos con ensayos de crítica cultural, Barrig concluye que un cinturón de castidad mental hace que la mujer sufra en silencio todas las contradicciones que está viviendo, por ejemplo, las referentes a la sexualidad, al divorcio y al trabajo, porque estos temas todavía no se discuten cómodamente.

En el fragmento de *Cinturón de castidad* que sigue a continuación, Barrig habla de lo que para ella es la sustitución actual de la familia por los medios de comunicación, o sea, que éstos ejercen ahora la función de control social que antes pertenecía a la familia. Luego, Barrig relaciona este fenómeno con la vida de la mujer de la clase media peruana.

La familia: vieja institución, nueva fachada (*fragmento*)

Mientras la función del control social sobre los individuos se realizaba fundamentalmente a través de las familias —ellas mismas a su vez principales reproductores de ideología— su importancia y su validez fueron innegables. Pero la robustez de las sociedades industrializadas puede permitirse elementos marginales y contestatarios.[1] La conservación del orden social se filtra hoy a través de refinados mecanismos de adscripción[2] de la población, mediante los medios masivos de comunicación. Si la familia fue hace unos años el principal centro reproductor de ideología, en cuya cohesión reposaba el control estatal más sutil, su hipotética descomposición hoy no representa un peligro. Al hacerse cargo los medios de comunicación de la función de perduración[3] de la ideología dominante, son éstos quienes difunden los esquemas de comportamiento ideales que se ajustan a ambos sexos: el modelo de una madre prudente que zurce y borda[4] frente a un crucifijo, recibe calladamente las órdenes del marido y no tiene opinión propia —imagen de hace unos cuarenta años recibida en casa— es hoy reemplazada por esa ama de casa eficiente que va de compras en carro, se ocupa de pagar las cuentas de lavandería y cocina los fines de semana para los invitados del esposo, disculpándose de la conversación con un «No sé nada de política», imagen no asimilada en casa seguramente, sino en un par de revistas, tres series de televisión y cinco fotonovelas. Es cierto que los tiempos han cambiado. Así como hoy ningún niño de siete años puede creer que a los bebés los trae la cigüeña,[5] es bastante difícil asegurarle a una quin-

[1] disidentes
[2] manipulación
[3] perpetuación
[4] zurce. . . tipos de costura
[5] *stork*

ceañera que si se conserva virgen conseguirá un «buen partido»[6] o que las señoritas decentes no trabajan. Pero después de tanto alboroto[7] se ha remozado[8] la fachada sin cambiar el edificio, los esquemas básicos de comportamiento tradicional femenino se siguen manteniendo como ideales.

La prueba de que la «apertura femenina» fue sólo aceptada en el estilo y no en los contenidos se puede analizar en las revistas y en la televisión. Las mismas revistas femeninas que hace unos años recomendaban veladamente[9] la castidad prematrimonial de las mujeres, publican hoy tests que preguntan: ¿Qué hace Ud. después de hacer el amor? Las lectoras pueden contestar si fuman, leen un libro o toman café para averiguar si son dinámicas, soñadoras o intelectuales. Los personajes de la novelista española Corín Tellado, tan desmenuzados[10] por los investigadores en comunicación de masas, eran hace diez años jovencitas de veinte o dieciocho años que no sabían lo que era el amor y jamás habían sido besadas. Hoy, las mismas tienen relaciones sexuales prematrimoniales pero terminan sintiéndose «una pequeña cosa» entre los brazos de su amante.

La edición en español de la revista femenina *Cosmopolitan* se dirige a toda América Latina joven; sus mujeres son «chicas cosmo» liberadas totalmente de su yugo[11] sexual de antaño, viven solas y trabajan en oficinas. Sus lectoras son, sin embargo, agobiadas[12] con recetas de cocina —supuestamente afrodisíacas— para prepararle a El; se les imparte consejos para atrapar un buen partido y se les garantiza la conquista de todo un auditorio masculino con una mascarilla facial de manzanas y huevo batido. El sistema ha sido capaz de asimilar los movimientos feministas y reducir su espíritu contestario a una dimensión caricaturesca que sigue manteniendo lo esencial del rol femenino. La libertad sexual de la mujer le sirve para conseguir marido, el trabajo es una magnífica ocasión de conseguir marido, y dietas y ejercicios físicos la dejarán exhausta pero en mejores condiciones para conseguir marido. Luego del matrimonio, velar por la felicidad del marido y los hijos es la tarea más apremiante.[13] Y llegamos a donde partimos.

Una investigación entre las fotonovelas, la producción literaria más difundida para las mujeres de clases populares en América Latina, y la revista *Vanidades,* editada por el grupo De Armas, un consorcio editorial robustecido por el trabajo de cubanos exiliados de la revolución, demuestra cómo se perennizan[14] los comportamientos socialmente aceptados. El trabajo femenino, por ejemplo, es visto como un medio para encontrar marido; sólo en 15% de las historias que conformaban la muestra,[15] la mujer seguía trabajando después de casada. La dependencia femenina es presentada como una característica deseable en 57% de los casos. La pasividad es la cualidad femenina que más se exalta y la definitiva autoridad del héroe, generalmente un hijo de la alta burguesía, está presente y reforzada. Antes que su ubicación de clase, el control ideológico sobre la mujer es lo determinante de la reproducción del rol femenino tradicional.

¿Qué hay en esa cabecita? —se pregunta un spot publicitario ante una linda chica—. «Caspa,[16] no hay» le contestan. Seguramente no hay muchas

[6]marido
[7]ruido
[8]rejuvenecido
[9]discretamente
[10]examinados minuciosamente
[11]dominio
[12]bombardeadas
[13]urgente
[14]perpetúan
[15]que. . . que se analizaban en el estudio
[16]*dandruff*

otras cosas más, pero queda más o menos claro que para lo único que les sirve a las mujeres la cabeza es para llevar un cabello hermoso y libre de caspa. Del mismo modo como las revistas tienen asegurado un público comprometido con sus mensajes, la televisión y la publicidad son los mecanismos más sutiles para la trasmisión de los esquemas que a la sociedad le interesa conservar. Aunque los mecanismos de adscripción social al sistema se difunden para hombres y mujeres, las mujeres son las principales víctimas: desde la empleada doméstica— uno de los escalones más bajos del servilismo humano en nuestro país— que llega a consagrarse como famosa diseñadora de modas, perennizando aquello de «igualdad de oportunidades para todos. . . hasta para la mujer», en la telenovela «Simplemente María», hasta la perpetuación del rol femenino tradicional con la propaganda de un caldo: la madre, dando los últimos toques al vestido de novia de su hija, a punto de salir a la Iglesia: «Ah y no te olvides de que al hombre se le retiene por el estómago. Usa caldos tal, pon imaginación. . . en tu comida».

Si se pretendiera hacer un boceto[17] de la mujer peruana a través de la propaganda en la televisión nacional descubriríamos, en primer lugar, que es una mujer de la clase media —salvo en el caso de insecticidas y detergentes en que pertenece a los sectores populares— que de soltera trabaja de secretaria y es conquistada por la hermosa camisa de su jefe o asediada[18] por todos los jóvenes de su oficina que se enamorarán de ella por su hermoso cutis[19] o su lindo cabello. Cuando la mujer se casa, su felicidad se reduce al marido y al buen manejo de la casa; así, ella está cansada pero feliz con su licuadora[20] nueva; con el condimento marca X su esposo le deja los platos limpiecitos, lo cual la hace también muy feliz. Su mayor felicidad consistirá en tener una camioneta de esta otra marca, con la cual no tendrá problemas para sus compras en el mercado y anunciará a su mejor amiga que está «feliz» porque el nuevo lavaplatos le deja su vajilla chillando.[21] Las mujeres estarán siempre compitiendo entre ellas para discernir quién tiene la ropa más limpia, el cutis con menos arrugas[22] y el cabello teñido[23] que disimula las canas[24] y da una «apariencia juvenil». La mujer, entonces, encontrará la felicidad y la realización de su vida cocinando en su casa, manteniendo los pisos bien encerados[25] y cuidando que sus niños se lustren el calzado con ese betún[26] y tomen leche vitaminizada.

Los embates[27] de un discurso feminista, la liberación sexual de las mujeres, su acceso masivo a la universidad y las deserciones matrimoniales que se traducen en divorcios y separaciones son eficientemente contrarrestados con la difusión de tradicionales comportamientos femeninos. Si hace varias décadas fue necesario, en el Perú, formular una red de concepciones legales y sociales que se nucleaban en la familia y anclaran a la mujer a su «innata» pasividad y a su temperamento maternal, hoy las revistas, la radio y la televisión se han convertido en sutiles, pero poderosos sustitutos. Es importante notar que, en la actualidad, se tiende a reforzar el rol tradicional de la madre y la esposa en una coyuntura[28] de crisis económica y agudos niveles de desempleo. Las oportunidades que se abrieron para la mujer de la pequeña

[17] retrato
[18] deseada
[19] piel (de la cara)
[20] *blender*
[21] muy limpia
[22] líneas
[23] coloreado artificialmente
[24] cabellos blancos
[25] lustrados
[26] pomada para zapatos
[27] ataques
[28] momento

burguesía urbana con la industrialización del país en la década del sesenta y el desmesurado crecimiento del aparato burocrático en los años siguientes, hoy están prácticamente clausuradas. Si no hay trabajo para hombres, menos lo habrá para mujeres, es un poco la pesimista conclusión.

Sin embargo, la ambivalencia, las contradicciones entre lo que se valora como conquista y aquello que perdura como modelo se mantienen latentes entre muchas mujeres de esta década. A ellas se les ha permitido planificar su familia con medios anticonceptivos, pero se publicita que los efectos secundarios de las píldoras son responsables de infartos, hemiplejías y caries dentales.[29] Las mujeres ingresan a la universidad, pero se les recuerda que su misión es el matrimonio. Pueden trabajar cuando tienen hijos, pero se les advierte que la presencia de la madre es imprescindible para el niño que, de otro modo, resultará una víctima con trastornos[30] psicológicos y fatales complejos. Y, cuando el marido condescendiente acepta que su mujer trabaje fuera de casa, se convertirá en el primer vigilante y celador[31] del estricto cumplimiento de su esposa como ama de casa. Al denunciarse las discriminaciones, hombres e incluso mujeres, niegan que existan estas desigualdades. A la mujer se le reclama que asuma este nuevo rol que tanto demandó, que se convierta —si puede— en ese agente dinámico y creativo que pretende ser, pero al mismo tiempo se reforzarán subliminalmente sus roles tradicionales y se levantarán todas las barreras discriminatorias e intimidatorias. Ni más ni menos que cuando se le dan a una mujer las llaves de un carro y se le dice ¡Manéjalo!, luego de haber pontificado lo mal que conducen las mujeres —casi débiles mentales al volante—[32] culpables de los peores accidentes de tránsito. Cuando en una bocacalle,[33] una mujer insegura al volante, con un bullicio[34] de claxones[35] encolerizados atrás, aprieta sus dedos sobre el timón[36] sin atreverse a cruzar la avenida, los hombres conductores la descubren y suspiran: «Claro, tenía que ser mujer».

[29] infartos. . . *heart attacks, strokes, and tooth decay*
[30] problemas
[31] guardián
[32] *steering wheel*
[33] entrada de una calle
[34] ruido
[35] bocinas
[36] volante

Para verificar su comprensión

Escoja la respuesta más apropiada.

1. Antes, el control social se realizaba mediante
   a. la escuela.
   b. la familia.
   c. la Iglesia.

2. Ahora, el control social se realiza mediante
   a. la mujer liberada.
   b. la ideología política dominante.
   c. los medios de comunicación.

3. La «apertura femenina» es
    a. más aparente que real.
    b. un logro fenomenal.
    c. evidente en las revistas y en la televisión.

4. La revista *Cosmopolitan* en español refuerza
    a. bajo nuevo ropaje, la imagen estereotipada de la mujer tradicional.
    b. la independencia femenina.
    c. el deseo de la mujer de superarse intelectualmente.

5. Los avisos comerciales en la televisión
    a. ilustran la igualdad de oportunidades.
    b. propagan el rol tradicional.
    c. presentan un retrato realista de la familia contemporánea.

6. La mujer peruana de la televisión es generalmente
    a. una criada que se ocupa de la limpieza de la ropa y de la casa.
    b. una secretaria libre y joven que se casa y vive feliz.
    c. una mujer profesional que no sabe cocinar.

7. Las oportunidades para la mujer burguesa urbana
    a. son casi nulas.
    b. están expandiéndose con la economía.
    c. están disponibles si uno quiere ser burócrata.

8. Muchas mujeres actualmente se sienten
    a. apoyadas y reforzadas.
    b. confundidas por la ambivalencia.
    c. dinámicas y creativas.

Interpretación de la lectura

1. ¿Qué modelos de conducta femenina se presentan en los medios masivos de comunicación de masas para el ama de casa actual?
2. Barrig sostiene que los cambios para la mujer han sido superficiales, no fundamentales, y que los comportamientos tradicionales siguen funcionando como ideales. ¿Qué pruebas ofrece de esta afirmación? ¿Son convincentes?
3. ¿Cómo es el boceto de la mujer peruana que se ve en la televisión? ¿En qué se asemeja al de la mujer norteamericana?
4. ¿Por qué es tan urgente que la mujer peruana actúe ahora?
5. Describe la ambivalencia y las contradicciones que comenta Barrig.

¿Por qué es confuso este nuevo rol? ¿En qué se compara al de la mujer norteamericana de clase media?

Comparaciones

1. Haga una comparación entre la mujer en «Valium 10» de Castellanos (ver Capítulo cinco) y la mujer peruana descrita aquí. ¿Diría Ud. que son víctimas las dos? ¿En qué forma?
2. ¿Se puede establecer una comparación entre «lo abierto» que comenta Paz y la servilidad que critica Barrig? Explique.
3. ¿Qué pensaría Mónica (ver Capítulo seis) de las afirmaciones de Barrig? ¿Tendría Mónica quejas semejantes? ¿Diferentes? ¿Por qué?

Para comentar

¿Cree Ud. que el papel de la familia, tanto la norteamericana como la peruana, está siendo reemplazado por los medios de comunicación? ¿Por qué?

¿Está Ud. de acuerdo?

1. «El sistema ha sido capaz de asimilar los movimientos feministas y reducir su espíritu contestatario a una dimensión caricaturesca que sigue manteniendo lo esencial del rol femenino».
2. «Antes de su ubicación de clase, el control ideológico sobre la mujer es lo determinante de la reproducción del rol femenino tradicional».
3. «Aunque los mecanismos de adscripción social al sistema se difunden para hombres y mujeres, las mujeres son las principales víctimas. . .»

ELENA MILAN

Elena Milán, poetisa y cuentista mexicana, ha estudiado en los EEUU y en Europa, y ha trabajado como traductora e intérprete para el gobierno mexicano. Publicó en 1980 su colección poética *Circuito amores y anexas,* de la cual viene su conocido poema «Las buenas mujeres», cuya segunda y tercera partes siguen a continuación. A través de un estilo informal, irónico y compasivo en este poema, Milán capta la relación agridulce entre «las buenas mujeres» del pasado y sus hijas. Con enojo y comprensión, rechaza el hembrismo que truncó[1] el desarrollo pleno de la mujer de la generación de la madre y la abuela. Al mismo tiempo, Milán reconoce que las quiere por el martirio callado y abnegado[2] que ellas le han legado a la generación de mujeres de hoy.

[1] cortó, interrumpió
[2] con sacrificio

Las buenas mujeres (*fragmento*)

II.

Ellas son las madres, tías, abuelas, los regazos[3] para cien bebés, la plenitud de las caderas, los pilares del núcleo familiar, las detentadoras[4] de misterios, secretos y sabiduría;

las buenas mujeres, cenotes[5] de los sacrificios —recibidores de oro en ofrenda por preservar la especie—;

las cocineras, lavanderas, costureras, barrenderas[6] incansables. Limpieza no sólo rima con pureza, también debe parecerlo: Ay de aquélla que enamorada de Don Ameche[a] tenga el valor de escribirle pidiéndole un autógrafo.

Ellas, que tuvieron pretendientes a montones —¿conociste la lista? Y luego nos explicaron el favor que hicieron a papá casándose con él y cuántos años llevan pagándolo.

Ellas, que renunciaron al sexo antes y unos años después del matrimonio y tuvieron hijos en penitencia a sus pecados, por decisión sacerdotal.

Ellas, que nos acogieron[7] con lástima en consideración a nuestro sexo y nos prepararon para ser duras piedras de sacrificios pero dúctiles plastilinas[8] entre los dedos de nuestros señores.

Ellas, a quienes soñamos como bestias tendidas a la puerta de la casa —dragones del San Jorge que ya salió del calendario— vigilando su honor e integridad; o las vemos con un falo en la mano carcajeándose de nuestro afán de hallarlo.

Ellas, que nos conservaban niñas indefensas —nuestra edad señalaba con el índice la suya y nos demostraban que la inocencia y la ignorancia suelen

[3] *laps*
[4] usuarias, dueñas ilegítimas
[5] pozos
[6] personas que tienen el oficio de barrer
[7] protegieron
[8] materiales maleables

---

[a] actor popular del cine en la década de los años cuarenta

mover a sentimientos dulces—; que se hablan de tú con Bernarda Alba[b] y poseen el poder del bien y del mal —¿cuántas condenas al ostracismo decretaron en tu pueblo?, ¿cuántos destierros?, ¿sobre cuántos cuerpos tatuaron la señal del Malo?

Ellas, que manejan desde lejos los cordones del control.

Y nosotras aún llevamos nuestro desconcierto[9] en bandeja[10] a la altura de los ojos, todavía vestales,[11] sin usar unas tijeras.

¿Dónde, dónde? que alguien guíe nuestras uñas, dirija nuestros dientes, nos enseñe dónde se adquiere, cómo, en qué forma se utiliza un bisturí.[12]

[9] desorientación
[10] *tray, platter*
[11] doncellas, vírgenes
[12] *scalpel*

III.

Pero ellas vienen desde la bisabuela y la tatarabuela, —la vida es así, ¿cómo te atreves?, ¿de dónde sacas semejantes ideas exóticas? Escucha la voz de la experiencia.

Nacieron en Saltillo o en Morelia, en Oaxaca o en San Luis[13] —niñas de bloomers, de moños[14] atados a la espalda y cabellos hasta la cintura: mi madre se lo cortó a los veinte años y los abuelos dejaron de hablarle por un mes.

Las veo cruzando la calle, los libros bajo el brazo, temerosas de ser aplastadas por la estatura de cúpulas y campanarios,

las veo llevando un ritmo de palo en las columnas tableradas, espiando, adivinando detrás de cada ventanal defendido a hierro, el asiento de cantera[15] y la tejedora de crochet, la bordadora de la acuarela;[16]

las veo jugando al avión, la roña, la matatena,[17] repitiendo en susurros[18] la lección del día:

[13] Saltillo. . . ciudades provinciales de México
[14] lazos de adorno
[15] de piedra
[16] *watercolor*
[17] avión. . . juegos de niños
[18] murmullos
[19] Escuela Normal
[20] obedeciendo, aceptando

> No debes pensar
> no debes leer
> si te quieres casar;

las veo adolescentes, yendo a la Normal,[19] a la escuela de comercio, pensando en ayudar a la familia, sin imaginar algo llamado independencia —
Es tan buena mi hija, me entrega todo lo que gana;

las veo débiles, acatando[20] la preferencia de mamá por la bonita, o la manuable;

las veo aprendiendo a ser hipócritas, tentando al hombre, saliendo, entrando, ofreciendo, negando, hasta tener las bendiciones por escrito, que así debía ser y ellos lo pedían así;

---

[b] Bernarda Alba es la madre dominante, emocionalmente alterada por las restricciones machistas de la sociedad provincial española en la obra de teatro *La casa de Bernarda Alba* de Federico García Lorca.

las veo tras el confesionario: Padre, me acuso de haber pecado conmigo
misma. Sola, sí. No, no he conocido varón. Y en el banquillo. ¿A dónde
vas? ¿Quién te acompaña? ¿A qué hora llegas? ¿Son gente respetable? ¿De
qué familia vienen?
Las veo, después de un baile, lavando pisos, paredes, corredores: un baile
cuesta caro: la tía Susana me dijo que ella pagaba sonriente y en sus ojos
había risas.
Las veo y me pregunto si alguna vez tuvieron un orgasmo —y quisiera tener
los brazos inmensos, saber cómo llegar a ellas, consolarlas.

Para verificar su comprensión

Describa en una frase las características principales de
«ellas», las antepasadas. Describa con uno o dos adjetivos a
«nosotras», las hijas.

Interpretación de la lectura

1. ¿Por qué Milán llama a las madres «cenotes de los sacrificios»?
2. ¿Qué quiere decir Milán con «tuvieron hijos en penitencia a sus
   pecados, por decisión sacerdotal»?
3. ¿Cómo preparan las madres a sus hijas?
4. ¿Cómo critica Milán el control indirecto que ejerce la madre?
5. En la tercera parte, Milán pinta una imagen mental de la juventud de
   sus antepasadas. ¿Cómo es? ¿Cómo perpetúa la resignación?
6. ¿Cuál es la lección del día? ¿Tiene la misma función actualmente que
   tenía antes?
7. ¿Cómo ve Milán a las mujeres al final del poema?
8. ¿Qué crítica del hembrismo, e indirectamente del machismo, hace
   Milán aquí?

Temas escritos

1. Ramos y Paz critican la agresividad antisocial del machismo mientras
   Barrig y Milán critican la pasividad femenina perpetuada por las
   normas tradicionales. Reflexionando sobre estas lecturas, ¿puede Ud.
   ofrecer observaciones en cuanto a las causas históricas y culturales
   del machismo? ¿Qué sugeriría Ud. para superarlo?

2. ¿Cree Ud. que la exaltación y perpetuación de la pasividad femenina representan la «internalización» de la visión del opresor de la que habla Freire (ver Capítulo seis)? Explique.

El militar

MARIO VARGAS LLOSA (*1936–   *)

Desde que dejó de apoyar la revolución cubana a fines de la década de los años sesenta, Mario Vargas Llosa ha ido despojándose[1] poco a poco de su antiguo izquierdismo, como se puede ver actualmente en su crítica al gobierno sandinista de Nicaragua. No obstante esto, su aclamada novela *La ciudad y los perros* (1963) queda como una severa y mordaz denuncia del código militar de valores que estima excesivamente el orden y la disciplina. La novela trata de la vida en un colegio militar, al cual los jóvenes han sido enviados por sus padres para que «se hicieran hombres». En una maniobra[2] militar en el colegio muere uno de los cadetes. Si es muerte accidental o asesinato no se sabe de inmediato; lo que sí se sabe es que los oficiales no quieren investigar sino esconder la verdad, por temor a un escándalo que mancharía el honor militar. Pero hay un teniente hecho y derecho,[3] un tal Gamboa, que cree firmemente en los ideales del ejército, y que quiere que el asunto se investigue para que la verdad se descubra. Los superiores de Gamboa se enojan con él y colaboran para arruinar su carrera militar. En el breve pasaje que sigue, el desafortunado Gamboa comienza a cuestionar su lealtad ciega al ejército.

[1] deshaciéndose, librándose
[2] ejercicio
[3] hecho. . . auténtico

Guía de prelectura

Lea los dos primeros párrafos. Luego indique Ud. cuáles de las descripciones siguientes del estado emocional de

Gamboa se refieren al primer párrafo y cuáles se refieren al segundo.

——— a. Suda mucho.

——— b. Le da remordimientos el recuerdo del incidente con el cabo.

——— c. Recuerda su admiración por el capitán Montero, su antiguo profesor.

——— ch. Cuestiona su dedicación al estudio de los cursos militares cuando era cadete.

——— d. Encuentra una contradicción entre su entrenamiento militar y la situación que está experimentando en el Colegio Militar.

——— e. Recuerda su pasado.

——— f. La bebida le hace sentir mal.

——— g. No sabe adónde ir.

——— h. Se hace preguntas sobre la función verdadera de Paulino.

——— i. Se acuerda de que en Ayacucho sus hombres se burlaban de él pero que también le respetaban.

——— j. Piensa en Rosa.

——— k. Puede hacer como los otros y cuidar su propia carrera.

——— l. Va a «La Perlita» en vez del correo.

La ciudad y los perros (*fragmento*)

El teniente Gamboa salió de su cuarto y se detuvo un instante en el pasillo para limpiarse la frente con el pañuelo. Estaba transpirando.[4] Acababa de terminar una carta a su mujer y ahora iba a la Prevención[5] a entregársela al teniente de servicio para que la despachara con el correo del día. Llegó a la pista de desfile.[6] Casi sin proponérselo, avanzó hacia «La Perlita».[7] Desde el descampado,[8] vio a Paulino abriendo con sus dedos sucios los panes que vendería rellenos de salchicha, en el recreo. ¿Por qué no se había tomado medida alguna contra Paulino, a pesar de haber indicado él en el parte[9] el contrabando de cigarrillos y de licor a que el injerto[10] se dedicaba? ¿Era Paulino el verdadero concesionario de «La Perlita» o un simple biombo?[11] Fastidiado, desechó esos pensamientos. Miró su reloj:

[4] sudando
[5] lugar donde está la guardia que vigila el cuartel
[6] pista. . . terreno de parada
[7] nombre de una tienda
[8] campo abierto
[9] informe oficial
[10] término despectivo
[11] fachada, *screen*

dentro de dos horas habría terminado su servicio y quedaría libre por veinticuatro horas. ¿A dónde ir? No le entusiasmaba la idea de encerrarse en la solitaria casa del Barranco; estaría preocupado, aburrido. Podía visitar a alguno de sus parientes, siempre lo recibían con alegría y le reprochaban que no los buscara con frecuencia. En la noche, tal vez fuera a un cine, siempre había films de guerra o de gangsters en los cinemas de Barranco. Cuando era cadete, todos los domingos él y Rosa iban al cine en matiné y en vermuth[12] y a veces repetían la película. El se burlaba de la muchacha, que sufría en los melodramas mexicanos y buscaba su mano en la oscuridad, como pidiéndole protección, pero ese contacto súbito lo conmovía y lo exaltaba secretamente. Habían pasado cerca de ocho años. Hasta algunas semanas atrás, nunca había recordado el pasado, ocupaba su tiempo libre en hacer planes para el futuro. Sus objetivos se habían realizado hasta ahora, nadie le había arrebatado[13] el puesto que obtuvo al salir de la Escuela Militar. ¿Por qué, desde que surgieron estos problemas recientes, pensaba constantemente en su juventud, con cierta amargura?

—¿Qué le sirvo, mi teniente? —dijo Paulino, haciéndole una reverencia.

—Una Cola.

El sudor dulce y gaseoso de la bebida le dio náuseas. ¿Valía la pena haber dedicado tantas horas a aprender de memoria esas páginas áridas, haber puesto el mismo empeño en el estudio de los códigos y reglamentos que en los cursos de estrategia, logística y geografía militar? «El orden y la disciplina constituyen la justicia —recitó Gamboa, con una sonrisa ácida en los labios—, y son los instrumentos indispensables de una vida colectiva racional. El orden y la disciplina se obtienen adecuando[14] la realidad a las leyes». El capitán Montero les obligó a meterse en la cabeza hasta los prólogos del reglamento. Le decían «el leguleyo» porque era un fanático de las citas jurídicas. «Un excelente profesor, pensó Gamboa. Y un gran oficial. ¿Seguirá pudriéndose[15] en la guarnición[16] de Borja?» Al regresar de Chorrillos, Gamboa imitaba los ademanes[17] del capitán Montero. Había sido destacado[18] a Ayacucho y pronto ganó fama de severo. Los oficiales le decían el «Fiscal»[19] y la tropa «el Malote».[20] Se burlaban de su estrictez, pero él sabía que en el fondo lo respetaban con cierta admiración. Su compañía era la más entrenada, la de mejor disciplina. Ni siquiera necesitaba castigar a los soldados; después de un adiestramiento[21] rígido y de unas cuantas advertencias,[22] todo comenzaba a andar sobre ruedas.[23] Imponer la disciplina había sido hasta ahora para Gamboa, tan fácil como obedecerla. El había creído que en el Colegio Militar sería lo mismo. Ahora dudaba. ¿Cómo confiar ciegamente en la superioridad después de lo ocurrido?[a] Lo sensato sería tal vez hacer como los demás. Sin duda, el capitán Garrido tenía razón: los reglamentos deben ser interpretados con cabeza, por encima de todo hay que cuidar su propia seguridad, su porvenir. Recordó que al poco tiempo de ser destinado

[12] sesión de cine o teatro por la tarde
[13] quitado
[14] ajustando
[15] deteriorándose
[16] *garrison*
[17] movimientos, gestos
[18] enviado
[19] persona que juzga severamente las acciones de los demás
[20] mal tipo
[21] entrenamiento
[22] recomendaciones
[23] andar. . .funcionar bien

---

[a] Se refiere a la muerte del cadete.

al Leoncio Prado,[b] tuvo un incidente con un cabo.[24] Era un serrano[25] insolente, que se reía en su cara mientras él lo reprendía.[26] Gamboa le dio una bofetada[27] y el cabo le dijo entre dientes: «si fuera cadete no me hubiera pegado, mi teniente». No era tan torpe ese cabo, después de todo.

Pagó la Cola y regresó a la pista de desfile. Esa mañana había elevado[28] cuatro nuevos partes sobre los robos de exámenes, el hallazgo de las botellas de licor, las timbas en las cuadras[29] y las *contras*.[c] Teóricamente, más de la mitad de los cadetes de la primera deberían ser llevados ante el Consejo de Oficiales. Todos podían ser severamente sancionados, algunos con la expulsión. Sus partes se referían sólo a la primera sección. Una revista en las otras cuadras sería inútil: los cadetes habían tenido tiempo de sobra para destruir o esconder los naipes y las botellas. En los partes, Gamboa no aludía siquiera a las otras compañías; que se ocuparan de ellas sus oficiales. El capitán Garrido leyó los partes en su delante,[30] con aire distraído. Luego le preguntó:

—¿Para qué estos partes, Gamboa?

—¿Para qué, mi capitán? No entiendo.

—El asunto está liquidado. Ya se han tomado todas las disposiciones del caso.

—Está liquidado lo del cadete Fernández,[ch] mi capitán. Pero no lo demás.

El capitán hizo un gesto de hastío.[31] Volvió a tomar los papeles y los revisó; sus mandíbulas proseguían, incansables, su masticación gratuita y espectacular.

—Lo que digo, Gamboa, es para qué los papeles. Ya me ha presentado un parte oral. ¿Para qué escribir todo esto? Ya está consignada[32] casi toda la primera sección. ¿A dónde quiere usted llegar?

—Si se reúne el Consejo de Oficiales, se exigirán partes escritos, mi capitán.

—Ah —dijo el capitán—. No se le quita de la cabeza la idea del Consejo, ya veo. ¿Quiere que sometamos a disciplina a todo el año?[33]

—Yo sólo doy parte de mi compañía, mi capitán. Las otras no me incumben.[34]

—Bueno —dijo el capitán—. Ya me dio los partes. Ahora, olvídese del asunto y déjelo a mi cargo. Yo me ocupo de todo.

Gamboa se retiró. Desde ese momento, el abatimiento[35] que lo perseguía, se agravó. Esta vez, estaba resuelto a no ocuparse más de esa historia, a no tomar iniciativa alguna. «Lo que me haría bien esta noche, pensó, es una buena borrachera». Fue hasta la Prevención y entregó la carta al oficial de guardia. Le pidió que la despachara certificada. Salió de la Prevención y vio, en la puerta del edificio de la administración, al comandante Altuna. Este le hizo una seña para que se acercara.

---

[b] nombre del colegio militar donde tiene lugar la novela
[c] Se refiere a la práctica de los estudiantes de saltar la pared del colegio.
[ch] Se refiere a otro asunto, no al cadete muerto.

[24] caporal
[25] persona de la sierra
[26] amonestaba, regañaba, llamaba la atención
[27] golpe
[28] entregado
[29] las. . . juegos por dinero en el cuartel
[30] en. . . enfrente de él
[31] aburrimiento
[32] con órdenes que deben cumplirse
[33] todo. . . todos los estudiantes del mismo curso
[34] no. . . no son mi responsabilidad
[35] depresión

—Hola Gamboa —le dijo—. Venga, lo acompaño.

El comandante había sido siempre muy cordial con Gamboa, aunque sus relaciones eran estrictamente las del servicio. Avanzaron hacia el comedor de oficiales.

—Tengo que darle una mala noticia, Gamboa. —El comandante caminaba con las manos cogidas a la espalda—. Esta es una información privada, entre amigos. ¿Comprende lo que quiero decir, no es verdad?

—Sí, mi comandante.

—El mayor está muy resentido con usted, Gamboa. Y el coronel, también. Hombre, no es para menos. Pero ése es otro asunto. Le aconsejo que se mueva rápido en el Ministerio. Han pedido su traslado[36] inmediato. Me temo que la cosa esté avanzada, no tiene mucho tiempo. Su foja[37] de servicios lo protege. Pero en estos casos las influencias son muy útiles, usted ya sabe.

«No le[d] hará ninguna gracia salir de Lima ahora, pensó Gamboa. En todo caso tendré que dejarla un tiempo aquí, con su familia. Hasta encontrar una casa, una sirvienta.»

—Le agradezco mucho, mi comandante —dijo—. ¿No sabe usted a dónde pueden trasladarme?

—No me extrañaría que fuera a alguna guarnición de la selva. O a la puna.[38] A estas alturas del año no se hacen cambios, sólo hay puestos por cubrir en las guarniciones difíciles. Así que no pierda tiempo. Tal vez pueda conseguir una ciudad importante, digamos Arequipa o Trujillo. Ah, y no olvide que esto que le digo es algo confidencial, de amigo a amigo. No quisiera tener inconvenientes.

—No se preocupe, mi comandante —lo interrumpió Gamboa—. Y nuevamente, muchas gracias.

[36]*transfer*
[37]récord
[38]región próxima a los Andes

Para verificar su comprensión

Complete las frases con la selección más apropiada.

1. El teniente Gamboa está preocupado por las tentativas de sus superiores de _____ la muerte del cadete. (encubrir, investigar).
2. Por primera vez, Gamboa _____ (acepta, duda sobre) la obediencia militar.
3. Gamboa piensa en su pasado con cierta _____ (amargura, nostalgia).
4. El capitán Montero, el profesor a quien Gamboa respetaba mucho, probablemente esté sirviendo en

---

[d]Se refiere a la mujer encinta de Gamboa.

una guarnición _____
(aislada, importante).

5. Imponer la disciplina siempre había sido algo
_____ (fácil, difícil) para
Gamboa.

6. Los partes de Gamboa se refieren a
_____ (sus cadetes, todos los
cadetes).

7. El capitán Garrido _____
(quiere, no quiere) que Gamboa entregue sus
partes.

8. El comandante Altuna le comunica una
_____ (buena, mala) noticia a
Gamboa.

9. El mayor y el coronel están
_____ (orgullosos de,
enojados con) Gamboa.

10. Es probable que trasladen a Gamboa a una
guarnición _____ (difícil,
importante).

Interpretación de la lectura

1. ¿Por qué, últimamente, ha estado Gamboa pensando en su juventud?
2. ¿Por qué tiene Gamboa una «sonrisa ácida en los labios» al decir que «el orden y la disciplina constituyen la justicia»? ¿Ya no cree en estos valores?
3. ¿Cómo le llamaban al teniente Gamboa sus soldados? ¿Lo respetaban? ¿Por qué?
4. ¿Por qué se sintió tan abatido Gamboa después de entregar los partes escritos al capitán Garrido?
5. ¿Por qué cree Ud. que el comandante le habla privadamente a Gamboa?
6. ¿Por qué van a trasladar a Gamboa? ¿Qué significaría para su carrera un traslado a la selva o a la puna?
7. Gamboa estima y trata de aplicar los valores militares a la vida práctica. ¿Por qué se desilusiona?
8. En su opinión, ¿cuáles serían los valores que Vargas Llosa opondría al orden y la disciplina?

Tema escrito

Vargas Llosa critica la vida en un colegio militar de Perú. ¿Qué tiene que ver eso con la crítica cultural?

¿Está Ud. de acuerdo?

1. «El orden y la disciplina se obtienen adecuando la realidad a las leyes».
2. «. . .los reglamentos deben ser interpretados con cabeza, por encima de todo hay que cuidar su propia seguridad, su porvenir».

GABRIEL GARCIA MARQUEZ
(*1928–   *)

El famoso novelista y cuentista Gabriel García Márquez nació en el pequeño pueblo de Aracataca en una región tropical del norte de Colombia. Se crió con sus abuelos, una experiencia que le proporcionó mucho material para sus obras, incluso para la aclamada *Cien años de soledad* (1967). Su genio fue mundialmente reconocido cuando ganó el Premio Nobel de Literatura en 1982. Desde su estadía en Roma en 1954 con un trabajo de periodista, García Márquez ha vivido mayormente en el extranjero, en París, Nueva York, Barcelona y México. Amigo de la revolución cubana y de la nicaragüense, la política de García Márquez ha sido de tendencia de izquierda y crítica de la represión militar.

El cuento que sigue a continuación, «Un día de éstos», es muy sugestivo de la presencia dominante y sofocante del militar en el gobierno y en la vida provinciales. En él, García Márquez critica el abuso del poder y nos lo muestra desde una perspectiva inesperada.

Un día de éstos

El lunes amaneció tibio y sin lluvia. Don Aurelio Escovar, dentista sin título y buen madrugador,[1] abrió su gabinete a las seis. Sacó de la vidriera una dentadura postiza[2] montada aún en el molde de yeso[3] y puso sobre la mesa un puñado de instrumentos que ordenó de mayor a menor, como en una exposición. Llevaba una camisa a rayas, sin cuello, cerrada arriba con un botón dorado, y los pantalones sostenidos con cargadores elásticos. Era rígido, enjuto,[4] con una mirada que raras veces correspondía a la situación, como la mirada de los sordos.

[1] persona que se levanta temprano
[2] falsa
[3] *plaster*
[4] delgado

Cuando tuvo las cosas dispuestas sobre la mesa rodó la fresa[5] hacia el sillón de resortes[6] y se sentó a pulir[7] la dentadura postiza. Parecía no pensar en lo que hacía, pero trabajaba con obstinación, pedaleando en la fresa incluso cuando no se servía de ella.

Después de las ocho hizo una pausa para mirar el cielo por la ventana y vio dos gallinazos[8] pensativos que se secaban al sol en el caballete[9] de la casa vecina. Siguió trabajando con la idea de que antes del almuerzo volvería a llover. La voz destemplada[10] de su hijo de once años lo sacó de su abstracción.

—Papá.

—Qué.

—Dice el alcalde que si le sacas una muela.[11]

—Díle que no estoy aquí.

Estaba puliendo un diente de oro. Lo retiró a la distancia del brazo y lo examinó con los ojos a medio cerrar. En la salita de espera volvió a gritar su hijo.

—Dice que sí estás porque te está oyendo.

El dentista siguió examinando el diente. Sólo cuando lo puso en la mesa con los trabajos terminados dijo:

—Mejor.

Volvió a operar la fresa. De una cajita de cartón donde guardaba las cosas por hacer, sacó un puente de varias piezas y empezó a pulir el oro.

—Papá.

—Qué.

Aún no había cambiado de expresión.

—Dice que si no le sacas la muela te pega un tiro.

Sin apresurarse, con un movimiento extremadamente tranquilo, dejó de pedalear en la fresa, la retiró del sillón y abrió por completo la gaveta[12] inferior de la mesa. Allí estaba el revólver.

—Bueno —dijo—. Díle que venga a pegármelo.

Hizo girar el sillón hasta quedar de frente a la puerta, la mano apoyada en el borde de la gaveta. El alcalde apareció en el umbral.[13] Se había afeitado la mejilla izquierda, pero en la otra, hinchada y dolorida, tenía una barba de cinco días. El dentista vio en sus ojos marchitos[14] muchas noches de desesperación. Cerró la gaveta con la punta de los dedos y dijo suavemente:

—Siéntese.

—Buenos días — dijo el alcalde.

—Buenos —dijo el dentista.

Mientras hervían los instrumentos, el alcalde apoyó el cráneo en el cabezal de la silla y se sintió mejor. Respiraba un olor glacial. Era un gabinete pobre: una vieja silla de madera, la fresa de pedal, y una vidriera con pomos de loza.[15] Frente a la silla, una ventana con un cancel[16] de tela hasta la altura de un hombre. Cuando sintió que el dentista se acercaba, el alcalde afirmó los talones[17] y abrió la boca.

Don Aurelio Escovar le movió la cara hacia la luz. Después de observar la muela dañada, ajustó la mandíbula con una cautelosa presión de los dedos.

[5] *drill*
[6] sillón. . . silla mecánica
[7] suavizar la superficie, dar lustre
[8] *buzzards*
[9] techo
[10] desacordada, desafinada
[11] molar
[12] cajón
[13] puerta
[14] sin vida
[15] vidriera. . . *display case with ceramic jars*
[16] partición
[17] afirmo. . . *plantó los pies firmemente*

—Tiene que ser sin anestesia —dijo.

—¿Por qué?

—Porque tiene un absceso.

El alcalde lo miró en los ojos.

—Está bien —dijo, y trató de sonreír. El dentista no le correspondió. Llevó a la mesa de trabajo la cacerola con los instrumentos hervidos y los sacó del agua con unas pinzas frías, todavía sin apresurarse. Después rodó la escupidera[18] con la punta del zapato y fue a lavarse las manos en el aguamanil. Hizo todo sin mirar al alcalde. Pero el alcalde no lo perdió de vista.

Era una cordal[19] inferior. El dentista abrió las piernas y apretó la muela con el gatillo[20] caliente. El alcalde se aferró[21] a las barras de la silla, descargó toda su fuerza en los pies y sintió un vacío helado en los riñones,[22] pero no soltó un suspiro. El dentista sólo movió la muñeca. Sin rencor, más bien con una amarga ternura, dijo:

—Aquí nos paga veinte muertos, teniente.

El alcalde sintió un crujido[23] de huesos en la mandíbula y sus ojos se llenaron de lágrimas. Pero no suspiró hasta que no sintió salir la muela. Entonces la vio a través de las lágrimas. Le pareció tan extraña a su dolor, que no pudo entender la tortura de sus cinco noches anteriores. Inclinado sobre la escupidera, sudoroso, jadeante, se desabotonó la guerrera[24] y buscó a tientas el pañuelo en el bolsillo del pantalón. El dentista le dio un trapo[25] limpio.

—Séquese las lágrimas — dijo.

El alcalde lo hizo. Estaba temblando. Mientras el dentista se lavaba las manos, vio el cielorraso desfondado[26] y una telaraña polvorienta con huevos de araña e insectos muertos. El dentista regresó secándose las manos. «Acuéstese —dijo— y haga buches de[27] agua de sal». El alcalde se puso de pie, se despidió con un displicente[28] saludo militar, y se dirigió a la puerta estirando las piernas, sin abotonarse la guerrera.

—Me pasa la cuenta —dijo.

—¿A usted o al municipio?

El alcalde no lo miró. Cerró la puerta, y dijo, a través de la red metálica.

—Es la misma vaina.[29]

[18] recipiente que se usa para escupir en él
[19] muela del juicio
[20] instrumento de hierro
[21] agarró
[22] *kidneys*
[23] ruido
[24] chaqueta del uniforme militar
[25] pedazo de tela
[26] cielorraso. . . techo interior con el fondo roto
[27] lavese la boca con
[28] indiferente
[29] la. . . la misma cosa

Para verificar su comprensión

¿Cierto o falso?

_____ 1. Don Aurelio es una figura recia y robusta.

_____ 2. Don Aurelio invita al alcalde a entrar.

_____ 3. El gabinete de don Aurelio es pobre.

_____ 4. El alcalde entra sonriente y feliz.

_____ 5. El alcalde sufrió mucho antes de ir al dentista.

_____ 6. El dentista le tiene miedo al alcalde.

_____ 7. Al sacarle la muela, el dentista se venga del alcalde.

_____ 8. El alcalde, aliviado de su dolor, paga la cuenta antes de salir.

Interpretación de la lectura

1. Al ver entrar al alcalde, don Aurelio decide cerrar la gaveta que contiene el revólver. ¿Por qué?
2. ¿Por qué dice don Aurelio que la extracción del diente tiene que ser sin anestesia? ¿Lo cree Ud.?
3. ¿Por qué dice don Aurelio «Aquí nos paga veinte muertos, teniente»? ¿Por qué lo llama «teniente» en vez de alcalde?
4. ¿Quién tiene el poder al principio del cuento? ¿Y al final?
5. ¿Por qué cree Ud. que no tiene nombre el alcalde mientras que el dentista sí lo tiene?
6. Comente sobre la última frase del cuento, «Es la misma vaina». ¿Qué querrá decir aquí García Márquez?

Comparaciones

Vargas Llosa critica la corrupción moral de los militares mientras García Márquez resalta su corrupción política. ¿Cree Ud. que los dos parten de la convicción de que el poder corrompe? ¿Por qué? ¿Qué tiene que ver esto con el machismo?

Tema escrito

Haga una investigación sobre el papel político del militar en América Latina, y luego considere qué tiene que ver con el cuento de García Márquez.

Revista militar frente al Palacio de la Moneda en Santiago, Chile.
(© *Christine Spengler/Sygma*)

BARBARA DELANO (*1961–   *)

Esta joven artista comenzó a escribir en su adolescencia y ha publicado varios cuentos en revistas y periódicos de Chile y México. Tres de sus poesías se incluyen en la antología *Poesía para el camino* (1977). Nacida en Santiago de Chile, Bárbara Délano pasó sus años de formación y de universidad en el clima de violencia y terror que caracteriza al régimen del general Pinochet. En el poema que sigue a continuación, Délano trata del fenómeno aterrador de los «desaparecidos» que aflige actualmente a varios países latinoamericanos como Chile, Guatemala, El Salvador y, hasta muy recientemente, a Argentina, Uruguay y Brasil. Los muchos miles de desaparecidos incluyen a estudiantes, profesores, hombres de negocios, políticos y amigos o familiares de personas sospechosas de tener actividades o actitudes «subversivas» y «comunistas». Es común que estas víctimas sufran la tortura y hasta la muerte en manos de sus captores y que, en muchos casos, las familias nunca sepan de su destino. Délano capta muy bien el miedo callado del pueblo en un ambiente en el cual reina la fuerza y no hay respeto alguno por los derechos civiles.

Presuntamente

I.

Imagínese una calle cualquiera
un hombre caminando en esa calle

Ahora fíjese en ese auto que viene detrás del hombre
Imagine ahora que el auto se detiene
dos sujetos se bajan
    adelantan unos pasos
sorprenden por atrás al hombre que caminaba por la
    calle
El hombre se da vuelta al sentir la presión de las
    manos
los sujetos lo conducen
El hombre grita la mitad de un apellido
que los transeúntes no se atreven a oír
El auto se pone en marcha y parte
La gente que se aglomera[1] a mirar
    se va a sus casas
o a comprar pan
o a buscar a sus hijos al colegio
miran el semáforo
    en fin
      se van.

[1] amontona, junta

Para verificar su comprensión

Coloque los siguientes eventos en el orden debido.

_____   El hombre trata de decir algo.

_____   Se acercan al hombre y lo agarran.

_____   Un coche aparece en la calle.

_____ El coche se va.

_____ Las personas en la calle vuelven a lo que estaban
haciendo como si nada hubiera ocurrido.

_____ Nadie en la calle quiere oír lo que dice.

_____ Dos hombres salen del coche.

_____ Un hombre camina por la calle.

Interpretación de la lectura

1. ¿Por qué cree Ud. que es importante que imaginemos una calle
   «cualquiera»?
2. Describa el secuestro del hombre que caminaba por la calle. En su
   opinión, ¿qué nombre podría haber gritado el hombre? ¿Habría
   reconocido a sus asaltantes?
3. ¿Cómo reaccionan los otros transeúntes en la calle durante el
   secuestro? ¿Y después del secuestro? ¿Por qué?
4. En su opinión, ¿cuáles son las críticas que hace Délano a la política
   actual en Chile?

Comparaciones

1. ¿Cree Ud. que la situación aquí descrita es la extensión lógica de la
   búsqueda desenfrenada del poder que critican Ramos, Paz y García
   Márquez? ¿Por qué?
2. ¿Cómo reaccionaría el teniente Gamboa ante los secuestros llevados
   a cabo por los militares en Chile? Explique.

Temas escritos

1. Si Ud. tiene acceso a las películas «El beso de la mujer araña» y «La
   historia oficial», que tratan de la «guerra sucia» (1976–83) en
   Argentina, estúdielas por lo que tienen en común con la poesía de
   Délano y por lo que quieren comunicar con respecto a la dictadura
   militar.
2. Haga una investigación sobre los «desaparecidos» de Chile y la
   política del general Pinochet. ¿Qué recomendaría Ud. para mejorar la
   situación? ¿Por qué?

3. Lea la novela *La casa de los espíritus* (Plaza y Janés, 1982) por Isabel Allende, sobrina de Salvador Allende, presidente legítimo quien murió en el golpe militar de 1973 que llevó a Pinochet al poder. Haga una comparación entre esta novela y la poesía de Délano.

El desarrollo económico

EDUARDO GALEANO (*1940–*   )

En su muy conocido y polémico libro *Las venas abiertas de América latina* (1971), el uruguayo Eduardo Galeano traza la historia del despojo económico de América Latina desde una perspectiva nacionalista de izquierda. Habla del problema histórico del monocultivo en América Latina y de la subsiguiente e inevitable dependencia de los mercados foráneos que trae aparejado (ver Capítulo uno). Denuncia el colonialismo europeo y estadounidense, el predominio de las corporaciones multinacionales y las fallas del desarrollo y de todos los beneficios que debería haber traído al subcontinente. Dentro del marco de la crítica económica, Galeano censura lo que él ve como un fuerte vínculo entre el desarrollo económico capitalista y la represión militar, un eslabón[1] que otros irían a comentar a lo largo de la década de los años setenta.

[1] enlace, unión, relación

En el siguiente fragmento de *Las venas abiertas de América latina,* Galeano rechaza como despojo y dependencia el tan mentado desarrollo económico.

Guía de prelectura

Lea el primer párrafo y luego elija el mejor resumen.

1. La participación nacional en las empresas grandes es engañosa porque el control decisivo está en manos

foráneas. Frecuentemente en América Latina es el gobierno mismo el que coopera con la empresa imperialista, la cual trae consigo la tecnología que contribuye aún más a la dependencia. Por eso, algunos países latinos están comenzando a cooperar para elaborar planes para controlar las condiciones desfavorables que imponen las trasnacionales.

2. La burguesía y el estado latinoamericanos están uniéndose ahora para tratar de contrarrestar la influencia creciente de la tecnología en la economía latinoamericana. Con este fin, el Grupo Andino se ha organizado para restablecer la hegemonía de los valores humanistas sobre los tecnológicos e imperialistas.

La diosa tecnología no habla español *(fragmento)*

Wright Patman, el conocido parlamentario norteamericano, considera que el cinco por ciento de las acciones[2] de una gran corporación puede resultar suficiente, en muchos casos, para su control liso y llano[3] por parte de un individuo, una familia o un grupo económico. Si un cinco por ciento basta para la hegemonía[4] en el seno de las empresas todopoderosas de los Estados Unidos, ¿qué porcentaje de acciones se requiere para dominar una empresa latinoamericana? En realidad, alcanza incluso con menos: las sociedades *mixtas,*[5] que constituyen uno de los pocos orgullos todavía accesibles a la burguesía latinoamericana, simplemente decoran el poder extranjero con la participación nacional de capitales que pueden ser mayoritarios, pero nunca decisivos frente a la fortaleza de los cónyuges[6] de fuera. A menudo, es el Estado mismo quien se asocia a la empresa imperialista, que de este modo obtiene, ya convertida en empresa *nacional,* todas las garantías deseables y un clima general de cooperación y hasta de cariño. La participación «minoritaria» de los capitales extranjeros se justifica, por lo general, en nombre de las necesarias transferencias de técnicas y patentes. La burguesía latinoamericana, burguesía de mercaderes[7] sin sentido creador, atada por el cordón umbilical al poder de la tierra, se hinca[8] ante los altares de la diosa Tecnología. *Si se tomaran en cuenta, como una prueba de desnacionalización, las acciones en poder extranjero, aunque sean pocas, y la dependencia tecnológica, que muy rara vez es poca, ¿cuántas fábricas podrían ser consideradas realmente nacionales en América Latina?* En México, por ejemplo, es frecuente que los

[2] *stock*
[3] liso. . . fácil y total
[4] control, dominio
[5] sociedades. . . *corporations whose capital is partly domestic and partly foreign*
[6] compañeros, asociados
[7] comerciantes
[8] se arrodilla

propietarios extranjeros de la tecnología *exijan*[9] *una parte del paquete accionario de las empresas, además de decisivos controles técnicos y administrativos y de la obligación de vender la producción a determinados intermediarios también extranjeros, y de importar la maquinaria y otros bienes desde sus casas matrices,*[10] a cambio de los contratos de trasmisión de patentes o *know-how*.[a] No sólo en México. Resulta ilustrativo que los países del llamado Grupo Andino (Bolivia, Colombia, Chile, Ecuador y Perú) hayan elaborado un proyecto para un régimen común de tratamiento de los capitales extranjeros en el área, que hace hincapié[11] en el rechazo de los contratos de transferencia de tecnología que contengan condiciones como éstas. El proyecto propone a los países que se nieguen a aceptar, además, que las empresas extranjeras dueñas de las patentes *fijen los precios de los productos con ellas elaborados o que prohíban su exportación a determinados países.*

El primer sistema de patentes para proteger la propiedad de las invenciones fue creado, hace casi cuatro siglos, por sir Francis Bacon. A Bacon le gustaba decir: «El conocimiento es poder», y desde entonces se supo que no le faltaba razón. La ciencia univeral poco tiene de universal; está objetivamente confinada tras los límites de las naciones avanzadas. América Latina no aplica en su propio beneficio los resultados de la investigación científica, *por la sencilla razón de que no tiene ninguna, y en consecuencia se condena a padecer la tecnología de los poderosos, que castiga y desplaza a las materias primas naturales. América Latina ha sido hasta ahora incapaz de crear una tecnología propia para sustentar y defender su propio desarrollo.* El mero trasplante de la tecnología de los países adelantados no sólo implica la subordinación cultural y, en definitiva, también la subordinación económica, sino que, además, después de cuatro siglos y medio de experiencia en la multiplicación de los oasis de modernismo importado en medio de los desiertos del atraso y de la ignorancia, bien puede afirmarse que tampoco resuelve ninguno de los problemas del subdesarrollo.[b] Esta vasta región de analfabetos invierte en investigaciones tecnológicas una suma doscientas veces menor que la que los Estados Unidos destinan a esos fines. Hay menos de mil computadoras en América Latina y cincuenta mil en Estados Unidos, en 1970. Es en el norte, por supuesto, donde se diseñan los modelos electrónicos y se crean los lenguajes de programación que América Latina importa. El subdesarrollo latinoamericano no es un tramo[12] en el camino del desarrollo, aunque se «modernicen» sus deformidades; la región progresa sin liberarse de la estructura de su atraso y de nada vale, señala Manuel Sadosky, la *ventaja* de no participar en el progreso con pro-

[9] demanden
[10] principales
[11] hace. . . insiste
[12] porción o parte

---

[a] Miguel S. Wionczek, *La transmisión de la tecnología a los países en desarrollo: proyecto de un estudio sobre México,* en *Comercio exterior* (México, mayo de 1968).

[b] Víctor L. Urquidi, in *Obstacles to Change in Latin America,* by Claudio Véliz and others (London, 1967).

gramas y objetivos propios.[c] Los símbolos de la prosperidad son los símbolos de la dependencia. Se recibe la tecnología moderna como en el siglo pasado se recibieron los ferrocarriles, al servicio de los intereses extranjeros que modelan y remodelan el estatuto colonial de estos países. «Nos ocurre lo que a un reloj que se atrasa y no es arreglado —dice Sadosky—. Aunque sus manecillas sigan andando hacia adelante, la diferencia entre la hora que marque y la hora verdadera será creciente».

Para verificar su comprensión

Complete la frase con la respuesta más apropiada.

1. Galeano cree que las empresas realmente nacionales en América Latina son
   a. muy pocas.
   b. muchas.
   c. más de lo que se creería.

2. Muchas veces el control foráneo viene con
   a. la importación de la maquinaria pesada.
   b. la llegada de los hombres de negocios norteamericanos.
   c. la transferencia de técnicas y patentes.

3. El Grupo Andino quiere formar un frente común para
   a. denunciar a las trasnacionales.
   b. proteger sus intereses.
   c. sobreponerse a la influencia de la tecnología.

4. América Latina padece la tecnología de los poderosos porque
   a. no ha querido adelantar.
   b. el sistema educativo no ha producido ingenieros.
   c. no tiene la suya propia.

---

[c] Manuel Sadosky, *América Latina y la computación,* en *Gaceta de la Universidad* (Montevideo, mayo de 1970). Sadosky cita para ilustrar la ilusión desarrollista el testimonio de un especialista de la OEA: «Los países subdesarrollados —sostiene George Landau— tienen algunas ventajas en relación con los países desarrollados, porque cuando incorporan algún nuevo dispositivo o proceso tecnológico eligen, generalmente, el más avanzado dentro de su tipo y así recogen el beneficio de años de investigación y el fruto de inversiones considerables que debieron hacer los países más industrializados para alcanzar esos resultados».

5. La modernización de América Latina nada vale si no
   se cambia
   a. la estructura básica de la sociedad.
   b. la actitud de los intelectuales.
   c. la orientación egoísta de la burguesía.

Comparaciones

1. ¿Qué pensaría René Marqués de las ideas de Galeano? ¿Qué diría de la dependencia tecnológica y de la docilidad latinoamericanas? ¿Del imperialismo y de la creación de una identidad nacional?
2. A su parecer, ¿será el bombardeo ideológico del que habla Araya (ver Capítulo siete) un ejemplo de la dependencia tecnológica de la cual habla Galeano? ¿Cuáles serán sus resultados?

Para comentar

¿Cuál es la relación entre la tecnología y el imperialismo?

Tema escrito

Haga una investigación sobre la influencia de las grandes empresas extranjeras en América Latina. Un ejemplo excelente sería la United Fruit Co.

¿Está Ud. de acuerdo?

«Los símbolos de la prosperidad son los símbolos de la dependencia».

JOSE LUTZENBERGER

La fidelidad del ecólogo brasileño José Lutzenberger, o «Lutz» como le llaman comúnmente, al principio ético de Albert Schweitzer de «reverencia hacia la vida» le hizo dejar su puesto lucrativo como ingeniero agrónomo en insecticidas y fertilizantes para dedicarse al trabajo no muy remunerativo de defensa del medio ambiente. Lutz es ahora la némesis del complejo industrial de Brasil, cuyo afán desmedido de modernización e industrialización ha creado una pesadilla ecológica. Lutz, preocupado por las consecuencias ecológicas del crecimiento económico desenfrenado, nos da aquí otra perspectiva diferente de la oficial. Las siguientes son selecciones breves de una interesante entrevista entre Lutz y el economista y ecólogo norteamericano Herman E. Daly, quien es el que nos presenta a Lutz y plantea los temas.

Entrevista con José Lutzenberger (*fragmento*)

Principal ecólogo de Brasil, por Herman E. Daly

Brasil ocupa la mitad del continente de Sudamérica y es, por lo tanto, responsable de la administración de una gran porción del ecosistema de la Tierra. El gobierno brasileño actual parece tener siete modalidades para tratar el ambiente: 1) cavarlo, 2) cortarlo, 3) llenarlo, 4) represarlo, 5) quemarlo, 6) sembrarlo con monocultivos y rociarlo con biocidas[1] químicos, 7) abrumarlo con concentraciones masivas de población.

Este repertorio es en parte una herencia de los portugueses, que vinieron para la explotación rápida y temporaria en vez del establecimiento permanente. Deriva también de la ideología moderna e importada de growthmania,[a] y de la sociedad de consumidores, enérgicamente exportadas por los EEUU. Sin embargo, hoy día hay muchos brasileños ultrajados[2] por la destrucción sin precedente que está ocurriendo en su país, y están

[1] insecticidas
[2] outraged

---

[a] *Growthmania* es la idea de que el crecimiento económico ilimitado es intrínsecamente un bien.

Esta aldea brasileña a orillas del Amazonas todavía no ha sucumbido al «desarrollo científico» criticado por Lutzenberger. (© *Sheila Turner/Monkmeyer*)

tratando de detenerla. Su líder y guru *es José A. Lutzenberger, un ingeniero agrónomo brasileño, de ascendencia alemana, que vive en el estado más meridional de Brasil, Rio Grande do Sul.*

   Lutz habla aquí sobre lo que está ocurriendo en el Amazonas:

   El más complejo y maravilloso de los biomes[3] está siendo quemado, derribado por grandes cadenas arrastradas por enormes tractores; está siendo deshojado por «Agent Orange», etcétera. Comunidades enteras de plantas y animales se están perdiendo irremediablemente, algunas antes de que las hayamos podido catalogar. En su lugar, se están creando vastos monocultivos, que son inherentemente inestables. La mayoría no dura cinco años, y requiere dosis masivas de biocidas y fertilizantes que contaminan los ríos y lagos y matan la vida silvestre.

   Las culturas indígenas se están exterminando. Pensamos que «los indios no tienen derecho a detener el progreso». Pero, ¿qué derecho, más que la fuerza bruta, nos permite invadir el mundo del indio con la maquinaria pesada, el serrucho a cadena, y defoliantes químicos rociados por avión? ¿Quién es el verdadero bárbaro? Los norteamericanos tal vez puedan tener una idea del costo de este progreso meretricio[4] a partir de la película «Bye Bye, Brazil». . . Tenemos que restringir ambas, la codicia nuestra y la de las compañías foráneas. Tenemos mucho que aprender de las tribus indias que quedan.

[3] ecosistemas
[4] dañoso

Lutz habla sobre la relación entre el poder y la tecnología:

Tenemos un círculo vicioso entre la sofisticación y concentración técnicas por una parte, y el poder económico por otra. Cuanto más compleja e integrada la tecnología, cuanto más grande la demanda de capital y la necesidad de manejo burocrático; la tecnocracia, a su vez, demanda y promueve sólo las tecnologías sofisticadas y grandes que concentran aún más el poder económico. . .

Como ejemplo concreto de este proceso, aunque a un nivel tecnológico más bajo, considere al *caboclo*[b] del Amazonas. Viviendo en la ribera del río, vive en plenitud. Del río saca todo el pescado que puede consumir o secar para su uso posterior; el bosque le da una variedad increíble de frutas todo el año, y hay caza suficiente. Tiene todo el combustible que necesita. Complementa su dieta con plantaciones pequeñas: mandioca, camote, frijoles, maíz y algunas verduras. Tiene unas gallinas, a veces una o dos vacas. El daño que el *caboclo* causa al bosque es mínimo y dentro de su capacidad natural para recuperarse. Ahora, algunos planes de extensión agrícola, entre otras locuras, le están enseñando al *caboclo* los métodos de la explotación avícola[5] «moderna», realmente «fábricas» de pollos y de huevos. Las porciones «balanceadas científicamente» son preparadas en Manaus, a mil kilómetros de distancia, por grandes compañías que usan maíz, trigo y soya importados de los EEUU, y leche en polvo del Mercado Común. Los pollos para asar y las gallinas ponedoras son híbridos, claro, lo cual quiere decir que el *caboclo* no los puede reproducir. Se queda dependiente de los abastecimientos de alguna compañía multinacional en los EEUU. Pronto, abandonará sus pollos tradicionales, que están localmente adaptados y son inmunes al contagio. En su fábrica, utiliza medicinas, hormonas, antibióticos, etcétera, que son importados. El que compra el producto del *caboclo* es el mismo que provee todas las materias primas. El pequeño avicultor no tiene absolutamente ninguna influencia sobre el precio en ningún paso de este proceso. Todas las ventajas las tienen las multinacionales; todos los riesgos son del *caboclo*. Claro que esto no es un proyecto para mejorar la producción de comestibles; es un proyecto para crear la dependencia, una infraestructura para la dominación. Esto es, realmente, lo que significa «desarrollo».

Lutz comenta sobre la acusación de que las preocupaciones ecológicas distraen la atención de los problemas más importantes de la pobreza y la injusticia, los cuales requieren un crecimiento y desarrollo rápidos para solucionarse:

Yo digo que al contrario, es la mitología del crecimiento lo que nos ha permitido posponer cuestiones de justicia distributiva.[6] Mientras exista la fe en el mito del crecimiento eterno del pastel, podemos decir que los que

[5] perteneciente a la cría de aves, pollos
[6] justicia. . . el reparto equitativo de los bienes materiales

---

[b] En portugués, *caboclo* significa persona rural y pobre, por lo usual indio o mestizo.

tienen la porción más pequeña del pastel están mejorándose absolutamente si no relativamente, y que deben esperar pacientemente hasta que crezca más el pastel para poder dividirlo más justamente, porque la redistribución prematura dañaría a los pobres por retardar el crecimiento del pastel. La gente simple cree esto. Hoy en Brasil estamos construyendo una sociedad de consumidores para veinte millones de personas sobre las espaldas de los otros ochenta millones o más.

Pero, cuando por fin nos demos cuenta de que el pastel no está creciendo y que no puede continuar creciendo, y que, de hecho, está reduciéndose, entonces ya no podremos evitar la confrontación con las demandas de, por lo menos, justicia mínima en la distribución de los ingresos. Por esta razón, el mito del crecimiento perpetuo es mantenido asíduamente por las mismas personas que ya no lo creen, pero que encuentran que es de interés propio hacer que todos los demás lo crean. La preocupación ecológica y la justicia social son tan inseparables como lo son las dos caras de una moneda.

Lutz habla de los principios éticos necesarios para revertir la destrucción y llegar a una sociedad sostenible:[7]

Primero, debemos detener el proceso de desecración de la naturaleza y la exclusión de nuestro código ético de toda preocupación por cosas no relacionadas o útiles al hombre. Tenemos que adoptar el principio ético y fundamental de Albert Schweitzer de la reverencia hacia la vida en todas sus formas y en todas sus manifestaciones. Segundo, debemos aceptar una visión sinfónica de la evolución orgánica, en la cual el hombre es solamente un instrumento de la orquesta. La idea de una sinfonía enfatiza la cooperación, la armonía y el ajuste mutuo. En una orquesta ningún instrumento es insignificante; todo instrumento es complementario e indispensable para los demás. En esta mutualidad reside la grandeza. Tercero, tenemos que restringir nuestra tecnología. La tecnología dura de hoy, concebida para el interés del poderoso, ha de ceder a una tecnología suave, concebida para el interés del hombre y de la naturaleza. El hombre puede estar predestinado a ser el conductor de la sinfonía, pero solamente si aprende a obedecer sus reglas.

[7] balanceada, equilibrada

Para verificar su comprensión

¿Cierto o falso?

_____ 1. Debido a su gran extensión, Brasil tiene una responsabilidad ecológica particular.

_____ 2. El régimen brasileño se ha mostrado muy razonable en su política ecológica.

_____ 3. La actitud del gobierno es criticada por muchos brasileños.

_____ 4. Lutz habla de la pérdida irremediable de muchas plantas y animales de la selva.

_____ 5. Lutz no se preocupa por la creación de monocultivos porque son estables.

_____ 6. El indio es culpable de no haber cuidado la tierra.

_____ 7. La relación entre el poder y la tecnología es un círculo vicioso.

_____ 8. Después de la modernización de su vida, el *caboclo* goza de mayor independencia económica.

_____ 9. Lutz dice que el mito del crecimiento económico ha desviado la atención de cuestiones de justicia social.

_____ 10. Toda sociedad equilibrada tiene que basarse en ciertos principios éticos.

Interpretación de la lectura

1. Según Daly, ¿cuáles son las modalidades del gobierno brasileño para tratar del medio ambiente? ¿Puede Ud. hacer comparaciones con las del gobierno estadounidense? ¿De dónde viene la actitud del gobierno descrita por Daly?

2. Según Lutz, ¿qué está pasando actualmente en el Amazonas respecto a los ecosistemas y a los indios?

3. ¿Cuál es la vinculación entre la concentración de la tecnología y la concentración del poder? ¿Qué pasa cuando se le enseñan al *caboclo* los métodos científicos de la explotación avícola?

4. ¿Qué quiere criticar Lutz con el ejemplo del «crecimiento eterno del pastel»?

5. ¿Cuáles son los principios éticos que tenemos que adoptar respecto al medio ambiente? ¿Está Ud. de acuerdo? ¿Sirven también para los EEUU? ¿Cómo?

Comparaciones

1. Compare las ideas de Galeano y Lutz sobre la relación entre el crecimiento y la modernización económicos y las mejoras sociales.

2. A su parecer, ¿son espíritus afines Lutz y Dom Helder (ver Capítulo siete) en lo que concierne al tema del «desarrollo»?

Temas escritos

1. Utilizando la bibliografía del capítulo, realice una investigación sobre las tentativas recientes de desarrollar el Amazonas. ¿Por qué las está apoyando el gobierno brasileño? ¿Cuáles son y serán las consecuencias ecológicas?
2. Lea el libro de E. F. Schumacher, *Small Is Beautiful*, y haga una comparación entre las ideas de Schumacher y la siguiente cita de Lutz: «La tecnología dura de hoy, concebida para el interés del poderoso, ha de ceder a una tecnología suave, concebida para el interés del hombre y de la naturaleza».

¿Está Ud. de acuerdo?

«La preocupación ecológica y la justicia social son tan inseparables como lo son las dos caras de una moneda».

GABRIEL GARCIA MARQUEZ

Aunque estrictamente hablando esta lectura no se trate directamente del desarrollo económico, sirve como una conclusión muy apropiada para nuestros estudios culturales porque resume la historia, el momento actual y las aspiraciones de América Latina. En esta conferencia ofrecida al recibir el Premio Nobel de Literatura de 1982, el inimitable Gabriel García Márquez, luciendo un *liqui-liqui* (traje blanco típico del Caribe), y llevando en las manos una rosa amarilla, símbolo de Colombia, habla de la soledad de América Latina y de su deseo de que los poderes foráneos le concedan a ésta la misma creatividad en la política y en la economía que tanto le alaban y premian en la literatura.

El famoso escritor colombiano Gabriel García Márquez. (© *AP/Wide World Photos*)

La soledad de América Latina

Conferencia Nobel, 8 diciembre 1982

Antonio Pigafetta, un navegante florentino que acompañó a Magallanes en el primer viaje alrededor del mundo, escribió a su paso por nuestra América meridional[1] una crónica rigurosa que sin embargo parece una aventura de la imaginación. Contó que había visto cerdos con el ombligo[2] en el lomo, y unos pájaros sin patas cuyas hembras empollaban[3] en las espaldas del macho, y otros como alcatraces[4] sin lengua cuyos picos parecían una cuchara. Contó que había visto un engendro[5] animal con cabeza y orejas de mula, cuerpo de camello, patas de ciervo y relincho[6] de caballo. Contó que al primer nativo que encontraron en la Patagonia le pu-

[1] del sur
[2] cicatriz en el vientre después de romperse el cordón umbilical
[3] incubaban
[4] pelícanos
[5] monstruo
[6] voz propia del caballo

sieron enfrente un espejo, y que aquel gigante enardecido[7] perdió el uso de la razón por el pavor[8] de su propia imagen.

Este libro breve y fascinante, en el cual ya se vislumbran los gérmenes de nuestras novelas de hoy, no es ni mucho menos el testimonio más asombroso de nuestra realidad de aquellos tiempos. Los Cronistas de Indias nos legaron otros incontables. Eldorado, nuestro país ilusorio tan codiciado, figuró en mapas numerosos durante largos años, cambiando de lugar y de forma según la fantasía de los cartógrafos.[9] En busca de la fuente de la Eterna Juventud, el mítico Alvar Núñez Cabeza de Vaca exploró durante ocho años el norte de México, en una expedición venática[10] cuyos miembros se comieron unos a otros, y sólo llegaron cinco de los 600 que la emprendieron. Uno de los tantos misterios que nunca fueron descifrados, es el de las once mil mulas cargadas con cien libras de oro cada una, que un día salieron del Cuzco para pagar el rescate de Atahualpa y nunca llegaron a su destino. Más tarde, durante la colonia, se vendían en Cartagena de Indias unas gallinas criadas en tierras de aluvión,[11] en cuyas mollejas[12] se encontraban piedrecitas de oro. Este delirio áureo[13] de nuestros fundadores nos persiguió hasta hace poco tiempo. Apenas en el siglo pasado la misión alemana encargada de estudiar la construcción de un ferrocarril interoceánico en el istmo de Panamá, concluyó que el proyecto era viable con la condición de que los rieles no se hicieran de hierro, que era un metal escaso en la región, sino que se hicieran de oro.

La independencia del dominio español no nos puso a salvo de la demencia. El general Antonio López de Santana, que fue tres veces dictador de México, hizo enterrar con funerales magníficos la pierna derecha que había perdido en la llamada Guerra de los Pasteles. El general Gabriel García Moreno gobernó al Ecuador durante 16 años como un monarca absoluto, y su cadáver fue velado[14] con su uniforme de gala y su coraza[15] de condecoraciones sentado en la silla presidencial. El general Maximiliano Hernández Martínez, el déspota teósofo[a] de El Salvador que hizo exterminar en su matanza bárbara a 30 mil campesinos, había inventado un péndulo para averiguar si los alimentos estaban envenenados, e hizo cubrir con papel rojo el alumbrado público[16] para combatir una epidemia de escarlatina. El monumento al general Francisco Morazán, erigido en la plaza mayor de Tegucigalpa, es en realidad una estatua del mariscal Ney comprada en París en un depósito de esculturas usadas.

Hace once años, uno de los poetas insignes[17] de nuestro tiempo, el chileno Pablo Neruda, iluminó este ámbito con su palabra. En las buenas conciencias de Europa, y a veces también en las malas, han irrumpido desde entonces con más ímpetus que nunca las noticias fantasmales de la América Latina, esa patria inmensa de hombres alucinados[18] y mujeres históricas, cuya terquedad[19] sin fin se confunde con la leyenda. No hemos tenido un

[7] dispuesto a la violencia
[8] miedo
[9] los que hacen mapas
[10] loca
[11] *flood plain*
[12] estómagos
[13] de oro
[14] exhibido
[15] armadura
[16] luces que iluminan una ciudad
[17] distinguidos
[18] desvariados, locos
[19] porfía, obstinación

---

[a] que profesa la doctrina de la intuición directa de lo sobrenatural

instante de sosiego.[20] Un presidente prometéico[b] atrincherado[21] en su palacio en llamas murió peleando solo contra todo un ejército, y dos desastres aéreos sospechosos y nunca esclarecidos segaron[22] la vida de otro de corazón generoso, y la de un militar demócrata que había restaurado la dignidad de su pueblo. Ha habido 5 guerras y 17 golpes de estado, y surgió un dictador luciferino que en el nombre de Dios lleva a cabo el primer etnocidio de América Latina en nuestro tiempo. Mientras tanto, 20 millones de niños latinoamericanos morían antes de cumplir dos años, que son más de cuantos han nacido en Europa desde 1970. Los desaparecidos por motivos de la represión son casi los 120 mil, que es como si hoy no se supiera dónde están todos los habitantes de la ciudad de Upsala. Numerosas mujeres arrestadas encintas dieron a luz en cárceles argentinas, pero aún se ignora el paradero[23] y la identidad de sus hijos, que fueron dados en adopción clandestina o internados en orfanatos por las autoridades militares. Por no querer que las cosas siguieran así han muerto cerca de 200 mil mujeres y hombres en todo el continente, y más de 100 mil perecieron en tres pequeños y voluntariosos[24] países de la América Central, Nicaragua, El Salvador y Guatemala. Si esto fuera en los Estados Unidos, la cifra proporcional sería de un millón 600 muertes violentas en cuatro años.

De Chile, país de tradiciones hospitalarias, ha huído un millón de personas: el 12 por ciento de su población. El Uruguay, una nación minúscula de dos y medio millones de habitantes que se consideraba como el país más civilizado del continente, ha perdido en el destierro a uno de cada cinco ciudadanos. La guerra civil en El Salvador ha causado desde 1979 casi un refugiado cada 20 minutos. El país que se pudiera hacer con todos los exiliados y emigrados forzosos de América Latina, tendría una población más numerosa que Noruega.

Me atrevo a pensar, que es esta realidad descomunal,[25] y no sólo su expresión literaria, la que este año ha merecido la atención de la Academia Sueca de las Letras.[c] Una realidad que no es la del papel, sino que vive con nosotros y determina cada instante de nuestras incontables muertes cotidianas, y que sustenta un manantial[26] de creación insaciable, pleno de desdicha y de belleza, del cual este colombiano errante y nostálgico no es más que una cifra más señalada por la suerte. Poetas y mendigos, músicos y profetas, guerreros y malandrines,[27] todas las criaturas de aquella realidad desaforada[28] hemos tenido que pedirle muy poco a la imaginación, porque el desafío mayor para nosotros ha sido la insuficiencia de los recursos convencionales para hacer creíble nuestra vida. Este es, amigos, el nudo de nuestra soledad.

Pues si estas dificultades nos entorpecen[29] a nosotros, que somos de su esencia, no es difícil entender que los talentos racionales de este lado del

[20] paz
[21] fortificado
[22] cortaron
[23] se. . . no se sabe dónde están
[24] obstinados
[25] extraordinaria
[26] fuente natural
[27] malos, pícaros
[28] desenfrenada, excesiva
[29] retardan, causan inquietud

---

[b] Se refiere a Prometeo, personaje de la mitología griega quien robó a los dioses el fuego para entregárselo a los hombres.
[c] La Academia Sueca de las Letras es el organismo que otorga el Premio Nobel.

mundo, extasiados[30] en la contemplación de sus propias culturas, se hayan quedado sin un método válido para interpretarnos. Es comprensible que insistan en medirnos con la misma vara con que se miden a sí mismos, sin recordar que los estragos[31] de la vida no son iguales para todos, y que la búsqueda de la identidad propia es tan ardua y sangrienta para nosotros como lo fue para ellos. La interpretación de nuestra realidad con esquemas ajenos sólo contribuye a hacernos cada vez más desconocidos, cada vez menos libres, cada vez más solitarios. Tal vez la Europa venerable sería más comprensiva si tratara de vernos en su propio pasado. Si recordara que Londres necesitó 300 años para construirse su primera muralla y otros 300 para tener un obispo, que Roma se debatió en las tinieblas de la incertidumbre durante 20 siglos antes de que un rey etrusco la implantara en la historia, y que aun en el siglo XVI los pacíficos suizos de hoy, que nos deleitan con sus quesos mansos[32] y sus relojes impávidos,[33] ensangrentaron a Europa como soldados de fortuna. Aun en el apogeo[34] del Renacimiento, 12 mil lansquenetes[35] a sueldo de los ejércitos imperiales saquearon y devastaron a Roma, y pasaron a cuchillo a ocho mil de sus habitantes.

No pretendo encarnar las ilusiones de Tonio Kröger, cuyos sueños de unión entre un norte casto y un sur apasionado exaltaba Thomas Mann hace 53 años en este lugar. Pero creo que los europeos de espíritu clarificador, los que luchan también aquí por una patria grande más humana y más justa, podrían ayudarnos mejor si revisaran a fondo su manera de vernos. La solidaridad con nuestros sueños no nos hará sentir menos solos, mientras no se concrete con actos de respaldo legítimo a los pueblos que asuman la ilusión de tener una vida propia en el reparto del mundo.

América Latina no quiere ni tiene por qué ser un alfil[36] sin albedrío,[37] ni tiene nada de quimérico[38] que sus designios de independencia y originalidad se conviertan en una aspiración occidental. No obstante, los progresos de la navegación que han reducido tantas distancias entre nuestras Américas y Europa, parecen haber aumentado en cambio nuestra distancia cultural. ¿Por qué la originalidad que se nos admite sin reservas en la literatura se nos niega con toda clase de suspicacias[39] en nuestras tentativas tan difíciles de cambio social? ¿Por qué pensar que la justicia social que los europeos de avanzada tratan de imponer en sus países no puede ser también un objetivo latinoamericano con métodos distintos en condiciones diferentes? No: la violencia y el dolor desmesurados de nuestra historia son el resultado de injusticias seculares[40] y amarguras sin cuento, y no una confabulación urdida a tres mil leguas de nuestra casa.[ch] Pero muchos dirigentes y pensadores europeos lo han creído, con el infantilismo de los abuelos que olvidaron las locuras fructíferas de su juventud, como si no fuera posible otro destino que vivir a merced de los dos grandes dueños del mundo. Este es, amigos, el tamaño de nuestra soledad.

[ch]urdida. . . que no son producto de una conspiración maquinada en países lejanos

[30]admirados
[31]daños
[32]suaves
[33]serenos
[34]punto culminante
[35]soldados mercenarios
[36]pieza de ajedrez
[37]voluntad
[38]fabuloso, imaginario
[39]sospechas
[40]de muchos siglos

Sin embargo, frente a la opresión, el saqueo[41] y el abandono, nuestra respuesta es la vida. Ni los diluvios[42] ni las pestes,[43] ni las hambrunas[44] ni los cataclismos, ni siquiera las guerras eternas a través de los siglos han conseguido reducir la ventaja tenaz de la vida sobre la muerte. Una ventaja que aumenta y se acelera: cada año hay 74 millones más de nacimientos que de defunciones,[45] una cantidad de vivos nuevos como para aumentar siete veces cada año la población de Nueva York. La mayoría de ellos nacen en los países con menos recursos, y entre estos, por supuesto, los de América Latina. En cambio, los países más prósperos han logrado acumular suficiente poder de destrucción como para aniquilar[46] cien veces no sólo a todos los seres humanos que han existido hasta hoy, sino la totalidad de los seres vivos que han pasado por este planeta de infortunios.

Un día como el de hoy, mi maestro William Faulkner dijo en este lugar: «Me niego a admitir el fin del hombre». No me sentiría digno de ocupar este sitio que fue suyo si no tuviera la conciencia plena de que por primera vez desde los orígenes de la humanidad, el desastre colosal que él se negaba a admitir hace 32 años es ahora nada más que una simple posibilidad científica. Ante esta realidad sobrecogedora[47] que a través de todo el tiempo humano debió de parecer una utopía, los inventores de fábulas que todo lo creemos,[48] nos sentimos con el derecho de creer que todavía no es demasiado tarde para emprender la creación de la utopía contraria. Una nueva y arrasadora[49] utopía de la vida, donde nadie pueda decidir por otros hasta la forma de morir, donde de veras sea cierto el amor y sea posible la felicidad, y donde las estirpes[50] condenadas a cien años de soledad tengan por fin y para siempre una segunda oportunidad sobre la tierra.

[41] robo
[42] inundaciones
[43] epidemias
[44] hambre
[45] muertes
[46] destruir
[47] que intimida, que sorprende
[48] los. . . *we writers who believe everything*
[49] que destruye lo existente para comenzar de nuevo
[50] razas

Para verificar su comprensión

Elija la respuesta más apropiada.

1. Los primeros cronistas registraron
   a. su fascinación con los indios.
   b. su sorpresa al encontrar tantos animales desconocidos.
   c. su asombro ante la nueva realidad.

2. La fantasía y la locura de las épocas pasadas
   a. no dejaron huella.
   b. se ven en la literatura actual.
   c. han sido difícilmente superadas.

3. Si se juntaran todos los emigrados forzosos de América Latina
   a. pelearían entre sí.
   b. excederían la población de Noruega.
   c. tendrían mucho que contarse los unos a los otros.

4. Para García Márquez, la realidad sufrida y bella de
   América Latina
   a. puede ser vencida con el tiempo.
   b. nutre la literatura.
   c. ofrece muchos recursos convencionales.

5. La historia europea ha sido
   a. ilustre.
   b. próspera.
   c. sangrienta también.

6. Los deseos de solidaridad tienen que convertirse en
   a. dinero.
   b. actos.
   c. pasión.

7. García Márquez critica a los europeos por aplaudir la
   originalidad literaria mientras
   a. no buscan apreciar la cultura latinoamericana.
   b. critican la violencia política.
   c. sospechan de la originalidad en el ámbito del
      cambio social.

8. Frente a tanta opresión y ante la amenaza nuclear,
   García Márquez afirma
   a. las fuerzas de la vida sobre las de la muerte.
   b. su fe en la tecnología y autocontrol de las
      superpotencias.
   c. la posición mediadora de los europeos.

Interpretación de la lectura

1. ¿Cuál es la intención de los ejemplos que nos da García Márquez de
   los primeros cronistas de América Latina? ¿Y de los de la «demencia»
   en el período poscolonial?
2. ¿Cuáles son algunas de las «noticias fantasmales» de América Latina
   actual? ¿Qué tienen que ver con la historia descrita anteriormente
   por García Márquez? ¿Con la tradición de la intervención militar?
3. ¿Qué es para García Márquez el «nudo de la soledad»? ¿Cómo difiere
   esta soledad de la de la cultura europea o norteamericana?
4. ¿Por qué insisten los extranjeros en medir a América Latina con «la
   misma vara con que se miden a sí mismos»? ¿Qué hay de malo en
   esto?
5. ¿De qué son el resultado la violencia y el dolor de América Latina
   actual? ¿Por qué y en qué forma son malentendidos por los europeos?
   ¿Cómo ilustra esto la frase «el tamaño de nuestra soledad»?

Comparaciones

1. ¿Cómo se comparan las observaciones de García Márquez sobre el exilio forzoso y la poesía de Belli? ¿Y con el cuento de Vega (ver Capítulo tres)?
2. Compare los comentarios de García Márquez sobre los desaparecidos con los sentimientos de Délano en «Presuntamente».
3. ¿Qué tienen en común la visión del mundo de García Márquez, Miriam Lazo (ver Capítulo dos), Alipio Casali (ver Capítulo seis), Paulo Freire (ver Capítulo seis), Dom Helder Câmara (ver Capítulo siete) y José Lutzenberger (ver Capítulo ocho)? Comente detenidamente las semejanzas y ofrezca algunas observaciones sobre la utilidad de su perspectiva.

Tema escrito

Lea los escritos de algunos de los primeros cronistas, como Cristóbal Colón, (ver, por ejemplo, *Borzoi Anthology of Latin American Literature,* Vol. I, ed., Emir Rodríguez Monegal) y compárelos con los cuentos asombrosos que cita García Márquez. ¿Por qué exageraron e inventaron tanto? ¿Ve Ud. algunas semejanzas con el «realismo mágico», o sea, la mezcla de realidad y fantasía, de la literatura contemporánea?

¿Está Ud. de acuerdo?

1. «La interpretación de nuestra realidad con esquemas ajenos sólo contribuye a hacernos cada vez más desconocidos, cada vez menos libres, cada vez más solitarios».
2. «. . .la violencia y el dolor desmesurados de nuestra historia son el resultado de injusticias seculares y amarguras sin cuento, y no una confabulación urdida a tres mil leguas de nuestra casa».
3. «. . .todavía no es demasiado tarde para emprender la creación de la utopía contraria. Una nueva y arrasadora utopía de la vida, donde nadie pueda decidir por otros hasta la forma de morir, donde de veras sea cierto el amor y sea posible la felicidad, y donde las estirpes condenadas a cien años de soledad tengan por fin y para siempre una segunda oportunidad sobre la tierra».

Lecturas recomendadas

Acosta-Belén. *The Puerto Rican Woman.* New York: Praeger, 1979.

Belli, Gioconda. *Truenos y arco iris.* Managua: Editorial Nueva Nicaragua, 1982.

Castellanos, Rosario. *El eterno femenino.* México: Fondo de Cultura Económica, 1975.

_____. *Mujer que sabe latín.* México: Sepsetentas, 1973.

Elú de Leñero, María del Carmen. *La mujer en América Latina.* Vol. III. México: Sepsetentas, 1975.

Franco, Jean. *The Modern Culture of Latin America: Society and the Artist.* Middlesex: Penguin, 1970.

Fuentes, Carlos. *La muerte de Artemio Cruz.* México: Fondo de Cultura Económica, 1970.

González, Patricia Elena y Eliana Ortega, eds. *La sartén por el mango.* Río Piedras, Puerto Rico: Ediciones Huracán, 1984.

Hahner, June. *Women in Latin American History.* Los Angeles: UCLA, 1980.

Halperín Donghi, Tulio. *Historia contemporánea de América Latina.* Madrid: Alianza Editorial, 1969.

Henríquez Ureña, Pedro. *Seis ensayos en busca de nuestra expresión.* Buenos Aires: Biblioteca Argentina de Buenas Ediciones Literarias, 1952.

Lavrin, Asunción. *Latin American Women.* Westport, Conn.: Greenswood Press, 1978.

Lipset, Seymour Martin y Aldo Solari, eds. *Elites y desarrollo en América Latina.* Buenos Aires: Paidós, 1967.

Mallea, Eduardo. *Historia de una pasión argentina.* Buenos Aires: Sur, 1937.

Marqués, René. *La carreta.* Río Piedras, Puerto Rico: Editorial Cultural, Inc., 1981.

Marsal, Juan. *El intelectual latinoamericano*. Buenos Aires: Editorial del Instituto, 1970.

Martínez Estrada, Ezequiel. *Radiografía de la pampa*. Buenos Aires: Losada, 1933.

Mujer, desarme y paz, Mujer (Santiago, Chile), (diciembre 1984–marzo 1985).

Neruda, Pablo. *Canción de gesta*. Barcelona: Editorial Seix Barral, 1977.

Ocampo, Victoria. *La mujer y su expresión*. Buenos Aires: Sur, 1936.

Paz, Octavio. *The Other Mexico: Critique of the Pyramid*. Tr. Lysander Kemp. New York: Grove Press, 1972.

Pescatello, Ann. *Female and Male in Latin America*. Pittsburgh, Pa.: Univ. of Pittsburgh, 1973.

Schumacher, E. F. "The Age of Plenty: A Christian View," and "Buddhist Economics." In Herman E. Daly, ed., *Economics, Ecology, Ethics, Essays Toward a Steady-State Economy*. San Francisco: W. H. Freeman & Co., 1980, pp. 126–137 and pp. 138–145, respectively.

Skármeta, Antonio. *La insurrección*. Hanover, N. H.: Ediciones del Norte, 1982.

Stabb, Martin. *In Quest of Identity: Patterns in the Spanish American Essay of Ideas* (1890–1960). London: North Carolina Univ. Press, 1968.

Urrutia, Elena, recopiladora. *Imagen y realidad de la mujer*. México: Sepsetentas, 1975.

Yo también soy América: historia y mujeres de América Hispana. San Juan: Centro de Investigaciones Sociales—Univ. de Puerto Rico, 1980.

Zea, Leopoldo. *Conciencia y posibilidad del mexicano*. México: Porrúa, 1974.

Clave

Capítulo uno: Introducción

Para verificar su comprensión

A.
Precolombina: gente clave: Moctezuma
cultura: irrigación, politeísmo, calendario
economía: cultivo de maíz
política: élite guerrera, estado teocrático
Colonial: gente clave: Las Casas, Sor Juana
cultura: declinación de los indios, mestizaje
economía: mercantilismo, esclavos africanos, minas de plata
política: criollos vs. peninsulares
Independencia: gente clave: Hidalgo, Bolívar, San Martín
cultura: mimetismo, inmigración europea
economía: exportación de materias primas
política: caudillos, guerras de independencia

Actual: gente clave: Vargas, Castro, Perón
cultura: explosión demográfica, valores
fluctuantes
economía: economía dependiente
política: revolución mexicana, dictadura
militar, revolución nicaragüense

B. 1. c   2. b   3. e   4. a   5. d   6. ch

*C*apítulo dos: *Las clases sociales*

Vallejo

Para verificar su comprensión

1. a, ch, e, f, h, i
2. b, c, d, g, j, k

Ramos

Guía de prelectura

B. 1. c   2. a   3. b   4. d   5. ch

Para verificar su comprensión

1. F   2. C   3. C   4. C   5. F   6. C

Asturias

Guía de prelectura

B. 1. b   2. c   3. a

Para verificar su comprensión

1. pesadillas   2. grotescos   3. falta de identidad propia   4. la misma persona   5. incluso   6. no 7. a *Patahueca*   8. coronel

Ocampo

Guía de prelectura

1. b   2. c

Para verificar su comprensión

1. F   2. C   3. F   4. F   5. C   6. C   7. F 8. C

Lazo

Para verificar su comprensión

1. b   2. a   3. a   4. c   5. b   6. c   7. b 8. a

Capítulo tres: La etnicidad

de Jesús

Para verificar su comprensión

1. C   2. C   3. F   4. C   5. C   6. F   7. C 8. F   9. F   10. C

Pozas

Guía de prelectura

1. c   2. a   3. b

Para verificar su comprensión

A. 1. a   2. b   3. c   4. b   5. a   6. b   7. c
   8. a   9. c   10. a

B. 1. C   2. C   3. F   4. F   5. C   6. F   7. F
   8. C

Vega

Guía de prelectura

1. c   2. e   3. d   4. f   5. g   6. a   7. b
8. ch

Para verificar su comprensión

1. C   2. F   3. F   4. C   5. F   6. F   7. F
8. F   9. C   10. C

Capítulo cuatro: La urbanización

Hardoy

Guía de prelectura

1, 3, 5

Para verificar su comprensión

1. a   2. b   3. b   4. c   5. a   6. c   7. b
8. c

Romero

Guía de prelectura

1, 3, 4, 6, 8

Para verificar su comprensión

1. adoptaron   2. tecnológica   3. la espontaneidad   4. impotentes   5. más   6. ganar   7. quebrado   8. cambiar

Lomnitz

Guía de prelectura

1. ch   2. c   3. a   4. b

Para verificar su comprensión

1. C   2. F   3. F   4. C   5. C   6. C   7. F
8. C   9. F   10. F

Arizpe S.

Para verificar su comprensión

1. c   2. a   3. c   4. b   5. a   6. a   7. b
8. c

Capítulo cinco: La familia

Mistral

Para verificar su comprensión

1. a   2. c   3. b   4. c   5. a

Lispector

Para verificar su comprensión

1. F   2. F   3. C   4. C   5. C   6. C   7. F
8. C

Benedetti

Guía de prelectura

1

Para verificar su comprensión

2

Castellanos

Para verificar su comprensión

1. F   2. C   3. C   4. F   5. F

Lewis, et al.   **Para verificar su comprensión**

1. F   2. F   3. C   4. F   5. F   6. C   7. C
8. F

Capítulo seis: La educación

Rendón   **Para verificar su comprensión**

1. a   2. b   3. b   4. a   5. c   6. b   7. b
8. c

Freire   **Guía de prelectura**

1, 3, 7

Para verificar su comprensión

1. ch   2. a   3. e   4. c   5. g   6. d   7. f
8. b

Casali   **Para verificar su comprensión**

1. F   2. C   3. F   4. C   5. C   6. F   7. C
8. F

Tünnermann   **Guía de prelectura**

1. b   2. d   3. c

Para verificar su comprensión

1. muy grandes   2. una preparación   3. una realidad lamentable   4. más   5. completamente gratis   6. instituciones más democráticas   7. la guerra de agresión

---

Capítulo siete: La religión

Torres   **Para verificar su comprensión**

1. C   2. C   3. F   4. C   5. F   6. F   7. C
8. C   9. C   10. F

Cardenal   **Para verificar su comprensión**

1. a, b, ch   2. a, c, d

Câmara

Para verificar su comprensión

1. c   2. a   3. a   4. c   5. b   6. b   7. a
8. c

Tamez

Para verificar su comprensión

1. a   2. c   3. c   4. b   5. a   6. b

Arias (El Pontífice Juan Pablo II)

Para verificar su comprensión

1. b   2. c   3. a   4. a   5. b   6. c

Araya

Para verificar su comprensión

1. C   2. F   3. F   4. F   5. C   6. C   7. C

Price-Mars

Guía de prelectura

1

Para verificar su comprensión

1. a   2. c   3. a   4. b   5. b   6. c   7. a
8. b

Capítulo ocho: La crítica cultural

Ramos

Guía de prelectura

2

Para verificar su comprensión

1. F   2. F   3. F   4. C   5. F   6. F   7. C
8. F   9. F   10. C

Marqués

Guía de prelectura

1. a   2. e   3. c   4. g   5. b   6. d

Para verificar su comprensión

1. b   2. c   3. a   4. b   5. c   6. a   7. b
8. a   9. c   10. a

Paz	**Para verificar su comprensión**

1. C   2. F   3. C   4. F   5. F   6. F   7. F
8. C   9. C   10. C

Barrig	**Para verificar su comprensión**

1. b   2. c   3. a   4. a   5. b   6. b   7. a
8. b

Vargas Llosa	**Guía de prelectura**

1. a, e, g, h, j, l   2. b, c, ch, d, f, i, k

Para verificar su comprensión

1. encubrir   2. duda sobre   3. amargura   4.
aislada   5. fácil   6. sus cadetes   7. no quiere
8. mala   9. enojados con   10. difícil

García Márquez	**Para verificar su comprensión**

1. F   2. F   3. C   4. F   5. C   6. F   7. C
8. F

Délano

Para verificar su comprensión

5, 4, 2, 7, 8, 6, 3, 1

Galeano

Guía de prelectura

1

Para verificar su comprensión

1. a   2. c   3. b   4. c   5. a

Lutzenberger

Para verificar su comprensión

1. C   2. F   3. C   4. C   5. F   6. F   7. C
8. F   9. C   10. C

García Márquez

Para verificar su comprensión

1. c   2. b   3. b   4. b   5. c   6. b   7. c
8. a

Indice

About the Authors

Denis Lynn Daly Heyck is Professor of Spanish at Mundelein College, Chicago, where she chairs the Division of Modern Languages and teaches Latin American Literature and Culture, as well as interdisciplinary courses on Latin America. Her articles and book reviews have appeared in the *Luso-Brazilian Review,* the *Latin American Research Review* and *Hispania.* She is currently working on a book of oral histories describing life in Nicaragua from a variety of perspectives. She received her Ph.D. from the University of London.

María Victoria González-Widel is currently Spanish Language Coordinator for second-year courses at the University of Michigan, Ann Arbor. Previously, she was Lecturer in Spanish at Northwestern University, where she taught Spanish language courses and did graduate work in linguistics. She attended the Universidad Nacional de Tucumán, Argentina, and received her M.A. in Applied and Hispanic Linguistics from the University of Illinois at Chicago. She is presently working on a project about women in Latin America.